KB061720

하늘 유산 만들기

하늘 유산 만들기

초판 1쇄 인쇄일 2016년 1월 28일
초판 1쇄 발행일 2016년 1월 31일

지은이 엄정무
펴낸이 양옥매
디자인 최원용
교　정 조준경

펴낸곳 도서출판 책과나무
출판등록 제2012-000376
주소 서울특별시 마포구 월드컵북로 44길 37 천지빌딩 3층
대표전화 02.372.1537　**팩스** 02.372.1538
이메일 booknamu2007@naver.com
홈페이지 www.booknamu.com
ISBN 979-11-5776-156-2(03100)

이 도서의 국립중앙도서관 출판시도서목록(CIP)은 서지정보유통지원 시스템
홈페이지(http://seoji.nl.go.kr)와 국가자료공동목록시스템
(http://www.nl.go.kr/kolisnet)에서 이용하실 수 있습니다.
(CIP제어번호 : CIP2016002761)

＊저작권법에 의해 보호를 받는 저작물이므로 저자와 출판사의 동의 없이 내용의 일부를
　인용하거나 발췌하는 것을 금합니다.
＊파손된 책은 구입처에서 교환해 드립니다.

하늘 유산 만들기

중국인도 모르는 한자의 원리
한국인도 모르는 한글의 원리

엄정무 지음

책과나무

사랑하는
주미희리에게

사랑이라는 말에

사랑의 무게를 담을 수 없는 이 시대에

'사랑해'라는 말은 너무 공허하다. 그마저도

하지 못할 수 있는 사회는 어떤 세상일까? 옛날에는 사랑한다고

말하지 않아도 사랑의 무게가 전달되던 때도 있었다. 그래서

그 때는 말 한마디가 천냥 빚도 갚을 수 있었고, 천금의 무게도 있었다.

그래도 사랑해 우리 딸들

이렇게라도 말할 수 있어 아빠는 행복하다.

너희가 어렸을 적엔 가끔 곤히 잠자는 모습을 보곤

울컥 가슴에 눈물이 고였다.

너희에게 무엇을 남겨 줄 것인가? 남겨 줄 것이라도 있긴 한가?

"부자로서 죽는 것은 가장 수치스런 일이며, 자식에게 많은

돈을 물려 주느니 차라리 지옥을 물려 주겠다." 던 카네기가

오히려 얄미웠다.

무엇을 남겨 줄 수 있을까?

햄릿이 친구에게 말했다. "호레이쇼여, 이 세상엔 당신의 철학으론
꿈도 꾸지 못할 일이 너무나 많다네."
햄릿을 팔아 꿈이라도 물려줄 수 있을 것 같은
기대감에 그래도 그 땐 자위라도 할 수 있었다.
요즘은 너희 얼굴을 마주 보기가 미안함이 앞선다.
물질을 물려주려 발버둥친 부끄럼과 꿈도 꿀 수 없는 사회의 절망감에
이제는 분노도 폭발하지 못하는 무기력한 좌절감에.

조금이라도 힘이 남았을 때 이제라도
말이 통하는 사회를
꿈꿀 수 있는 세상을 너희에게 유언으로 만들어
보여주기 위해 한 알의 밀알을 심듯 샛길을 열어 흩뿌려놓는다.
아빠의 '유산 만들기'에 너희에게 바라는 염원과 나의
모든 것 그 꿈을 담았다.
상속은 너희들의 몫이다.

아빠의 묘비명이다.
"항상 꿈을 꾸며 살다 가다. 가는 곳도 그런 세상을 꿈꾸며 가다"
아빠의 비밀을 밝힌다. 아빠의 명상은 항상 꿈이었다. 그래서
명상도 제대로 못하고 그렇게 빨리 잠이 들곤 한 것이다.
너희들은 이미 알고 있었다는 것을
아빠도 알고 있었다.
언제나 좋은 날 ^&^

들어가는 말

말(言語)이 통하는 세상을 꿈꾸며……

　유산은 왜 물려주려 하는가? 행복을 물려주기 위함이다. 물질적 부(富)의 유산은 지옥보다 못한 세상을 물려주는 것과 같다고 카네기가 말하듯, 물질적인 부(富)가 행복은 결코 아닐 뿐만 아니라 행복 또한 결코 물려 받을 수 있는 것도 아니다. 행복은 오직 자신만이 스스로 만들 수 있는 것이기 때문이다. 물려 줄 수 있는 것은 행복을 스스로 만들 수 있는 세상뿐이다. 그래서 물질적 유산(遺産)은 물려주는 것이 아니다. 다만 우리 사회의 구성원 모두가 함께 대(代)를 이어가며 각자 스스로 행복을 만들 수 있는 세상을 만들어 물려 줄 수 있을 뿐이다. 그런데 우리 모두는 각자 보다 더 많은 물질적 유산을 물려주기 위해 서로 경쟁하고 있다. 각자 따로 유산 만들기를 경쟁하는 것이다. 카네기 말대로라면 지옥보다 못한 세상을 자식에게 물려주기 위해 경쟁하는 꼴이다. 어쨌거나 경쟁사회 또한 경쟁만을 더욱 부추기고, 악순환이 거듭되며, 그 심화(深化)의 끝은 전쟁이 필연인 사회이다. 전쟁터는 폭력이 정당한 세상이다. 따라서 경쟁사회는 항상 폭력의 정당성이 부여될 여지가 열려있는 세상이다. 폭력이 정당한 사회는 당연히 상식이 통하지 않는다. 오늘날 우리는 상식이 통하는 사회에 살고 있는가?

흔히 어이없고 황당할 때, "말도 안돼[어불성설(語不成說)]"라고 말하듯, 말도 안 되는 사회는 그런 황당한 사회이고, 말이 되어 말이 통하는 사회가 상식이 통하는 사회이다. 말이 상식이다. 말을 모른다고 생각하는 사람은 없기 때문이다. 그런데 우리는 정말 말을 알고 있는가? 우리가 알고 있는 말은 사실 사전적인 의미일 뿐이다. 사전이 설명하는 말의 뜻은 말의 껍데기 곧 그 몸에 지나지 않는다. 정신 그 맘이 담기지 않은 말이다. 그 말의 뿌리를 모르면 그 마음을 알 수가 없다. 뿌리 없는 말은 살아있는 말이 아니기 때문이다. 우리는 우리말의 뿌리를 알고 있는가? 일찍이 다석 류영모 선생은 "우리말 글자 한 자에 철학개론 한 권이 들어 있고, 말 한마디에 영원한 진리가 숨겨져 있다"고 했다. 말이란 '마음의 집'이라고 흔히 말하듯, 그 말의 집에 깃든 마음이 족히 철학개론 한 권의 뜻을 담고 있다는 의미이다. 우리는 그 마음을 얼마나 알고 있는가?

우리말의 70% 이상은 한자어이다. 그래서 혹자는 심지어 우리말을 한자어에서 유래된 말로 보는 경우도 있다. 반대로 우리말이 한자어의 뿌리라고는 생각조차 못한다. 그렇기 때문에 오늘날에는 그 자리를 또다시 영어로 메우고 있다. 우리의 정체성은 무엇인가? 정체성은 마음에 있다. 그리고 말은 집 그 몸에 깃든 마음이다. 우리말은 우리의 한옥 그 몸에 담긴 얼이다. 우리의 정체성은 우리말 그 한옥에 이미 깃들어 있었지만, 양옥 그 아파트에 살게 되면서 어느덧 그 편의성에 길들여 지고 맘도 몸 따라 아파트에 맞는 마음이 되었다. 그래서 이제 우리 뿌리의 한옥은 몸에 맞지 않는 불편한 집이 되었다. 뿌리를 잃어버린 거스름 현상이다. 말에 깃든 마음을 잃고 그 껍데기만 남아있게 되면 그 집은 주인 없는 집이 되어 먼저 들어가 사는 놈이 임자가 된다. 집을 빼앗기고도 내 집임을 증명할 방법이 없다. 강탈한 폭력이 집의 주인이 되면 말이 아닌 폭력이 정당한 집이 된다. 마음을 찾지 못하면 내 집에서조차 영원히 폭력의 종살이를 벗어나지 못한다. 주인 이름으로 집이 등기되듯, 마음만이 집주인임을 증명할 수 있는 유일한 등기 증명서이기 때문이다.

집은 주인만 있으면 언제라도 지을 수 있다. 집의 주인은 마음이다. 그래서 마음의 터만 있으면 언제라도 다시 지을 수 있지만, 반대로 마음의 터가 없으면 결코 집을 지을 수 없다. 따라서 유산(遺産)은 집의 몸 그 껍데기가 아니라 집의 마음이어야 한다. 그러나 마음은 물려 줄 수가 없다. 마음은 스스로 만들어 갈 수 있을 뿐이다. 대를 이어가며 만드는 것이다. 마음의 터가 만들어져야 비로소 집을 지을 수 있다. 그러면 어떤 마음을 만들기 위한 집인가? 각자의 정체성 그 자아실현을 위한 집이다. 어떤 집인가? 행복을 만들 수 있는 집, 바로 유토피아, 파라다이스, 에덴동산, 대동사회, 홍익인간의 집이다. 그 이상사회는 혼자가 아닌 우리 모두가 하나도 빠짐없이 대를 이어가며 함께 짓는 것이다. 그래서 유산(遺産)은 물려줄 수 있는 것이 결코 아니다. 유산은 모두가 함께 대(代)를 이어가며 그 마음의 집, 말이 통하는 세상을 완성해 가는 것이다.

유구한 세월 동안 대를 이어오면서도 말이 통하는 세상을 완성하지 못한 이유는 무엇인가? 아무리 훌륭한 이상사회도 현실이 아닌 꿈 속의 일처럼 생각한다면, 아무런 의미도 없을 뿐만 아니라 결코 짓지도 못한다. 지금의 우리가 그런 이상사회 실현의 목적을 잃고 헤매게 되면서부터 그 이상사회는 실현될 수 없는 꿈 속의 세상처럼 인식하고 있다. 꿈조차도 꾸지 못하고 사는 사람이 허다하다. 각자의 꿈만 서로 유산으로 남기기 위해 경쟁하는 어지러운 현실 속에서 부대끼고 방황하며 앞만 보고 살다가 어느새 이상사회는 현실의 일이 아닌 꿈속의 일로 변한 것이다.

오늘날 세상이 어지러운 것은 세상의 잣대가 어지럽기 때문이다. 잣대가 어지러운 것은 잣대의 눈금이 어지럽기 때문이다. 그러면 세상 잣대의 눈금은 무엇인가? 성경은 세상이 하나님의 말씀으로 창조된 것으로 계시하듯, 세상은 말로써 질서를 지은 것이다. 세상 잣대의 눈금이 '말'이란 뜻이다. 말이 어지러워지면서 세상 또한 어지러워졌다는 방증이다. 하나님의 말씀이 어지럽게 흩어져 꼬이면서 제대로 전해지지 못하기 때문이다. 그리고 하나님 말씀으로의 천지창조는 역설적으로 말이 곧 하나님이라는 뜻이다. 그렇기 때문에 하나님은 우리 몸에 깃든 마음의 다름 아니다. 곧 말의 마음이 어지럽게 꼬여 옹이처럼 꼭꼭 감춰져 버렸기 때문에 세상이 어지러운 것이다. 따라서 하나님의 말씀 곧 말의 마음을 바로 잡아 세워야 하나님의 나라 그 천국의 문을 열 수 있다는 뜻이다. 그 열쇠가 바로 말의 마음이라는 방증이기도 하다. 왜곡되고 더럽혀진 하나님의 말씀을 바로 세우고 깨끗이 닦는 일이 유산을 만드는 지름길이다. 하나님의 말씀대로 올바르게 세워진 세상 곧 말이 통하는 세상이 하나님의 나라 그 유토피아가 아니겠는가?

잃어버린 말의 마음은 어디서 어떻게 찾을 수 있는가? 말의 껍데기는 마음 그 뿌리에서 비롯된 것이다. 그나마 그 껍데기가 유일한 단서로서 희망이다. 말의 피상을 거꾸로 거슬러 안으로 들어가며 찾아 낼 수 있다는 뜻이다. 그 과정에서 찾은 말이 통하는 세상의 샛길, 그 로드맵이 이 책 「유산 만들기」이다. 즉, 말 속의 잃어버린 마음을 찾는 것이 행복을 만드는 세상, 그 유토피아를 만드는 지름길임을 제시하여 보여주고 서로 나누기 위함이다. 울창한 숲 속에서 찾은 샛길이라 아직은 낯설고 잘 보이지도 않으며 지루한 길이기도 하지만, 새로운 길을 찾으려는 사람에게는 나름 호기심과 재미도 찾을 수 있을 것으로 확신한다. 이미 옛날에 난 길이었으나 사람들이 발길을 끊어 잡풀이 우거지며 숲이 되었을 뿐이다. 그래서 옛사람들의 체취를 느낄 수 있는 길이다.

총 3권으로 나누었으며, 분량도 분량이거니와 다분히 의도적인 편집임을 밝힌다. 곧 천지인 삼신일체 또는 삼위일체를 나타내기 위한 자의적인 의도이다. 하늘 땅 사람의 삼신(三神) 그 마음이 하나 되는 길이 유토피아로 가는 길이기도 하기 때문이다. 첫째 권 '중국인도 모르는 한자의 원리, 한국인도 모르는 한글의 원리(부제)' – '하늘' 편은 말의 근본 그 뿌리에 대한 원리를 찾아 밝혀 나타냈다. 말의 뿌리에 마음의 씨앗이 있기 때문에 그 뿌리를 알아야 오늘날 나타난 의미가 어떻게 변질되고 왜곡되었는지를 알 수 있다. 즉, 말의 뿌리를 통해서 그 씨앗이 꽃피우고 맺히려는 마음을 바로 세울 수 있는 바탕을 마련하기 위함이다.

오늘날의 우리말은 세종대왕의 훈민정음 창제로 말미암아 커다란 두 가지 부작용이 나타나고 있다. 한글을 더 발전시키지 못하고 있을 뿐만 아니라 오히려 우리말과 한글의 뛰어난 빛조차도 가리고 있다. 그 하나는, 알다시피 우리말의 70% 이상이 한자어인데도, 한글 창제에 따라 한글전용 운동이 있듯, 한자가 우리글이 아닌 것으로 고착화시키고 있다는 사실이다. 대부분이 한자가 우리글이 아니라고 알고 있다. 그러면 한자가 우리글이라는 논리적 증거는 무엇인가? 한자 자체 속에 이미 간직하고 있다. 한자의 바이블이라는 허신의 「설문해자(說文解字)」에 나타난 육서(六書)의 원리를 재조명하여 그 반증으로 삼았다. 즉, 한자에 나타나는 여러 모순을 들추어 그 모순이 한자가 우리말이어야만 해결될 수 있음을 제시하고, 올바른 한자의 제자원리를 다시 밝혀 한자가 우리글임을 거꾸로 증명했다. 그럼으로써 또한 한자의 뿌리를 알 수 있어 보다 분명한 뜻 그 마음을 찾을 수 있는 것이다.

한자는 많은 모순이 나타나고, 그 모순은 그 한자음(音)에 뜻이 없는 것에서 비롯된다. 한자음에 뜻이 없다는 것은 그 소리말을 모르기 때문에 뜻이 없게 된 것이다. 역설적으로 그들의 문자가 아니었기 때문에, 즉 그 문자의 원리를 모르기 때문에 생길 수밖에 없었다는 반증이기도 하다. 영어의 발음은 우리말이 아니기 때문에 우리말로는 아무런 뜻이 없는 영국의 소리말일뿐이다. 마찬가지로 그들에게 한자음이 아무런 뜻도 없다는 것은 당연히 그들의 말이 아니라는 방증이다. 그런데 그 한자음이 우리에겐 의미가 있는 우리말이라면 당연히 한자는 우리글이다. 한자가 우리글이라는 논리적 배경이다. 그래서 우리말의 70% 이상이 한자어가 될 수 있는 이유이고, 우리말 그 소리말이 문자어 곧 한자어의 아류가 결코 될 수 없다는 방증이다. 원조인 소리말이 어찌 문자어의 아류가 될 수 있겠는가?

한자는 뜻글이고 우리 한글은 소리글이다. 뜻글이란 마음의 뜻을 나타낸 글이지만, 세계 대부분의 소리글은 말소리를 나타내는 상징기호의 알파벳이므로 마음의 뜻이 나타나지 않는다. 그래서 한글 또한 세계에서 가장 우수한 알파벳이란 칭찬에 고무되어 덩달아 단순히 뜻이 없는 음성기호의 알파벳처럼 고착화 되고 있다. 한글창제의 두 번째 부작용이다. 한글을 단순히 알파벳처럼 인식하기 때문에 우리말의 뿌리를 알 수 없는 것이다. 그렇기 때문에 또한 우리말과 한자어의 구분이 애매하고, 순수한 우리말도 애써 한자어로 그 의미를 꿰어 맞추려는 경향이 나타나는 것이다. 한글은 상징기호의 알파벳이 결코 아니다. 분명한 뜻글이자 소리글이다. 그 원리를 밝힘으로써 우리말의 뿌리 또한 알 수 있는 것이다.

한자는 그 뿌리인 우리말을 잃어 버렸기 때문에 왜곡되어 있지만, 뜻글로서 그 편린은 남아있기 때문에 우리말의 잃어버린 마음을 찾을 수 있는 근거를 제공하고 있다. 마찬가지로 한글의 창제 원리 또한 우리말의 원리 그 근거를 제공한다. 즉, 한글은 단순히 우리말을 나타내는 상징기호의 알파벳이 아닌 뜻글이기도 하기 때문에 한자와 우리말 그리고 한글의 원리를 밝히면, 서로의 개연성으로 말미암아 부족한 부분을 서로 메우게 되어 잃어버린 우리말의 뿌리와 그 마음을 찾을 수 있다는 논리이다. 그러한 과정을 통해 한자가 우리글이라는 증명이 자연스럽게 이루어지고, 또한 우리말의 원리와 마음도 되찾게 되는 것이다. 그렇게 되찾은 말과 글의 원리로 기본적인 우리말과 한자를 재조명하여 바로 세우고, 그 논리의 정당성을 증명의 근거로 제시했다.

첫째 권 마지막에는 성경 '창세기'의 내용과 한자 그리고 우리말과의 개연성을 나타내어 우리말이 하나님의 말씀임을 타진했다. 즉, 우리말의 마음을 알면 성경 창세기의 내용 또한 논리적으로 쉽게 이해될 수 있음을 나타내고자 했다. 또한 성경 창세기는 하나님 말씀의 창조 역사이듯, 그 태초의 말과 우리말을 비교함으로써, 거꾸로 "온 땅의 구음이 하나"인 성경의 내용을 증명하여 우리말이 그 최초의 원형을 그대로 간직한 말임을 나타내고자 했다. 그러면 우리말의 마음이 성경의 하나님 말씀으로, 우리말 속에 천국 그 유토피아의 '말이 통하는 세상'이 있다는 증명도 성립되는 것이다. 더불어 성경을 읽는 시각을 다양화하고, 성찰하는 계기가 마련되는 바램도 담았다.

둘째 권의 '땅' 편은 우리 문화와 관련된 여러 말 속으로 들어가 우리말(한자와 한글)의 원리로 그 속에 담긴 마음을 찾아 드러내 보였다. 그

드러난 마음으로 그 동안 알 수 없었던 우리 문화의 뿌리(정체성)를 알 수 있게 되고, 더불어 모든 문화가 서로 하나로 꿰어질 수 있음을 나타냈다. 그럼으로써 우리의 존재 이유 곧 말의 존재 이유 그 말이 통하는 세상이 어떤 세상인지를 알 수 있게 되는 것이다. 셋째 권의 '사람' 편은 철학과 종교 그리고 정치와 경제의 원리를 밝혀 나타냈다. 우리는 왜 사는가? 그 존재이유는 철학과 종교의 문제이고, 어떻게 살아야 하는가? 그 방법은 정치경제의 문제이다. 즉, 철학과 종교를 통해 우리의 존재이유 그 삶의 목적을 밝히며 자아실현을 이루어가는 것이고, 그런 삶이 행해지는 사회가 이상사회로서, 그런 홍익인간 세상을 건설하기 위한 수단이 정치경제이다. 따라서 종교와 철학의 의미를 잃어버린 말의 마음을 찾아 재조명하고, 왜곡된 정치경제의 의미를 다시 새롭게 드러내며, 오늘날 자본주의 사회의 모순을 극복할 대안을 제시했다. 즉, 말이 통하는 세상을 보다 구체적으로 나타내어 그 실현 방법을 구체화 했다.

말이 통하는 세상 그 유토피아가 꿈 속의 일처럼 인식되고 있는 오늘날의 그 심각성은 세상의 잣대인 말속의 마음을 바로 세워야 또한 치유가 가능한 일이다. 하나님이 말씀으로 창조했듯, 하나님의 말뜻대로 세상을 올바르게 세우는 일이 먼저 이루어져야 한다는 논리이다. 마음의 잣대가 바로 서야 세상의 잘잘못을 바르게 재고 바르게 세울 수 있지 않겠는가? 공자가 정치를 한다면 정명(正名)부터 시작하겠다고 했듯, 말의 마음을 바로 세워야 말이 바로 세워지듯 말대로 되는, 곧 말이 통하는 세상이 될 수 있다.

따라서 행복을 물려주기 위한 유산은 말이 통하는 세상인 유토피아의 건설이어야 한다. 그래서 유산은 모두가 함께 만들어 가는 것이다. 결코 혼자서 만들 수 있는 일이 아니다. 「유산 만들기」는 우리말의 마음 속에 이미 그 길이 있음을 드러내 밝히는 것으로 그 논리를 증명하는 방법을 택한 것이다. 우리말의 뜻글인 한자가 보다 시각적으로 쉽게 나타나 있기 때문에 한자를 중심으로 전개했다. 이는 다석 류영모 선생의 말처럼 우리글 하나하나의 철학개론 한 권을 간략히 요점 정리한 수준에 불과하다. 진정한 한 권의 책은 인연이 닿는 사람들의 몫이다. 제 요점 정리의 잘잘못을 질타하고, 채찍질로 박차를 더해주기를 기대하며, 이 책을 감히 내 놓는다. 더불어 모두가 힘을 함께 해야「유산 만들기」에서 그리는 홍익인간 세상을 보다 하루라도 빨리 완성할 수 있다는 신념이 있기에 부족한 점이 많이 있음에도 불구하고 용기를 낼 수 있었다.

끝으로 이 책을 출판해준 '책과 나무'에 감사 드리고, 제 결혼식 사회를 봐 주었듯이 이 책의 방향과 조언 등을 제시해준 남상호 친구에게 고마움을 전하며, 표지 그림과 디자인 아울러 인고의 시간을 기다려준 아내와 가족에게 사랑을 전한다. 그리고 제 효도도 받아보지 못한 아버지의 영전에 이 책을 바친다.

우리의 정체성은 무엇인가? 정체성은
마음에 있다. 그리고 말은 집 그 몸에
깃든 마음이다. 우리말은 우리의 한옥
그 몸에 담긴 얼이다.

Contents

Ⅰ. 한자(漢字) 바로 알기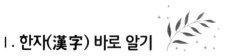

II. 우리말 바로 알기

III. 한말 다시 세우기

Ⅳ. 성경 창세기 다시 보기

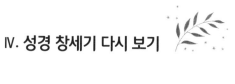

일 · 러 · 두 · 기

1 한자의 자형 곧 갑골문·금문·소전체 등은 "한전(漢典) : http://
www.zdic.net/"에 나타낸 서체를 그대로 따른 것이다.

2 한자에 대한 기존의 설명은 "동아 現代活用玉篇 제4판, 두산동아(전
자사전)"의 설명을 따랐다.

3 우리말에 대한 기존의 설명은 "동아 새국어사전 제4판, 두산동아(전
자사전)"의 설명을 따랐다.

4 이 책의 많은 부분은 제 블러그 "0÷0 그리고 산다는 것(http://
blog.naver.com/moo12wool/)"에 올린 내용을 수정하고 보완하
여 다시 정리한 글이다.

5 이 책은 우리말과 한자의 어원 사전으로도 활용할 수 있게 구성했다.
찾아보기(색인)의 유용한 이용법이다. 덧붙여 한자를 구성하는 부분
요소로 말미암아 일부 낱말이 거듭되는 경우도 있고, 일부 논리적 비
약도 있을 수 있지만, 또한 서로 유기적으로 연결되기 때문에 배를 타
고 흘러가며 유람하듯 이용해도 무방하게 편집했다. 다만 한자와 우리
말의 원리는 최소한 이해할 수 있을 만큼 정독이 필요한 글이다.

6 이 책에 적절하지 못한 인용이라면, 인용문의 의미를 제대로 이해하지
못한 제 무지의 소치일 뿐이다. 인용문 저자의 의도와 다르게 인용된
왜곡은 전적으로 저의 책임임을 밝힌다. 더불어 출처를 밝히지 못한 참
조내용은 일반적 상식으로 간주한 저의 게으른 불찰이므로, 혹 저작권
침해의 소지가 있다면 기꺼이 감당할 것을 밝힌다.

한자(漢字)
바로 알기

01

우리는 왜
모르고 있는가?

어찌 훈민정음 창제에 따른 부작용이 있을 수 있겠는가? 우리는 한글(훈민정음 해례본)이, 세계기록문화유산으로서뿐만 아니라 세계에서 가장 훌륭한 문자로서 인정받으며, 그 찬란한 빛에 가려 부작용과 그에 따른 해악(害惡)은 생각조차 못하고 있다. 빛만 보기도 눈이 부시는데 어찌 그늘을 볼 수 있겠는가? 그러나 상식적으로 강한 빛은 그 그늘 또한 짙고 크다. 그래서 그늘을 보지 못하면 그 빛의 밝음도 제대로 못보고 평가절하 될 수 있다.

한글창제의 부작용은 하나도 아니고 두 가지나 있다. 첫째는 '한자를 중국 문자로 고착화시키고 있다'는 것이다. 바꾸어 말하면, 한자는 우리글이라는 사실을 우리가 모르고 있는 이유이다. 훈민정음 창제 이전에 우리도 한자를 문자로 사용하고 있었다. 한자 문화권에서 한자는 공용의 문자였다. 50여 중국 민족들은 각자 말은 서로 달랐어도 문자는 한자로 하나였다. 그리고 문자(한자) 창제 시기의 우리는 동이족으

25

로 중원의 주역이었던 때이다. 그리하여 '한자가 우리글이다'고 주장하는 재야 학계 사람들의 주된 근거로 제시되고 있다.

반대로 '한단고기'가 위서(僞書)로 취급되듯, 또한 한자가 결코 우리글일 수 없다는 논리로 제시되기도 한다. 더불어 대부분의 사람들은 중국말과 우리말 그리고 한자의 중국음과 우리음이 엄연히 다른데 어찌 우리글이 될 수 있겠는가? 하고, 나아가 혹자는 오히려 우리말이 한자의 영향을 받은 것으로 인식하기도 한다. 우리말의 70% 이상이 한자어인 이유로 보기 때문이다. 설상가상 '나랏말싸미 듕귁에 달아 문자와로 서르 사맛디 아니할쎄' 훈민정음 서문을 달달 외우게 교육하며 한자는 중국 문자로 못 박혀 간 것이다. 덩달아 우리는 한자 보다 뛰어난 문자를 가진 민족주의에 힘입어 그 동안 중국 속국의 설움을 한 방에 날려 버리듯, 한자를 불편하고 어려운 문자로 경시하며 그냥 중국에 헌납한 꼴이 되었다. 한자어가 권력어였던 시대에는 그나마 한자를 대부분 배우기라도 했지만, 그 자리를 영어가 차지하면서 이제는 배우는 사람 조차 드문 세상이 되었다.

어쨌든 한자가 우리글이라는 결정적인 증거는 무엇인가? 한자 자체가 그 명백한 증거이다. 무슨 뜻인가? 한자와 그 제자 원리 속에 이미 증거를 내포하고 있다는 뜻이다. 우리는 한자를 영어 단어 외우듯 배우고, 그래서 그런 정도만 알고 있을 뿐이다. 전형적인 암기식 교육의 폐단(弊端)이다. 단지 중국어 하나의 단어처럼 암기하여 알고 있기 때문에 한자의 속살은 전혀 볼 수가 없는 것이다. 그러나 좀 더 논리적으로 접근하면 할수록 조금씩 속살이 보이고, 그 속살은 보면 볼수록 의문투성이라는 사실을 알게 된다. 도저히 논리적으로 납득이 되지 않는 경우가 대부분이다.

이 글자는 순서대로 옛/고(古)의 갑골문, 금문, 소전이다. 고(古)는 십(十)과 구(口)의 회의자로, 열(10)세대에 걸쳐 내려온 옛말의 뜻이라 설명한다. 갑골문은 차치하고라도, 옛날을 10세대로 한정하여 말하는 것은 어불성설이다. 옛날은 10세대보다도 더 오래된 날일 수도 더 빠른 날일 수도 있는 말이다. 어찌 한정하여 말할 수 있는 날이겠는 가? 갑골문은 가운데/중(中)과 입/구(口)의 회의자이다. 그러면 '말하는[구(口)] 가운데[중(中)]'가 옛날인가? 그리고 왜 중(中)을 십(十)으로 바꾸어 나타낸 이유는 무엇이겠는가? 쉽게 추측할 수 있는 생각은, 가운데(中) 말(口)의 뜻으로는 옛날의 의미를 설명할 수 없기 때문에 나름 오래된 시간을 나타내기 위해 열/십(十)으로 바꾸어 이해했다고 볼 수 있다.

알다시피 한자의 자형 그 글자체(서체)는 크게 '갑골문'(은나라 시대까지 문자)에서 '금문'(주나라에서 춘추전국시대의 문자) 그리고 '소전'으로 그 변형체에 따라 나눌 수 있다. 오늘날 쓰는 한자는 '해(서)체'로서 대부분 진시황이 문자 통일로 바꾼 소전의 형태를 거의 유지하고 있다. 어쨌든 자형이 변한다는 것은 그 의미에 따른 이해의 틀이 바뀌었다는 뜻이다. 다시 말해 이해할 수 없기 때문에 그 시대의 해석에 따라 변형시켰다는 반증이다.

갑골문   금문   소전   해서

갈/거(去)는 큰/대(大)와 입/구(口)의 회의자이다. 그런데 대(大)는 그릇의 뚜껑이고 감(凵)은 밥그릇이라는 설, 사람이[대(大)] 어떤 구역[凵] 밖에 있으므로 '떠나가다'의 뜻을 나타낸다는 설, 대(大)는 의미부분이고 감(凵)은 발음부분이라는 설 등이 있다고 사전은 설명한다. 대(大)가 편의에 따라 임의로 그릇 뚜껑도 될 수 있는 것인가? 그래서 어떻게 '가다'는 뜻을 나타낼 수 있다는 말인가? 도대체 어떻게 구(口)와 대(大)의 뜻을 모아 '가다'는 뜻이 나타날 수 있는지 논리적으로 이해할 수 있겠는가?

논리적인 한자의 제자(製字) 원리라는 육서(六書)조차도 곳곳에 모순이 숨겨 있다. 일례로 가차(假借)의 원리는 음을 빌리는 법칙으로 단순히 외래어를 한자로 표기하기 위한 방법처럼 인식하고 무심히 지나치는 게 현실이다. 전혀 비중을 두지 않을 뿐만 아니라 무시하기까지 한다. 그러나 어떤 뜻(엄밀히 말하면, 문자 이전의 소리말)을 나타내는 글자가 없어 다른 한자의 음(音) 그 소리말에서 그 음을 빌어 그 뜻을 나타내는 것이 가차라면(역설적으로 문자는 뜻을 나타내기 위한 그림보다 말을 보기 위한 말의 그림으로 만들었다는 뜻이다. 즉 새로운 뜻의 문자화가 아니라 이미 있던 말의 문자화이다), 그 음에 그 뜻과 연결되는 개연성이 있기 때문에 빌려 쓰는 것이 상식이다. 그런데 그 음에는 뜻이 없다고 한다.

마찬가지로 모든 한자는 형(形) 음(音) 의(意)로 구성되는데, 그 음(音)이 아무런 의미가 없다는 것은 모순이다. 한자의 가장 큰 모순이다.

소리라는 것은 문자 이전의 소리말과 어떤 형태로든 연결되는 의미가 분명 있는 것이다. 소리말과 상관 없는 소리를 그 구성 요소로 한 까닭을 설명하지 못하고서 아무런 의미가 없다는 것은 말도 안 되는 것이다. 문자 이전의 소리말과 상관 없다면, 글자의 소리 그 음(音)은 또 어디에서 어떻게 생긴 것이겠는가? 특별한 증명이 필요 없는 상식으로 알 수 있는 일이다. 문자가 없던 시대에서 문자를 발명하고 아무런 의미도 없는 소리말을 그 글자의 이름처럼 붙여 사용할 수 있는가? 아무리 하찮은 벌레에게도 뜻이 담긴 이름을 지어주는데, 신성시(神聖視)했던 문자에 어찌 아무런 의미도 없는 말을 붙여 쓸 수가 있었겠는가?

한자 하나하나를 따지고 들어가면 모순이 없는 글자가 없을 정도이다. 상형(象形)으로 나타낸 글자만이 그림을 그려 나타냈기 때문에 단지 모순이 없어 보일 뿐이다. 그나마 그 상형에 의한 글자도 무엇을 그렸는지 학자마다 서로 설왕설래하고, 갑론을박하는 경우가 허다하다. 보는 사람마다 달리 볼 수 있다면 그 자체가 이미 모순이다. 단지 그림이라면 모를까 문자라면 개인적인 그림을 넘어 객관적이고 보편적인 그림이어야 하기 때문이다. 아니면 서로 다르게 보일 수 있도록 그렇게 허술하게 만든 것이겠는가?

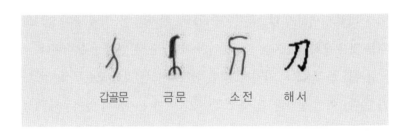

갑골문   금문   소전   해서

칼/도(刀)는 칼의 모양을 본 떠 그린 글자라고 설명하지만, 칼을 그려 나타냈다고 보기는 어렵다. 그나마 금문의 글씨체만이 조금은 칼의

모양과 비슷할 뿐이다. 실제로 칼의 뜻을 나타내므로 칼을 그렸다는 억지가 통하는 것이다. 단지 결과만을 가지고 논리를 무시하는 폭력일 뿐이다. 그 원리를 모르기 때문에 그렇다면 그렇게 받아드리는 것이다. 허울 좋은 결과를 내세워 그 과정의 폭력을 정당화 합리화시키는 것과 무엇이 다른가?

언어는 약속의 산물로 인식하면서 우리가 너무나 쉽게 간과하는 것은 그 약속이 어떻게 이루어진 것인지는 생각하지 않는 것이다. 언어는 당사자간만의 약속이 아니다. 같은 민족 같은 나라 사람들이 함께 사용하는 것이다. 그 많은 사람들이 어찌 일일이 약속할 수 있겠는가? 모두가 알고 있고, 알 수 있는 보편 원리를 약속하는 것이다. 그 언어 그 문자의 원리가 보편적으로 누구나 알 수 있는 보편원리, 보편문법으로서 약속하는 것이다. 그렇기 때문에 보편적인 원리를 설명할 수 없다면, 다른 나라 말과 글자를 빌려 쓰면서 그 원리를 모르고 받아드렸다는 반증이기도 하다. 우리가 영어를 배우듯, 원리는 잘 모르고 글자의 그림 형태 그 글씨체와 뜻만 배워 사용했기 때문에 그 글자의 소리말은 당연히 그들이 쓰는 말이 아니므로 모를 수밖에 없지 않겠는가? 우리가 쓰는 외래어가 그와 같지 않은가? 그렇기 때문에 그 글자의 음(音)은 그들에겐 알 수 없는 소리로, 아무런 뜻도 없게 느끼는 것이 오히려 당연하지 않겠는가? 그러므로 한자의 음(音)에 뜻이 없다고 하는 것은 오히려 한자는 중국문자가 아니라는 분명한 반증이 된다.

한자를 논리적으로 따지게 되면, 한자의 모든 것이 모순투성이로 다가 온다. 어찌 문자라 할 수 있겠는가? 어찌 문자로서 언어로서 가능할 수 있는지가 오히려 기적이지 싶다. 모든 언어에는 보편 문법이 존재하듯, 그 문자 또한 최소한의 보편 원리가 있어야 하는데, 지금까지 한자에 대한 이해는 전혀 그렇지가 못하다. 한자는 모순을 정당화시킨 세상 곧 무법천지의 실상을 그대로 보여 주고 있다. 오늘날의 현실이 그 결과의 소산이 아니라고 누가 감히 말할 수 있겠는가? 강탈한 폭력 사회는 무법의 법칙이 통용되는 사회일 뿐이다.

역설적으로 보면, 모순이 나타나도 모를 정도로 또는 일부러 방치했거나 그 과정의 역사를 잃어버렸다는 뜻이다. 모순을 바로 잡지 않고 무심히 지나치면, 결국 모순이 정당성을 부여 받아 세상은 모순투성이가 되는 것이 필연이다. 모순이 오히려 관행으로 정당한 법처럼 집행되는 세상이 되는 것이다. 그래서 한자를 우리글이라고 하면, 이상하게 보는 정도만큼 한자를 모르고 있다는 반증이 될 수 있다. 주객이 전도되는 것이다. 서로를 이해하지 못하고 불신하게 되는 것이다. 좌우대립의 근본적인 원인일 것이다. 어쨌거나 지금까지 한자에 나타난 여러 가지 모순들을 밝힐 수 있다면 증거로서 넘치고 남을 것이다. 한자의 본질을 정확히 알면, 그 정체성이 나타나지 않겠는가?

02

한자의 기원과 변천
그리고 모순

　한자의 기원에 대한 학설은 대체로 팔괘기원설(八卦起源說), 도화기
원설(圖畫起源說), 결승설(結繩說) 등과 창힐조자설(倉頡造字說)이 있다.
창힐조자설(倉頡造字說)이 언어로서 문자의 기능에 가장 근접한 학설
이고, 그 외의 학설은 문자이전 어떤 사실에 대한 기록의 수단이거나
법칙을 나타내기 위한 수단으로서의 기호로 볼 수 있다. 그렇기 때문
에 한자의 기원은 창힐조자설(倉頡造字說)에 수렴된다. 중국의 전설시
대로 불리는 5천년 전 삼황오제(三皇五帝) 때, 황제의 사관(史官)이었
던 네 개의 눈을 가진 창힐이 새와 짐승의 발자국을 보고 고안해낸 문
자가 한자의 기원이라는 설(說)이다. 이와 관련하여 우리의『한단고기』
에는 신시(개천 B.C.3898년)에 '녹서(鹿書)'가 있었다고 전하는데, 이는
한웅 천황의 명에 따라 신지(神誌) '혁덕(赫德)'이 사슴의 발자국을 보고
고심하여 만든 것으로, 태고문자의 시작이 되었다는 문자이다. 또한
창힐은 황제의 사관이 아닌 황제와 세력을 다투던 대등한 관계의 인물

32

로 나타나고, 창힐이 부도의 글(녹서)을 배웠다는 기록도 『한단고기』에 전하고 있다.(*1) 어쨌거나 중국에서 창힐이 한자의 시조로 추앙되고 있는 이면에는 '허신'의 『설문해자』가 있다.

한자를 설명하는데 있어서, 허신의 『설문해자(說文解字)』는 한자의 바이블(성경)과 같다고 해도 과언은 아니다. 이런 설문해자의 서문에 창힐의 조자설이 나타남으로써, 덩달아 창힐이 문자의 시조로 추앙되었다고 볼 수 있다. 그리고 창힐이 처음 글자를 만들 때, 대체로 종류에 따라 형태를 본떠 만든 글이 문(文)이고, 그 뒤에 형태와 소리를 서로 더해서 만든 글이 자(字)이다. 문(文)이란 사물의 본래 모습이고, 자(字)란 말이 파생되어 차츰 많아진 것으로 그 서문에서 설명하듯, 『설문해자(說文解字)』란 글(문)[文]을 설명한[說] 것이 설문(說文)이고, 글(자)[字]를 풀어낸[解] 것이 해자(解字)라는 뜻이다. 더불어 문자(文字)란 한자를 이루는 '문(文)'과 '자(字)'의 합성어로서, 그 어원이 된 책이다. 이 같은 한자의 바이블이라는 설문해자도 간과한 것이 갑골문이다. 허신의 후한시대 곧 서기 100년경에는 갑골문의 존재를 알지 못했다는 반증이기도 하다.

갑골문의 발견은 불과 110여 년 밖에 되지 않은 1899년의 일이다. 갑골문은 구갑수골(龜甲獸骨)문자의 준말로, 거북껍질과 넓적한 짐승 뼈에 새긴 문자를 말한다. 점을 치고 그 점의 결과를 갑골에 새긴 것으로, 서양식으로 말하면 신탁(oracle)을 구하여 신전에 새겨 놓은 것과 다름없다. 갑골편은 지금까지 15만여 편이 발굴되었고, 개별자는 5천 자에 이르는데 고석(考釋)된 자는 2천여 자이나, 고석 결과에 논쟁이 없는 글자수는 겨우 1,200여 글자에 불과하다고 한다. 어쨌든 갑골문은 지금까지 발견된 한자 가운데 체계를 갖춘 가장 오래된 한자이다. 따라서 갑골문의 발견은 한자의 기원을 푸는 열쇠이기도 하다.

위 그림은 강채 출토 도기에 새겨진 부호이다.(*2) 한자의 기원을 고찰할 때 흔히 거론되는 자료는 중국의 신석기 문화를 대표하는 앙소(仰韶)문화의 유적지인 서안(西安)의 반파(半坡)와 임동(臨童)의 강채(姜寨)에서 출토된 도기에 새겨진 부호이다. 특히 강채의 도기에 나타난 위의 여러 부호는 그대로 갑골문에 나타난 자형(字形) 그 글씨체들이거나 하나의 부분 요소로 쓰이는 기호이기도 하다. 즉, 갑골문은 강채의 도기에 나타난 여러 부호 같은 기록의 수단들을 발전시켜 만든 문자임을 알 수 있다. 다시 말해 여러 부호들은 결승(매듭)과 같은 기호로서 단순한 기록의 수단이었으나 점차 기록의 대상이 확대되어 언어 문자로서의 기록 수단이 필요해짐에 따라 기존의 부호들을 발전시킨 것이 갑골문의 초기 형태로 짐작할 수 있다. 나아가 갑골문의 형태로 많은 기록을 남겼으나 목간과 같은 재질의 유물은 사라지고, 현재 복사(卜辭)로 쓰인 갑골문의 유물만 남아 발견되었다는 방증이기도 하다.

한자의 글자체(서체)는 시대에 따라 많은 변화를 보이고 있다. 흔히 갑골문이 세련되게 바뀌는 다음 단계가 금문으로, 서주(西周)시기의 문자이며, 주로 청동기물에 주조되어 있기 때문에 종정문(鐘鼎文)이라고도 한다. 전국시대 당시 칠웅(七雄) 가운데 서쪽에 위치한 진나라는 서주의 문화를 그대로 이어받은 주문(籀文) 곧 대전(大篆)을 사용한 데 반하여, 나머지 동쪽에 위치한 육국은 이른바 육국고문(六國古文)이라는 간략화 되고 변화가 심한 자체를 사용하였다. 이처럼 전국시대에 이르러 지역과 국가가 분열되면서 어문정책 또한 통일이 되지 않아 서토(西土)의 대전과 동토(東土)의 고문이라는 서로 일치하지 않은 서체를 사용하였고, 육국 사이에서도 서로 풍격이 다른 자체를 사용하게 되었다. 따라서 전국시대는 한자 역사상 가장 혼란스러운 시대라고 할 수 있다. 고문은 공자의 옛집 벽에서 발견된 공자벽중서(孔子壁中書)와 육국의 옛 땅에서 발굴된 죽간, 백서, 도기, 화폐, 도장 등을 통해 그 면모를 살펴볼 수 있다.

전국 문자의 가장 큰 특징은 상나라 갑골문과 서주의 금문에 비해 상형성을 탈피하여 부호화의 초기 현상이 발견된다는 점이다. 어쨌든 갑골·금문·주문으로 이어지는 한자 자체의 정통을 이어받은 진나라가 진시황이 천하를 통일한 후 서동문(書同文-문자자체 표준화 정책)을 실시하여 대전을 기초로 한 소전을 승상 이사(李斯)가 만들었다. 이로써 한자는 지역적 혼란을 벗어나 표준의 자체를 갖추게 되었다. 설문해자는 전서체 말고도 당시까지의 여러 서체를 함께 제시해 후세의 문자학 연구에 도움을 주었다. 그 후 예술적 관점이 많이 적용된 소전체와는 대조적인, 실용성을 중시한 예서체(隸書體)가 대중적으로 유행하기 시작하면서 점차 주류(主流)로 자리 잡았고, 나아가 해서(楷書), 행서(行書), 초서(草書)의 바탕이 되었다. 해서는 지금 우리가 쓰는 한자 서체다. 이상이 한자에 대한 대략의 역사이다.(*3)

한자 창제의 기원 전설은 창제 원리를 알 수 있는 단서를 제공한다. 「설문해자」서문에 따르면, '황제의 사관 창힐이 새와 짐승의 발자국을 보고 나눠진 무늬가 서로 구별되어 질 수 있음을 알고 처음으로 서계를 만들었다.'고 전한다. 전설의 요점은 각각의 발자취가 남겨지는 원리에 따라 글자를 만들었다는 뜻이다. 그렇다면 글자는 무엇이 남기는 발자취인가?

문자의 발명 이전에 먼저 소리말이 있었다. 현대의 과학은 인류의 언어 사용을 수 만 년 전으로 추정한다. 문자의 발명은 고작 6,000년이 되지 않는다. 문자가 발자취의 결과물이라면, 문자의 발은 무엇인가? 당연히 문자 이전의 소리말이다. 곧 소리말이 발이 되어 바닥에 흔적을 남기듯, 그러한 원리로 만든 것이 한자라는 뜻이다. 다시 말하면, 소리의 뜻을 발자취가 남겨지는 것처럼 그림으로 그렸다는 의미이다. 그러나 그 소리말은 알 수가 없다. 왜 알 수가 없는가? 소리말의 뜻이 문자로 변하면서 본래의 소리말이 바뀌었기 때문이 그 첫째 이유이고, 둘째로 본래의 소리말은 지금 쓰고 있지 않기 때문이다. 이것이 한자 그리고 중국어의 근본 되는 실상이다. 나아가 거의 모든 문자의 실상이기도 하다.

문자의 기원과 그 변천의 역사는 표의문자에서 표음문자로 발전했다. 오늘날은 말과 글이 일치하는 표음문자의 시대이다. 왜 처음부터 표음문자가 만들어 지지 못하고, 표의문자가 먼저 발명되었을까? 뒤집어 보면, 말과 글 곧 언문(言文)을 분리하여 만들었다는 뜻이다. 한자의 기원에서 살펴보았듯, 문자는 기록을 위한 수단으로, 즉 그 때까지 이용되었던 기록 수단의 불편에 따라 보다 편리한 대안으로서 만든 것이었다. 이처럼 글이란 단순히 뜻을 남기는 기록의 필요에 의한 발명이었듯, 번잡한 소리말의 뜻을 엑기스(핵심)만 뽑아 발자취를 남기는 방법에 따라 만든 것이다. 그렇기 때문에 한자는 '一字(일자) 一音(일음) 一義(일의)' 곧 하나의 자형(字形)에 하나의 자음(字音)과 하나의 자의(字

義)가 있는 원칙의 이유이기도 하다. 점차 일상의 언어와 기록의 문자가 서로 다름에 따라 불편을 느끼게 되면서 언문이 일치되는 표음문자가 발명되었다고 쉽게 짐작할 수 있다.

한자는 결코 표음문자가 아닌 분명한 표의문자이다. 그러나 오늘날 중국어는 표의문자를 표음문자로도 쓰는 말이다. 바꾸어 말하면, 기록문을 대화문으로 사용한다는 뜻이다. 즉 기록문이 일상의 대화문이 되었다는 의미로 본래의 소리말을 버리고, 기록문이 새로운 말이 되어 언문일치를 이룬 것이 오늘날 중국어의 본질인 것이다. 그리고 중국어는 단음절의 고립어(孤立語)로 세계 언어사(言語史)는 분류하는데, 중국어가 유일하다. 이는 돌연변이 언어라는 반증이 될 수도 있다. 그런데 오늘날의 중국어는 결코 단음절이 아니다. 과거의 단음절(單音節)들이 이제는 숱하게 다음절(多音節)로 변했다. 과거 하나의 글자에 하나의 음절뿐이던 것이 이제는 하나의 글자가 다음절로 바뀌었다. 자연스런 현상일 수도 있지만, 관점에 따라 매우 부자연스런 현상이다. 대체적인 언어사(言語史)의 흐름은 어원 의식이 뚜렷할 때 그 변화가 거의 이루어지지 않거나 더디지만, 어원 의식을 상실(喪失)할 때 급격한 변화를 보이고 있다.(*4) 따라서 중국어의 음운 변화는 소리말의 뜻을 잃어버린 한자의 필연이다. 또한 한자의 음(音)이 뜻이 없는 이유이기도 하다. 더불어 한자의 자형 그 서체 또한 뚜렷한 원칙이 없이 단순히 간략화의 방법으로 변해 온 이유이기도 하다. 자형 역시 본래의 의미를 상실했다는 방증이다.

한자의 가장 큰 모순은 한자의 음(音)에는 뜻이 없다는 것이다. 소쉬르에 의한 음소와 의미소의 구분이 과학이라는 힘을 얻어 면죄부를 부여하고 있지만, 설령 그렇다 할지라도, 고립어로서 단음절의 한자음은 이미 의미소(형태소)이다. 그럼에도 불구하고, 그 음에는 뜻이 없다는 것은 분명한 모순이다. 십분 양보하더라도 그 음이 존재해야 하는 이유는 있어야 하지 않겠는가? 그 글자에는 왜 그 음(音)이어야만 하는 가? 그리고 그 음을 붙이는 원리는 또한 무엇인가? 도대체 어떤 원리로 붙였단 말인가? 굳이 노암 촘스키를 들먹이지 않더라도 상식적으로 모든 말이나 문자는 보편 문법이 있다는 것을 알 수 있다. 말이란 남녀노소 누구나 쉽게 배우고 알 수 있는 상식이기 때문이다. 곧 말이나 글이란 누구라도 알기 쉽도록 보편적 원리로 만들었다는 뜻이므로, 아무런 의미도 없이 그 음(音)이 있을 수는 없다는 반증이기도 하다. 더불어 무엇보다도 뜻이 있든 없든 그 음(音)은 또한 어디서 생긴 것이 겠는가? 문자이전의 소리말이 어떤 식으로든 연관되어 있는 말이 아니라면 그 무엇일 수 있겠는가?

한자의 보편 원리가 흔히 말하는 '육서(六書)'이다. 그러나 그 육서(六書)로도 논리적 설명이 안 되는 한자들이 대부분이다. 아니 거의가 보편 논리가 아닌 개별 논리에 의해서만 설명이 가능할 뿐이다. 한자의 두 번째와 세 번째 모순이다. 즉, 한자의 자형은 원칙 없이 단지 그림 그리듯 만든 상형문자로 보기 때문에, 보는 사람마다 다르게 볼 수 있는 여지가 있고, 경우에 따라 코에 걸면 코걸이 귀에 걸면 귀걸이가 되는데 두 번째 모순이 있다. 학자마다 무엇을 그린 것인지 설왕설래하는 이유이다. 더불어 세 번째 모순은 글자의 뜻에 따라 억지로 꿰어 맞춰야 맞춰지는 비논리가 통용되는데 있다. 비논리적 억지 논리로만 설명이 가능한 까닭이기도 하다. 비논리라는 것이 이미 모순이지 않은가? 모두가 자음(字音)과 자형(字形)의 원리를 모르는 데서 비롯되는 것으로, 한마디로 발자취의 원리를 모르기 때문에 생기는 모순이다.

소나무/송(松)은 형성자로 의미를 나타내는 나무/목(木)과 발음을 나타내는 공(公)으로 이루어진 글자로 설명한다. 발음만이 '공'에서 '송'

으로 변했을 뿐이다. 상식적으로 나무는 수많은 이름의 나무들로 나뉘어져 있다. 나무뿐만 아니라 다른 식물들도 그렇고, 동물도 또한 그러하며, 이러한 일반적인 의미소가 흔히 말하는 한자의 부수라는 것이다. 육서(六書) 형성(形聲)의 원리로 따지면, 일반적인 나무[목(木)]가 소나무라는 뜻이 된다. 소리부인 공(公)은 의미가 없기 때문이다. 모순이지 않은가? 분명 공(公)은 의미가 없는 것이 아니라 여러 나무 중에서 소나무임을 나타내기 위한 뜻으로 붙인 음(音)인데도 아무런 뜻도 없다는 꼴이다. 한자 그 첫 번째 모순의 예이다.

칼/도(刀)는 칼의 모양을 그린 상형자로 설명한다. 칼의 뜻이 있어 그런가 보다 하지만, 칼을 그렸다고 보기는 힘들다. 갈/거(去)의 갑골문 자형은 분명 큰/대(大)와 입/구(口)의 회의자인데, 대(大)를 그릇 뚜껑으로 설명하는 것은 역설적으로 경우에 따라 얼마든지 다른 것을 그린 것으로도 볼 수 있다는 논리이다. 똑 같은 글자가 보는 사람의 입맛대로 바뀔 수 있다는 것은 분명한 모순이다. 두 번째 모순의 예이다. 믿을/신(信)은 사람/인(人)과 말씀/언(言)의 뜻을 모은 회의자로, 사람의[인(人)] 말[언(言)]에는 '불신'뿐만 아니라 그 밖의 다른 많은 마음들이 있는데도 '믿음'이라는 뜻이 되어야만 하는 근거를 제시하지 못하는 것은 분명한 억지일 수밖에 없다. 그 세 번째 모순의 예이다.

알다시피 한자는 그 글자의 모양인 자형(字形)과 그 글자의 발음을 나타내는 자음(字音) 그리고 그 글자의 뜻을 밝히는 자의(字義)라는 형(形)·음(音)[성(聲)]·의(意/義) 삼위일체로 만들어진 것이다. 한자뿐만 아니라 모든 문자가 그와 같다. 다만, 표음문자는 자형이 소리기호이고, 표의문자는 자형이 상형기호 곧 그림 형태라는 차이뿐이다. 어느 경우이든 자형과 자음을 통해 자의를 나타내는 원리이다. 표음문자의 알파벳은 단지 그 소리를 나타내는 기호이므로, 그 자형이 곧 자음이다. 즉, 문자이전 본래의 소리말 뜻이 바로 그 글자의 의미이기도 하다. 반면에 표의문자는 자형에도 뜻을 나타냈고, 자음 역시 본래의 소리말과 어떻게든 관련되어 있기 때문에 그 뜻이 분명히 있는 말이다. 따라서 표의문자는 자형의 뜻과 자음의 뜻이 서로 연관 짓거나 도우며 자의를 나타내는 원리라는 방증이다. 마찬가지로 한자는 문자이전의 소리말을 발자취의 원리로 만들었다면, 자형과 자음이 그 원리라는 뜻이다. 그리고 그 원리가 육서(六書)라면, 육서는 당연히 자형과 자음을 함께 나타낸 원리라는 방증이다. 그런데 그 동안 육서는 자형의 원리로만 인식되어 왔었다. 한자의 자음에는 뜻이 없는 것으로 인식되었기 때문이기도 하지만, 어쨌거나 지금까지 육서의 원리를 잘못 알고 있었다는 뜻이다.

03

육서(六書)를
어떻게 볼 것인가?

　우리는 지금까지 한자가 표의문자(表意文字) 이전에 상형문자(象形文字)라는 인식의 틀에 갇혀 있었기 때문에 한자는 뚜렷한 원칙 없이 그림을 그리듯이 그린 그림문자로 시각의 틀이 고정되어 있었다. 그림은 개별적 관점이 투영되는 것으로, 보편 논리가 아닌 개별 논리가 지배한다. 한자를 글자마다 개별논리로 설명하려는 이유이다. 그리고 그림은 눈에 보이지 않는 것 또는 움직임이나 현상 등은 그리기가 어렵다. 설령 그릴 수 있을지라도 이 또한 개별 논리일 수밖에 없다. 그림이 보편 논리가 되기 위해선 상징화(象徵化) 곧 표의화의 원리가 있어야 가능하고, 표의화(表意化)의 원리 또한 누구나 쉽게 알 수 있는 보편적인 원리가 되어야 한다. 그 상징화의 보편 원리가 육서(六書)라면, 육서란 한자 자형에 대한 상징화(표의화)의 원리이면서 또한 한자음 그 자음의 존재 원리 곧 한자음의 역할(役割)에 대한 이론(理論)으로도 볼 수 있다. 더불어 자형과 자음을 함께 어우르는 원리라면, 자형의 원리가 또한 자음의 원리이기도 하다는 뜻이다.

　자음의 원리를 알려면 먼저 그 음(音)의 특성을 알아야 한다. 한자의 모든 음(音)은 단음절이다. 이는 무엇을 뜻하는가? 한자의 소리말은 어떤 법칙에 의해 생략되고 축약된 하나의 음절 곧 단음으로 법칙화 시켰다는 뜻이다. 이러한 일이 가능했던 이유는 무엇일까? 당연히 문자를 창제할 때 대화를 위한 목적이 아닌 기록을 위한 목적의식으로 그 효율성에 따랐기 때문으로 보는 것이 합당하다. 또한 문자의 창제는 자연스런 흐름이 아닌 필요에 의해 어느 특출한 개인이 누구나 쉽게 알 수 있게 보편적 원리에 따라 발명했기 때문이다. 그 창제 원리가 모두에게 쉽게 공인되면서 보편 원리가 되었다는 방증이기도 하다.

　한자의 단음절은 수많은 동음이의어(同音異義語)가 필연이다. 사람이 단음으로 낼 수 있는 소리는 극히 한정적이다. 수 백 가지에 불과한데 한자는 수 만 가지에 달한다. 간단한 계산으로도 하나의 음(音)에 수 백 가지의 동음이의어(同音異義語)가 산출된다. 눈으로 보지 않으면서 어느 누가 귀로만 듣고 그 뜻을 구분할 수 있겠는가? 이로 미루어 보아도 한자는 보기 위한 기록문으로 발명했다는 확실한 증거이다. 당연히 서로 구분되는 자형(字形)으로 말미암아 아무리 동음(同音)이 많더라도 눈으로는 누구나 쉽게 구분할 수 있다. 물론 배워야 하는 수고로움은 감내해야 하지만. 어쨌든 언어와 문자를 서로 구분하여 사용했다는 뜻이다. 즉, 한자음은 서로 대화로 쓰던 소리말과는 다르게 단음절로 변형시켰다는 것이다.　그런데 이러한 기록문을 듣기 위한 대화문으로 바꾸기 위해서는 반드시 보지 않고도 소리로만 듣고 서로 구별 지을 수 있어야 한다. 그렇기 때문에 단음절(單音節)은 다음절(多音節)이 되고, 아울러 네 가지 성조(聲調) 곧 사성(四聲)까지 동원하여 구분한 것이 오늘날 중국어이다. 우리 한자음이 중국음과 달라진 이유이고, 역설적으로 그 자음의 뜻을 모르기 때문에 편의에 따라 바꿀 수도 있었다는 반증이다.

한자음은 어떻게 알 수 있는가? 우리는 과거 서당에서 한자를 배울 때, 한자의 '形(형) · 聲(성)[음(音)] · 意(의)'에 따라 훈독(訓讀)하며 익혔다. 즉, 어느 글자의 자형을 보며 따라 그리고(쓰고), 그 글의 뜻(意)과 음(聲)으로 '하늘/천(天) 따/지(地)'처럼 소리 내어 읊조리며 배우고 익혔다. 언제부터의 학습법인지는 알 수 없지만, 중국의 학습법과는 차이가 있다. 어쨌거나 중국의 한자음에 대한 표기법은 직음(直音)의 방법으로, '락(樂)자의 발음은 락(洛)이다[樂, 音洛也]'와 같이 나타내는 것이다. 설문해자에 나타나는 '某聲[모(某)가 발음이다]'이나 '讀若某[모(某)자와 같이 발음한다(읽는다)]' 처럼 나타내는 방법이 직음(直音)이다. 보다 일반적이고 여러 사람이 잘 아는 기본단어를 제시하여 표제어의 발음을 가르쳐주는 방법이다. 불경의 전래와 함께 소리글자인 경전(經典)의 산스크리트(Sanskrit) 곧 범어(梵語)를 번역해야 할 필요가 생겼다. 주문(呪文) 같은 소리글자를 본래의 소리와 가깝게 나타내야 하는데 기존의 '독약(讀若)~'같은 직음(直音)의 방법으로는 분명 한계가 있었다. 그리하여 그 대안으로 생겨난 것이 반절법(反切法)이다.(*5)

반절법은 나타내고자 하는 글자의 소리를 다른 두 글자로 표시하는 방법으로, 앞 글자에서는 성모(聲母) 곧 초성을 취하고, 뒤 글자에서는 운모(韻母) 곧 중성과 종성을 따서 서로 합하는 수단이다. 예를 들어, '음(音)은 어금절(於今切)이다'는, 어(於)의 초성 'ㅇ(성모)'과 금(今)의 초성 그 성모(ㄱ)을 제외한 '음(운모)'를 합친 [음]이 음(音)의 발음이다는 뜻이다. 오늘날 외국어 사전에서 발음기호로 나타내는 방법과 그 원리는 같다. 그리하여 세종대왕이 훈민정음(訓民正音)을 창제하고 공포(公布)했을 때, 사대부들이 한글을 '반절(反切)'이라 폄하한 까닭이다. 글이란 뜻이 있어야 하는 표의문자(表意文字)로서 한자만이 문자이고, 뜻이 없는 음성기호로서 소리문자[표음문자(表音文字)]는 반절(反切)일 뿐이며 상놈들의 말에 지나지 않게 보았던 것이다. 백성들의 소리말은 반절(反切)일 뿐이고, 한자만이 사대부들의 이상(理想) 즉 유학(儒學)을 실현하는 참글로 여긴 것이다. 그래서 억지로 아전인수(我田引水)하여 문리(文理)가 트일 때까지, 엄밀히 말하면, 억지로 의미가 짜맞추어질 때까지 배우고 익히는 것이 그들 사대부의 일상이었던 것이다. 그렇기 때문에 수많은 모순이 있는 한자의 실체를 보지도 못하는, 마치 성경을 쓰여 진 대로 받아드리며 오직 믿음으로만 보아야 하는 오늘날과 별반 다르지 않았다. 의문은 불경(不敬)이 되고, 불신(不信)이 되기 때문이다.

한자음의 반절법 표기는 무슨 의미가 있는가? 단순한 발음을 나타내기 위한 하나의 방법으로 볼 수도 있지만, 그 음의 정확한 '초성·중성·종성'을 나타내기 위한 방법으로도 볼 수 있다. 이는 우리말 단음의 기본적인 형태이다. 물론 중국의 음도 같은 형태이다. 그러나 오늘날 종성이 있는 중국음은 'ㄴ·ㄹ·ㅇ' 정도뿐이다. 그래서 오늘날에도 특히 'ㄴ'과 'ㅇ' 받침의 한자는 우리 한자음과 중국 한자음이 거의 비슷하다. 어쨌든 반절법의 발음 형태는 우리의 흔한 줄임 방법의 한 형태이기도 하다. 즉, '미역'의 준말이 '멱'이 되는 방법과 동일하다. 따라서 한자 반절법의 단음절은 그 음(音)이 문자 이전 어떤 소리말의 생략형이거나 축약형을 나타낸 상징으로도 볼 수 있다.

'形(형)·음(音)·意(의)'로서 삼위일체를 이루는 한자는 분명한 뜻(意)을 나타내기 위해 형(形)과 음(音)이 서로 상보관계를 이룬다. 다시 말해 부족하고 불분명한 그림의 뜻을 제목 즉 소리(音)로서 더욱 분명한 뜻(意)을 나타낸 것이다. 문자 이전의 말은 소리말이다. 소리에 그 말뜻이 분명 있었다. 그 소리말이 한자 구성의 3요소 중 음(音)으로서 하나를 차지하는데 어찌 아무런 의미가 없을 수 있겠는가? 그 소리는 개소리인가? 비유하면, 한자음은 무성영화(形)에서 변사의 존재와 같고, 유성영화에서 배경음악을 흘러 보내는 이치와 같다. 그리고 한자는 말의 발자취 원리가 근본이다. 즉 형(形)은 발의 자취이고, 음(音)은 발의 뜻 곧 그 발의 주인이 발자취를 남기는 방법이며, 의(意)는 그 자취를 남기는 발 주인의 정체성을 나타내어 形(형) · 음(音) · 意(의) 삼위(三位)가 하나가 되는 원리가 말의 발자취 곧 말자취 원리이다. 한마디로 '글의 원리'이다.

글이란 무엇인가? 문자가 글이다. 한자는 문자이므로 글이기도 하다. 그러면 우리말 '글'의 어원은 무엇인가? 글이란 말은 당연히 문자가 발명되면서 생긴 말이다. 문자는 발자취 원리로 만든 것이듯, 당연히 문자 곧 글은 그린 것을 나타낸다. 무엇을 그린 것이겠는가? 문자 이전의 말을 그린 것이다. 즉, '그린 말'의 준말이 글의 어원이다. 따라서 글이란 말을 그린 것이다. 이처럼 우리가 너무나 단순한 글의 의미를 망각하면서 한자의 원리도 덩달아 잊어버린 것이다. 즉, 한자가 말을 그린 상형문자라는 원리를 잊어버리고, 말의 뜻이 나타내는 실체를 그린 것으로만 시각이 고정되어 있었기 때문에 그 거스름 현상으로 나타난 그 동안의 숱한 모순은 필연이었다고 볼 수 있다.

그러므로 한자는 문자 이전의 말을 그린 결과물로써 보아야 비로소 제대로 볼 수 있다. 그 말을 그리는 보편원리가 또한 말자취 원리로서의 육서(六書)로 볼 수 있을 때 그 육서의 실체 또한 바르게 이해될 수 있다. 그리고 알다시피 한자가 形(형) · 음(音) · 意(의) 삼위(三位)로 나타난다는 것은 거꾸로 형(形)과 음(音)으로써 의(意)를 나타내는 방법이라는 방증이다. 그러면 음(音)은 형(形)이 의(意)를 나타내기 위한 표의화 또는 상징화의 수단이고, 육서가 바로 그 음(音)이 형(形)을 상징화시키는 원리라는 뜻이다. 마찬가지로 형(形)은 음(音)이 의(意)를 나타내기 위한 표의화 또는 상징화의 수단이고, 육서가 바로 그 형(形)이 음(音)을 상징화시키는 원리라는 뜻이기도 하다. 즉, 육서란 형(形)의 상징화 원리뿐만 아니라 음(音)의 표의화 원리이기도 하다는 방증이다. 더불어 그 육서는 또한 발이 발자국을 남기듯, 말이 자취를 남기는 말자취 원리의 바탕 위에서 나타나는 표의화이고 상징화라는 뜻이기도 하다. 그렇기 때문에 형(形)은 말의 자국으로서 자형(字形)이고, 음(音)은 말의 걸음걸이 그 말자국 소리로서 자음(字音)이며, 의(意)는 말의 발 곧 그 정체성으로서 자의(字義)와 비유될 수 있다.

따라서 육서는, 우리말의 의미를 견지(堅持)하면서, 이미 자취로 고정된(그려진) 형(形)의 원리와 자취를 그리며(남기며) 짓밟는 소리, 그 움직임과 현상을 나타내는 음(音)의 원리를 서로 동전의 양면처럼 보아야 한다. 이는 또한 음(音)은 하늘이고, 형(形)은 땅이며, 의(意)는 사람으로 서로 천지인의 삼위일체와 같다. 그렇게 보는 육서는 어떤 모습인가?

04

육서(六書)란
무엇인가?

- 지사(指事) 다시 보기

한자의 바이블(성경)이라는 『설문해자(說文解字)』〈서문(序文)〉에 나타난 육서(六書)와 견주어 다시 살펴보고 그 모순을 찾아 바로 잡아야 한자의 원리가 바로 세워지지 않겠는가? "周禮 八歲入小學 保氏敎國子 先以六書('주례'에서 이르길, 8세 때 소학에 들어가는데 보씨(保氏)는 나라의 자제를 가르침에 먼저 '육서'를 가르쳤다)" " 一曰指事 指事者 視而可識 察而見意 上下是也(첫째는 지사를 말하며, 지사(指事) 곧 일을 가리키는 것이란 보면 능히 알 수 있는데, 살펴서 그 뜻과 견주어 보면(살펴면) 뜻이 드러나는 것으로 上 下가 그런 것이다)" 다시 말해, 관념적인 일을 가리켜 지시하는 원리로서, 그 뜻과 살펴 견주어 보면, 보이면서 보이는 대로 능히 알 수 있는 것이다.

이 글자는 순서대로 상(上)과 하(下)의 갑골문, 금문, 소전의 자형이다. 서로 위 아래가 뒤바뀐 형태임을 알 수 있다. 상(上)과 하(下)는 우리말 '위'와 '아래'를 뜻하는 글이다. 위와 아래는 명확히 구분할 수 있는 것이 결코 아니다. 즉 어떤 기준에 따라 나눠지는 관념 속의 형상이다. 어떤 기준을 정하여 긋고[一] 그 위를 표시하여 二(上)으로 지시해 그리며 '상' 음(音)으로 이름 지은 글이 상(上)이라는 글자이고, 이러한 조어(造語) 방법이 육서(六書)의 첫째인 지사(指事)라는 원리이다. 그림 원리 곧 형(形)으로서의 육서(六書)를 의미한다.

소리 원리 곧 음(音)으로서의 육서는 어떠한가? 음(音)의 '상'이 기준[一]의 위를 표시한 부분[二(上)] 곧 '사(事)'를 손가락으로 가리켜 지시하듯[지(指)] 나타내는 뜻이라는 원리이다. 다시 말해, '상' 음(音)의 뜻이 어떤 기준 위의 현상을 지시하여 나타내는 원리를 뜻한다. 그렇다면 상(上)의 소리말은 무슨 뜻이겠는가? '솟(ㅅ)아(ㅏ)[사] 오르다[ㅇ]'의 준말임을 쉽게 유추할 수 있다. 옛날에 등상(凳牀) 곧 발돋움을 '사오리(사 오르는/올리는 이)'라고 했듯, '상'은 돋우어 오른/올린 현상이나 상태를 나타내는 준말임을 알 수 있다. 그래서 어떤 기준[一]에서 솟아 오른(사 오른)[상] 곳 二(上)[事]을 손가락으로 가리키듯[指] 나타내는 원리이며 이러한 조어법이 또한 소리 원리로서 육서의 지사(指事)를 뜻한다.

우리말 '위'의 먼저(옛) 말은 '우'이다. '우글우글'은 액체 따위가 끓어 오르는 소리나 모양을 나타내듯, '우뚝'은 여럿 가운데서 유난히 높이 두드러진 모양이거나 또는 남보다 두드러지게 뛰어난 모양 등의 우뚝 솟아 오른 모습을 나타내듯, '우'는 어느 상태로 '오르다'는 뜻을 가진다. 그렇기 때문에 어느 기준에서 (솟아)오른 상태가 '우'이고, 나중에 지시대명사 '이'를 더하여 그 뜻을 보다 분명하게 나타내어 변한 말이 '위'이다. 그렇다면 위/상(上)은 우리말 '우'를 보다 구체적인 상징 그림으로 나타낸 글임을 알 수 있다. 곧 상(上)의 발 주인이 우리말 '위'이고, 우리말 '위'의 발자취 上을 솟아오르는 '상'의 소리말 그 발자국 소리로 지시하며 그리는 말자취 원리이다. 이로 미루어 지사자(指事字)의 소리말은 그 추상(抽象)되어 지시하는 뜻을 구체적으로 설명하는 말임을 알 수 있다. 하(下)와 '아래' 또한 마찬가지인가?

우리말 '아래'는 아직까지 그 어원을 알 수 없는 말이다. 왜 알 수 없는가? 지금까지 숱한 우리말 어휘들의 어원을 알 수 없었던 이유는 무엇일까? 한자가 그러하듯 우리 역시 그 역사를 잃어 버렸기 때문이다. 역사적 사료에서 찾을 수 있는 어원은 그 한계가 분명하다. 역사 이전은 알 수가 없다. 물론 구전(口傳)되어 오던 것은 신화(神話) 혹은 전설이나 그 밖의 다른 형태로든 기술되어 전해오기도 하지만, 글자에 불과할 뿐이다. 소리말이 결코 아니다. 문자의 역사는 소리말이 문자로 말미암아 많은 변화를 겪었음을 보여 주기 때문이다. 문자이전 수 만년 동안의 소리말은 알 수가 없게 되었다. 사료(史料)에 의한 어원 탐구는 변천과정을 밝히는 하나의 자료에 불과할 뿐, 결코 전부가 될 수 없다. 즉, 사료의 발음을 나타내는 수단이 오늘날 녹음기에 의한 기록이 아니듯, 일률적이지 않고 그 시대 한자음에 따라 비슷하게 표시했기 때문에 정확히 알 수가 없다. 하물며 조선 세종 때에야 창제된 우리 한글의 사료 임에랴 오죽하겠는가? 신라 이두에 의한 사료를 더해도 마찬가지일 뿐이다. 사료에 의한 틀에 갇히면 달은 보지 못하고 손가락만 보게 되는 것이다. 그렇기 때문에 우리말 역시 한자음과 마찬가지로 축약되고 생략되어 다듬어 지면서 발달되어 왔음을 보지 못하는 것이다. 이러한 우리말 원리 하나만으로도 그 동안 알 수 없었던 숱한 어원들의 맨 살이 드러날 수 있다.

'아래'는 그 뜻하는 의미로 추론하면, '아리 + 애'로 볼 수 있다. '아리'는 옛날 '다리'의 뜻이고, '애'는 '에'로 또는 '내리다'의 준말이다. 그러면 '다리(쪽)에 (이르다)' 또는 '다리 쪽으로 내리다'의 뜻이다. 즉, 우로 오르는 쪽에 대응된 다리로 내리는 쪽을 나타냄을 알 수 있다. 한자하(下)는 어떠한가? 소리말 '하'는 '가'로도 볼 수 있다. 한자음에서 'ㄱ'과 'ㅎ'은 서로 빈번하게 호환되고 있기 때문이다. 그렇기 때문에 '가라앉다'의 준말로, 어떤 기준 'ㅡ'에서 가라앉은[가] 곳[下]을 지시하여 가리키는 뜻이 된다. '다리 쪽에'와 '가라앉는 곳'은 의미는 같지만, 시각은 다르다. 우리말의 자취를 표현했다고 볼 수 없지 않은가? 그러면 '가라앉다'는 또 어떻게 풀이할 수 있는가?

'가라다 + 앉다'로 분석하면, 사람이 앉는 행위와 견주어 '가라다'는 '가르다(갈라놓다)'로, '앉다'는 '아리(다리)[아]를 누워(눕혀, 누비어, 나누어)[ㄴ] 자리하다[ㅈ다]' 또는 '아리로[아] 낮추다[ㄵ다]'로 유추할 수 있다. 그러면 '다리를 갈라 눕혀 자리하다'는 뜻이 된다. 앉는 행위는 결국 다리를 구부려(갈라) 눕혀 자리하는 행위의 다름 아니다. 동작 하나하나를 구체적으로 세분하여 나타낸 말이지 않은가? 또한 앉는 행위는 다리 쪽으로 몸을 내리는, 낮추는 동작으로 '다리 쪽에, 다리로 내리다'와 결코 다른 얼개(짜임새, 구조)라고 말할 수 없다.

- 상형(象形) 다시 보기

둘째는 상형을 말하며, 상형(象形) 곧 보이는 형상이나 나타나는 현상을 본뜨는 것이란 그 물체를 그리고 이루어 나타내는데, 몸(모습)

을 따르고 굽이치는 현상을 따지는 것으로 日 月이 그런 예이다.(二曰
象形 象形者 畵成其物 隨體詰屈 日月是也) 다시 말해 형상과 현상을 본뜨
는 원리로서, 그 물체의 형상은 따라 그리고 현상은 따져 이루는 것이
다. 물(物)은 눈에 보이지 않는 관념적인 사(事)와 달리 눈에 바로 보이
는 것이다. 보이는 모양과 나타나는 현상에 따라 그리는 제자(製字) 원
리가 상형(象形)이며 일(日)과 월(月)이 그러한 예라는 것이다. 그림[형
(形)]으로서는 형상을 본떠 그리는 원리이고, 소리[음(音)]으로서는 그
릴 수 없거나 그리기 힘든 어떤 '움직임과 현상' 곧 '움직이는 동작이나
나타나는 현상'을 따져 이루는 제자 원리이다.

한자는 창힐이 새들의 발자국을 보고 힌트를 얻어 창제했다는 전설
을 거꾸로 읽으면 한자가 발자취의 원리로 만들어 졌다는 뜻이다. 발
자국은 입체적인 3차원의 물체가 도장이 찍히듯, 사진에 찍히듯, 평
면에 2차원으로 나타나는 현상이다. 곧 3차원을 2차원으로 축소하여
나타내는 원리로 볼 수 있다. 나아가 발은 몸 전체의 일부분에 지나지
않는다. 그렇기 때문에 일부로서 전체를 나타내므로 많은 부분이 생략
되어 있지만, 새 발자국과 사슴의 발자국이 다르듯, 그 일부의 독특함
으로 전체를 충분히 대변하여 그 정체성을 쉽게 구분할 수 있다. 즉,
전체를 나타내어 그리는 방법과 특징이 나타나는 어느 부분만을 그리
는 방법이 있음을 시사(示唆)한다.

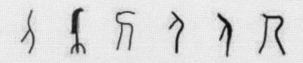

앞서 살펴본 칼/도(刀)의 갑골문, 금문, 소전과 인(人)의 갑골문, 금

문, 소전이다. 인(人)의 금문과 도(刀)의 갑골문은 서로 유사하다. 그 차이점은 무엇인가? 刀는 영어 S 형태의 자형 중간에 작대기 같은 형상을 덧붙여 그려졌다. 칼의 모습을 그린 상형자로 설명하지만, 전혀 칼의 모습과는 동떨어진 형태이다. 칼과의 개연성으로 시각을 달리하면, 그 자형은 작대기 같은 칼로 무언가를 도려내는 현상 그 자취를 나타낸 것으로 보이지 않는가? 곧 칼로 S 형태처럼 무언가를 도려낸 자취를 그리고 그 위에 칼의 상징인 비어져 나온[/] 칼날을 덧붙여 칼의 자취가 이루는 현상을 나타냈다는 뜻이다. 그러면 소리말(聲) '도'는 그 현상 곧 '도려내다'의 준말임을 알 수 있다. 이처럼 칼의 모양을 상형한 것이 아니라 칼의 실질적인 현상인 도려내며 남기는 칼자국의 자취를 그려 나타내는 한자 창제원리가 발자취의 원리이고, 그 중 가장 기본적인 상형의 원리이기도 하다는 뜻이다.

우리말 '칼'도 칼의 모양을 본 떠 나타낸 말이 결코 아니다. '가르는 (따로따로 나누다/ 날이 선 연장으로 베다, 쪼개다/ 양쪽으로 헤쳐서 열다) 이(것)'의 준말 '갈'이 격음화(거센소리되기)를 거쳐 나타난 말이다. 즉 칼이 나타내는 현상 곧 그 존재이유를 따져서 본 떠 나타낸 말임을 알 수 있다. 마찬가지로 우리말 '칼'이 나타내는 말 곧 '가르다'의 뜻을 그대로 그림으로 그려서 만든 한자가 칼/도(刀)이듯, 그러한 한자의 창제 원리가 또한 우리말의 말자취 원리이기도 하다. 그리고 그 글말(한자음)은 3차원에서 2차원으로 축소되며 생략된 모습을 구체적으로 나타내는 말임을 알 수 있다. 따라서 한자는 우리말이 나타내는 뜻 그 말자취를 그대로 그림으로 그리는 원리임을 알 수 있다.

순서대로 일(日)과 월(月)의 갑골문, 금문, 소전의 자형이다. 월(月)
은 '이지러진 달의 모양을 그린 것이다. 보름달로 나타내지 않고 이지
러진 달로 표현한 것은 보름달일 때보다 그렇지 않은 때가 많기 때문
이며, 그림으로써 해[日]와 쉽게 구별하기 위해서이다'고 사전은 설명
한다. 그러나 해와 달의 근본은 음양(陰陽)의 상징으로, 해는 하늘의
태양(太陽)이고, 달은 땅의 태음(太陰)이다. 양(陽)은 밝고 확장하는 원
심력의 상징이고, 음(陰)은 어둡고 수축하는 구심력의 상징이다.

일(日)의 자형 안에는 일(一)이 들어 있고, 월(月)의 안에는 십(丨)이
들어 있다. '丨'은 십(十)의 갑골문이다. 하나(一)는 하늘의 상징으로 새
로운 세상이 열린 탄생의 새싹(아기씨)을 비유한 것이고, 열(丨)은 땅의
상징으로 열매(씨)를 맺히는 잉태의 비유이다. 소전의 일(日)은 그대로
일(一) 곧 하늘로 표시했고, 월(月)은 이(二) 곧 땅으로 표시하여 나타낸
이유이기도 하다. 그렇기 때문에 하늘은 남성으로, 땅은 여성으로 보
는 것이 음양의 시각이다. 동서양을 막론하고 태양의 해는 남신(男神),
태음의 달은 여신(女神)으로 나타나는 까닭이다. 따라서 일(日)의 자형
은 아기씨(一)가 태어나 밖으로 확장하며 부풀려 성장하는 원심력을 나
타낸 것이고, 월(月)의 자형은 안으로 수축하며 오므려 씨앗(丨)을 잉
태하는 구심력을 나타낸 자형임을 알 수 있다. 그러면 소리말(音) '일'
은 '일다(새로 생기다, 성하게 되다, 위로 솟아오르거나 겉으로 부풀다)'의 준말
이고, '월'은 '워럭(와락/급히 대들거나 잡아당기는 모양)이다'의 준말임을 알
수 있다. 즉, 해는 빛을 쏘아 내뿜으며 비추는 확장의 개념이고, 달은

그 햇빛을 껴안아 갈무리하며 비추는 수축의 개념이다. 달빛이 눈에 부시지 않은 이유이다. 따라서 육서(六書) 상형(象形)의 음(音)으로서, '일(日)'은 해가 빛을 일어 내뿜는 현상을, '월(月)'은 달이 그 햇빛을 와락 거리며 껴안는 현상을 나타낸 것이다.

달과 연관된 신화와 전설들의 면면(面面)은 모두가 달의 여성성 그 상징과 관련된 것임을 알 수 있다. 우리에게 가장 널리 알려진 떡방아 찧는 토끼와 계수나무는 어떤 상징이겠는가? 잘 알려진 대로 토끼는 다산(多産)의 상징이고, 떡방아 찧는 것은 짝짓기의 메타포(metaphor)이며, 그 찧어지는 떡의 모양이 또한 달이 우그러지며 와락(워락)거리는 현상과도 비유된다. 그리고 토끼의 깡총거림은 그 자체로 이미 방아 찧거나 절구질, 달구질하는 현상이기도 하다. 계수나무의 열매는 바나나처럼 열리며 무수한 씨앗을 머금고 있다. 열매 모양이 초승달의 형상과도 닮았다. 다산의 염원을 담은 신화로 볼 수 있다.

桂 樹

계(桂)의 소전과 수(樹)의 해서체이다. 계수나무/계(桂)와 나무/수(樹)로 나타내어 계수(桂樹)나무처럼 쓰이지만, 이는 잘못된 표현임을 알 수 있다. 한자는 본래 '일자(一字)일음(一音)일의(一意)'의 원칙이 있다. 계(桂)가 이미 계수나무를 뜻하는데, 굳이 나무/수(樹)를 덧붙여 쓰는 것은 우리말 '계수'나무를 음차(音借)했다는 반증이다. 우리말 '계수'는 '계집'과 같은 얼개(구조)의 낱말이다. 즉, '수'는 '암수'의 수컷을 뜻하여, 계수는 '켜이는(현을 문질러서 소리를 내게 하는, 누에고치에서 실을 뽑게 하는)[계] 씨앗[수]'의 뜻이다. 열매 껍질이 커이듯 벌어지며 씨앗을 흩뿌리는 열매의 특징으로 나타낸 명칭이다. 마찬가지로 계집은 '켜이는 집' 곧 아기씨를 켜이게(끌어 들이게) 하는 자궁을 뜻하는 말이다. 다시 말해 여성성의 특징으로 여성을 통칭했음을 알 수 있다. 같은 얼개로 남성성의 특징으로, 곧 아기씨를 사(싸)내리는 의미의 '사(씨)낳이 〉 사나이 〉 사내'로 나타낸 것이다. 그렇기 때문에 '어버이 날 낳으시고, 어머니 날 길으시니'하는 까닭이다.

참고적으로 열/십(十)이 쌍스런 욕설로 쓰이는 이유이기도 하다. 즉, 십팔(十八)은 씨를[十] 팔아야(나누어야)[八] 하는 상황을 빗댄 욕설이다. 우리말 '사다'나 '팔다'는 서로 상대성에 따라 의미가 나타난다. 곧 사는 것이 파는 것일 수도 있고, 파는 것이 사는 것을 뜻할 수도 있는 말이다. 나눔의 뜻이기 때문이다. 그리하여 내가 씨를 사야 하는 경우와 팔아야 하는 경우는 '미치고 환장할, 젠장할' 뜻의 절망과 한탄을 나타낸 말이지만, 상대에게 하는 말은 반대로 상대가 그러한 상황에 처하기를 바라며 증오하는 욕설이 되는 것이다.

일(日)과 월(月)의 한자를 우리말과 견주면 우리말 '해'와 '달'은 어떤 얼개이겠는가? 해는 '하(아래 아) + 이(니/태양)'의 준말이다. 그러면 '하늘의 니(태양/알)'이고, '하늘(하나)를 니르완다/니르ㅎ혀다(일으키다)'의 준말임을 알 수 있다. 달리 '하늘 아이(애/알)'의 뜻이다. 달은 '다(땅) + 얼(태음)'의 준말이다. 그러면 '땅의 얼(태음)'이고, '땅에 알(태양)을 달다 / 달강거리다 / 달구질하다(와락거리다)'의 준말임을 알 수 있다. 달리 '땅이 잉태한 얼'의 뜻이다. 따라서 아들은 '아(하늘, 알, 아기씨)가 들다'의 준말이고, 딸은 '다(땅, 얼)에 달리다(딸리다)'의 준말이다. 더불어 알과 얼의 차이는 '아리고(알)' '어리는(얼)' 차이이다. 곧 들어가는 것과 들이는 것의 차이다.

녀(女)의 갑골문, 금문, 소전이다. 녀(女)의 자형은 보이는 것처럼 무릎을 꿇고 두 손을 가지런히 모으고 다소곳이 앉아 있는 모습을 그린 상형자이다. 그래서 여자는 집 안에 다소곳이 있으며 남편을 받들고 공경하는 존재로, 암탉이 울면 집 안이 망하듯, 여자가 나돌아 다니면 좋지 않기 때문에 여자[녀(女)]가 들어간 글자는 나쁜 뜻이 되는 이유로까지 설명하는 웃픈 세상에 우리는 살고 있다. 여성은 여성대로 덩달아 남(男)과 쓰인 나쁜 뜻을 찾으려 하지만, 별로 없는 현실을 망연자실하며 여권 운동이 길을 잃고 있다. 문제는 그 마음을 모르기 때문에, 그런 글자를 이해할 수 없는 자괴감에, 빨갱이로 몰아 세우듯, 연약한 여성을 비하하여 핑계 삼는 것에 있고, 보다 근본적인 원인은 그 마음을 모르는 것에 있을 뿐이다.

상형의 원리는 그 움직임과 현상을 나타내는 법칙이다. 무릎 꿇고 앉아 있는 것은 공손히 받드는 현상이고, 다소곳이 두 손을 모으는 것은 다소곳이 그렇게 녀미는 움직임을 나타낸 것이다. 곧 글말(한자음) '녀'는 '녀미다'의 준말이고, 아기씨를 공손히 받들어 녀미어서 잉태시키는 현상을 나타낸 것임을 알 수 있다. 여성의 근본적인 생리작용에 따라 만든 글자일 뿐이다. 여(女)와 함께 하는 숱한 글자들이 여자의 의미로는 도저히 이해할 수 없는 이유이기도 하다. 여미는 현상은 여성의 한 특성일 뿐이지 여자는 아닌 것이다. 녀미는 것이 여자는 아니지 않은가? 그리고 녀(女)에 '짝짓다'는 뜻이 있는 이유는 '녀미다'는 의미 곧 여미어 잉태하다는 얼개가 와전(訛傳)되어 나타났음을 미루어 알 수 있다.

그렇다면 녀(女)의 우리말은 무엇인가? 계집/녀(女)로 훈독하지만, 계집은 자궁의 의미에 의한 의미 확대이다. 그 말자취로 볼 수 없다. 흔히 '년놈'은 계집과 사내를 낮추어 이르는 말로, 욕설처럼 쓰이고 있지만, 본래 여자와 남자를 이르는 말로 볼 수 있다. 즉, '녀미는 니'의 준말이 '년'이고, '노(얼)를 미나는(내보내는) 이'의 준말이 '놈(노미)'이다. 다시 말해 아기씨를 내미는 사람이 남자[남(男)]이고, 그 아기씨를 녀미는 사람이 여자[녀(女)]이다. 따라서 우리말 '년'의 말자취가 녀(女)임을 알 수 있다. 결국 한자어가 권력어가 되면서 우리말이 천시되고 비하되었다는 반증이다. 역사를 잃어버린 결과이다.

- 형성(形聲) 다시 보기

셋째는 형성(形聲)을 말하며, 형성(形聲) 곧 소리를 형용한다는 것이란 관념적인 사정(事情)으로써 이름(특징)을 삼는 것인데, 말이 비유하는 것을 취해 서로 이루는 것으로 江 河가 그러한 것이다.(三曰 形聲 形聲者 以事爲名 取譬相成 江河是也) 다시 말해 말이 비유하는 것으로 그 뜻과 서로 이루어 나타내는 원리이다. 소리말의 뜻과 글자의 뜻으로 서로 이루는 것을 뜻한다. 그런데 그 소리말의 뜻을 모르기 때문에 형(形)과 음(音)을 각각 의미부와 소리부로 나누어 소리부는 뜻이 없다고 설명하는 우스운 꼴이 된 것이다. 그림[형(形)]으로서는 형부(形部)와 성부(聲部) 곧 음부(音部)로 나타내지만, 소리말[음(音)]으로서는 성부(聲部)의 소리말 뜻을 형용하여 나타내는 제자 원리이다.

순서대로 강(江)의 금문, 소전의 자형이다. 장인, 공교할/ 공(工)의
소리말 '공'이 글 전체의 소리말 '강'이 되는 원리이다. 즉, 관념적인
소리말 사(事)로써 글 전체의 이름(名)이 되는[以事爲名] 원리이다. 형
성자의 강(江)은 공(工) 소리말이 '강' 소리말로 바뀌었음을 알 수 있다.
'강(江)'의 뜻에는 규구(規矩), 장인 등의 공(工)과는 서로 관련이 없다.
그렇기 때문에 현실은 소리말(소리부)에는 뜻이 없다고 하는 까닭이 되
었다. 형성(形聲)이란 공(工)의 자형 뜻이 아닌 관념적인 소리말 '공'의
뜻으로 서로 형용하는 제자 원리이다.

'강(江)'은 당연히 물(水)로 이루어진 것이다. 그렇다고 물이 강을 의
미하지는 않는다. 물은 물일 뿐이다. 물은 단지 강을 이루는 하나의
요소에 지나지 않는다. 물/수(氵) 변으로 이루어진 수많은 한자(漢字)
들이 그렇듯이 그 뜻의 일반적인 요소의 하나일 뿐이다. 그렇다면 공
(工)은 일반적인 물(水)을 강의 물이게 하는 분명한 뜻을 가지는 소리이
다. 그런데도 뜻이 없다는 것은 어불성설(語不成說)이다. 논리적으로
보면, 강(江)은 '공(工)의 물(水)'을 나타내기 위한 글자임을 알 수 있다.
그리고 이러한 조어(造語)방법(方法)이 '형성(形聲)'의 원리라는 뜻이다.

우리말에 '강물'이라는 누구나 알고 있는 말이 있다. 이는 한자어 '강
(江)'과 우리말 '물(水)'의 합성어로 알고 있다. 한자를 배운 사람은 누
구나 그렇게 알고 있다. 안타깝게도 지금은 사라져 가고 있지만, 순수
우리말에 강을 뜻하는 '가람'이라는 말이 있기 때문에 생기는 현상으로
도 볼 수 있다. 그런데 이상하지 않은가? 한자어 강(江)은 형성자로, '

강(工)의 물(水)'이라는 조어법(造語法)으로 만들어진 글자가 아니던가? 그렇다면 우리말 '강물'이 한자와의 합성어가 아닌 순수 우리말이라는 뜻이지 않은가? 우리말을 그대로 풀어 글자 곧 한자로 만든 것임을 알 수 있다. 소리말의 자취로 그리는 발자취의 창제 원리와도 그대로 일치하지 않는가? 형성(形聲)의 조어법이 그대로 부합되지 않는가?

우리말 '강'은 무슨 뜻인가? 사전의 설명에 따르면, '강-'은《일부 명사 앞에 붙어》1. '억지의', '부자연스러운', '호된' 등의 뜻을 나타내고 2. '그것만으로 이루어진'의 뜻을 나타낸다. 그리고 '강강술래'의 '강'은 전라도 사투리로 '주위, 원(圓)'의 뜻이라 한다. 그럼 강아지의 '강'은 '개(犬)'를 뜻함이 분명한데, 어떤 차이가 있는 것일까? 마찬가지로 '강' 의 단음(單音)으로 여러 가지 다른 뜻을 갖는 까닭은 또 무엇인가?

개(犬)의 옛말은 '가히'이다. 그리하여 '가히 〉 개'로 변했음을 알 수 있다. 강아지는 개의 새끼를 말하듯 '-아지'는 새끼를 이르는 말이다. 하면 '개아지'가 아닌 '강아지'가 된 이유는 무엇인가? '가히'에 '아지'를 붙였음을 쉽게 짐작할 수 있다. 그렇다면 '가히아지'가 음운동화(音韻同化) 현상으로 '가이아지'가 되었다가 '가이'가 '개'가 아닌 '강'으로 축약되어 오늘날 '강아지'가 된 것이다. '가히'가 '개'와 '강'으로 축약된 것이다. 어째서 하나의 뜻이 서로 다른 두 가지 방법으로 축약되는 것인가? '강'은 '-아지'의 'ㅇ'에 동화된 현상으로 볼 수 있듯, 말을 축약하고 줄이는 과정에서 나타난 현상이다. 이와 같이 우리말도 축약되고 생략되며 조어(造語)된다고 볼 수 있다. '가장'이 축약되면 '강'이 될 수 있고, '가(邊, 가장자리)의 울(울타리, 아름)'이 '강'이 될 수도 있다. 따라서 여러 가지 생략과 축약 방법의 준말에 따라 그에 따른 여러 뜻이 유추된다고 할 수 있다.

'강물'의 '강'은 무엇의 축약형일까? 강(江)과 개연성이 있는 말을 찾기가 쉽지 않다. 그렇다면 '강'이 아닌 '공(工)'에서 찾아야 한다. 강(江)과 연결되는 '공'은 '고랑'의 줄임말로 쉽게 유추할 수 있다. 결국 강(江)이란 '고랑(공) 물(水)'의 다름 아니다. 단지 고랑 크기의 차이만이 있을 뿐, 강(江)의 구조적 형태는 '고랑에 물이 고여 있는 형태'일 뿐이다. 그러면 왜 '공(工)'이 '강(江)'으로 음운(音韻)이 변한 까닭은 무엇인가? 핑계 없는 무덤이 없다고 어떤 변화에는 분명 그 변화를 일으킨 이유가 있지 않겠는가? 고랑이 '공'이 되는 이유는 고랑의 '고'와 랑의 종성(終聲) 'ㅇ'으로 축약하는 방법에 따른 것이다. 그렇다면 '강'은 고의 'ㄱ' 그리고 랑의 중성(中聲) 'ㅏ'와 종성 'ㅇ' 곧 '앙'의 결합 방법에 의한 '강'에 따른 것이다. 이 줄임 방법은 한자 음(音)을 나타내는 '반절법(反節法)' 그대로이기도 하다. 곧 줄임 방법에 따른 변화일 뿐이다.

'강' 음(音)의 다른 형성자도 그러한가? 조강지처(糟糠之妻)에서 강(糠)자가 '강(康)' 음의 형성자이다. 곧 '쌀(米)의 강(康)' 또는 '강(康)의 쌀(米)'을 뜻한다. 우리말 '겨'를 의미한다. 겨는 곧 '쌀겨'의 줄임말이다. 그리고 '겨'는 '껍데기(껍질)'의 다른 말 곧 '곁'의 생략형이다. 그러면 '강'은 '가(邊) 울(울타리)' 즉 '주위, 주변'의 뜻으로 결국 껍질이거나 '겨'를 의미한다. 우리말 '쌀겨'를 그대로 풀어 나타낸 글자임을 알 수 있다.

하(河)의 갑골문과 소전의 자형이다. 하(河)는 '가(可)' 소리말의 형성자(形聲字)이다. 즉 '가 〉 하'로 음운 변화된 글이다. 갑골문의 성부(聲部)는 사람의 목에 칼(목에 끼우는 형틀의 한 가지)을 채운 모습이거나 어떤 상태를 칼(刀)로 가르는 현상을 나타낸 것이다. 음(音)을 '가'로 보면, '가운데를 갈라 바르게 나누다'는 뜻이거나 소에 멍에를 씌우듯, '칼을 씌워 바르게 가르치는' 의미일 수도 있다. 어쨌거나 '가' 소리는 초성(初聲) 'ㄱ'과 단모음(單母音) 'ㅏ'로 이루어진 소리의 가장 단순한 구조이다. 그렇기 때문에 여러 어휘가 합성된 축약(縮約)형태이기 보다는 반대로 하나의 어휘가 생략된 형태로 볼 수 있다. 그러면 강(江)과 개연성이 있는 '가'로 시작되는 우리말은 무엇인가? 강(江)의 순수한 우리말은 '가람'이다. 가람을 풀어 글자로 만들었다면 가람의 '가' 음과 분명히 관련될 것이다. 그렇다면 가람은 강물 곧 고랑물과 다른 어떠한 특성을 나타내고자 한 것인가?

우리에게 강나루는 흔히 이별의 장소로 비유된다. 만남의 장소도 될 것인데 어째서 이별의 장소로 더 각인(刻印)된 것일까? 만남의 기쁨보다는 헤어지는 아픔이 더 크기 때문이다. 이별의 아픔을 담은 노래와 전설이 더 많은 까닭이기도 하다. 더불어 '강 건너 불구경 하듯' 강(江)은 서로를 갈라놓는 의미를 가진다. 강(江)을 따라 마을이 갈리고 나라가 갈리는 것이다. 그렇기 때문에 가람은 '가라[르]다'와 '물'의 합성어가 축약된 형태가 틀림없다. '가라는(갈라놓는)[가(可)] 물[水]'의 준말이 우리말 '가람'이고, 형성자 '하(河)'가 나타내는 뜻이다. 강(江)이 고랑에 의한 구조적 형태론의 시각이라면, 하(河)는 가름에 의한 현상적 의미론의 뜻이다.

'가 〉하'의 음운 변화는 어찌 설명할 수 있는가? 한자음(漢字音)에서 'ㄱ'과 'ㅎ'은 서로 빈번하게 호환(互換)된다. 'ㄱ' 소리는 'ㅎ' 소리로, 또한 그 반대로도 여길 수 있다. 이런 현상이 벌어지는 근거는 무엇인가? 첫째는 비슷한 발음 위치에 따른 음성학적 음운변화이고, 둘째는 비슷한 뜻에 따른 의미론적 의미동화 현상이다. 'ㄱ'의 격음화(激音化)[거센

소리되기]된 'ㅋ'의 '크다'와 'ㅎ'의 '크다, 많다'의 뜻인 '하다'와 서로 의미 동화되는 것으로 볼 수 있다. 그리고 'ㄱ'과 'ㅎ'의 조음(調音) 위치는 혀뿌리와 목구멍 사이에서 나오는 소리들이다. 그리하여 비슷한 조음 위치에 따른 음운변화로도 볼 수 있다. 더불어 우리말 첫째 자음(子音)인 'ㄱ'과 마지막 자음인 'ㅎ'이 서로 물고 물리는 고리를 이루며 하나의 원(圓)을 이루는 자음체계에 따라 처음과 끝이 고리 지으며 나타나는 현상이다. 우리의 순환사상과 단순한 우연의 일치일 뿐이겠는가?

- 회의(會意) 다시 보기

넷째는 회의를 말하며, 회의(會意) 곧 뜻을 모은다는 것이란 끼리끼리 나란히 하여 말의 마땅함을 합하는 것인데, 서로 견주어 봄으로써 그 가리키는 바를 드러내는 것으로 武 信이 그러한 예이다.(四曰會意 會意者 比類合誼 以見指僞 武信是也) 다시 말해 회의(會意)의 그림[자형(字形)]으로서 원리는 여러 그림들의 뜻을 모으듯(會意), 소리[성(聲)]으로서 원리는 소리말의 뜻(意)이 다른 자형들의 뜻을 하나로 모으는(會) 곧 수렴시키는 조어 방법을 뜻한다.

무(武)의 갑골문, 금문, 소전의 자형이다. 무(武)는 '창[과(戈)]'을 들고 이동한다[지(止)]는 뜻이다. 오늘날의 정벌, 무력시위 등과 같은 뜻을 나타낸다. 일반적으로 '무력[戈]'을 멈추게[止]하다'라는 뜻으로 알려져 있으나, 止가 발을 뜻하는 상형자로 '이동'의 의미인 것을 모르는

데서 비롯된 해설이다'고 설명한다. 그러나 창[戈]을 들고 이동[止]하면, 전쟁뿐인가? 사냥과는 어찌 구분할 수 있는가? 자형(字形) 곧 그림으로서는 창(戈)과 발(止)의 뜻을 모으고, 음(音) 곧 소리말 '무'로서는 창과 이동의 그림 뜻을 '무'의 소리 뜻이 하나로 모으는 원리이다. 다시 말하면, 창과 이동의 뜻을 '무'의 뜻에 수렴시키는 방법이다. 그럼 우리말 '무'의 뜻은 무엇이겠는가? '군사, 무기, 굳셀' 등의 뜻을 나타내려면, 창[戈]을 들고 이동[止]하는 이유는 무엇이어야 하겠는가? 당연히 '무찌르기' 위해서이다. 그렇기 때문에 '무'는 '무찌르다'의 생략형임을 알 수 있다. 창(戈)과 이동(止)을 서로 견주어 마땅한 뜻을 합하여[比類合誼] 그 지시하는 즉, '무찌르는' 목적을 나타내는[以見指僞] 조어 방법이 회의(會意)이고, 무(武)의 제자 원리라는 것이다.

신(信)의 소전 자형이다. 신(信)은 '사람[인(人)]의 말[언(言)]에는 믿음[信]이 있어야 한다 또는 사람의 말을 전할 때는 정확하고 성실해야 한다'라는 의미를 나타낸다고 설명한다. 맞는 말이다. 그러나 '믿음'이나 '성실'은 신(信)이라는 글자의 어디에 나타나 있는가? 사람[인(人)]의 말[언(言)]에는 믿음뿐만 아니라 그 반대인 불신과 그 밖의 수많은 뜻이 담겨있을 수 있다. 어찌 구분할 수 있겠는가? 그 구분을 위해 인(人)과 언(言)이 수렴되는 곧 모이는 곳 바로 소리말 '신'이 지시하는 곳에 따라 믿음의 뜻을 나타내는 원리이다.

'신이 나다, 신바람' 등에서 보듯, 우리말 '신'은 '얼'과 같은 어떤 신

63

령(神靈)한 기운을 뜻하는 말이다. 그러므로 사람[人]의 말[言]에는 [신]이 드러나야 〈믿을〉 수 있다는 뜻이다. 그리고 말[언(言)]이란 마음을 담은 그릇과 같다. 곧 마음의 알[말]의 준말이다. 그리하여 이미 말 속에는 '신' 곧 마음이 들어 있다. 그렇다면 말[언(言)] 속의 '신'을 드러내 일으켜 세우는[인(人)] 것이 또한 '믿음'이라는 뜻이다.

우리말 '믿음'의 얼개는 어떠한가? '믿음'은 '믿는 마음'으로 사전은 설명한다. '믿다'는 '미쁘다, 미덥다'로 믿음성이 있다고 설명한다. 이로 미루어 '믿다'는 '미덥다'의 줄임말이다. 그리고 '미덥다'는 '미더웁다'의 준말이고, 이는 또한 '미나다(내밀다)[미] + 드러내다[더] + ㅂ다(비슷하다, ‑것 같다, 밝히다)'의 축약형이거나 '미(마음) + 드러내다/드리우다 + ㅂ다'의 준말로도 볼 수 있다. 그렇기 때문에 마음을 밀어 밖으로 드러내는 뜻이 '믿다'이고 그렇게 드러내 밝힌 마음이 또한 '믿음'이라는 말이다. 곧 신(信)의 소리말(音/聲) '신'이 마음의 다른 말임을 알 수 있다.

더불어 신(信)의 올바른 분석은 '말[言]에 마음[신]이 일어나다/일으키다(드러나다)[人]'의 얼개로, 우리말 '믿다(믿음)' 그대로의 말자취이다. 마음이 드러나 보일 때 우리는 믿을 수 있다. 당연히 들어나 있지 않은 마음은 어떤 마음인지 도저히 알 수가 없는데 어찌 믿을 수 있겠는가? 따라서 회의자(會意字)에 소리말의 뜻이 빠지면, 앙꼬 없는 빵과 다름없게 된다. 곧 제일 중요한 핵심이 빠지는 결과와 같다.

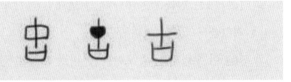

고(古)의 갑골문, 금문, 소전이다. 옛/고(古)도 이미 살펴본 것처럼

가운데/중(中)과 입/구(口)의 회의자이다. 옛날이란 과거의 어떤 특정한 날이 아니라 말하는 화자(話者)가 지시하는 어느 날이다. 흔히 우리는 이야기를 꺼내기 전에 먼저 '옛날 옛적에 고리적에, 소싯적에, 호랑이 담배 피우던 시절에' 등으로 시작한다. 즉, 옛날은 지금 말하려는 이야기와 연관되는 그 어느 날을 뜻하는 말이다. 그렇기 때문에 고(古)는 '말하는[구(口)] 가운데[중(中)]의 고 때 또는 고리(연결) 짓는 때[고]'를 나타낸 글임을 알 수 있다. 그러면 우리말 '옛날'은 '이어지는(여) 이야기(이) 곧 이야기와 이어지는[예] 날'의 준말임을 알 수 있다. 그리고 '고리적'은 흔히 조선시대에 그 전 시대인 '고려 적'의 뜻으로 알려져 있지만, '고리 짓는 적'의 뜻으로, '옛날 고리적'에서 옛날이 생략된 말임을 알 수 있다.

거(去)의 갑골문, 금문, 소전이다. 갈/거(去) 역시 큰/대(大)와 입/구(口)의 회의자이다. 그러면 '먹고[구(口)] 크다[대(大)]'를 수렴하는 것이 소리말이다. '거'는 '커가다'의 준말로, '먹고 크게 커가다'의 의미이고, '거누다(기운이나 정신 따위를 가다듬어 차리다, 휘청거리거나 떨리는 몸을 겨우 바로 가지다, 가누다)' 또는 '거느다(통솔하다) / 거느리다'의 준말로, '말에 담긴 얼을[구(口)] 가누고 거느리며[거] 된 사람이 되어가다[대(大)]'는 얼개이다. 즉, 거(去)는 걸어가는 의미가 아니라 몸과 마음이 커 가는 뜻임을 알 수 있다.

- 전주(轉注) 다시 보기

　다섯째는 전주를 말하며, 전주(轉注) 곧 물을 대어 굴린다는 것이란 처음 하나의 얼굴(자형)에 다른 무리를 지어 세우는 것인데, 같은 그 자형의 뜻을 서로 (굴리며) 받는 것으로 考 老가 그러한 예이다. (五曰轉注 轉注者 建類一首 同意相受 考老是也) 육서(六書) 중에서 가장 애매하고 모호하며 이론(異論)이 많은 것이 전주(轉注)이다.(*6) 육서란 근본적으로 한자의 제자 원리를 밝히는 이론(理論)일 뿐이지, 한자를 구분하기 위한 것이 결코 아니다. 즉, 어떤 한자가 어떤 하나의 원리에 의해서만 제자 된 것이 아니라 경우에 따라 두 가지 이상의 원리가 적용될 수도 있다는 의미이다. 지금까지는 건류일수(建類一首)를 대체로 '類를 세워 하나의 부수로 한다'(*7)는 뜻으로 해석하여, 경우에 따라 지사(指事), 회의(會意) 그리고 형성(形聲)과도　비슷한 원리처럼 오인될 수 있는 빌미를 제공했다. 육서를 자형의 원리로만 인식한 거스름 현상이다.

　육서란 근본적인 단순한 명칭에 이미 그 원리가 다 들어있다. 전주(轉注)란 '주[注(물 대다)]를 전[轉(굴리다)]하는' 방법이다. 즉, '이미 세워진 주제[주(主)]에 물[수(氵)]을 주어[주] 곧 물을 뿌려(대어)[주(注)] 그 주제의 나무가 굴리듯 굴러가며 새로운 싹 눈을 틔우는[전(轉)] 방법을 뜻한다. 다시 말해 나무의 싹 눈이 나무 주위를 굴러가며 돋아나 새로운 가지를 치듯, 다른 새로운 뜻을 가지 치며 유추하는 방법이다. 엄밀히 말하면, 나무에 새로운 나뭇가지를 접붙이는 원리이다. 아울러 그 새로운 나뭇가지는 본래 단음(單音)의 자음(字音)이 생략이나 축약되며 가지게 되는 다른 뜻들이고 또 다른 자음의 뜻이기도 하다. 따라서 자음(字音)이 굴러가며 나타나는 다른 뜻들을 자형(字形)에 접붙이며 새로운 열매를 맺히는 방법과 같다.

순서대로 고(考)와 노(老)의 갑골문, 금문, 소전의 자형이다. 보이는 대로 고(考)와 노(老)의 갑골문은 서로 자형이 같은 글자이다. 금문에서 고(考)는 형성자로, 노(老)는 회의자로 변했다. 고(考)는 '머리가 길고 허리가 굽은 사람(노인)이 지팡이를 짚고 있는 모습을 그린 상형자로, 로(老)자와 같다. 소전에서는 지팡이 부분이 고(丂)로 바뀌어 발음 부분의 역할을 하고 있다. 그 뜻은 ① 상고할, 헤아릴 ② 죽은 아비 ③ 오래 살, 장수할/고'로 설명한다. 그리고 로(老)는 '상형자로 머리가 길고 허리가 굽은 사람(노인)이 지팡이를 짚고 있는 모습을 그린 것이고, 고(考)자와 같다. 소전에서는 지팡이 부분이 匕 즉 化(화)로 바뀌어 의미 부분의 역할을 하고 있다. 그 뜻은 ① 늙을, 늙은이 ② 익숙할/로' 라고 설명한다.

고(考)에는 서로 상이한 세 가지의 뜻이 있다. 그렇다면 처음부터 세 가지의 뜻으로 만들어진 것인가? 우리가 한자에서 무심코 간과(看過)하고 있는, 그러나 결코 그냥 지나쳐선 안 되는 중요한 사실이다. 지팡이를 짚고 있는 꼬부랑 늙은이 모습의 자형에서 어떻게 '죽은 아비'의 뜻이 도출될 수 있는가? 이는 분명 후에 유추된 뜻으로만 설명이 가능하다. 뿐만 아니라 한자는 본래 하나의 뜻에 하나의 글자와 하나의 소릿말 즉, 일자(一字) 일음(一音) 일의(一意)의 형(形) · 성(聲) · 의(意) 삼위일체로 창제(創製) 되었음은 익히 알려진 사실이다. 그렇기 때문에 본래 하나의 뜻에서 서로 다른 뜻이 유추되었다는 뜻이다. 곧 전주(轉注) 등의 방법으로 유추하였다고 볼 수 있다.

고(考)의 똑같은 자형에서 다른 뜻이 유추될 수 있는 방법은 그 음(音)

의 뜻에 따라 유추되었다는 반증이 성립된다. 왜냐하면, 단음의 성(聲)은 축약되고 생략된 말이기 때문이다. 똑 같은 음(音)이라도 그 줄임 방법에 따라 그 뜻이 다르기 때문이다. 첫째 '상고할, 헤아릴/고'의 뜻은 '고'가 무슨 말의 준말인지를 밝혀주는 단서가 된다는 반증이다. 상형(象形)의 소리말(音)은 그 자형의 움직임이나 그 현상을 의미하는 말이다. 그렇기 때문에 '고'는 '고상고상(잠이 오지 않아 누운 채로 이 생각 저 생각을 하며 애태우는 모양)'하는 것이거나, '고자기(〈옛〉골똘히)' 또는 '고르다(가려내다)' 등의 준말이다. 지팡이를 짚고 있는 모습에서 '고자(아래 아)기'의 준말이 보다 타당성이 농후하다. 곧 지팡이를 짚고 골똘히 생각에 잠기는 모습을 나타냈다고 볼 수 있다. 둘째 '죽은 아비/고'의 뜻은 '고꾸라지다('죽다'의 속된 말)'의 준말이고, 셋째 '오래 살, 장수할/고'의 뜻은 '고로롱–팔십(八十)'의 의미에서 유추되었음을 알 수 있다. 마찬가지로 '늙을, 늙은이/로(노)'의 뜻은 '노을 지다'의 준말로 인생의 황혼기(黃昏期)에 접어든 사람이 '늙은이' 이고, 삶이 노을 지는 것이 또한 '늙는(을)' 것이다. '익숙할/노'의 뜻은 '노글노글' 익는 현상이고, '노랏(아래아/ 〈옛〉 장난, 놀음놀이)'처럼 가지고 노는 움직임 또는 현상이지 않겠는가? 노랏바치가 옛날 재인(才人), 광대의 뜻에서 그 의미를 충분히 유추할 수 있다.

따라서 똑같은 자형의 뜻에서 소리말의 뜻을 다르게 굴려 새로운 의미를 도출하는 방법의 원리가 전주(轉注)임을 알 수 있다. 즉, 자음의 뜻을 굴려서[전(轉)] 본래의 자형에 물을 대어[주(注)] 다시 새로운 뜻의 싹을 틔우는 원리이다. 점차 그 의미 구분의 필요성에 의해 형성이나 회의로 자형을 바꾸어 보다 그 뜻을 분명히 했다고 보는 것이 논리적이다. 그런데 그 자형에만 매몰되어 보았기 때문에 지금까지는 '유형의 한 부수를 새로 세워 같은 뜻을 서로 주고 받는(建類 一首 同意相受)' 것으로, 달리 말하면, 이미 뜻풀이 한[注] 글자(耂)

68

에 새로 ㅋ나 ㄴ를 추가하여[建類一首] 같은 뜻(耂)을 서로 주고받아 [同意相受] 굴리어 새로운 뜻을 만든다[轉]는 의미로 잘못 해석하여 혼란을 가중시켰다. 즉, 지사나 회의, 형성과 비슷한 원리로 해석한 것에 지나지 않는다. '건류일수(建類一首)'에 대한 해석을 자형의 원리로만 보는 시각에 따라 해석한 거스름 현상이다.

류(類)는 '나누다, 견주다'는 뜻도 있듯, 비슷한 또는 같은 종류별로 나누고, 견주며 나눠진 무리를 뜻한다. 그렇기 때문에 하나[일(一)]의 처음(우두머리) 뜻[수(首)]에 그 비슷한 무리의 뜻[류(類)]을 새로 세워[건(建)], 같은 뜻[동의(同意)]을 서로 받는다[상수(相受)]'는 의미이다. 바꾸어 풀이하면, 이미 풀이된[주(注)] 같은 뜻[동의(同意)] 그 로(耂)[耂] 자형의 뜻을 서로 받아[상수(相受)], 하나의 처음 뜻[일수(一首)] 그 '늙은이' 뜻에 새로 비슷한 '익숙할' 뜻을 세우는[건류(建類)] 또는 유추하는(굴리는)[전(轉)] 제자원리를 말한다. 이는 당연히 자형에 따른 원리를 설명하는 것이고, 어떻게 유추하는지 그 유추하는 방법이 글말에 따른 원리로서, '노을지다[노]'의 준말에 따른 본래의 늙은이/늙을 뜻에 새로 '노글노글 익다[노]'는 같은 무리의 글말을 세워 같은 뜻 그 [耂]를 서로 받아 유추하는 원리를 뜻한다. 당연히 '로(노)' 글말의 무리와 나눠진 다른 무리의 글말 '고'를 세우는[건류(建類)] 방법 또한 마찬가지의 원리이다. 경우에 따라 일부 자형까지 변하여 회의 또는 형성으로 되는 경우는 보다 의미를 구분하여 명확히 하기 위한 변형(변천)으로, 이는 전주와는 별개이고, 다른 회의나 형성의 원리이다. 어쨌든 전주는 눈덩이가 구르며 커지듯, 같은 자형의 글자에서 새로운 뜻들이 덧붙여지며 만들어지는 원리이다.

그렇다면, 하나 이상의 뜻을 가진 모든 한자는 전주자이기도 하다. 다른 뜻은 전주(轉注)에 의해서 유추되었기 때문이다. 따라서 오늘날 하나의 한자 자형[형(形)]에 서로 다른 소리말[성(聲)]이 둘 이상인 경우를 전주로 보는 시각이 그나마 일부 바른 이론(理論)임을 알 수 있다. 쉽게 이해될 수 있는 예를 들면, 한자 呆는 '지키다'의 뜻일 경우 〈보〉음(音)을, '어리석다'의 뜻일 때에 〈매〉음(音)을 가지는 글자이다. 즉 자형(字形)은 같은데 발음에 따라 전혀 다른 의미를 가진다.

보(呆)의 금문과 소전이고, 이어서 보(保)의 갑골문, 금문, 소전의 자형이다. 呆의 금문은 '子 + 八'의 얼개이다. 반면에 保의 갑골문은 인(人)과 자(子)의 회의자이다. 그리고 保의 다른 금문 형태는 사람이 어린아이를 등에 업고 팔로 감싸 안는 모습의 자형도 있다. 그래서 呆의 자형이 '子 + 八 〉木 + 口'의 얼개로 변한 과정은, 자식[자(子)]을 두 팔로[팔(八)] 감싸 안는 모습의 자형에서 취했다가 어린 싹을[木] 감싸는[口] 형태로 나타냈다. 그렇기 때문에 呆는 어린 싹(자식)을 두 팔로 감싸 보듬는 형태의 상형자에서 의미를 알 수 없는 子와 八 그리고 木과 口의 회의자처럼 변했음을 알 수 있다.

보(呆)를 '지키다'는 의미와 연결하면, '보' 소리말은 '보살피다, 보니다(〈옛〉자세히 보다), 보다(대상의 내용이나 상태 등을 알려고 살피다/맡아서 하다/맡아서 관리하거나 지키다)' 등의 생략형임을 금방 알 수 있다. 즉 어린 싹(木)을 감싸 안아(口) 보살피다/보니다/보다[보]는 의미로, '지키다'는 뜻이 분명히 나타남을 알 수 있다. 그리고 매(呆)를 '어리석다'는 의미와 연결하면, '매다(엮다, 묶다, 섞다)'의 어간임을 알 수 있다. 그러면 '어린 싹

(木)을 감싸(口) 매다[매]'는 의미로, '어리석다'는 뜻이 됨을 알 수 있다.

우리말 '어리석다'는 어떠한 얼개를 이루는 것인가? '어리(다)'와 '석다'의 합성어로 볼 수 있다. '얼이(어린 싹) 〉 어리'와 '석다(섞다. 엮다. 묶다)'의 구조를 이룬다. 어리석을/ 매(呆)의 한자 얼개와 정확히 합쳐진다. 우리말 뜻을 그대로 풀어서 그린 글자임을 알 수 있다. '지키다'의 우리말은 또 어떠한가? 그 의미하는 대로 유추하면, '지니다/지다(등에 얹다, 어떤 의무나 책임을 맡다)/지우다(책임 따위를 지게 하다, 묶다) + 키다(켜이다/불을 켜다, 일으키다, 당기다)'의 얼개로, '맡아서 불 밝히다 곧 살피다(살펴보다, 보니다)'는 뜻이다. 다만 어떤 대상 곧 한자의 어린 싹(자식)만이 생략되었을 뿐이다. 한자에서 보다 구체적으로 나타냈다. 그렇다면 매(呆)는 '어린 자식[자(子)]을 나누어(떨어트려)[팔(八)] 매어 놓는[매]' 얼개로 따로 만든 글자였는데, 후에 보(保)의 뜻과 함께 쓰이면서 그 의미로도 사용된 것으로 볼 수 있다. 어쨌거나 보(保)는 '어린 자식(싹)[자(子)]을 보아(맡아)[보] 켜다(밝히다, 일으키다)[인(人)]'의 회의자에서 '보아(맡아)[보(呆)] 켜다(밝히다, 일으키다)[인(人)]'의 형성자로도 변하여 쓰인 꼴이 된 것이다. 더불어 그 얼개에서 '맡을, 책임질/보(保)'의 뜻도 유추되어 쓰이고 있다.

인(人)의 갑골문, 금문, 소전의 자형이다. 사람/ 인(人)은 사람이 일어나는 옆모습을 그린 상형자로, 사람의 뜻으로만 쓰이고 있지만, 인(人)을 부수로 하는 많은 글자들에서 '일어나다, 일으키다, 세우다'는 뜻을 내포하고 있음을 알 수 있다. 즉, 인(人)이 독체자(獨體字)로 쓰일 경우에는 사람의 뜻으로만 쓰이고, 합체자(合體字)로 쓰일 경우에는 주로 '일어나다'는 뜻으로 쓰인다. 다시 말해 움직이는 현상을 나타내는 상형의 소리말에 따라 그 일어나는 현상의 뜻도 유추하여 나타낸 것이다. 이 또한 전주(轉注)의 원리에 의한 것으로 볼 수 있다. 즉, '일어나다'의 준말 '인'에 따른 전주의 다름 아니다.

- 가차(假借) 다시 보기

마지막 여섯째는 가차를 말하며, 가차(假借) 곧 (소리말을) 빌려서 (뜻을) 빌린다는 것이란 본래 그 글자가 없는 것인데, 소리를 기대어 그 일(事情)을 부탁하는 것으로 令 長이 그러한 예이다.(六曰假借 假借者 本無其字 依聲託事 令長是也) 가차(假借) 역시 빌린[차(借)] 것을 임시로[假] 대용하는 방법이거나 빌린 것을[차(借)] 다시 빌려 쓰는[가(假)] 원리이다. 따라서 모든 글자는 가차하여 쓰일 수 있으므로 가차자인 것이다. 즉, 임시로 차용하여 쓰는 경우는 빌리는 그때만으로 본래의 글자와는 전혀 무관한 별개의 의미로 쓰이지만, 빌린 것을 다시 빌려 쓰는 경우는 영원히 빌린 것으로 빌린 소리말의 뜻도 함께 가지게 되는 경우이다. 경우에 따라 들어온 돌이 박힌 돌을 빼내어 버린 경우도 있다. 흔히 어조사로 쓰이는 글자들이 그렇다.

어쨌거나 그림[형(形)]으로서 가차(假借)는 자형의 소리말만 임시로 빌려 쓰는 방법으로 모든 한자가 이에 해당될 수 있고, 소리말[성(聲)]으로서 가차는 소리말을 영원히 빌려 쓰는 방법으로 자형의 뜻과는 상관없이 소리말의 뜻이 별도로 추가되어 쓰이는 경우이다. 그러나 오늘날은 후자의 경우만을 뜻하는 원리로 보고 있는 것이다. '可口可樂'은 '코카콜라'의 한자 음역이다. 각각의 한자는 각각의 의미와 그리고 '코카콜라'의 의미와 상관없이 잠시 임시로 음역(가차)되어 쓰일 뿐이다.

이런 경우나 미국(美國), 영국(英國)같이 다른 나라의 명칭, 지명 등 고유명사를 음차하는 경우가 모든 한자에 해당되는 임시적인 가차이다.

참고적으로 '可口可樂'의 우리 한자음은 '가구가락'이고, 중국 한자음은 '커쿠커러'로 사성을 덧붙여 읽으면 미국식 영어의 코카콜라와 매우 유사한 발음이 된다. 즉, 중국 사람은 '可口可樂'을 보면 금방 코카콜라임을 알 수 있지만, 우리는 무엇을 나타내는지 쉽게 알 수 없다. 코카콜라를 음차한 말임을 모르면, '입이 가히 즐거운 것' 정도의 사자성어로 오해할 수 있는 소지가 충분하다. 마찬가지로 우리가 코카콜라처럼 한글로 표기하고 말하지만, 한글을 읽을 수 있는 미국인이더라도 정작 'Coca-Cola'로 인식하지 못하고 알아 듣지도 못하는 경우와 같다. 이처럼 문자로 나타내는 소리는 시대와 지역 곧 시공간의 차이에 따라 변하기 때문에 그 본래의 소리말을 정확히 알 수 없는 것이다. 또한 세계의 언어가 문자에 의해 서로 달라질 수 있는 방증과 반증으로 충분한 예가 될 수 있다.

령(令)의 갑골문, 금문, 소전의 자형이다. 령(令)은 회의자로 스과 卩로 이루어진 글자이다. 절(卩)은 상형자로 '사람이 꿇어앉아 있는 모습을 그린 것이다' 소리말 '절'과 함께 풀이하면, 사람이 꿇어 앉아 '절'하는 구체적인 모습을 상형한 것으로 볼 수 있다. 우리가 절하는 이유는 무엇인가? 우리말 '절'은 불도(佛徒)를 닦는 사찰(寺刹)의 뜻과 남에게 몸을 굽혀 공경하는 뜻을 나타냄 또는 그 뜻을 나타내는 예(禮)를 의미하는 말이다. 그러면 '절'은 '조아리다 + 얼' 또는 '조아려 일다/일으키다' 그리고 '절다(흠뻑 배어들다)' 등의 준말이다. 즉, 얼을 조아리기 위한 행위이거나 무엇을 일으키기 위해서 절을 하는 것이다. 아울러 존경하여 공손히 받아드리는 예(禮)로써 행하는 것이다. 그렇다면 령(令)은 '하늘뜻[일(一)]을 들이어 세운[卩] [령]을 공손히 받아 드리다[절(卩)] 또는 공손히 받아 드려야 할[절(卩)] 하늘뜻을[一] 들여 세운[卩] [령]'의 얼개이다.

'령'은 무엇인가? '령'은 '영'이고 우리말 '영'은 '산뜻하고 밝은 기운'을 나타내는 말이다. 그러면 '이르는 영' 또는 '이어지는 얼'의 준말이다. 따라서 령(令)은 '공손히 받아 드려야 할[卩] 하늘뜻을[一] 들여 세워[卩] 니르는/이어지는 영[령]'의 얼개로, '명령, 명령할' 뜻이다. 즉, 명령이나 명령하는 행위는 하늘뜻과 이어지는 영을 이르는(아뢰는) 것을 의미한다. 그리고 그러한 것이 또한 '법률'이고 '규칙'이라는 뜻으로 유추된 것이다. 아울러 그러한 명령을 전하는 사람이 '우두머리'라는 뜻과 남을 존중하여 '높여 이르는' 뜻도 유추될 수 있다. 이와 같은 본래의 뜻과는 상관없이 한자음 '령'만을 빌리고, 또 그 뜻을 달리하여 '… 로 하여(곰) … 하게 하다'라는 뜻을 빌리는 조어 방법이 가차(假借)라는 것이다. 즉 '령'의 소리말을 빌려 '… 로 하여[려] … 이루게 하다[이]'는 준말의 뜻으로 빌려 쓴 글자를 뜻한다. 장(長) 또한 같은 맥락이다.

장(長)의 갑골문, 금문이다. 흔히 길/장(長)은 '사람의 머리카락이 긴 모양을 그린 상형자로, 본래 노인을 뜻한다. '오래되다, 우두머리'

74

등의 뜻은 여기에서 비롯되었다'고 설명하지만, 글자 자형에 매몰된 시각일 뿐이다. 갑골문, 금문의 형태는 상형이 아닌 지사로 보는 것이 보다 타당해 보인다. 곧 사람(人)의 위 '一'에 눈금을 나타내 새기는 즉, 요즘의 체크(check)하여 지시하는 상징으로 볼 수 있다. 사람이 몸을 일으키며[인(人)] 키를 재는 현상을 지시하는(체크하는) 상징이다. 그리하면 소리말 '장'은 '자히다(〈옛〉재다)'의 준말이다. 곧 키를 재는 것을 지시하는 말이다. 그래서 '길이, 키'의 뜻을 나타내고, 나아가 '길, 멀, 클, 오랠' 등의 뜻이 유추될 수 있는 것이다. '장두(거리의 멀고 가까움을 서로 비교함)', '장마' 등의 뜻에서 유추될 수도 있다.

우리말 '장'은 숫자 열(十)을 뜻하며, 이는 열매, 씨, 완성 등을 상징하는 말이기도 하다. '자라다 + 얼' 또는 '사람을 이루다(다 자랐다)'의 준말 '장'에서 비롯된 뜻이다. 그리고 '장가들다', '장남하다(다 자라서 어른스럽다)' 등의 준말에서도 '어른, 우두머리, 맏'의 뜻이 유추되고, 나아가 '나을, 자랄' 등의 뜻도 유추될 수 있다. 다시 말해 장(長)의 자형과 상관없이 그 소리말 '장'의 뜻을 빌려 유추하고 그 새로운 뜻 역시 그 글자의 다른 뜻으로 굳어진 경우를 일컫는다. 이러한 방법이 또한 가차(假借)의 제자 원리이다.

참고적으로 한자의 어조사(語助辭)는, 흔히 한문의 '토'가 되는 말로, 실질적인 뜻이 없고 다른 글자를 돕기만 하는 것이라고 설명한다. 우리말 '토(씨)'는 분명 문법적 관계를 나타내는 뜻을 가지고 있듯, 한자의 어조사 역시 그런 역할을 하는 분명한 뜻을 가지고 있다. 다만 한자의 뜻과는 별개로 가차되어 쓰이면서 뜻이 없는 것으로 보기 때문이다. 이는 그 소리말의 의미를 모르기 때문에 생기는 문제일 뿐이다. 글자의 뜻에 전주되어 쓰이는 경우도 있지만, 가차되어 본래의 뜻을 알 수 없는 경우는 그 소리말 뜻을 모르면 도저히 설명할 수 없는 글자도 있다. 어느 경우이든 어조사의 뜻은 우리말 토씨나 조사(助詞)의 말을 그대로 생략하거나 축약한 줄임 말과 같다. 가장 우리말과 실감나는 글자는 어찌/하(何)를 뽑을 수 있다.

하(何)의 갑골문, 금문, 소전이다. 하(何)는 본래 어떤 물건을 짊어지고 있는 모습을 상형한 것인데 '무엇'이라는 뜻으로 가차되자 발음이 비슷한 하(荷)자를 빌려서 '짊어지다'라는 뜻을 담당하게 하였다고 설명하지만, 수긍하기가 어렵다. 갑골문을 보면, 어떤 물건을 어깨에 걸쳐 메고 손으로 잡고 있는 모습이다. 금문에서부터 형성으로 바뀌었다. 글말과 견주어보면, '가누어 (바로)잡다' 또는 '가누어[가] 바로 세우다[인(人)]'는 의미의 글자로 짐작된다. 어쨌든 글자 자형과 그 의미는 별개로 가차되었음은 분명해 보인다. 그렇다면 '어찌/어느, 누구, 얼마' 등 의문과 반어의 뜻으로 가차된 이유는 무엇인가?

우리말 '가'의 옛말은 '인가'의 뜻이다. 곧 '인가(고)'의 의문을 나타내는 종결형 서술격 조사의 다름 아니다. 더불어 하(何)의 자형은 우리말 그대로 '인(人) + 가(可)'의 얼개이지 않은가? 우리말의 뜻으로만 설명할 수 있지 않겠는가? 마찬가지로 의문을 나타내는 어조사 호(乎) 역시 '(인)고'의 우리말 뜻으로 가차되었음을 알 수 있다. 'ㄱ'과 'ㅎ'의 호환은 일반적인 현상이고, '하' 또한 '기쁨, 놀라움, 노여움, 안타까움, 염려스러움 따위의 느낌을 나타내는 말'이므로 서로 동화되었다고도 볼 수 있다. 이처럼 가차(假借)는 우리말의 뜻으로만 설명할 수 있는 창제 원리이다.

05

한자(漢字)와 육서(六書)
바로 알기

　한자의 창제 원리는 간단히 말하면, 발이 발자국을 남기듯, 문자 이전의 소리말이 그림 곧 글로 자취를 남기는 말자취 원리이다. 그린 말 곧 말을 그리는 원리이다. 그런데 발자국은 아무리 선명한 자국이라도 비슷한 발들은 서로 구분하기가 어려울 뿐만 아니라 또한 발자취 자체가 희미하게 찍히어 도대체 무슨 자국인지도 모르는 경우가 허다하다. 노련한 사냥꾼들이 모여 발자취만 보고 아무리 갑론을박(甲論乙駁)하여도 결론은 쉽게 얻을 수 없고, 이미 달아나 놓친 사냥감은 실체가 없어 상상 속의 동물로 남게 된다. 다행히 어찌 어찌 겨우 사냥한 후에야 비로소 무슨 발자취인지를 알게 되는 것이다. 그마저도 그 자취가 남겨지는 이치를 모르니 자취마다 일일이 발과 대조해 머리로 사진을 찍어 놓아야 하는 수고로움이 너무 힘든 것이다. 오늘날까지도 이어지는 한자의 실상이다.

　발자취가 남겨지는 원리는 간단하다. 발의 뜻에 따라 남겨지는 것이다. 기는 걸음, 걷는 걸음, 뛰는 걸음 그리고 각각의 희로애락 등에 따라 달라지는 것이다. 말자취로 바꾸면, 말의 자국이 형(形)이고, 말의 상태 곧 걸음의 종류나 감정상태 등이 성(聲) 곧 음(音)이며 말 뜻이 의(意)이다. 형(形)은 눈으로 보고, 성(聲)은 귀로 듣는 것이다. 귀로 소리를 듣고, 눈으로 그림을 본다. 무성영화는 변사의 소리를 듣고, 화면의 장면을 보아야 그 뜻을 정확히 알 수 있는 것이다. 지금까지 무성영화를 변사 없이 스크린의 그림만을 보고 각자 상상의 나래를 펼친 것이 한자의 모습이었다. 그러니 보는 사람마다 각양각색은 필연이다. 숱한 한자에서 갑론을박하는 이유이다.

형(形)과 성(聲)은 의(意)의 결과물이다. 거꾸로 형(形)과 성(聲)을 보고 들으면, 의(意)를 알 수 있는 원리가 한자의 제자 원리이고, 이것이 말자취 원리이다. 그렇기 때문에 형(形)과 성(聲)을 보다 구체적으로 나타내기 위한 원리로서 누구나 쉽게 알 수 있도록 설치한 장치 또는 도구가 육서(六書)인 것이다. 한마디로 육서(六書)는 그 시대 4D 영화의 원리인 것이다. 즉, 한자는 무성영화가 결코 아닐 뿐만 아니라 4D 영화인 것이다. 4D 영화를 변사도 없는 무성영화로 보아 온 거스름 현상이 숱한 모순으로 나타난 것이다. 이 모순 속에 한자의 실체가 숨어 있다는 반증이다. 따라서 '씨도둑은 못한다'는 속담이 생긴 것이다.

육서(六書)를 바로 보면, 지사(指事)와 상형(象形)은 말을 사(事)와 물(物)에 따라 구분한 것이고, 형성(形聲)과 회의(會意)는 두 글자 이상의 합체 원리로서 소리글의 유무에 따른 구분이며, 전주(轉注)와 지사(指事)는 뻥튀기 원리로서 자형 곧 글자 뜻의 유무에 따라 구분한 것이다. 즉, 지사와 상형은 문자(文字)의 기초이고, 기초를 조립한 것이 형성과 회의이며, 모두를 뻥튀긴 것이 전주와 가차이다. 그리고 형성 속에만 소리글을 조합하여 모든 글자의 소리말을 보다 쉽게 알고 익힐 수

있는 효율성을 담았다. 육서 간 서로의 정체성을 분명히 구분함으로써
혼동 없이 알 수 있도록 장치한 것이다. 지금까지 육서는 자형의 제자
원리로서만 알고 있었으나 실상은 오히려 성(聲) 곧 소리말의 역할론
에 보다 더 방점이 찍혀 있다고 볼 수 있다. 어쨌든 형(形)과 성(聲)의
원리로서 이처럼 간단한 여섯 가지 원리만 알면 누구라도 쉽게 배우고
익힐 수 있도록 만든 것이다.

정리하여 말하면, 한자는 근본적으로 말자취 원리의 일원(一元)을 '
형(形) · 성(聲) · 의(意)' 천지인 삼위일체로 나타낸 것이다. 그리고
그 천지인 삼위를 음양오행의 상생상극에 따라 육서(六書)의 보편 원리
로 조합하여 만들었다. 그렇기 때문에 육서(六書)는 한자를 하나하나
구분하기 위한 장치로서가 아닌 제자 원리로서 일 뿐이다. 곧 한자 한
글자에는 하나의 원리만이 있는 것이 아니라 경우에 따라 여러 원리
가 복합적으로 융합되어 있는 경우도 있을 수 있다. 다시 말해, 한자
는 본래 일자(一字) 일의(一意) 일음(一音)의 원리로 제자 되었으나 점차
복잡해지면서, '일자 일의'가 '일자 다의'의 원리로 변한 것은 전주와
가차의 원리가 융합된 것이고, '일자 일음'이 '일자 다음'으로 변한 것
도 또한 전주가 융합된 것이다. 따라서 하나 이상의 뜻을 가진 모든 한
자는 전주자이다. 그리고 모든 한자로 모든 외래어를 표기할 수 있듯,
모든 한자는 또한 가차자이기도 하다.

그 동안 가차(假借)가 단순히 음(音)을 빌리는 외래어 표기의 원리로
부각시켜 인식되고, 일부 가차자로 쓰이는 글자는 대충 그러려니 스쳐
왔지만, 그렇게 가차되었던 이유에 대해선 아무런 의구심과 설명도 없
이 무심코 지나쳐 오늘에까지 이르렀다. 그러나 그 가차되는 이유 곧
그 글자가 없어 음(音)을 빌려 그에 합당한 뜻으로 쓰는 까닭을 살펴보
면, 우리말 뜻이 아니고서는 도저히 설명할 수 없는 원리가 적용되었

던 것을 알 수 있다. 따라서 이러한 가차의 원리 하나만으로도 한자가 우리말을 발자취 원리에 따라 창제한 충분한 증거가 됨을 알 수 있다.

한자의 창제원리와 육서를 바로 알면, 우리가 쓰고 있는 말 속에 한자어가 많은 이유도 충분히 설명될 수 있다. 즉, '형(形) · 성(聲) · 의(意)'로 이루어진 한자어의 성(聲)은 전체 뜻의 부분에 지나지 않는다. 처음에는 말과 문자를 분명히 구분하였으나, 점차 문명화에 따라 새로운 한자의 어휘(낱말)들이 만들어 지면서 그 한자어가 일상의 낱말로 유입되어 사용되었다. 새로운 전문용어로서 또는 외래어 표기로서 한자어가 쓰였다고 볼 수 있다. 오늘날 영어가 우리 사회에 쓰이듯이. 그런데 한자의 음(音) 그 소리말은 한자의 부분일 뿐이다. 곧 부분이 전체를 대변하게 된 것이다. 부분과 전체가 구별 없이 마구잡이로 쓰이게 된 것이다. 어찌 한자어가 많지 않을 수 있겠는가? 한자어가 70%를 넘게 되면서 우리말이 한자어의 영향에 따른 것으로 중국말의 아류처럼 오해되는 이유이기도 하다. 한자의 실상을 바로 알면 해결되는 문제일 뿐이다.

어쨌든 한자의 음(音) 또한 우리말이 축약된 말이지만, 부분과 전체가 혼용되어 사용되면서 서로 구분이 애매한 경우가 많아지게 된 것이다. 동음이의어가 많은 문자어의 특성상 어쩔 수 없는 현상이다. 그리고 설상가상으로 뒷날 중화사상이 더욱 가속화시켰다고 볼 수 있다. 한자어와 어느 정도 연결되면 무분별하게 우리말을 한자어로 나타낸 것이다. 순수 우리말인지 한자어인지 애매한 한자어가 수도 없이 많다는 것이 그 방증이다. 부분인 한자음의 소리말을 제대로 알아야 서로 분명한 구분이 이루어질 수 있다는 반증이기도 하다.

역사를 잃어버리면, 그 역사를 모르면 아무리 쉬운 것도 알 수 없는 것이다. 육서의 본질을 잊어버린 후유증이 오늘날 한자에 나타난 현실이다. 한자를 버려야 할 낡은 유물로 취급하는 뒷모습은 분명 한자를 어렵게 보는 일면도 한 몫하고 있다. 그러나 백성 누구나 알아야 하는 것이 말과 글인데, 어찌 어렵게 만들었겠는가? 그러함에도 불구하고 우리 선조는 보다 더 재미있고 쉽게 배우며 익힐 수 있도록 놀이로 만들어 남겨 놓았다. 곧 낱말 맞추기 놀이로 스피드 게임이 그것이다. 물론 역사적 과정은 알 수 없지만 그 유속의 일단(一端)임에는 분명하다. 그 놀이의 유사성이 놀랍도록 일치하기 때문이다.

 놀이의 규칙은 간단하다. 문제의 낱말만 직접 말하지 않으면 된다. 즉, 그 낱말만 피하고 손짓 발짓 온갖 몸짓과 말로 설명하면 된다. 정해진 시간에 많이 맞추는 팀이 이기는 놀이이다. 당연히 빨리 맞출 수 있도록 설명하는 것이 관건이다. 보다 빨리 맞출 수 있도록 설명하는 그 효율성의 방법이 육서의 원리이다. 말로 설명하는 것이 성(聲)이고, 몸짓이 형(形)이며 문제의 낱말이 의(意)인 것이다. 지금까지 몸짓으로만 맞추기 했으니 어렵기도 어렵거니와 맞추는 것 보다 틀리는 것이 더 많음은 당연한 일이다.

 지사의 소리말은 눈에 보이듯 손가락으로 가리켜 나타내는 방법이고, 글자 또한 기존의 글자에 어느 부분을 손가락으로 가리키듯 표시하여 그 차이를 분명히 하고 있다. 상형은 글자 자체가 형태를 그렸듯이 그 소리말은 형태의 현상을 나타내는 방법으로 보다 쉽게 그 의미를 유추할 수 있게 하였다. 그림 글자의 특성은 간단명료하게 그린 것으로 구상화가 아닌 추상화가 필연이다. 추상화는 보는 시각에 따라 각양각색으로 보일 수 있다. 그 추상화의 핵심 현상을 소리말로 나타내어 누구나 쉽게 알 수 있도록 하는 방법이다.

 형성은 소리부를 두어 다른 글자[특히 회의]와 분명한 차이를 나타내고 그 소리말은 의미부를 수식(형용)하는 역할을 분명히 하는 방법이다. 회의는 여러 그림 뜻을 모았듯이 그 소리말은 그 뜻들을 하나의 핵심으로 수렴하여 모으는 역할을 하는 방법이다. 그렇기 때문에 소리말 뜻이 빠진 회의는 앙꼬 없는 빵과 같다. 전주와 가차는 소리말의 역할에 중점을 두는 방법이다. 글자 뜻 그대로 다른 소리말로 굴리어(바꾸어) 다른 뜻을 나타내는 방법이 전주이고, 소리말을 빌리어 다른 소리말로 빌려 쓰는 방법이 가차이다. 이처럼 육서는, 우리말의 자취를 나타내는 원리에 따라, 소리말의 각기 다른 그 특성으로 서로의 차이를 분명히 하여, 축약되고 생략된 소리말의 모호성을, 글자와도 서로 견주면 보다 쉽게 그 뜻을 유추할 수 있게 만든 방법임을 알 수 있다.

스피드 게임은 고학년의 놀이이다. 즉, 글을 배우는 나이 때의 놀이이다. 최소한 말은 알아야 할 수 있는 놀이이다. 말을 배우는 놀이는 '쿵쿵따' 같은 끝말잇기 놀이이다. 수많은 우리의 전통놀이는 문자이전부터 분명한 교육 목적을 담아 만든 것들이다. 전하고자 하는 분명한 뜻이 놀이를 통해 가르치고 배우며 전해져 온 것이다. 신화와 전설 또한 그 방편의 하나이다. 문자가 없던 시절의 기록과 공부의 방법으로 볼 수 있다. 따라서 끝말잇기, 삼행시 짓기, 시조 나아가 한시(漢詩) 역시 그러한 유속(流俗)으로 볼 수 있다. 윷놀이 · 바둑 · 장기 등 우리의 전통놀이가 그 어느 것도 그러하지 않은 것이 없다. 그래서 전통 놀이 속에 우리의 자화상이 담겨 있는 것이다.

성경 속 바벨탑 이야기는 세상의 언어가 처음에는 하나였다고 전한다. 그러나 세상의 언어는 그림문자에서 소리문자로 변해 오면서 본래의 말 역시 많은 변천을 가져왔다. 그리하여 이제는 그 처음의 말을 알기 어렵게 되었다. 다행스럽게도 우리말은 한글이 가장 늦게 만들어지면서 그림문자에 따른 변형이 없었을 뿐만 아니라 한글 자체가 소리문자이므로 그 본래의 소리말에도 영향이 미미할 뿐이다. 한자에 의한 변형도 한자음이 그 한 부분으로 남겨지면서 오히려 본래의 소리말에 보다 가까운 말이라는 반증이 된다. 한자가 그림글자로 끝까지 존속되었기 때문이기도 하고, 더욱이 소리글자화 된 오늘날의 중국어는 그 본래의 말을 잊어버리면서 본래의 소리말을 문자 속에 그대로 화석처럼 남겨 놓았기 때문이다. 따라서 우리말이 세상 처음의 말과 가장 유사하다는 논리적 근거로 충분할 수 있다.

우리는 한민족이다. 그래서 우리 한민족이 쓰는 우리말은 또한 한말이기도 하다. '한'은 '하나'이고, '하늘'이며, '하나님'의 뜻이다. 그래서 우리말은 세상 처음(하나, 첫째)의 말이고, 하늘의 말이며, 하나님의 말씀이다. 따라서 우리말을 '한말'이라 하고, 훈민정음의 소리글은 그대로 '한글'로 하며, 그림글인 한자는 우리말 곧 한말의 말자취이므로 '한말글', 그리고 한자의 소리말 그 성(聲) 또는 음(音)은 한말글의 부분이므로 '글말'로 틀을 씌우고자 한다.

06

거꾸로 다시 보는
한자(漢字)의 원리

- 거꾸로 다시 보는 창힐의 전설

한자를 창제했다는 창힐은 눈이 네 개이며, 그가 글자를 만드니 하늘에서 곡식의 비가 내리고 귀신들은 밤에 통곡을 했으며 용은 어디론가 모습을 감추었다는 전설은 무슨 의미를 전하고자 한 것일까? 전설 또는 신화는 문자가 없던 시절 후세에 전하던 하나의 수단으로 보면, 전하고자 하는 분명한 가르침이 담겨있는 이야기임에는 틀림없다. 그렇기 때문에 아무리 비논리적 비현실적 이야기일지라도 단순화시키면 그 의미가 나타날 수 있다.

한자의 원리가 육서라면, 한자는 여섯 가지 시각으로 만들었다는 뜻이다. 이를 거꾸로 뒤집어 생각하면, 여섯 개의 눈으로 보았다는 의미이기도 하다. 마찬가지로 한자를 창제했다는 창힐의 눈이 네 개라면, 거꾸로 창힐이 네 가지 시각으로 한자를 만들었다는 신화의 언어로 볼 수 있다는 뜻이다. 그렇다면 왜 여섯이 아닌 넷인가? 창제 당시에는 네 가지 시각이었다는 의미일 수도 있다. 육서의 원리를 보면 그 근본은 또한 네 가지임을 알 수 있다. 전주와 가차는 근본적인 네 가지를 뻥튀기하는 원리일 뿐이다. 네 가지 원리에 의해 창제된 한자를 이용하여 굴리고(전주) 빌리는(가차) 원리이기 때문이다. 아니면 회의와 형성은 하나의 시각으로 볼 수 있고, 가차는 전주 또는 형성의 또 다른 모습으로도 볼 수 있다.

방상시탈(*8)이다. 시각을 달리하면, 네 개의 눈은 천지 사방을 빠짐없이 볼 수 있다는 상징이기도 하다. 방상씨(方相氏)도 그의 탈에서 보듯, 천지사방의 악귀를 모두 보고 물리치는 네 개의 눈을 가졌다.

네 개의 눈이 모든 것을 볼 수 있다는 상징으로 보면, 결국 창힐에 나타난 네 개의 눈 또한 말에 담긴 모든 것을 빠짐없이 보고 글에 그대로 나타냈다는 방증이기도 하다.

창힐이 글자를 만드니 하늘에서 곡식의 비가 내리고 귀신들이 밤에 통곡을 했다는 전설의 언어는, 문자를 발명한 이집트 신 토트에 대한 이야기와 견주면, 서로의 개연성을 찾을 수도 있다.

소크라테스는 문자를 발명한 이집트 신 토트에 대한 이야기를 통해 문자의 양면성을 정확히 지적하였다. …… "문자의 아버지시여, 당신은 사랑의 마음으로 인간에게 자신들이 진정으로 소유한 것과는 정반대의 힘을 주셨습니다. …… 당신은 기억의 묘약이 아니라 회상의 묘약을 만드셨습니다. 그리고 당신 제자들에게 진정한 지혜가 아니라 지혜의 모양만을 주셨습니다. 그들은 많은 것을 읽겠지만 교훈을 얻지 못할 테고, 그러므로 많은 것을 아는 것처럼 보이겠지만 실제로는 아무것도 알지 못할 것입니다."(문자이야기, 앤드류 로빈슨 지음 / 박재욱 옮김, 사계절, 2003. p. 8)

우리에게 하늘은 신(神)이고, 죽어서 돌아가야 할 마음의 고향이다.

하늘을 마음의 또 다른 모습으로 보면, 하늘에서 내린 곡식의 비는 마음의 양식(糧食) 곧 양식(良識)의 다른 표현이다. 그러면 문자는 마음의 양식이지만, 마음이 문자의 틀 그 감옥에 갇힘에 따라 귀신이 통곡했다는 신화 언어로 볼 수 있다. 또는 사람이 마음을 경시하고 곡우(穀雨) 곧 물질만을 탐하여, 마음 곧 귀신의 일이 천시되어 통곡했다는 뜻이기도 하다.

귀신은 사람의 능력 넘어 있는 초월적 존재이다. 귀신 같은 초월적인 능력은 동물들에게도 있는 초감각적인 능력과도 별반 다르지 않다. 오늘날 우리는 동물들에게 흔히 있던 그런 초감각적인 능력을 상실했다. 용이 어디론가 모습을 감추었다는 이유이고, 이는 그 반증이지 않은가? 소크라테스가 지적한 문자의 양면성과 결코 다르지 않다. 더불어 이제는 문자의 양면성 그 틀 안에 갇힌, 문자에 담긴 마음마저도 제대로 이해하지 못하는 세상이 되었다. 용이 사라진 전설의 언어로 경계한 암시가 현실에 실현된 것이 아니겠는가? 마찬가지로 '백신'의 발견은 인간을 전염병으로부터 자유롭게 했지만, 반대로 인간 자신의 면역력은 약해진 것도 같은 이유로 볼 수 있다.

창힐은 황제(黃帝)의 사관(史官)으로 활약했다고 알려져 있으며, 한자를 만들어 황제에게 바치니 황제가 감격하여 그에게 "창(倉)"이라는 성을 내려 주었다고도 전해진다. 창(倉)은 '곳집, 감옥, 갑자기, 급할, 당황할' 등의 뜻을 가진 한말글(한자)이다. 감격하여 하사한 성씨치고는 별볼일 없어 보인다. 이름 힐(頡)은 '길(吉)' 글말의 형성자이다. 그러면 '힐힐한(후리후리한)[힐/길(吉)] 머리/목(덜미)[혈(頁)]'의 얼개로 '곧은 목'의 뜻이, '길은(기다란)[길(吉)] 머리[혈(頁)]'의 얼개로 '크다'는 뜻이 유추되었다고 볼 수 있다. 그런데 힐(頡)은 본래 '혈' 글말이라고 한다. 곧 '혈(頁)' 글말인 형성자이기도 하다는 뜻이다. 그렇다면 무슨 뜻이 되는가?

호(戶)의 갑골문과 해체이다. 지게/호(戶)는 흔히 외짝문을 뜻하는
데, 지게는 주로 짐을 지기 위해 나무로 만든 운반 기구의 한 가지를
뜻하는 말이기도 하다. 이는 지게에는 외짝문의 뜻도 있다는 방증이
다. 즉, '지르어 거는 이'의 준말이 지게(戶) 그 외짝문이고, '지고 (어깨
에) 걸어 (등에) 이는 이'의 준말이 운반 기구의 지게이다. 점차 그 구분
을 위해 외짝문의 지게를 지게문으로 나타냈다는 추론이 가능하다. 어
쨌거나 외짝문은 사립문처럼 외짝의 문을 지르어 걸고 채우는(잠그는)
형태이다. 그러면 글말 '호'는 '호다(바느질할 때 헝겊을 여러 겹 겹쳐서 땀을
곱걸지 않고 꿰매다)'의 준말이다. 외짝문을 '호는' 현상으로 나타냈고, 사
립문이 한 집 안을 감싸는 집 전체로 의미 확대하여 집의 뜻으로도 쓰
인다.

창(倉)의 금문과 소전이다. 창(倉)의 갑골문은 뚜껑이 달린 그릇을 뜻
하는 합(合)과 장(爿) 글말의 형성자로 본래 그릇을 뜻하였다가 후에 창
고로 뜻이 넓어진 글자로 본다. 금문은 장(爿)이 일(日) 또는 호(戶)로
바뀌어 창고에 드나드는 문을 뜻하는 회의자로 보기도 한다고 설명한
다. 금문은 일(日) 보다는 호(戶)가 타당하다. 곧 호(戶)가 '호'와 '창'의

전주자일 개연성을 나타낸다. 옛날 덫의 일종인 창애(짐승을 꾀어서 잡는 덫의 한 가지)의 형태가 외짝문의 원리로 만들어진 것이다. 그리고 '차우'라고도 불리듯, '차서(채워)우므려[창] 아물려 이은[애]' 것으로, 호는 지게문의 현상과 다름 아니다. 그리하여 창애를 뜻하는 창과 지게문의 호(戶)로 전주되어 쓰이다가 주로 호(戶)로만 쓰이면서 창 글말은 사라진 것으로도 추론이 가능하다.

合 合 合

합(合)의 갑골문, 금문, 소전이다. 글말 '합'은 '하나로 보태다'의 준말로, '합치다, 합하다'는 순수한 한말임을 알 수 있다. 즉, '합할, 모을' 뜻은 가차했다는 뜻이고, 본래는 '맞을, 적절할' 뜻이었다는 방증이다. 따라서 '말하는 뜻[구(口)]과 하늘이 세운 뜻[A]이 합쳐지는[합]' 것이 '맞고, 적절한' 뜻으로 나타낸 글자이다. 뒤집어 말하면, 말이란 하늘뜻(마음/양심)을 담은 것이고, 담아야 한다는 뜻이다.

창애의 사진이다.(*9) 창(倉)은 '말을 하늘뜻과 맞게 합쳐서[합(合)] 차곡차곡 쌓아 올리고[창] 닫아 놓은(채워 놓은, 지르어 걸어 놓은)[호(戶)]' 얼개로, 서고(書庫) 곧 오늘날 사전(辭典)의 의미가 보다 합당하다. 어쨌든 '차곡차곡 올리고[창] 모아[합(合)] 닫아 놓은[호(戶)]' 얼개로, '곳집, 창고'의 뜻으로도 의미가 확대되어 쓰인다. 그런데 '급할, 당황할' 뜻은 어떻게 유추된 것인가? 호(戶)가 창애의 뜻이면, '창애[창(戶)]에 맞치어(합치어, 붙잡혀)[합(合)] 채워 엮인[창]' 곧 올무에 걸린 얼개로 유추되었음을 알 수 있다.

길(吉)의 갑골문, 금문, 소전이다. 길(吉)의 갑골문은 글말과 견주면, '말[구(口)]의 길[길]을 바로 세우는[[↑]' 얼개이고, 금문부터 선비/사(士)로 바뀌었다. 선비는 하늘뜻을 밝혀 바로 세우는 사람으로, 하늘뜻은 말 속에 담겨 있음을 전제로 구성된 글이다. 성경에서 하나님이 말씀으로 천지를 창조한 까닭과도 일맥상통하는 글이다. 즉, 말 속의 하늘뜻 그 얼[구(口)]의 하늘길[길]을 바르게 밝혀 내는[사(士)] 것이 길(吉)한 일임을 알 수 있다. 하늘길을 올바르게 찾아가는 길을 걸어가는 일이 길(吉)한 삶임을 암시하고 있는 글이다.

흉(凶)의 갑골문과 소전이다. 흉(凶)은 길(吉)과 대척점에 있다. 글말 '흉'은 헌데나 다친 곳의 아문 자리이고, 비난을 받을 만한 점 곧 허물이나 흠을 뜻한다. 그리고 흉하적(남의 결점을 들어 말하는 짓)의 준말이기도 하다. 그러면 '상처가 나서[凶] 감싼[감(凵)] 흉터(아문 자리)[흉] '의 얼개로, '흉할' 뜻이고, '흉하적으로[흉] 휘감아[감(凵)] 상처를 입히는[凶] '

89

얼개로, '해칠, 죽일' 등의 뜻이 유추된다. 그런데 그 상처가 말과 비유되면, '말 속의 얼(하늘뜻)이 휘감겨[감(𠄔)] 어긋나는[𠃟 허물[흉]'이 또한 흉(凶)을 뜻한다. 그러므로 길흉(吉凶)은 말 속의 마음이 틀 안에 갇히지 않고 바르고 자유롭게 날아다니는 것과 틀 속에 갇혀 일그러지는 것으로, 결국 마음의 올바름에 따라 나타나는 상대적 현상이다. 공자가 정치의 최우선으로 정명(正名)을 말하는 논리적 근거이기도 하다.

힐(頡)의 금문, 소전이다. 혈(頁) 글말의 형성자로 보면, 흉(凶)한 상태를 벗어난 상태가 '길(吉)하다'는 뜻이므로, 힐(頡)은 '흉(凶)한 상태를 벗어나듯, 올바른 하늘길을 날아오르듯[길(吉)] 훨훨 거리는[혈(頁)]' 얼개로 '날아오를' 뜻이 유추되었음을 알 수 있다. 더불어 문자 창제와 결부하여 시각을 달리하면, 머리는 생각이 깃드는 곳으로 '머리[혈(頁)] 길[길(吉)]'은 생각이 드나드는 길(路/道)이고, 언어의 길이이도 하다. 그러면 창힐(倉頡)은 '생각 또는 언어의 곳간(서고)' 곧 '문자(文字)'를 비유적으로 나타낸 이름임을 알 수 있다. 또한 '길' 글말을 '글(그림)'으로 보면, 힐(頡) 자체가 문자를 상징하는 것이고, 창힐은 '문자(언어)의 곳집(사전)'을 뜻한다. 우리가 흔히 언어 또는 문자를 가리켜 '시대를 담는 그릇'이거나 '마음의 집'이라 일컫는 이유와도 일맥상통한다. 그렇기 때문에 황제가 감격하여 하사한 이유와 어울리는 이름이고, 나아가 언어의 집을 지은 문자창제를 상징하거나 문자를 바로 세워 곳집(서고, 사전)에 새로 담아 재정립한 곧 사전을 편찬한 사람임을 뜻하는 이름으로도 볼 수 있다.

창힐이 황제의 사관(史官)이었다는 사실은 무엇을 의미하는가? 사관(史官)이란 글자에서도 나타나듯, 왕실의 제반 사실을 기록하는 직책으로 볼 수 있다. 기존(결승문자 등)의 기록 방법에서는 많은 불편을 느끼고 있었다는 반증이다. 즉, 필요는 발명의 어머니이듯, 문자 발명의 필요성이 급격히 대두되었다는 의미이다. 더불어 문자는 보편화되지 않은 기록을 필요로 하는 일부 계층에서만 통용되었다는 뜻이기도 하다. 그러므로 그 계층에서 창힐 개인의 발명이 합리적 법칙으로 용인되어 발전을 거듭하며 쓰이다가 후에 주(周) 나라 왕실이 붕괴되고 서고(書庫)가 개방되자 제자백가(諸子百家)가 난립되었듯, 급격히 민중에 퍼지기 시작했다는 추론이 가능하다.

- 노(老)를 거꾸로 다시 보는 한자의 원리

이미 살펴본 것처럼 노(老)와 고(考)의 갑골문이고, 생(生)의 갑골문이다. 노(老)는 머리가 길고 허리가 굽은 사람(노인)이 지팡이를 짚고 있는 모습을 그린 상형자로, 고(考)자와 같다. 마찬가지로 고(考)자 역시 똑같이 설명한다. 그러나 머리가 길다고 설명하는 부분의 갑골문 자형은 분명하게 생(生)에 일(一)이 덧붙여진 자형이다. 더불어 지팡이라고 하는 부분 또한 분명한 복(卜)의 자형이다.

　복(卜)의 갑골문이다. 복(卜)은 거북의 등 껍질을 태워 그것이 갈라진 모양을 그린 상형자로 설명한다. 그러나 점이나 점치는 일은 물(物)이 아닌 사(事) 곧 눈에 보이지 않는 추상적인 개념이다. 상형이 아닌 지사(指事)라는 반증이다. 물론 갈라지는 금을 보고 점을 치지만, 갈라지는 현상이 점은 아니다. 점은 현상을 보고 예시를 추론하는 추상적인 일이다. 그렇다면 갈라지는 현상으로 예시를 추론하는 근거는 무엇인가?

　복(卜)을 지사자로 보면, 십(丨)에 삐쳐진 혹은 갈라지는 상징(/)을 덧붙여 점치는 추상적인 일을 지시하는 얼개이다. 그러면 글말 '복'은 '(본)보기를 보여 가르치다/가리키다'의 준말이다. 따라서 복(卜)은 '씨[십(丨)]가 트이며/비어지며(속에 들었던 것이 밖으로 쑥 내밀다, 숨었거나 숨겨져 있던 것이 드러나다)[/] (예시의) 본보기를 보여 가리키다/가르치다[복]'는 얼개이다. 즉, 싹이 트이며 자라나는 모습을 보고 앞 일을 예단하는 것이 점이고 점치는 일이란 뜻이다. '될 성 부른 나무는/잘 될 놈은 떡잎(씨앗에서 처음 싹터 나오는 잎)부터 알아본다'는 속담의 근거이기도 하다. 다시 말해 각자 천명의 본성인 얼(씨)이 비어지며 태어나는 모습 그 참나의 정체성에 따라 앞으로 되어질 결실을 예단하는 것을 뜻한다. 포도나무는 포도나무대로, 사과나무는 사과나무대로 그 자라는 과정과 맺히는 열매를 충분히 예단할 수 있지 않겠는가? 점이란 결코 비상식적인 일이 아니다. 그 시대의 첨단 과학이다. 지진 등을 미리 직감하는 동물들의 초감각에서 보듯, 우리 또한 그런 예지를 간직했던 시대에 점은 오히려 과학을 뛰어 넘는 예지력의 산물일 수도 있다. 거꾸로 물질문명의 반대급부에 따라 그런 예지력이 감소되면서 점차 예상이 빗나가 불신이 싹터 미신처럼 취급되었다는 반증으로도 볼 수 있다.

　순서대로 노(老)와 고(考)의 갑골문, 금문, 소전이다. 금문에서부터 회의자와 형성자로 변형시켜 구분했음을 알 수 있다. 더불어 그 자형 또한 회화성(繪畵性)이 두드러지게 변했다. 어쨌든 갑골문 자형의 노(老)/고(考)는 '복(卜) + 인(人) + 생(生) + 일(一)'의 회의자임을 알 수 있다. 즉, '타고난 천명의 운명대로[복(卜)] 노(얼)[노]를 일으켜[인(人)] 새로운 하늘에 태어날 씨앗을[일(一)] 새로 맺혔다(생겼다)[생(生)]'는 얼개이다. 그러면 한말 '늙다'는 '노(얼)가 노글노글 익어 가다'의 준말임을 알 수 있다. 결코 쓸모 없이 낡아가는 것이 아니다. 이러한 회의자를 조합하면서 시각적으로도 의미를 알 수 있도록 예술적 회화성(繪畵性)까지 곁들여 나타냈음을 알 수 있다. 그런데 그 그림의 예술성에만 매몰되어 근본을 망각하면서 한자가 그림글자라는 틀에 갇히게 되었다는 추론이 가능하다. 그 거스름의 부작용이 서예(書藝)라는 예술 장르를 낳았지만, 본래의 예술적 회화성(繪畵性)을 발전시켰다면 보다 더 훌륭한 예술이 되었을 수도 있다. 의약품 개발에 있어서, 대머리 치료약 등에서 보듯, 본래는 다른 용도(전립선 비대증)의 치료약으로 개발되었으나 그 부작용 결과의 치료(발모)효과가 본래 의도된 용도 보다 월등한 치료효과를 나타내어 그 용도가 바뀐 약들이 있다. 한자 또한 그와 같은 용도로 바뀐 긍정적 결과를 낳았지만 이는 그 부작용이 아닌 추가 효과를 잘못 왜곡하여 주객이 전도된 부정적 결과일 뿐이다. 어쨌든 한자의 회화성(繪畫性)이 부각되면서 한자의 다른 부분들이 블랙홀에 빨려들 듯, 회화성(繪畫性)에 묻히게 되면서 어려운 문자로 곧 비상식적인 문자로 왜곡되었음을 능히 짐작할 수 있다.

- 송(松)을 거꾸로 다시 보는 형성(形聲)의 원리

서로 종류가 다른 수많은 나무들이 있다. 그들은 서로 어떻게 구별되는가? 그들에게 주어진 이름으로 구분된다. 그 이름은 어떻게 주어졌는가? 개별적 특성에 따라 그 특성을 나타내는 말로 지어주었다. 나무와 그 이름들은 문자 보다 먼저 소리말로서 존재했었다.

우리말 '소나무'의 먼저말은 '솔나무'이다. 나무는 풀과 대비되는 일반적인 총칭(總稱)이다. '솔'은 일반적인 나무들 중에서 다른 나무와 구별되는 그 나무만의 특징을 나타내는 개별적인 말이다. 그러면 그 나뭇잎의 특성상 침엽수의 대표적인 나무이듯, '솔옷(송곳의 옛말)'의 줄임말임을 알 수 있다. 곧 송곳잎 나무라는 뜻이다. '솔옷'을 줄여 '솔'로 다시 '소'로 줄어든 말이다.

문자는 말이 발자취를 남기듯 말의 자취를 그림으로 그린 것이다. 소나무를 문자로 나타내려면 어떻게 그려야 할까? 당연히 나무에 송곳잎처럼 그리면 될 것이다. 그러나 문제는 송곳잎을 가진 침엽수는 소나무만 있는 것이 아니다. 다른 침엽수도 많이 있다. 어찌 구분해야 하는가?

말과 글의 차이는 무엇인가? 말은 소리로서 귀로 듣는 것이고, 글은 그림으로서 눈으로 보는 것이다. 말은 '마음의 소리'이고, 글은 '그린 말'이다. 즉 말을 그린 것이다. 눈에 보이지 않는 것은 그릴 수가 없다. 설령 그릴 수 있다손 치더라도 상징화나 추상화가 될 수밖에 없다. 더구나 글은 언어기능상 간략하게 그려야 하는 제약성으로 말미암아 또한 모두 상징화 내지 추상화를 벗어나기 힘들다. 말(언어)로서의 그림글자는 보편적인 제약(制約)이 따를 수밖에 없다. 보편성을 충족하기 위해서는 누구나 공통적으로 이해될 수 있는 설명이 필요하다.

말에는 이미 설명이 들어 있다. 비약(飛躍)하면 말은 설명을 축약(縮約)한 소리이다. 곧 말의 내용에 함축된 설명이 들어 있다. 그렇기 때문에 실물로서 눈에 보이지 않는 것이거나 그림으로도 서로 구분이 어려운 것들은 말로서 설명하여 그 뜻을 분명하게 할 필요가 있다. 이것이 바로 글에 덧붙여진 글말, 곧 한자의 음(音)이다. 따라서 한자의 글말[음(音)]은 문자 이전의 말과 문자 창제의 글을 잇는 가교(架橋)와 같다. 말이 자취가 남겨지지 않거나 흐릿한 부분을 다시 말로서 설명하는 역할이 한자 음(音)이라는 뜻이다. 그리고 그 설명하는 방법을 여섯 가지로 보다 세세하게 구분 지어 나타낸 것이 또한 '육서(六書)'라는 의미이다.

육서는, 간단히 말하면, 말을 그리는 방법과 동시에 글말의 역할을 나타내는 방법을 아우르는 법칙이다. 말의 자취를 그리고 그 자취를 설명하는 방식으로 서로 혼동 없이 보다 분명하게 그 뜻을 나타내기 위한 방편이다. 그러므로 한자의 글말을 무시하면 설명을 무시한 것처럼 무엇을 그린 것인지 무엇을 뜻하는지 분명하지가 않다. 추상화나 상징화는 설명이 없으면 이해하기 힘든 그림이다. 우리는 지금 한자를 다만 그 뜻하는 바로서 억지로 짜 맞추어 그나마 어느 정도 알고 있을 뿐이다. 그렇지만 아직도 수많은 한자들이 무엇을 그린 것인지 서로 갑론을박하는 오늘날의 실정이 그 방증이다. 더불어 한자가 어려운 이유이다.

송(松)의 금문, 소전이다. 소나무의 말 자취는 어떠한가? 일반적인 개념은 누구나 보면 알 수 있는 그림으로 한자의 부수에 해당되며 '목(木)'이 그것이다. 그리고 '소'는 '솔옷잎'의 준말로서 다른 나무와 구별되는 그 특징의 개별적인 말이다. 그 솔옷잎을 구체적으로 설명하면 '고르게[ㄱ] 솟아[ㄴ](고) 오른[ㅇ] 잎'이다. 그 말을 하나의 음절[단음절(單音節)]로 줄이면 '공'이 된다. 그처럼 일반적인 '나무[목(木)]'에 그 특징을 나타내는 개별적인 '공' 글말인 '공(公)'으로서 형용하여 만든 것이 '소나무/송(松)'임을 알 수 있다. 우리말 말자취 그대로 그린 것이다. 곧 소나무의 실체를 그린 것이 아니라 소나무라는 말을 그린 것이다. '공 〉송'의 변천은 '송곳'에 의미 동화된 현상으로 쉽게 유추할 수 있다.

- 강(江)과 하(河)를 거꾸로 다시 보는 형성(形聲)의 원리

강(江)과 하(河)의 글말 공(工)과 가(可)는 그 글자 뜻과 상관없이 글말의 뜻 곧 고랑과 가름만을 나타내는 원리이다. 그렇다면 장인(工)과 옳음(可)을 나타내는 그 글자의 뜻은 과연 아무런 역할도 없이 단순히 글말의 뜻만 나타내기 위한 것인가?

공(工)의 갑골문, 금문, 소전이다. 장인, 일, 공교할 / 공(工)은 상형
자이고, 사각형을 그릴 때 쓰던 도구를 그린 것으로, 현재는 곱자/구
(矩) 글자를 쓴다고 설명한다. 거꾸로 뒤집어 생각하면, 곱자의 형태
일 수도 있지만, 그 곱자가 그리는 자취 그 현상을 나타낸 자형이 보다
합당한 논리이다. 그러면 글말은 '고르게 이끌다[공]'는 곱자의 자취
그 현상을 나타낸 말임을 알 수 있다. 그렇기 때문에 그 현상에 따라 '
공교하게, 일(하는), 장인' 등의 뜻이 유추되었다고 볼 수 있다. 어쨌든
공(工)은 고르게 이끄는 뜻을 머금은 글자임을 알 수 있다.

강(江)은 고랑[공(工)]에 물[수(水)]이 고여 있는 구조를 나타내는 글
자이지만, 그 고랑은 또한 물을 '고르게 이끌어 가는[공(工)]' 역할도
하는 둑의 다름 아니다. 즉 물이 범람하지도 메마르지도 않게 고르게
이끄는(흐르게 하는) 역할도 하는 것이란 암시(깨우침)를 담은 글자임을
알 수 있다. 한말 고랑 역시 '고르게 이어지는 랑(고개)' 또는 '고른 이
랑'의 준말임을 알 수 있다.

가(可)의 갑골문, 금문, 소전이다. 옳을/가(可)의 'ㄱ'은 도끼자루[가
(柯)]를 본 뜬 것으로 뒤에 '옳다'는 가차되었다고 설명한다. 본래는 상형

자였는데, 구(口)를 덧붙인 회의 겸 형성자라 한다. '구(口)' 글말은 또한 '후'로도 볼 수 있다. 그러면 그 자형과 견주어 '후(後)비다'의 준말로 후벼파며 김을 매는 '호미'를 나타낸 글자로 볼 수 있다. 점차 김을 매며 작물을 가꾸는 의미에 동화되어 '가' 글말로 바뀌었다고 추론이 가능하다. 또한 호미질은 잡풀을 가려내며, 흙을 가르고 고르며 가꾸는 달리 기르는 (키우는) 일이기도 하다. 즉 그렇게 가려내고 갈아 고르며 가꾸는 또는 키우는 것이 또한 옳다는 뜻이기도 하기 때문에 가차되었다. 그렇다면 한 말 '옳다'는 '올곧다(마음씨가 곧고 바르다)'와 '하다(크다, 키우다 / 많다) 또는 혀다(켜다)'의 합성어로 볼 수 있다. '올곧다'는 그 의미상 '올'이 '얼(마음) 또는 어리(싹)'의 뜻으로도 서로 통하므로, '싹(올)을 곧게 키우다(하다)' 또는 '얼/마음(올)이 많다(하다) 곧 알이 차다(영글다)'는 뜻임을 알 수 있다.

가람(강)/하(河)는 가르는(可) 물(水)로, 바꾸어 생각하면, 물이 서로를 경계 지어 가르는(나누는) 것이 가람이고, 더불어 물로 서로를 나누어야 옳은(可) 일이라는 교훈을 담은 글자이다. 즉, 물은 만물의 씨앗이다. 달리 생명의 근본으로 생명수와 다름없다. 물을 나누어 주는 것이 생명을 기르는 곧 올곧게 키우는 일이라는 뜻이다. 즉, 물은 서로 공유하며 둘로 갈라 나누어야 한다는 뜻이다. 세포분열이 동등하게 서로 나뉘어 성장하듯, 가람(河)은 서로를 키우는 옳은[가(可)] 나눔이 되어야 한다는 교훈을 담은 글자이다. 흔히 강을 젖줄이나 핏줄로 비유되는 이치와 같다.

공(公)의 갑골문, 금문, 소전이다. 소나무/송(松)에서 '공(公)'의 갑골

문은 팔(八)과 정(丁)의 회의자로 나타난다. 정(丁)의 갑골문은 'ㅁ'의 자형이고, 금문은 '●'의 모습으로 나타난다. 글말 '정'을 '정말로(참으로)'와 견주면, '장(열, 열매)'의 변형으로 볼 수 있다. 그렇기 때문에 '성하다'는 뜻이 있듯, 장정(壯丁)으로도 쓰이는 글자이다. 뒤집어 생각하면, '얼(열매)이 영글었다'는 의미이다. 따라서 '공(公)'의 글말은 '공변되다'의 준말로, '모두가 정말로 인정할 수 있도록(마음이 영글도록/꽉 차도록)[정(ㅁ)] 공변되게[공] 나누는[팔(八)]' 얼개로서, 한말 '벼슬'의 말 자취임을 알 수 있다. '벼름(여러 몫으로 고르게 별러/나누어 줌, 또는 그런 일)을 세우는 자리'가 한말 '벼슬'이고 그 준말이기 때문이다.

소나무는 흔히 공작(公爵) 벼슬을 상징하는 나무이다. 진시황제가 내렸다고 전해진다. 우리나라에는 조선시대 세조가 내린 속리산의 '정이품송'이 있다. 거꾸로 생각하면, 소나무가 벼슬아치의 귀감(龜鑑)이라는 역설(力說)이다. 소나무는 사시사철 늘 푸르기 때문에 지조(志操)를 상징하기도 한다. 상황에 따라 아침에 바꾸었다 저녁에 다시 고치는 조변석개(朝變夕改)하지 않고 항상 소나무의 잎처럼 일관된 지조(志操)와 공변됨으로써 공무(公務) 그 벼름을 수행하는 자리가 벼슬이라는 경계(警戒)를 담은 나무라는 뜻이다.

소나무는 우리가 가장 사랑하는 나무이다. 우리 삶의 곳곳에 귀감이 되며 쓰이기 때문이다. 특히 집을 짓는 재목의 으뜸으로, 굽으면 굽은 대로 곧으면 곧은 대로 제대로 적재적소(適材適所)에 버려짐이 없이 쓰였다. 이것은 오늘날 2080법칙의 귀감이다. 그리고 송편으로 떡을 해 먹으면서도, 솔잎 솔방울 솔가지 솔 껍질로 밥을 지을 때도, 소나무로 지은 집에서 먹고 자면서도, 항상 곁에서 솔 향을 맡으며, 그 소나무가 가르치는 공존의 법칙을 잊지 않기 위한 귀감으로 삼았다. 우리가 유독 소나무를 사랑하는 이유이다. 그러나 2080법칙이 왜곡되었듯,

현실은 그 소나무의 지조가 백성을 위한 공무로서가 아닌 임금을 향해야 하는 것으로 왜곡되어 있다. 그렇게 왜곡되어 있는 만큼이 오늘날 현실의 필연이 되었다.

한말글에는 흔히 회의 겸 형성자로 설명하는 형성자들이 많이 있다. 그런 형성자들은 그 글말의 자형 또한 회의처럼 분명한 그 글자의 뜻이 나타나는 글자들이다. 그러나 강(江)과 하(河) 그리고 송(松)에서 보듯, 형성의 원리는 그 글말의 글자 또한 암시와 경계(警戒) 그리고 교훈 등을 함축하고 있음을 알 수 있다. 곧 형성자 자체가 회의자에 그 글말의 의미도 함께 더하여 나타낸 원리로 볼 수 있다. 따라서 형성자는 한말글의 발음부호 역할도 하고, 눈에 보이지 않는 철학적 암시와 교훈 등도 나타내는 일석 4조 나아가 5조 곧 4D 5D까지의 기능을 갖추고 있다고 볼 수 있다. 그런데도 우리는 지금까지 그 글말에는 뜻이 없다며 무시(無視)함으로서 그 깊은 뜻을 헤아리지 못하고 그 피상만을 보아 온 것에 지나지 않았다. 오히려 그 글말의 의미에 담긴 뜻이 중심이 되는데, 그 중심을 없애고 곁가지만 보아 온 거스름은 모순이 당연한 일이다. 현실이 그렇듯 그대로 따라 하니 말을 함부로 하고 함부로 알아들어 서로 믿지 못하는 오늘날의 세상은 필연이지 싶다.

- 육서(六書)를 거꾸로 다시 보는 한자의 원리

주지하다시피 육서(六書)는 한자의 제자 원리임에도 불구하고, 그에 따른 설명이나 자료는 극히 미비할 뿐만 아니라 그 연구 또한 극히 제한적이다. 더군다나 육서(六書) 자체에 대해서도 서체(書體)를 나타낸 것인지 조자(造字) 방법인지 설왕설래하고 있다. 조자 방법에 대해서도 그 명칭만 전해질뿐 구체적인 설명은 허신의 설문해자 서(敍)에 나타난 내용이 유일하다. 즉, 자료로는 그나마 설문의 서문에 나타난 내용이 보다 상세한 설명과 함께 그 근거를 알 수 있는 빌미를 제공하고 있을 뿐이다. 그렇기 때문에 육서의 내용은 어디까지나 허신 한 개인의 의견일 뿐인 것으로 보고 있기도 하다. 어쨌거나 후대의 연구는 허신의 설(說)을 거의 금과옥조로 신봉하여 이루어졌지만, 그의 해설이 지나치게 애매 모호하고 상호간의 구분이 명확하지 않아 학자마다 각양각색으로 이견이 분분한 것도 사실이다.(*10) 당연히 자형에 따른 연구의 제한성을 벗어나지 못했기 때문이다. 후대에 일부 글말에 대한 연구(우문설)도 있었지만, 지금까지의 인식과 마찬가지로 글말이 무시되었듯, 별로 주목을 받지 못하고 무시되었다. 글말의 의미를 모르는 한계를 극복할 수 없었던 필연의 결과이다.

설문해자의 서문은 '주례(周禮)'를 인용하고 있다. 주례(周禮)에 나타났다는 것은 당연히 주(周)나라 때까지는 필히 배웠다는 반증이다. 그 후 춘추전국시대를 지나고, 진시황의 통일 시대와 다시 한(漢) 나라 시대를 지나면서 육서와 관련된 자료가 거의 나타나지 않았다는 것은 또 무슨 이유인가? 당연히 필요를 느끼지 못했을 뿐만 아니라 이미 육서의 제자 원리는 상식으로 자리를 잡았고, 글자 하나하나 익히면서 자연스레 체득되고 있었다는 뜻이다. 이는 다시 육서는 단지 그 자형에 따른 원리로만 받아 들였기 때문에 굳이 따로 배울 필요가 없었다는 반증이다. 또한 자형만의 제자 원리는 이미 그 명칭만으로도 알 수 있는 지극히 단순한 원리 때문이기도 하다. 더불어 그 글말의 뜻을 모르니 무슨 의미가 있었겠는가?

허신이 설문에 다시 나타낸 이유는 그가 서문에서 밝히듯, 글자들이 사람마다 다르게 해석하고 난잡해진 것을 바로 잡기 위한 것이었다. 그 모범을 제시하기 위해 글자의 유래를 설명하면서 본래의 근본적인 그 제자 원리 또한 나타낼 필요가 있었다. 주례를 인용했다는 것은 주례에서 그 근거 자료를 갖고 있었다는 반증이기도 하다. 그 설명 자체가 자형만의 원리를 나타낸 것이 아니기 때문이다. 즉, 허신이 알고 있던 자형만의 원리로는 설명할 수 없는 내용도 포함되어 있다는 뜻이다. 그러함에도 불구하고, 자형만의 육서로 보았기 때문에 그 설명하는 의미조차 제대로 이해하지 못했다. 그렇기 때문에 해석이 제대로 될 리 없고, 더 이상 연구나 언급이 있을 리 만무하다. 그린 말의 원리곧 말자취 원리의 육서로 시각을 달리하여 다시 보는 육서의 의미는 어떠한가?

설명하는 방식을 살펴보면, 첫째로 명칭을 말하고, 그 명칭에 대한 원리를 설명하는 구조를 택했다. 그리고 설명하는 구조는 사언절구 형태로 댓구를 이루고 다시 그 예가 되는 글자 둘을 제시하는 사언절구의 격식을 갖췄다. 그런데 그 댓구의 구조는, 앞의 사언(四言)은 글자 자형에 나타난 모습을 설명하는 것이고, 댓구로 이어지는 사언은 글자를 나타내는 방법 곧 자취를 남기는 방법을 설명하는 것임을 알 수 있다. 마찬가지로 글말에 대한 설명도 같은 원리이다. 즉, '형(形) · 성(聲) · 의(意)'의 원리에 따라 다시 형(形)의 육서(六書) 원리처럼 성(聲)의 육서 원리 곧 글말의 역할을 설명하는 구조이다. 역설적으로 이러한 설명 구조가 오히려 더 이해하기 힘든 측면이 있었기 때문에 그리고 자형의 원리는 명칭만으로도 충분했기 때문에 군이 육서를 따로 가르칠 필요가 없어졌다는 반증이기도 하다. 다시 이 같은 시각으로 해석하면, 어떻게 달라지는가?

'指事者 視而可識 察而見意 上下是也(지사자 시이가식 찰이현의 상하시야)'

사(事)는 '일'의 뜻으로 관념적(觀念的)인 추상(抽象)의 개념이다. 그런 일을 가리키는 원리라는 것은[指事者], 글자의 형(形)으로는, 글을 주시하여 보면 능히 알 수 있는 것이고[視而可識], 살펴서 보면 그

뜻이 드러나는 것으로[察而見意], 상(上)과 하(下)가 그런 것이다[上下
是也]. 시(視)는 '보이는 것을[시(示)] 시키는 대로[시] 견주어 보는[견
(見)]' 것이고, 찰(察)은 '제사를[제(祭)] 이루고(구성하고) 있는[면(宀)]
근본을 차리는[찰]' 것이다. 다시 말해 살필/찰(察)은 제사상을 차리
듯, 근원에 빠짐없이 차려져 있는지를 따지는 것이다. 그렇기 때문에
지사자의 자형은 다른 원리의 자형과 다른 독특한 형태를 가지고 있
기 때문에 보이는 대로 견주어 보면 쉽게 알 수 있는 모습(자형)이고,
근원을 따져보면 그 뜻이 드러나는 방법이라는 설명이다. 보이지 않
는 관념이기 때문에 획일적인 또는 기하학적인 상징처럼 대상화 시켜
가리키는 원리의 자형이고, 뜻의 근원을 따져서 드러내[현(見)] 가리
키는 방법이다. 마찬가지로 글자의 글말[성(聲)]로는, 글말을 주시하
여 보면 능히 글말이 가리키는 대로 솟아오른(사 오른)[상] 곳임을 알
수 있는 원리의 모습(글말)이고, 뜻의 근원을 따지면 서로 간 약속의
기준에서 솟아오르는[상(上)] 또는 가라앉는[하(下)] 곳임을 드러내 가
리키는 방법(역할)이다.

'象形者 畫成其物 隨體詰屈 日月是也(상형자 화성기물 수체힐굴 일월시야)'

물(物)은 '무리'의 뜻으로 구체적(具體的)인 구상(具象)의 개념이다.
그런 무리의 형상을 본뜨는 원리라는 것은[象形者], 글자의 형(形)으로
는, 글자는 그 무리를 그려서 이룬 것이고[畫成其物], 몸체를 따라가
며 구비치는 현상이나 움직임을 따지는 방법으로[隨體詰屈], 일(日)과
월(月)이 그런 것이다[日月是也]. 힐(詰)은 '말이 알리는 대로[언(言)] 말
길을 바로 세우게[길(吉)] 길들이는[길] 또는 힐후는(힐난하는)[힐]' 것이
고, 굴(屈)은 '움츠려 사리고[시(尸)] 굴려서[굴] 나아가는(낳는, 드러내
는)[출(出)]' 것을 의미한다. 그렇기 때문에 상형자의 자형은 그려서 이
루는 그 무리의 모습(자형)이고, 그 형체를 따라 본래의 말[해, 달]이

103

나타내는 뜻을 따져서 구비 치며 나타내는 방법이다는 설명이다. 눈에 보이는 구체이기 때문에 보이는 대로 나타나는 움직임이나 현상을 그리는 원리의 자형이고, 무리 그 정체성의 몸체를 따라 말이 나타내는 것을 따져서 굽이쳐 그리는 방법이다. 마찬가지로 글자의 글말[성(聲)]로는, 본래의 말[해, 달]에 따라 글말이 그려서 이루는 대로 하늘의 얼[ㅡ]이 일어나는[일] 또는 달의 얼[ㅣ]이 와락거리는[월] 모습(글말)이고, 무리의 몸체를 따라 일어나는(부풀리는, 확장되는)[일] 또는 와락거리는(오무리는, 축소되는)[월] 정체성을 따져서 굽이쳐 그리는 방법(역할)이다.

출(出)의 갑골문, 금문, 소전이다. 지(之)와 감(凵)의 회의자이다. 그러면 '감싸인 곳에서[감(凵)] [출]하게 가다[지(之)]'는 얼개로, '나가다, 내다, 낳다' 등의 뜻이다. 그래서 글말 '출'은 '출출(물 따위가 많이 넘치는 모양)거리다'의 준말로, 출(出)은 어떤 상태가 넘쳐나서 나가는(낳는, 내는) 뜻임을 알 수 있다. 따라서 굴(屈)은 '움츠려 사리어[시(尸)] 흘러 넘쳐 나와[출(出)] 굴러가는[굴]' 것으로, 물결이 출렁거리듯, 구비치는 현상을 나타낸 것이다. 그렇기 때문에 힐굴은 무리의 정체성을 따라 나타나는 원인을 따져서 넘쳐나며 출렁이는 대로 그리는 방법임을 알 수 있다.

따라서 지사와 상형은 모든 말의 뜻이 나타내는 근본을 눈에 보이는 것과 보이지 않는 것으로 이분(二分)하여 일차적으로 글자의 자취를 만드는 방법이다. 즉, 눈에 보이지 않는 추상의 발자취를 나타내는 방법이 지사(指事)의 원리이고, 눈에 보이는 구상의 발자취를 나타내는 방법이 상형(象形)의 원리이다. 모든 말뜻의 근본은 추상과 구상으로 양분(兩分)되기 때문이다. 그렇기 때문에 상형(象形)은 그 글자가 그림 같은 상형성이 강하고, 지사(指事)는 부호나 기호 같은 상징성이 뚜렷이 나타난다. 또한 추상과 구상을 구분했듯, 역설적으로 구상[물(物)]의 말은 상형(象形)이고, 추상[사(事)]의 말은 지사(指事)임을 거꾸로 알 수 있다. 나아가 이 같은 추상과 구상을 기본으로 조합하여 나타내는 이차적인 방법이 회의와 형성임을 미루어 알 수 있다.

'形聲者 以事爲名 取譬相成 江河是也(형성자 이사위명 취비상성 강하시야)'

성(聲)은 들리는 '소리'의 뜻으로 글자의 글말을 나타내는 개념이다. 그런 소리 곧 글말을 형용하는 원리라는 것은[形聲者], 글자의 형(形)으로는, 관념의 일 곧 글말로써 글 전체의 이름[음(音)]이 되게 하는 것이고 [以事爲名], 비유를 취해서 서로를 이루는 방법으로 [取譬相成], 강(江)과 하(河)가 그런 것이다[江河是也]. 비(譬)는 '마음이 알리는 말을[언(言)] 비껴서(피하여)[피(辟)] 비사치다(똑바로 말하지 않고 에둘러서 은근히 깨우치다)[비]'는 얼개로, '비유하다, 깨우치다' 등의 뜻이다. 그렇기 때문에 형성자의 자형은 글말의 글자로써 전체 글자의 이름(글말)이 되는 원리의 모습(자형)이고, 글말이 비유하는 것과 글이 깨우치는 것을 함께 취하여 서로 이루어 나타내는 방법이다는 설명이다. 그리고 이름[명]이란 글의 뜻이 이루어지도록 이르는(부르는) 말이다. 곧 글말이 글의 뜻이 드러나게 다른 글을 형용하는 형태의 다름 아니다. 흔히 말하는 소리부와 의미부로서, 소리부가 의미부를 형용하는 얼개이고, 소리부는 소리뜻으로 비유하고 글뜻으로 깨우치게 하는 의미를 함께 취하여 서로를 이루는 방법임을 알 수 있다. 마찬가지로 글자의 글말[성(聲)]

로는, 글말이 나타내는 말의 뜻 그 고랑[공]으로써 고랑[공]물이 이루어지도록 이르는(형용하는) 모습(글말)이고, 글말뜻인 고랑[공]을 비유로, 글자의 고르게 이끄는[공(工)] 뜻을 깨우침으로 각각 취하여 고랑이 고르게 이끄는 서로를 이루어 다른 글[물]을 형용하여 나타내는 방법(역할)이다.

'會意者 比類合誼 以見指□ 武信是也(회의자 비류합의 이견지위 무신시야)'

뜻[의(意)]은 마음이 울리어 드러내는 '의미'로 글자의 뜻을 나타내는 개념이다. 그런 글의 뜻을 모으는 원리라는 것은[會意者], 글자의 형(形)으로는, 나눠진 무리를 나란히 세워 옳음(도리, 마땅함)이 드러나게 합하는 것이고[比類合誼], 그 옳음을 견주어 봄으로써 잘못됨을 가리키는 방법으로[以見指僞], 무(武)와 신(信)이 그런 것이다[武信是也]. 의(誼)는 '의젓(떳떳)하면서도[의] 화목하게(마땅하게)[의(宜)] 마음을 알리는[언(言)]' 얼개로, '(옳음을 이루어가는) 의논을 하다, (그렇게 이룬) 옳음' 등의 뜻이다. 그렇기 때문에 회의자의 자형은 글자의 무리들이 서로 대등하게 나란히 서서 옳음을 합의(合議)로 이끌어 모으는 원리의 모습(자형)이고, 또한 그렇게 글뜻과 견주어 봄으로써 잘못됨을 지양(止揚)하여 가리켜 나타내는 방법이다는 설명이다. 다시 말해 전체의 글뜻과 부분의 글뜻이 서로 잘못되게(모순되게) 배치함(모음)으로써 그 모순(잘못)이 드러나게 하여 그 모순을 해결하도록 했다는 뜻이다. 한마디로 옳음으로 수렴되게 모았다. 마찬가지로 글자의 글말[성(聲)]로는, 글말이 다른 글과 서로 대등하게 회의(會議)를 소집하는 원리의 모습(글말)이고, 글뜻 무기[무(武)]와 '창[과(戈)]과 가다/멈추다[지(止/之)]'의 뜻을 견주어 '무기'와 '가다/멈추다'의 모순을 지적하고 그 해결점(옳음)이 무찌르는[무] 글말로 모아 수렴되게 하여 '무찌르러 가는/무찌름을 멈추는 창과 같은 무기'의 옳음을 나타내는 역할(방법)이다.

의(宜)의 갑골문, 금문, 소전이다. 갑골문은 고기[육(肉)]를 서로 동등하게 나누어 감싼 모습이다. 그리고 뜻은 '마땅할, 옳을, 적합할, 화목하다' 등의 뜻이다. 그러면 글말 '의'는 '의건모하다(살아 나갈 계획을 세우다)' 또는 '의젓하다(말이나 행동이 점잖고 무게가 있다)'의 준말이다. 따라서 '고기를[육(肉)] 의건모하게[의] 고르게 나누어 감싸 저장하다[면(宀)]' 또는 '고기를 의젓하게(떳떳하게)[의] 집집마다 서로 고르게 나누어 가지다'는 얼개임을 알 수 있다.

'轉注者 建類一首 同意相受 考老是也(전주자 건류일수 동의상수 고노시야)'

주(注)는 '주제에게[주(主)] 주는[주] 물[수(氵)]'의 얼개로, '물 댈, 마음 쓸, 뜻 둘, 풀이할' 뜻이다. 다시 말해 주(注)의 주체는 따로 있다는 암시이다. 그런 본래의 주체에 물을 주고 굴리어 옮기며 바꾸는 원리라는 것은[轉注者], 글자의 형(形)으로는, 세포 분열하듯 같은 무리를 나누어 세워 하나의 처음 머리와 같은 것이고[建類一首], 그 글의 같은 뜻을 서로 받는 방법으로[同意相受], 고(考)와 노(老)가 그런 것이다[考老是也]. 즉, 자형의 형태는 본래 처음의 글자 그대로이고, 글의 뜻만 옮기고 바꾸는 방법으로, 삼차적인 말자취 원리임을 암시하고 있다. 그렇기 때문에 전주자의 자형은 무리를 세운 처음의 하나된 얼굴 그대로 인 원리의 모습(자형)이고, 처음의 그 같은 뜻을 서로 받아 굴리어 나타내는 방법이다는 설명이다. 그런데 이는 어떻게 굴리는지의 방법에 대해서는 설명이 생략되어 있다. 역설적으로 육서란 글말에 대한 역할론이기도 하다는 반증이다. 또한 자형의 원리로만 육서를 바라보

107

면서 생기는 모순이 전주가 애매모호한 논리로 빠질 수밖에 없는 방증이다. 따라서 글자의 글말[성(聲)]로는, 처음 글말의 뜻(노을지다[노])을 나누어 하나의 머리로 세우는(노글노글 익다[노] 또는 고로롱거리다[고]) 원리의 모습(글말)이고, 처음글[로(耂)]의 같은 뜻(지팡이를 짚고 있는 뜻)을 받아서 글말에 따라 노글노글 익어 '익숙할' 또는 고로롱거리며 '오래 살' 뜻으로 옮기고 바꾸어 나타내는 방법이다.

'假借者 本無其字 依聲託事 令長是也(가차자 본무기자 의성탁사 령장시야)'

빌린 것을 다시 빌리는 원리라는 것은[假借者], 글자의 형(形)으로는, 본래 자신의 뜻이 없어 그 글자를 빌린 것이고[本無其字], 그 글자의 소리 곧 글말에 기대어 자신의 일[뜻]을 부탁하여 빌리는 방법으로[依聲託事], 령(令)과 장(長)이 그런 것이다[令長是也]. 다시 말해 집을 짓지 못한 사람이 자신의 이름과 비슷한 집을 빌리고, 그 집주인의 문패 아래를 빌려 자신의 문패도 걸어두는 방법이다. 그렇기 때문에 가차자의 자형은 자신의 뜻은 없으면서 이름과 같은 소리말(글말)을 가진 글자를 빌리는 원리의 모습(자형)이고, 그 글자의 글말에 기대어 자신의 뜻을 빌려 부탁하는 방법이라는 설명이다. 마찬가지로 글자의 글말[성(聲)]로는, 글자의 글말이(령) 자신의 이름과 같은 글말(···로 하여금[려] ··· 이르다[이])의 뜻이 없어 그 글자를 빌리는 원리의 모습(글말)이고, 빌린 글자의 글말(령)을 다시 빌려 자신의 일 그 '령[···로 하여금 ··· 이르다(하게 하다)]'의 뜻을 부탁하여 나타내는 방법이다.

빌릴/차(借)는 옛/석(昔) 글말의 형성자로, 옛날에 借와 昔은 발음이 비슷하였다고 설명한다. 이는 반대로 昔이 '석'과 '차' 글말의 전주자였다는 반증이다. 어쨌든 차(借)는 '옛 것[석(昔)]을 일으켜(세워)[인(人)] 차리다(장만하여 갖추다, 필요한 것을 갖추어 벌이다, 방법 따위를 세워 취하다)[차]'의 얼개이다. 따라서 문자 이전의 옛 말을 일으켜 차려서[차(借)]

임시로 빌려 쓰는[가(假)] 것이 가차(假借)임을 알 수 있다. 다시 말해 글을 배우지 못한 자가 글을 아는 자 중에서 자신과 비슷한 이름의 말을 가진 자에게 자신의 이름을 부탁하여 빌려 쓰는 이치로 비유할 수 있다.

이와 같이 전주와 가차의 원리는 기존에 이미 만들어진 글자를 바탕으로 지금까지 만들지 못한 글자를 대신하는 방법이다. 참고적으로 昔이 '차' 글말일 경우 시(時)의 뜻이다. 그렇기 때문에 차(借)는 '시간을[차(昔)] 차려서[차] 일으켜 세우는[인(人)]' 얼개로, '빌리다'는 뜻이 유추될 수 있다. 즉, 빌리는 것은 결국 시간을 바꾸는(빌리는) 것이기 때문이다.

세상의 모든 말을 눈에 보이는 말과 보이지 않는 말 곧 구상(具象)과 추상(抽象)의 이분법으로 나누어 나타내는 말자취 방법이 일차적인 지사와 상형의 원리이다. 일차적으로 만든 글자를 재료로 서로 조합하여 다시 새로운 요리를 만드는 말자취 방법이 이차적인 형성과 회의의 원리이다. 그리고 이렇게 만든 모든 글자를 원료로 세포 분열하듯, 굴리며 증식하고 분양하여 빌리는 말자취 방법이 삼차적인 전주와 가차의 원리이다. 6이 완성의 숫자이듯, 하나님이 천지를 6일 동안 만들었듯, 여섯 가지 방법의 육서 원리로 자취를 남기지 못할 말이 없게 된 것이다. 이 같은 원리를 제대로 이해하지 못하고 한갓 그 껍데기만 이해한 결과는 껍데기가 그 안의 주인을 몰아내고 주인 행세를 하는 오늘날을 낳았다.

다시 해석한 육서(六書)의 원리는 분명 한말글의 말자취 원리를 모두 담고 있는 뜻이다. 그러나 허신 역시 그 의미로는 이해하지 못했다. 설문에 나타난 한말글(한자)에 대한 그의 설명이 그 방증이다. 그 뜻을 담지 못했기 때문이다. 곧 글말의 뜻은 설명하지 못했기 때문이다. 그렇다면 육서에 대한 허신의 설명은, 또는 그 어느 누구의 설(說)이라 해도, 그의 논리가 아닌 인용문이었다는 반증이다. 더불어 그 의미를 모르기 때문에 이어지지도 못했고 연구되지도 못했다는 방증이고 반증이다. 거꾸로 다시 보면, 우리가 외래어에 대한 시각처럼 외래어의 그 소리말은 어떻게 발음되는 지만 알면 되고, 굳이 그 음의 의미까지는 필요 없는 것이다. 그러므로 그 음의 뜻은 없는 것이 되고, 그 자형과 의미만이 중요하게 되는 것이다. 육서에 대한 자료가 극히 미비한 이유의 역설적 반증이다.

흔히 육서(六書)는 한자(漢字)를 거꾸로 분석하면서 귀납적으로 유추해낸 체계적인 법칙으로 알고 있다. 이는 단순히 한자가 그림을 그리듯이 만든 상형문자의 틀에서 보는 시각에서 비롯된 것이다. 그러나 한자는 그 기원에서 보듯, 새가 발자취를 남기는 원리에 따라 만든 것이다. 분명한 원리를 세우고 그 바탕 위에서 만들었다는 뜻이다. 일정한 법칙 없이 만든 것일 때 보편적이지 못하고, 개별적인 한계를 벗어나지 못한다. 한자를 개별 논리로 설명하는 이유이기도 하다. 바꾸어 말하면, 지금까지 보편 논리가 아닌 개별 논리로 한자를 바라 보았다는 방증이다. 보편 논리로 바라보면, 육서(六書)는 문자 발명 이후에 귀납적으로 유추된 법칙이 결코 아니라 문자의 근본 원리로서 한자의 토대임을 알 수 있다. 물론 초기에는 보편적인 논리로서 확립되지 못한 법칙일 수도 있지만, 점차 보완하면서 모두에게 공인된 보편 법칙이 되었다는 반증일 수도 있다. 어쨌든 육서(六書)의 원리를 거꾸로 뒤집어 생각하면, 말이 발자취를 남기는 방법과 진배없다. 따라서 한자는 육서(六書)로 확립된 보편 원리에 따라 만든 글자이고, 한마디로 '말 자취 원리'임을 분명히 알 수 있다.

07

우리말에
한자어(漢字語)가 많은 이유

- 동생(同生)으로 다시 보는 우리 한자어

'동생(同生)'은 아우/제(弟)나 손아래누이/매(妹)를 통틀어 일컫는 말을 한자로 나타낸 한자어이다. 한자 뜻으로 풀이하면, 함께/같이[동(同)] 낳은/태어난[생(生)] 또는 같은 부모에서 낳은 의미로, 형제자매를 통틀어 뜻한다. 그 어디에도 아우나 누이만을 나타내는 뜻은 결코 없는 한자어이다. 중국에서도 그 뜻으로는 쓰지 않는 말이다. 그렇다면 어디에서 온 말인가?

자기와 성별이 같은, 바로 밑의 동생을 뜻하는 '제밑동생(同生)'이라는 말이 있다. 처음엔 한말과 한자어의 합성어로 쓰이다가 그 준말 동생(同生)만으로 나타낸 말일 수도 있다. 그런데 형제자매를 뜻하는 의미로 동생(同生)이 쓰인 예를 찾기가 힘들다는 것이다. 그렇기 때문에 시각을 돌려서, 동생이 순수한 한말이라면, 무슨 뜻인가?

한말 '동'은 한 동아리로 크게 묶은 단위를 나타내어 '같은(同)' 의미

111

도 있지만, 꽃이 피는 줄기의 뜻과 마디, 사이, 동안, 끄트머리 등의 뜻으로, '동대다(끊이지 않게 잇대다)', '동달다(이어 계속하다)' 등에서 보듯, '동대어/동달아[동] 생기다[생]'의 준말로 보면, 아우나 손아래누이를 통틀어 뜻하는 말임을 알 수 있다. 바로 순수한 한말인데, 굳이 한자어로 나타내야 속이 시원했던 사대주의자들의 만행(?)이지 싶다. 어찌 우리말에 한자어가 그렇게 많지 않을 수가 있겠는가? 선무당이 사람 잡는다고, 제대로 알지도 못한, 막말로 골 빈 사이비들이었기에 사대주의자가 될 수 있었다는 반증에 지나지 않는다.

제(弟)의 갑골문, 금문, 소전이다. 아우/제(弟)는 회의자이고, 새를 잡는 화살인 주살[익(弋)]을 끈[弓]으로 묶은 모양이다. 주살을 끈으로 묶는 것도 순서가 있어야 하므로 '차례, 순서'라는 의미로 쓰이게 되었고, 다시 '형제'라는 뜻이 파생되었다고 설명한다. 그런데 설명과 달리 뜻은 '아우, 제자, 공손할(≒悌)' 등이다. 제(弟)의 갑골문은 'I'를 휘돌리며 화살표가 있는 S 형태가 겹쳐있는 모습이다. 주살로 보는 이유이지 싶다. 글말을 '제치다(경쟁상대보다 우위에 서다)'의 준말로 보면, 'I'을 제치고[제] 나서다[S]는 얼개이다. 갑골문에서 'I'은 '십(十)'이고, '열매' 곧 '얼'로 보면, 스승의 얼을[I] 이어 제치고[제] 나서야(청출어람 해야) 하는[S] 제자를 뜻하는 글자로 유추할 수도 있다. 더불어 '공손할, 공경할' 뜻도 유추되었다. 그럼 아우의 의미는 어디서 유추될 수 있는가? 글말 '제'를 한말 '제밑동생' 또는 '제밑'의 준말에 따라 가차되었다고 볼 수 있다. 또한 '제'는 '저이'로 보면, '저를 잇다'의 준말로 동생 뜻이 유추될 수 있다. 그리고 '저히다(두려워하다)'의 준말로, (모름의) 부끄러움을 두려워해야 하는 '제자' 그리고 부끄러움을 두려워하는 '공손할' 뜻도 또한 가차된 것일 수도 있다.

가차 원리의 근본은 그에 합당한 글자가 없기 때문이다. 뒤집어 생각하면, 글자로 만들기 힘든 말이라는 반증이 된다. 즉, 말은 이미 존재하는데, 그에 합당한 글자를 그리기 힘들어 이미 만들어진 글자의 글말을 빌려 쓰는 원리이다. 글말을 단음(單音) 법칙으로 압축되고 생략되는 원리에 따라 한말 또한 그렇게 하면 가차하지 못할 글자가 없다는 반증이기도 하다. 이는 또한 단음(單音)으로 압축된 역사를 잃어버리면 그 의미를 알 수 없게 됨은 필연이다. 오늘날 수많은 말들이 한말인지 한자어인지 알 수 없는 현실이 그 방증이다. 한자어로 쓰여지지 않은 말만이 우리 한말이 된 것이다. 그렇기 때문에 알 수 없는 우리 한말을 다시 거꾸로 한자를 빌어 충분히 나타낼 수도 있었다는 방증이기도 하다. 오늘날에도 미국의 한 주로 편입하고자 하는 사람들이 있듯, 그런 사대주의자에게는 오히려 영광스럽고 자랑스러운 일이 되어 불을 켜고 달려들었음은 불을 본 듯하다. 어찌 한자어가 그렇게 많지 않을 수가 있겠는가? 거꾸로 한자가 본디 한말의 말자취인 한말글이기 때문에 충분히 가능했을 수도 있다는 반증이다.

형(兄)의 갑골문, 금문, 소전이다. 맏/형(兄)은 사람의 입[구(口)]을

강조한 모습으로 본래 '자라나다'라는 뜻이었는데, '형'이라는 뜻으로 가차되었다고 설명한다. '형'을 '경'으로 보면, '겨누어(다른 물체로써 마주 대어 보다, 견주다) 이르다(빠르다, 앞서 있다)'의 준말로서, 가차가 이치에 맞을 수도 있다. 그러나 '겨냥' 또는 '겨냥 내다(실물에 겨누어 치수와 본새를 정하다)'의 준말로서 회의자라면, '겨냥 내어 겨냥[경(兄)] 보다 일으켜(크게)[인(人)] 말하다(일컫다)[구(口)]'는 얼개로, '높일' 뜻뿐만 아니라 '맏, 형, 언니'의 뜻도 유추될 수 있다. 그러면 한말 '언니'의 말자취임을 알 수 있다. 한말 '언니'는 본래 남녀 구분 없이 손윗사람을 이르는 호칭이었음이 그 방증이다.

가(哥)의 소전이다. 오늘날 중국에서는 형(兄)보다 가(哥) 곧 '꺼꺼(哥哥)' '따꺼(大哥)' 등으로 더 많이 쓰인다. 가(哥)는 '노래(≒歌)'와 형(兄)의 뜻이고, 우리나라에서는 성(姓) 뒤에 붙여 그 성임을 나타내는 뜻으로도 쓰인다. 서로 어떤 개연성이 있는가? 흔히 수수께끼가 그렇듯, 정답은 항상 가장 가까운 곳에 있는 '옳다(可)'에 있다. 즉, '올곧게 키우다(하다)'가 옳음(可)으로 볼 수 있을 때, '올'은 '얼(씨앗/마음)'이고, '올벼, 올밤' 등에서 보듯, '어린, 미숙한 얼'로서, 그런 올을 곧게(바르게) 가꾸고 키우는 것이라는 뜻이다. 그렇기 때문에 가(哥)는 '가(可)' 글말의 형성자이고, 올곧게 키운 것에[가(可)] 가깝다[가(可)]는 얼개로서, 한말 '오라비(올아비)'의 말자취임을 알 수 있다. 곧 '아비(父)'로서 아기씨를 내리기에는 아직 미숙한, 다시 말해 아직 장가들지 않은 남자'를 총칭하는 호칭이다. 실제로도 중국에선 남녀 구분 없이 손위남자에게 호칭으로 쓰이고 있다. 어쨌든 올곧게 가꾸고 다시 씨를 뿌려 자자손손 대(代)를 잇는 남자를 뜻하므로 우리나라에서 성씨를 이를 때도 쓰이는 이유이다. 그렇다면 '노래'와는 어떤 개연성이 있는가? 한말 '노래'는 '노(얼, 태양신)를 일으키는 이(소리)'로서 '옳다(可)'와 일맥상통한다. 그렇기 때문에 가(哥)는 한말 '노래(可) 가락(可)'의 말자취이기도 하다. 형, 오라비와 구분 짓기 위해 다시 흠(欠)을 덧붙여 가(歌)로 변형시켰다고 볼 수 있다.

자(姉)의 금문과 소전이다. 손위누이(누나)/자(姉)는 자(姊)의 속자라고 하지만, 금문의 자형은 자(姉)에 더 가깝게 보인다. 즉, 무성할/불(市)과 녀(女)의 회의자에서 '지/자(姊의 우부)' 글말의 형성자로 변했다고 볼 수 있다. 어쨌든 여자로서[녀(女)] 무성하게[불(市)] 자란[자] 얼개로, 가(哥)와 상대적인 글자임을 알 수 있다. 즉, 잉태할 수 있는(여밀 수 있는)[여(女)] 상태로 다(무성하게)[불(市)] 자란[자] 여자라는 뜻으로, 굳이 불(市)의 의미는 별 차이가 없어 형성자로 변했다고 보는 것이 보다 논리적이다.

매(妹)의 갑골문, 금문, 소전이다. 손아래누이/매(妹)는 자(姉)와 반대로, 여자로서[녀(女)] 아직 미치지 못하고[미(未)] 남녀를 구분하기 어려운/매고른(모두 비슷한)/매한가지인[매] 여자를 나타내는 얼개이다. 그래서 '소녀'의 뜻도 있다. 그리고 회의자로 보기 보다는 '미 〉매'의 의미동화에 따른 변형의 형성자가 정설로 되어 있다. 어쨌거나 의미엔 차이도 거의 없다.

저(姐)의 소전이다. 중국에서는 자(姉) 보다 주로 '지에지에(姐姐)' '따지에(大姐)'가 쓰이고 있다. 누이/저(姐)는 '차(且)' 글말의 형성자로, 장차(且) 잉태할 수 있음을(女) 암시한 여자임을 알 수 있다. 즉, '차다(가득하게 되다, 일정한 한도에 이르다)'의 준말[차]에서, '저지다(적시다)[저]'에 의미동화 되었다고 볼 수 있다. 그래서 흔히 쓰이는 '소저(小姐/시아오지에)'는 '메이메이(妹妹)'가 아닌 '아가씨'의 뜻이다.

한말글에는 자(姉)와 매(妹)의 구분이 되어있는데 어째서 한말에는 '누의 〉누이'만이 있는가? 더불어 그 어원은 무엇인가? 자매(姉妹)와 저(姐)의 의미는 지극히 생물학적인 관점임을 알 수 있다. 한말 '어른'을 '어르는(〈옛〉혼인하다, 교합하다) 니'의 준말로 볼 수 있듯, '어를' 수 있는 가부(可否)에 따른 구분으로 볼 수 있다. 그렇다면 '언니'는 '어르기에 니른(다다른) 니'의 준말로 볼 수 있다. 즉, '어른'은 어를 수 있어 혼인한 사람을 뜻하고, '언니'는 어를 수 있지만 아직 혼인하지 못한 사람으로 구분했다고 볼 수 있다. 곧 '가(哥)' '자(姉)' '저(姐)'가 한말 '언니'의 시각에 따른 말자취임을 알 수 있다. 더불어 '아우'의 먼저(옛)

말은 '아사(반치음 아래아)'이다. 그런데 '아사'는 '아사라히(아스라이, 아득히)'와 '아사아들, 아자비, 아자머니' 등에서 보듯, '아직 이른(빠른)/ 이르지 못한' 달리 '젊은' 뜻과 '작은' 뜻 등으로 분화되어 나타나고 있다. 그와 같이 '아우'는 '매(妹)'에 가깝다. 그리고 '누의'는 '노(얼)를 으르기에(어르기에) 니르다(도달하다/빠르다)[노의]'의 얼개로, 서로 상반된 자(姉)와 매(妹)를 함께 나타낸 말로도 충분히 유추할 수 있다. '누이다' 또는 '누다(놓다, 낳다)'에 의미 동화되어 '누이'로 변했다고 볼 수 있다.

한말글 형(兄) 제(弟) 매(妹)는 갑골문에도 나타나는데, 자(姉)는 금문 부터 그리고 가(哥) 저(姐)는 소전에서부터 나타난다. 갑골문에는 아직 도 해독되지 않은 많은 문자들이 있어 속단하기는 이르지만, 문자의 역사적 사실과 서로 견주어 보면 한말의 역사도 가깝게 유추할 수는 있지 않겠는가? 한자가 한말글이 확실하다면 이 또한 확실한 증거이 기도 할 것이다.

형제자매의 호칭 중에 예부터 있어 온 한말은 '언니' '아우' '누의' '오라비' 등이다. 갑골문에 있는 형(兄) 제(弟) 매(妹)와 견주면, 형(兄) 은 언니, 누의, 오라비 등과 견줄 수 있고, 제(弟)와 매(妹)는 아우 또 는 누의와 견줄 수 있다. 제(弟)의 글말 '제'를 다시 보면, '제치다'는 제 치고 나서다(우위에 서다)에서 보듯, 제치는 행위 자체가 서로 상대성을 내포한 말이다. 그렇기 때문에 '어떤 일을 뒤에 하려고 미루다/ 일정 한 기준 아래 따로 빼다/ 거치적거리지 않게 따로 처리하다' 등의 뜻도 있는 것이다. 바꾸어 말하면, '이르다(도착하다/미치지 못했다[빠르다])'와 마찬가지로, 제침을 당하여 뒤로 떨어지고 또한 제치어 앞으로 나서는 뜻이 담긴 말이다. 따라서 제(弟)는 의미상 '얼에[l] 제쳐져[제] 비끼어 떨어져 나갔다[화살표의 S 자형]'의 얼개로, 아우와 누의의 뜻이다. 그 런데 아우와 비슷한 어원을 가진 '아사라외다(〈옛〉공손하다)'가 있듯, 제

117

(弟)에도 '공손할' 뜻이 있음은 서로의 개연성이 상당하므로, 제(弟)는 한말 '아우'의 말자취로 보는 것이 보다 논리적이다. 그 쓰임 또한 서로 분명한 구분이 되어 있음이 그 방증이다.

형(兄)의 글말 '형'을, '혀다(켜다/ 點火, 鋸, 彈, 引, 紡) + 얼/어르다'의 준말로 다시 보면, '얼을 어르어(켜서)[형] 일으킬 수 있다고[인(人)] 이를(말할/도달할) 수 있다[구(口)]'는 얼개로, 언니와 오라비 그리고 누의의 뜻이다. 그러나 오라비는 아버지의 의미가 구체적으로 나타난 말이고, 누의는 자(姊)가 아직 나타나 있지 않아 매(妹)로 연관 지어야 보다 논리적이므로, 형(兄)은 언니의 말자취로 볼 수 있다. 따라서 언니 곧 형(兄)이 남녀 구분 없이 함께 쓰였고, 아우(弟)와 누의(妹)만 남녀를 서로 구분했다고 볼 수 있다. 이를 뒤집어 다시 생각하면, 선후(先後)의 위계질서는 큰 의미가 없었다는 뜻이고, 나아가 그 시대의 위계질서는 굳이 구별 지을 필요가 없는 상식이었다는 반증으로 볼 수 있다. 점차 위계질서가 무너지면서 서로의 구분이 시작되었다고 볼 수 있다. 그래서 금문에서부터 자(姊)가 나타났다는 의미는 남녀의 구분 곧 남존여비(男尊女卑)의 사상이 보다 구체적으로 대두되기 시작했다는 반증일 수도 있다. 소전에서부터 가(哥)와 저(姐)가 나타난 것이 또한 그것을 증거함이다. 즉, 남자는 대(代)를 이어야 하는 존재로서 가(哥) 곧 오라비로, 여자는 장차 그 씨앗을 잉태해야 할 존재로서 저(姐) 곧 아기(가)씨로, 서로를 분명히 구분 짓기 시작했다는 뜻이다.

- 백성(百姓)으로 다시 보는 우리 한자어

백성(百姓)이란 백 가지 성씨(姓氏) 곧 온(모든) 성(姓)을 뜻하여 오늘날 국민(國民)과 비슷한 의미로 알려진 말이다. 그러나 민(民)이란 글자는 한쪽 눈을 찔러 상해를 입힌 노예들을 가리키는 말에서 직접 생산에 종사하는 피지배층을 가리키는 말로 변했고, 반면에 백성(百姓)이란 성씨(姓氏)를 가진 사람으로 씨족 질서를 유지할 수 있는 귀족들, 즉 지배층을 가리키는 말이었다고도 한다. 임금이 성을 하사(下賜)해 주는 것을 '사성(賜姓)'이라고 하였듯, 성은 임금이 나라에 공이 있는 신하에게 내려주는 영광스러운 것이었고, 원래 일반 피지배층(民)에게는 성(姓)이 없었기 때문이라 한다. 어쨌거나 한자가 한말의 말자취라면, 백성(百姓)이나 민(民)에 대응되는 한말은 무엇인가? 안타깝게도 우리 또한 백성(百姓)으로 같이 쓰고, 그에 대응된 우리말이 없다. 한자어에 밀려 이미 사라진 것일까? 아니라면 한말은 왜 없는가?

'民(민)'이 단음절의 한자어이듯, 한자는 '一字(일자)一義(일의)'의 單音節(단음절)이 원칙이다. 그렇기 때문에 이음절(二音節) 이상의 단어는 각각의 뜻으로 구분하여 나타내야만 하는 당위성이 없다면, 외래어 또는 소리말을 가차한 말이라는 반증이 성립된다. 따라서 민(民)은 피지배층을, 백성(百姓)은 지배층을 나타내어 구분한 단어로 보는 이유이다. 그리고 민(民)을 노예에서 변하여 피지배층 사람으로 보는 것은 민(民)의 금문에 의한 시각이다. 즉, 눈을 찌르고 있는 자형에서 주(周) 나라 때 포로의 눈을 멀게 하여 노예로 삼았다는 근거에 따른 학설이다. 그러나 민(民)의 갑골문은 눈(目)과 십(十) 곧 갑(甲)의 회의자이다.

갑(甲)의 갑골문, 금문, 소전이다. 갑(甲)은 물고기의 비늘을 그린 것이라는 설, 가죽이 벗겨져 갈라진 모양이라는 설, 초목의 싹이 껍질을

깨고 돋아나는 모양이라는 설 등이 있으나 아직 정설이 없다는 글자이다. 갑골문은 '십(十)'으로 나타난다. 그리고 열/십(十)의 갑골문은 'ㅣ'이고, 금문은 가운데에 씨앗 같은 점이 있는 자형으로 변했다가 오늘날의 십(十)은 소전에서부터 나타난다. 마찬가지로 오늘날의 갑(甲)도 소전에서부터 나타난다. 바꾸어 말하면, 십이 갑으로 변하자 그 구분을 위하여 갑(甲)의 자형으로 변했다는 의미로 볼 수 있다.

십(十)의 갑골문, 금문, 소전이다. '십(ㅣ)'은 지사자로, 글말 '십'이 지시하는 뜻이다. 곧 '씨(하늘)를 바로 세웠다(ㅣ)'는 준말로 볼 수 있다. 즉, 일(一)은 하늘이 일다(一/열렸다)의 얼개에서 '십(ㅣ)'에서 마침내 바로 세워졌다(바르게 일어섰다)는 뜻이다. 그러면 갑(十)은 그 '십(ㅣ)'에서 다시 하늘(一)이 '갑'했다는 얼개의 지사자임을 알 수 있다. 그러면 글말 '갑'은 '가르어 벌리다'는 준말이다. 즉, 새로운 하늘을 다시 열었다는 뜻이다. 따라서 '첫째' 그리고 '첫째 천간'의 뜻과 하늘을 다시 연 각각의 '아무개'를 뜻하며, 그 글말 '갑'에서 '갑(껍)데기'와 가죽을 붙여 만든 '갑옷'의 뜻이 가차될 수 있는 것이다. 흔히 갑(甲)은 갑골문에서 보듯, 단단한 거북의 껍질을 뜻하기도 한다. 곧 '거북'의 준말이 '겁(갑)'이고, 거북의 껍데기 같은 비늘의 모양과 단단한 옷을 '갑옷'이라 하는 이유이다. 그래서 '갑옷' 또한 '거북이 옷'을 줄인 순수한 한말이다.

민(民)의 갑골문, 금문, 소전이다. 민(民)의 글말 '민'은 민낯(생얼)에서 보듯, '(일부 명사 앞에 붙어) 꾸밈새나 붙어 딸린 것이 없음을 뜻함' 곧 '순수한/해맑은' 뜻이다. 그러면 '새로운 세상을 열고 나온[갑(甲)] 민(순수한)[민] 눈[목(目)]'의 얼개가 민(民)이다. 또는 '미나다(내밀다)[민]'의 준말이라면, '새 세상을 가르어[갑(甲)] 내밀고 나온[민] 눈[목(目)]'의 얼개로 보다 구체적인 '싹을 틔운 눈'의 뜻임을 알 수 있다. 즉, 어린이를 미래의 동량(棟樑) 곧 나라의 새싹이라 하듯, 민(民) 또한 나라의 동량이 될 '싹 눈'을 의미한다. 결코 '노예'의 뜻은 어디에서도 찾을 수 없는 글자이다. 그렇기 때문에 눈이 찔린 모습은 반대로 '눈으로 관통하여 본다' 또는 '꿰뚫어 본다'는 의미로도 볼 수 있다. 따라서 금문에서 눈을 찌르는 형상으로 변하여 나타난 것은 위정자들을 꿰뚫고 보는 존재임을 담아 그 가르침을 한시도 잊지 말라는 경계를 나타냈다고 볼 수 있다. 아니면 반대로 그 시대부터 정치가들이 백성의 존재를 눈 먼 어리석은 존재처럼 왜곡하기 시작했다는 반증으로 볼 수도 있다.

백(白)의 갑골문, 금문, 소전이다. 백(白)은 여러 학설이 있지만, 아직도 정설(定說)이 없는 글자이다. 자형은 해[일(日)]를 불꽃처럼 변형시킨 것이다. 그러면 글말 '백'은 '배죽(물체의 한 부분 그 끝이 쏙 내밀려 있는 모양)하다/나오다'의 준말이다. 즉, 해가 배죽 나오는 현상을 나타낸 것이다. 그리고 해가 배죽 나오는 현상은 또한 해가 발가벗겨지는 현상이기도 하다. 다시 말해 '해가 밝다'는 뜻이다. 한말 '밝다'는 '발가지다(속의 것이 뒤집혀서 겉으로 드러나다)'의 준말이기 때문이다. '밝히다'의 옛말이 '발(아래 아)기다'에서 그 근거를 찾을 수 있다. 따라서 백(白)은 한말 '해(가) 밝다'의 말자취임을 알 수 있다. 그렇기 때문에 '해가 밝다/ 밝은 해' 등의 얼개에 따라 ① 흰, 흴 ② 깨끗할 ③ 밝을 ④아뢸 ⑤ 빌 등의 뜻을 나타낸다. 즉, (비 온 뒤) 해가 맑게 갠 상태를 이르러 '깨끗할' 더불어 '밝을' 뜻이 유추되고, (깨끗하게) 밝히는 '아뢸' 뜻과 (깨끗이) 비어 있는 '빌'의 뜻이 유추될 수 있다.

백(百)의 갑골문, 금문, 소전이다. 갑골문의 자형은 일(一)과 백(白) 속에 입(人)이 들어 있는 형태이다. 숫자 일(一)은 '하늘'이면서 '하나'이고, 또한 '전부'를 아우르는 말이다. 그러면 '하늘이 하나로 전부[일(一)] 밝게(바르게)[백(白)] 들이어[입(人)] 배어 가다(배기다)[백]' 또는 '하늘이[일(一)] 빽빽하게(빡빡하게)[백] 들어차[입(人)] 밝다(바르다, 환하다)[백(白)]'는 얼개로, '온(통)'을 나타낸다. 더불어 한말 '온'은 '모두, 전부'를 뜻하는 말이기도 하다. 곧 '오올어(온전하다, 완전하다, 성하다) 나다(되다, 이르다)'의 준말이다. 따라서 숫자 일백(100)은 열[십(十)]의 열매를 온전히 채워 영글린(여물린) 상태를 뜻한다. 그렇기 때문에 백성을 '

백(百)'으로서 나타낸 뒷면에는 '백성이 모든 것[온]이다' 곧 '백성이 하늘이다[인내천(人乃天)]'는 암시도 담고 있다.

순서대로 성(姓)의 갑골문과 소전이고, 성(性)의 소전이다. 성(姓)은 회의 겸 형성자로, '여자가[녀(女)] 낳는[생(生)]' 모계사회에서 비롯된 혈연관계의 칭호 곧 '성, 성씨, 씨족' 등의 뜻을 나타낸다고 한다. 그렇다면 반대로 각각의 성(姓)이 유래된 것은 언제인가? 삼황오제의 시대는 모계사회인가? 부계사회인가? 그리고 그들에게 성(姓)이 있다면 무엇인가? 우리의 단군왕검, 환인 환웅할아버지의 성(姓)은 무엇인가? 우리나라는 조선시대까지도 성(姓)이 없는 백성들이 많았다고 한다. 더불어 성(姓)의 유래를 역사적으로 되짚어 보면, 대체로 왕족에게서부터 시작되었고, 점차 왕권을 강화하는 수단으로 성(姓)이 유래되었음을 알 수 있다. 거꾸로 생각하면 모계사회에는 성(姓)이 없었다는 반증이다. 왕조시대는 부계사회이기 때문이다.

모계사회 나아가 공동체 사회에서 성씨는 필요 없었다고 볼 수 있다. 공동사회는 모두가 한 식구이기 때문이다. 그리고 논리적으로 우리 모두의 성씨는 다른 동물과 다른 최초의 인간이 우리의 성(姓)이다. 곧 우리는 인간 겨레일 뿐이다. 참고적으로 신라의 대성(大姓) 곧 왕족이었던 김행(金幸)에게 고려 태조가 권씨를 하사하고 고창을 안동으로 개명하며 안동 권씨가 유래되었듯, 성(姓)은 바꿀 수도 있었다. 역설적으로 우리 인간의 성(얼)은 사람으로 하나뿐이어야 논리적이다. 마찬가지로 사자의 성은 사자이다. 사자 호랑이라는 혈연관계 뿐이다. 구분은 곧 차별이다. 차별은 차등을 낳아 공동생활의 기반이 무너지기 때문이다. 그렇기 때문에 성씨는 없고, 자연적인 생물학적 남과 여의 성품차이만이 있었으며, 더불어 그를 호칭할 이름만이 있었다고 보는 것이 보다 논리적이다. 따라서 성씨의 출현은 차등사회, 계급사회의 출현을 뜻한다. 왕이 성씨를 하사하며 왕권을 강화하는 수단에서 성(姓)이 유래된 역사가 그 반증이다. 그렇다면 성(姓)은 무엇인가?

한말 '성'은 '불유쾌한 충동으로 왈칵 치미는 노여움'이 사전적 설명이다. 노여움이 '노(얼)가 이어(여/잇달아) 우(위)로 나옴'의 준말로 볼 수 있듯, '성' 또한 '솟아오르는 얼'의 준말로 볼 수 있다. 그러나 '성을 내다'처럼 나타내듯, 또한 '사람 얼'의 준말이기도 하다. 그렇기 때문에 '노(얼)'와 마찬가지로 '성' 또한 본래 사람의 얼을 뜻하는 말이었는데, 성을 치밀어 내는 부정적인 의미로 주로 쓰이면서 그 의미로 굳어졌다고도 볼 수 있다. 그러면 성(姓)은 '성' 글말의 회의자이다. 즉, '태어난(타고난)[生] 성(얼)[성]을 여미고(머금고) 있는[女]' 얼개로서, '각자가 머금고(여미고)[여(女)] 타고난[생(生)] 성품(성깔)[성]' 곧 성(性)의 뜻이다. 성(性)이 소전에서부터 나타나는 것이 그 반증이다. 성(姓)이 혈연적인 '성씨'로 쓰이자 새로 성(性)을 보충했다는 추론이 가능하기 때문이다.

백(百)의 뜻과 성(姓)의 뜻으로 다시 보는 백성(百姓)은 '온통 해밝은 곧 순백(純白)한[백(百)] 각자의 성품을 머금고 태어난[성(姓)] (싹)' 곧 '막 싹을 틔운 해밝은 새싹'의 의미로, 민(民)의 뜻과 결코 다르지 않다. 민(民)과 같은 얼개라면, 단음절의 특성상 백성(百姓)은 민(民)의 뜻을 담아 풀어 쓴 가차자가 보다 논리적이다. 그러면 한말로 보는 '백성'은 '밝은(해맑은)[백] 성(솟아 오른 얼/싹)[성]'으로, 또한 민(民)과 백성(百姓)의 뜻이다. 따라서 백성이 가차자라면, 초기의 가차는 형성자를 빌어 가차했다는 뜻으로 형성의 또 다른 형태로도 볼 수 있다. 곧 글말만 차용한 것이 아니라 그 글자의 의미 또한 빌렸다는 뜻이기 때문이다. 음(音)만 같다고 아무런 글자라도 가차하지 않았다는 뜻이다.

종(種)의 소전과 씨(氏)의 갑골문, 금문, 소전이다. 씨를 뜻하는 종(種) 역시 소전에서부터 나타난 글자이다. 그러면 그 이전에는 씨를 뜻하는 말과 글이 없었다는 뜻인가? 성/씨(氏) 또한 씨로 볼 수 있다. 씨(氏)의 갑골문(甲骨文)은 인(人)과 정(丁)의 회의자이다. 즉, '다 자란 장정이[정(丁)] 일으키는[인(人)] 씨앗[씨]'의 얼개로, 아기씨의 뜻이다. 그래서 금문에서는 씨[십(十)]가 눈[생략된 눈의 자형(뒤바뀐 S)]을 트며 씨근덕거리는 얼개로 나타냈다.

한말 '씨'는 '솟아나 세우는 니'의 준말이고, 또한 '씨앗'의 준말이다. 그러므로 성씨(姓氏) 또한 순수한 한말이고, 한자어는 각각의 그 뜻을 담은(풀이한) 형성자를 합성하여 가차한 것이다. 곧 (각각/가지가지) 성깔(얼)[성(姓)]의 씨앗[씨(氏)]을 의미하는 한말이다. 더불어 성과 씨 각각을 따로 하여 단음법칙에 따라 '성씨'를 나타냈다고 볼 수 있다.

　족(族)의 갑골문, 금문, 소전이다. 겨레/족(族)은 하나의 깃발 곧 얼을 일으켜[언(放)] 쫓아가며[족] 쏘아가는(날아가는)[시(矢)] 얼개로, 거꾸로 하면, 하나의 얼(목표/과녁/깃발)을 향해(쫓아가) 쏘아지는 화살을 의미할 수도 있다. 어쨌거나 하나의 얼에서 갈라져/가지 쳐(쪼아가[족]) 날아가는 무리를 일컫는다. 그렇기 때문에 겨레(붙이)는 곁가지로 가지치며 뻗어가는 한 나무에 붙은 붙이로서, '곁으로 갈라져 이어가는 이'의 준말이다. 그렇다면 인간은 인간에서 겨레를 붙이며 갈라진 우리 모두의 '인간겨레'라는 뜻이기도 하다.

　신(臣)의 갑골문, 금문, 소전이다. 민(民)은 그 뜻과 견주면, 신(臣)과 대비되는 개념임을 알 수 있다. 신(臣)의 갑골문은 눈[목(目)]을 세로로 그린 것이다. 그래서 사람이 머리를 숙이면 눈이 세로로 서기 때문에 '굴복'의 의미로, '낮춤' 뜻을 나타낸다고 한다. 주로 엎드려 눈을 굴리며 임금의 눈치나 살피는 벼슬아치를 일컫는 글자로 설명한다. 상형자로 보는 시각이다. 머리를 숙인다고 눈이 세로로 결코 세워지지 않는다. 시각을 달리하면 눈은 관점을 나타내고, 세로로 세워진 형상은 또한 눈이 바로 세워짐의 상징으로, 관점의 균형추가 바른 곧 민(民)

과 왕(王)의 중심을 바로 세운다는 뜻으로 볼 수 있다. 양쪽을 바로 보아 세우는 직책의 다름 아니다. 손 그림의 방향으로 좌우(左右)를 나눈 것과 같은 이치이다. 신(臣)의 자형이 눈(目)과 인(人)이 합쳐진 것 같은 자형도 나타나는 이유이다.

글말 '신'을 '신(明)나다'의 준말로 보면, '신(明)나는[신] 눈[목(目)]' 곧 백성과 임금의 관점이 아니라 '신(明)이 나는 관점'으로 바로 세워 보는 위치의 직책에 있는 사람을 뜻한다. 공(公)의 벼슬에 대한 '벼슬아치'와 다름없다. 그렇기 때문에 신(臣)은 백성에게도 임금에게도 아닌 오로지 '신명'에만 낮추어야 한다는 '낮춤' 의미가 도출되었다고 볼 수 있다. 그래서 신(臣)은 또한 신하(臣下)라고도 하는 이유이다.

신하(臣下)를 글자 의미로 풀이하면, 그 의미하는 것을 알기 어렵다. 흔히 견강부회하여 임금을 섬겨야 하는 임금 아랫것의 뜻처럼 쓰이고 있다. 신(臣)에 굳이 아래/하(下)를 덧붙여 나타낸 이유는 무엇인가? 아랫것임을 절대 잊지 말라는 경고인가? 그러나 신(臣)에는 결코 아랫것의 의미가 없다. 그렇다면 왜곡하기 위한 것이거나 그 의미를 왜곡했다는 뜻이다. 그도 아니면 가차자이다. '신(臣) 아래(下)'를 임금을 섬겨야 하는 아랫것으로 볼 수 있다면, 또한 반대로 신(臣)은 아랫것(백성)을 섬겨야 한다는 뜻으로도 볼 수 있다.

신(臣)은 임금을 도와 모든 계층의 백성 사이에서 편벽(偏僻)됨이 없이 권리를 바르게 나누어 주는(벼름하는) 사람 곧 벼슬아치의 다름 아니다. 따라서 왕과 백성 사이가 아닌 모든 백성 사이를 바르게 세워 주는 관점 곧 '신명 아래'에서 보는 눈을 가진 사람을 뜻한다고 볼 수 있다. 그렇다면 신하는 '신명 아래에서(하나님/하늘 뜻으로)[신] 하이는(시키는) [하] (사람)'의 준말인 한말이고, 신(臣)은 그 말자취이며, 벼슬아치의 또 다른 비슷한 한말임을 알 수 있다. 우리의 '다래'가 '키위'로 되돌아

온 것과 같은 이치이다.

- 나무 이름으로 다시 보는 우리 한자어

'자두'는 한자로 '리(李)'라 하므로 우리말이 확실하고, '앵두'는 한자로 '앵(櫻)'으로 나타내며 '앵도(櫻桃)'처럼 한자 표기도 하므로 우리말인지 한자어인지 아리송하다. 그리고 '포도'는 '포도(葡萄)'로 한자 표기하므로 한자어로 보고 있다. 그러나 자두 역시 자도(紫桃) 곧 자색의 복숭아로 표기한 한자어일 수도 있다. 자두와 복숭아는 그 모양으로 보면 서로 같기 때문이다. 어쨌거나 나무나 과일 등의 이름은 단음절과 이음절이 혼용되어 나타난다. 단음절 원칙에서 점차 다음절(多音節)로 변하게 된 이유는 무엇일까? 단순히 생각하면, 이는 단음절 원칙이 무너져 나타난 현상이거나 외래어 표기의 다른 일면일 수도 있다.

포도(葡萄)는 형성자이고, 같은 뜻을 중복 표기한 이음절(二音節)의 단어이므로 '포도'를 음차(音借)한 것으로 보는 것이 논리적이다. '앵(櫻)' 역시 '앵[영(嬰)]' 음(音)의 형성자로 '앵두[嬰] 나무[木] / 앵(櫻)'이다. 그렇기 때문에 '앵도(櫻桃)'는 앵두[앵(櫻)]와 복숭아[도(桃)]를 나타내는 한자어이다. 그런데 '앵두'만을 나타내는 뜻으로 쓰인다. 앵두와 복숭아의 개연성이 있다면 모르지만, 없다면 무리하게 한자어로 음차한 외래어라는 반증이고, 서로 혼동을 야기하므로 잘 못 가차한 대표적 사례로도 볼 수 있다.

한자어는 90% 이상이 형성자이다. 물론 한자 초기에는 그렇지 않았다. 그런데 점차 그 비율이 증가되었음을 알 수 있다. 왜 그렇게 되었을까? 문자로서 그림글자는 그림으로 나타낼 수 있는 것이 제한적일 수밖에 없다. 그렇기 때문에 그림으로 나타낼 수 없는 것은 문자 이전의 소리말을 음차(音借)하는 방식으로 그 공백을 메웠다고 볼 수 있다. 한말에 한자어가 많은 이유이기도 하다. 그 소리말이 바로 한자의 음(音)[글말]이다. 말과 글의 가교(架橋) 역할로서 분명한 그 존재 이유가 있는 것이다. 그러므로 그림의 제한성으로 말미암아 말뜻을 차용하는 형성자가 늘어날 수밖에 없는 것이다. 그림문자의 필연이다.

'포도'는 '폴록폴록(포동포동)[포] 도두어 난[도] (알)'의 준말로 볼 수 있다. 그러면 '앵두'는 '앵 같이 두드러진 (알)'의 준말임을 알 수 있다. '앵'은 모기나 벌 따위 곤충이 날 때 나는 소리이고 마음이 잔뜩 토라져서 내는 소리를 나타내는 말이다. 속 좁은 마음처럼 좁고, 모기 소리처럼 작은 크기로 두드러진 열매(알)이라는 뜻으로 읽힌다. 더불어 '자두'는 '자갈(조약돌)처럼 자잘하게 도두어(돋우어) 난 알(열매)'의 준말이다. 그렇다면 순수한 우리말을 한자로 표기하면서 한자어가 되었다는 뜻이다. 다시 말해 처음에는 어휘에 따른 의미를 하나의 글자로 나타내었으나, 점차 만들어진 글자가 충분해 지면서 한말 자체를 소리말 그대로 가차하여 나타내기 시작했다는 반증으로 볼 수 있다. 더불어 의미 있는 글자의 뜻도 담아 한말의 의미도 풀어서 나타냈다는 뜻이다. 다음절의 단어가 생기기 시작하는 이유이기도 하다.

문자는 기록의 수단으로 만들어 졌다. 기록상 어차피 기록하는 과정에서, 이왕이면 다홍치마라고 누구나 쉽게 알 수 있도록 쓰던 말을 살려 그대로 의미를 담아(풀어) 기록했다고도 볼 수 있다. 즉, 외래어 표기가 아닌 문자 주체자의 언어(말) 그대로를 살려 표기한 것이다. 문자에 대한 이러한 패러다임이 형성되면서 형성자가 많아지기 시작했고, 더불어 문자가 표의문자에서 표음문자로 발전하는 계기가 마련되었다고 볼 수 있다.

포(葡)의 소전이다. 그런데 부들/포(蒲)의 소전과 같다. 처음에는 포
(蒲)에서 가차하여 쓰다가 그 구분을 위해 넝쿨처럼 기는 특징으로 길/
포(匍)로 다시 만들어 썼다는 뜻이다. 더불어 포도(葡萄) 또한 음차(音
借)했다는 방증이다. 과일나무의 특징은 당연히 그 과일이다. 그 과일
의 특징에 따라 이름을 지었다는 뜻이기도 하다. 포도는 볼록볼록(포동
포동) 돋아 난 포도 알갱이(열매)가 모여 한 덩이의 송이를 이루는 과일
이다. 송이는 솟아올라 이어진 묶음이나 그 단위를 이르는 말이다. 포
도/포(葡)는 '포(匍)' 글말의 형성자이다.

순서대로 포(匍)의 금문, 소전이고, 보(甫)의 갑골문, 금문, 소전이
며, 포(勹)의 소전이다. 포(匍) 또한 '보(甫)' 또는 '포(勹)' 글말의 형성자
이다. 한말에서 'ㅍ'과 'ㅂ'은 종종 호환되기도 하기 때문이다. '기다,
힘을 다하다, 문지르다, 갈다' 등의 뜻을 나타낸다.

보(甫)의 갑골문은 '밭에[전(田)] 식물이[철(屮)] 보풀어 오르다[보]'의
회의자 얼개로, '크다'는 뜻이다. 즉, 밭에 작물이 무성하게 보풀어 오
르며 자라나는 뜻임을 알 수 있다. 그런데 금문에서부터는 전혀 다른
형태로 변하여 나타난다. 용(用)과 나부끼는 풀(屮)의 자형으로 바뀌었

다. 즉, 이어 오르며[용(用)] 나부끼듯 무럭무럭 자라나는 풀[철(屮)]의 형성자 얼개처럼 변했다.

용(用)과 주(舟)의 갑골문, 금문, 소전의 자형이다. 용(用)에 대한 여러 설들이 있지만, 아직 정설이 없다. 배/주(舟)와 견주면, 배[주(舟)]에 돛[범(凡)]이 걸린 형태이다. 돛은 펼쳐야 쓸모가 있게 됨은 상식이다. 그러면 글말 '용'은 '이어 올리다, 올려 이다'의 준말로, 용(用)은 '배의 돛을[용(用)] 이어 올리다/올리어 잇다[용]'의 얼개임을 알 수 있다. 즉, '배에 돛을 올려 펴서 이어 놓아 쓸모 있게 하다'는 얼개로, '쓰다, 씀씀이, 써' 등의 뜻이 유추될 수 있다. 따라서 금문의 보(甫)는 배의 돛이 부풀려 오르듯, 풀이 바람에 나부끼듯, 크게 자라났다는 의미로 변했음을 알 수 있다.

포(勹)의 자형과 뜻으로 견주면, 글말 '포'는 '포개다, 포근히 감싸다'의 준말임을 알 수 있다. 그러면 포(匍)는 포대기에 감싸이듯, 돛이 바람에 쏠리듯, 풀이 나부끼듯, 부대끼는 의미를 나타낸 글임을 알 수 있다. 즉, '보드득(단단하고 반질반질한 물건을 서로 세게 문지를 때 나는 소리)거리다[보]'의 준말에 따라, '포대기에 감싸[포(勹)] 보드득거리다[보(甫)]'는 얼개로, '문지르다, 갈다'의 뜻이 유추되고, 그렇게 보드득거리며 문지르듯 가는 것이 '기다'의 뜻이며, 그처럼 힘이 빠져 기어가듯 일하는 것이 또한 '힘을 다하다'의 뜻으로 유추된 것이다.

'포달(암상이 나서 함부로 악을 쓰고 욕을 하며 대드는 일)을 부리다' '포달스럽다(야멸차고 암상스럽다)' '포배기(자꾸 거듭함)다' '포집다(거듭 집다, 그릇을 포개어 놓다)' 등의 준말에 따라서도, '겨우겨우/크게[보(甫)] 포달 부리는/포배기는[포(勹)]' 얼개로, '길(기다), 힘을 다하다, 문지르다, 갈다' 등의 뜻이 유추될 수 있다. 그렇기 때문에 '포달스럽게 기어 감싸 오르듯, 그런 넝쿨[포(匍)] 식물(풀)[초(艹)]'이 포도나무이고, '기어오르듯 포개지며 열리는 또는 보글보글(적은 양의 물 따위가 자꾸 보그르르 끓는 모양이나 그 소리/ 거품 따위가 자꾸 보그르르 일어나는 모양)거리며 돋아나[보] 송이처럼 한 덩이로 감싸인[포(勹)] 포동포동한 열매[포(匍)] 식물(풀)[초(艹)]'이 포도나무이며 그 열매라는 뜻이다. 즉, 포(葡)는 넝쿨 식물(포도나무)과 그 열매(포도)를 함께 나타낸 글자이다.

더불어 '갖추다'의 뜻은 '(포도)넝쿨[초(艹)]이 가지치고 열매를 맺혀 감싸며[포(匍)] 한 덩이의 포도송이를 이루었다'는 의미로 전주되었다. 반대로 포도나무는 본래 풀[초(艹)]이었으나 넝쿨 지며 가지를 치고 열매를 맺히며 나무로서의 조건을 다 감싸 안아(갖추어) 포도 풀이 아닌 포도나무라고 하는 까닭이기도 하다. 포(葡)가 목(木)부가 아닌 초(艹)부인 까닭이 그 방증이다.

한말 '가지다'는 많은 뜻을 가진 말 중에 하나이다. 그 어원은 무엇인가? 한말 '가지(支)'의 준말이 '갖'이다. '갖추다'의 어근과 같다. 어떤 개연성이 있는 것인가? '가지다'는 '지니고 있다'는 의미이고, '(손에) 잡고 있다'는 뜻이기도 하며, 이는 시각을 달리하면, 나무가 하나의 몸통에서 가지 치며 지니고 있는 것과 다름없다. 그렇기 때문에 가지/지(支)는 '손[우(又)]에서 화살처럼 뚫고 나와[又 윗부분] 지니고 있는[지]' 얼개로서, 손가락처럼 '가지 치다'는 뜻이고, 그 갈래 자체 곧 가지를 뜻한다. '지탱할/ 가를, 갈릴/ 줄, 치를/ 지지(地支)' 등의 뜻으로 전주, 가차되어 쓰이자 나무/목(木)을 덧붙여 가지/지(枝)의 형성자 곧 '나무[목(木)]가 지니고 있는 것[지(支)]'으로 구분했다고 볼 수 있다. 따라서 한말 '가지다'는 '가지 치다'의 준말이다. 여러 가지로 나타나는 뜻이, 시각을 달리하면, '가지 치다'는 의미에서 충분히 유추될 수 있는 뜻들이다. 더불어 '갖추다' 역시 '가지 쳐[갖] 추리다/추스르다[추다]' 또는 '가지를[갖] 쳐서 (추리어) 아우르다'의 준말이다. 포(葡) 역시 같은 맥락으로 '갖추다'의 뜻이 전주될 수 있는 이유이고, 나아가 '가지다/갖추다'의 어원이 '가지 치다'는 방증이기도 하다.

도(萄)의 소전이다. 포도/도(萄) 역시 '도(匋)' 글말의 형성자이다. 도토리 같은 알갱이를 도틀어(죄다 몰아서, 통틀어) 감싼 송이 열매[도(匋)] 넝쿨[초(艹)] 또는 그 열매를 나타낸 글자로 볼 수 있다. 그렇기 때문에 포도(葡萄)처럼 같은 의미의 비슷한 글자로 나타낸 이음절은 본래의 소리말을 그대로 음차했다고 보는 것이 보다 논리적이다. 도(萄)가 포도 외의 다른 뜻이 없이 쓰이는 이유는 반대로 포도를 음차하여 나타내기 위해 포(葡)와 비슷하게 형성자로 만든 글자라는 반증이다.

다른 열매와 다른 복숭아의 독특함은 조개처럼 가운데가 나뉘어 금이 난 모양이다. 그리고 까슬까슬한 털이 난 것 같은 열매이다. 그러면 복슬(살이 찌고 털이 많이 난 모양)강아지라고 하듯, 복(보푸라기가) 숭(솟아오른) 아(알)의 준말이거나 뽀개어(복) 솟아 오른 알(숭아)의 준말로 볼 수 있다. 더불어 복사꽃과 복사뼈에서 보듯, 복사는 복숭아의 준말이

거나 복숭아씨의 준말이다. 복사뼈는 복숭아 씨의 모양과 크기에 훨씬
가깝기 때문이다.

　도(桃)와 조(兆)의 소전이다. 복숭아/도(桃)는 형성자로 '도[조(兆)] +
나무[목(木)]'를 뜻한다. 수(數)의 단위 '조'와 '많은 수, 점괘, 징조, 빌
미, 묏자리' 등을 나타내는 조(兆)는, 거북을 태워 등껍질이 갈라진 것
으로 길흉(吉凶)을 점쳤듯, 거북의 등껍질이 갈라진 모양을 상형했다
고 하여 '조짐, 점치다' 등의 뜻을 나타낸다고 설명한다. 자형은 상하
(上下)의 갑골문 자형을 세워놓은 형태의 가운데에 S 가 덧붙여진 모습
이다. 즉, 위 아래로 나뉘어 갈라진(도려낸) 현상을 나타냈다. 그렇다
면 글말 '조'는 '조(쪼)개다/조짐을 보이다'의 준말임을 알 수 있다.
따라서 도(桃)는 복숭아의 금이 간 특징을 나타낸 글자이다. 곧 '뽀개
어(복) 솟아 오른 알(숭아)'의 말자취이다. 복숭아는 조개처럼 금이 가
있듯, 반으로 쪼갤 수 있는 열매이고, 그 갈라지는 모습으로 점을 쳤
다고 한다. 복숭아는 점/복(卜)의 음에 따른 의미 전성과 조개어(뽀개
어) 갈라지는 모습으로 조짐을 살피는 의미동화에 따라 하늘에서 내려
주는 조짐(점)을 알려주는 열매로서 천도(天桃)라 하는 것이 그 방증이
다. 신선들이 있는 곳에 복숭아나무가 있고, '도화원기(桃花源記)'에서
보듯 낙원이 있는 곳의 나무이며, 서왕모의 천도복숭아는 불로불사의

열매이듯, 장수를 상징하는 열매이기도 한 이유이다. 조짐을 알 수 있다면 죽음도 피해 갈 수 있지 않겠는가? '조 〉도'의 음운 변화는 '도막내다, 도려내다'의 의미동화이거나, '도담하다(야무지고 탐스럽다), 도톰하다' 등의 열매 모양에 따른 의미 전성이다.

짐(朕)의 갑골문, 금문, 소전이고, 짐(栚)의 소전이다. 조짐(兆朕)의 한자어에서 짐(朕)은 흔히 진시황이 자신 외에는 아무도 사용하지 못하게 했다는 글자이다. 누구나 자신을 자칭(自稱)할 수 있는 말을 남들은 쓰지 못하게 했다면, 뭔가 대단한 뜻이 담겨있기 때문으로 미루어 짐작할 수 있다. 짐(朕)의 갑골문은 배/주(舟)와 ' I(十)'을 두 손으로 공손히 받들고 있는 모습의 자형으로 이루어진 글자이다. 잠박(蠶箔/누에채반)의 가로대를 뜻하는 짐(栚)의 글자로 미루어 '짐(朕의 오른쪽)' 글말의 형성자이다. 그러면 짐(朕)은 한말 '짐배(짐을 실은 배)'의 말자취 그대로이다. 그런데 그 짐은 하늘이 내려주어(I) 두 손으로 공손히 받들어야 하는 짐이다. 다시 말해 하늘 뜻이 담긴 짐을 실은 배라는 뜻이다. 바로 한말 '나'를 시적(詩的) 은유로 나타낸 글자임을 알 수 있다. 한말 나, 너, 님 등은 '니마(태양신)'을 그 뿌리로 하는 말이다. 즉, 우리 모두는 하나님의 씨앗으로 태어나 세상의 바다를 배 저어 항해(航海)하며 하늘뜻을 실어 나르는, 곧 실현하는 존재로 비유했다고 볼 수 있다.

하늘뜻(하나님의 씨앗)은 우리 각자의 소명(召命)이고, 그 소명을 완수해야 할 짐을 지고 태어났다는 뜻이다. 예수가 하나님의 독생자라 하고, '짐 진 자들아, 다 내게로 오라' 하는 이유와 상통하는 말이다. 진시황이 남들은 사용 못하게 한 이유이기도 할 것이다. 역설적으로 진시황에 이르러 백성의 존재가 왜곡되어 천한 노예로 완전히 전락(轉落)되었다는 실증이다. 즉, 모두가 동등한 관계에서 자신만 홀로 존엄자가 될 수 있는 유일한 방법은 자신 이외의 다른 남을 모두 비하하는 것뿐이다. 그러한 일이 한마디 말로 가능한 것이 말의 힘이고, 그래서 말을 왜곡하려는 이유이기도 하다. 더불어 '조짐'의 뜻은 하늘 뜻을 머금은 의미로 유추되었거나, 한말 '짐작하다'에 따른 가차로도 볼 수 있다. 아니면 한말 '조짐'을 백성이나 포도 등과 마찬가지로 한말 그대로를 음차(가차)하면서 덧붙여진 뜻으로도 볼 수 있다. 즉, 한말 '조짐'은 '조개지며 지어지는 모양'의 준말이거나, '조(쪼)개짐으로 짐작하다'는 준말이다.

리(李)의 갑골문, 금문, 소전의 자형이다. 오얏/리(李)는 자(子) 발음의 형성자로 옛날에 李와 子는 발음이 비슷하였다고 설명한다. '자'와 '리'의 전주자(轉注字)로는 볼 수 있겠으나 서로 음(音)이 비슷했다는 것은 납득하기가 어렵다. 자(子) 글말은 당연히 '자두'의 준말로 '자두[자(子)] 나무[목(木)]'를 뜻하는 형성자이다. 그렇다면 '리' 글말은 어디서 온 것인가? 리(李)는 '오얏, 자두'의 뜻도 있지만, '심부름꾼, 사자(使者)'의 뜻도 있다. 그러면 '사자(使者)'의 의미가 '리' 글말의 회의자(會意字)라는 뜻이다. 즉, '목간(木簡; 글을 적은 나뭇조각, 또는 나뭇조각에 적은 편지나 문서. 중국에서 종이가 없던 시대에, 죽간(竹簡)과 함께 쓰이었음)[목(木)]에 쓰인 얼(글)[자(子)]를 리(이)르게 하는(至/ 일정한 시간에 미치다) 또는 리어(잇대어)주는[리] (사자/使者)'의 얼개로 심부름꾼을 뜻한다.

한말 '심부름'의 어원은 흔히 '힘(심) 부림'으로, 남의 힘을 부리는 일이라고 대체로 받아 드려지는 듯하다. 하지만 '힘부림'은 남에게 시키는 모든 일을 포괄적으로 나타내는 의미로 볼 수 있다. 모든 일을 심부름시킨다고 말하지 않듯, 심부름은 주로 멀리 떨어진 사람에게 나의 뜻(말)을 전할 때, 남을 시켜 전해주고 그 사람의 답변을 받아 와 다시 나에게 전해주는 일의 의미에 보다 가까운 말이다. 물론 요즘은 그 뜻이 매우 포괄적으로 쓰이고 있지만, 아직도 전령사자로서의 의미는 잔재되어 있다. 통신수단이 미비했던 옛날에는 편지(통신)을 이어주는 특별한 일과 사람이 필요했음은 미루어 쉽게 짐작할 수 있다. 그러한 일이 심부름이고, 그런 일을 하는 사람이 심부름꾼이라고 보는 것이 보다 논리적이다.

심부름에 대한 한말글은 딱히 없다. 심부름꾼을 나타내는 글자는 '사자(使者)'로 나타나고, 리(李)에 그 뜻이 있을 뿐이다. 오늘날 중국어에도 심부름의 뜻은 '当差' 또는 '跑腿儿' 등으로 쓰이고 있다. 새로 만들어 쓴 어휘로 볼 수 있다. 심부름꾼은 있는데, 심부름을 나타내는 글자가 없다는 것은 어불성설이다. 바꾸어 생각하면, 사자(使者)로 심부름꾼을 풀어 나타냈듯, 사(使)가 심부름을 뜻하는 글자로 볼 수 있다. 사(使)가 주로 차사(差使)나 사자(使者) 또는 저승사자 등으로 쓰이면서 심부름의 뜻으로는 쓰이지 않게 되었다고 추정된다. 사(使)에 '시키다, 부리다' 등의 뜻이 있는 이유는 그 당시에 시키고 부리는 일은 대부분 심부름이었다는 반증이다. 즉, 심부름 이외의 일은 그에 합당한 다른 글자가 있었고, 사역(使役)이 요즘은 남을 부려 일을 시킴 곧 모든 일을 시키는 뜻으로 쓰이고 있지만, 글자 뜻으로 풀면, '심부름(使)을 시키다(役)'는 의미로 볼 수 있듯, 역(役)으로서 다른 각각의 여러 일을 시키는 의미로 나타냈다고 보는 것이 보다 논리적이다.

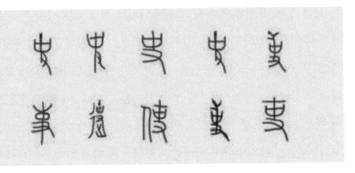

순서대로 사(史)와 사(事)의 갑골문, 금문, 소전이고, 사(使)와 리(吏)의 금문, 소전이다. 사(使)는 회의 겸 형성자이고, 갑골문・금문에서 사(史)・사(事)・사(使)・리(吏) 네 글자는 본래 한 글자로, 손에 무엇을 잡고 일한다는 뜻을 나타낸다. 사(使)와 리(吏)는 옛날에 발음이 비슷하였다. 그리고 이에 대해서는 간서(簡書)를 쥐고 있는 모습, 붓을 거꾸로 잡고 있는 모습, 창을 잡고 사냥한다는 뜻 등 여러 설이 있다고 설명한다.

사(史)와 사(事)의 갑골문은 입/구(口)와 'l(十)'을 잡고/들고 있는 손(又) 곧 복(攵)이 겹쳐진 자형으로 서로 똑같다가 금문에서부터 다르게 나타나기 시작한다. 리(吏)는 금문에서부터 나타나며, 사(事)의 금문 자형과 똑같고 소전에서부터 다르게 나타난다. 그리고 사(使)는 금문에서부터 나타나며, 좌변에 인(人)이 아닌 행(行)의 반쪽과 지(止)의 형태로 나타나고, 우변에는 ㅣ(十)과 그 아래 안에 점 같은 일(一)이 있는 입/구(口) 혹은 왈(曰)과 다시 그 아래 우(又)가 더해져 합쳐진 글자로 나타난다. 소전에서부터 인(人)과 리(吏)의 회의자로 나타난다.

사(史)는 역사(歷史)와 사관(史官)의 뜻이다. 사관(史官)은 일어난 일을 기록하는 벼슬아치이고, 뒤집어 생각하면, 기록하는 일을 하는 벼슬 아치이기도 하다. 그리고 역사(歷史)는 사관이 기록한 사실들이 쌓이며 지나온 발자취로, 바꾸어 말하면, 발자취가 기록되며 쌓아/지나 온 사실을 뜻한다. 그리고 사(事)는 '일'과 '섬기다'의 뜻이다. 갑골문에서 사(史)·사(事)가 같은 자형이라면, 서로의 모든 뜻을 함께 머금고 있었거나 전주되었다는 뜻이다.

복(攴/攵)의 소전이고, 윤(尹)의 갑골문이다. 복(攴)은 본래 갑골문의 십(ㅣ)과 우(又)의 자형이 복(卜) 글말의 형성자로 변하여 소전부터 나타난다. 뒤집어 거슬러 가면, '복' 글말의 십(ㅣ)과 우(又)의 회의자임을 알 수 있다. 윤(尹)과 같은 얼개로, 하늘뜻[십(ㅣ)]을 (땅에) 세우는 현상의 다스릴/윤(尹)과 달리 복(攴)은 하늘뜻(ㅣ)을 높이 받드는 현상을 나타낸 것이다. 즉, '하늘뜻[십(ㅣ)]이 거듭[우(又)] 복받치게(북받치게) 복대기다(제정신을 차리지 못할 정도로 쾌치거나 몰아치다)[복]'는 얼개로, 끊임없이 얼을 북돋우는 뜻이다. 흔히 칠/복(攴)으로 말하듯, 극히 한정된 뜻으로만 알려졌지만, 한말 '치다'의 많은 뜻들을 포괄하는 말자취임을 알 수 있다.

사(史)의 글말은 '사기다(새기다)'의 준말이므로, '말(이야기)[구(口)]를 사기어(새기어)[사] 치다(가마니, 돗자리 따위를 짜서 만들다)[복(攵)]'는 얼개로, 멱서리를 짜서 만들어 가듯, 일어난(말해진) 사건(일)을 새겨 엮어 가는(치는) 것이 역사이며, 그런 행위를 하는 사람이 사관임을 나타냈다. 그런데 역사(歷史)에 대한 한말은 왜 없는가?

력(歷)과 력(麻)의 금문이다. 력(歷)은 '력(麻)' 글말의 형성자이다. 력(麻)은 력(曆)의 고자(古字)이다. 력(歷)과 구분하기 위해 일(日)의 형성자로 변형시켰다고 볼 수 있다. 력(曆/麻)은 벼[화(禾)]에서 벼[화(禾)]로 낭떠러지처럼 딱 부러지게(일정하게)[한(厂)] 리어 가는(잇대어 가는) 해의 자취[일(日)]로 책력을 나타내고, 력(歷)은 사람의 발자취[지(止)]로 '지낼, 겪을/ 지내온 일, 겪은 일' 등을 뜻한다. 옛날의 책력은 거의 논농사에 맞추어진 절기를 나타낸 것임을 알 수 있다. 그리고 사(史)에 이미 '역사(歷史)'의 뜻을 담아 나타낸 글자이다. 그러면 역(歷)은 사(史)의 구(口)를 보다 구체적으로 풀이한 글자일 뿐이다. 그러면 한말 '력사'를 음차하여 나타낸 개연성이 충분하다. '력사(歷史)'를 음차한 말로 보면, 한말 '역사'는 '(얼을) 리어(잇달아, 계속하여)/니르어 가며[력] 사기다

140

(새기다/기록하다)[사]'는 얼개이다. 역사(歷史)의 우리말이 없는 까닭이고, 문자가 생기면서 출현된 말임을 미루어 짐작할 수 있다.

구(口)의 갑골문, 금문, 소전의 자형이다. 입/구(口)는 입모양을 상형한 것이고, '입, 말할, 어귀, 구멍, 인구' 등의 뜻을 가진다. 한말 '입'은 무슨 뜻을 담고 있는가? '말할' 뜻과 견주면, '니(이)르어 밝히다'의 준말이다. 먹는 존재이유 보다는 말하는 존재이유로서 나타냈음을 알 수 있다. 그러면 그 현상을 나타낸 글말이 '구'이다. 우리가 일상에서 흔히 쓰이는 한자어 구두(口頭)는 마주 대하여 입으로 하는 말을 뜻한다고 사전은 설명한다. 머리(頭)를 대하고 말한다는 의미로 볼 수 있지만, 어법상 비약이 심하고, 설령 합당할지라도 두(頭)는 사족에 불과하다. 곧 한말을 음차한 말이다.

한말 '구두덜구두덜(못마땅하여 혼자서 군소리하는 모양)거리다/대다'는 구조(얼개)상 '구두대다'와 '두덜(투덜)대다'의 합성어로 보인다. 물론 한말 '구두대다'는 사전에 없는 말이다. 그러나 구두(口頭)로 음차하면서 한자어처럼 되어 구두(口頭) 속으로 사라졌다고도 볼 수 있다. 구두질(방고래에 쌓인 재를 구둣대로 쑤셔 내는 일)에서 그 의미일단(一端)을 찾을 수 있다. 즉, '니르어 밝히는' 일은 '머릿속에 있는 얼(니)을[두(頭)] 입 구멍으로 끄집어내는 달리 구두질하는[구(口)] 것'과 다름없지 않은가? 그 의미를 담아 음차한 말이 또한 구두(口頭)로 볼 수 있다. 그렇다면 '구두대다'는 '구덥게(아주 미덥게) 두런대다(두런두런/몇 사람이 묵직하고 나직한 음성으로 이야기를 나누는 소리나 모양) 또는 두드러지다(겉으로 뚜렷하게 드러나다)/두르혀다(돌이키다, 뒤치다) 등'의 준말이다. 더불어 '구시렁(구시렁)거리다/대다, 구송(송)하다(꾸중하다), 구진다(꾸짖다)' 등과 같은 낱말겨레로 볼 수 있어 그 개연성이 충분하다.

구(口)의 글말 '구'는 '구덩이, 구멍'의 준말로서, '구멍'의 뜻도 전주될 수 있듯, 또한 '구유(마소의 먹이를 담아 주는 큰 그릇, 흔히 큰 나무 토막이나 돌을 길쭉하게 파내어서 만듦) 곧 마소의 여물통'의 준말로서, '그릇'의 뜻도 전주될 수 있다. 물론 오늘날에는 그 의미는 없지만, 갑골문에서 구(口)가 종종 '그릇'의 뜻으로 나타나는 이유이다. 어쨌거나 말은 그 시대를 담는 그릇으로 상징되듯, 말 속에는 역사가 담기는 것이고, 말하는 것은 이야기를 하는 것으로, 전설 혹은 신화를 말한다는 의미도 암시되어 있다고 볼 수 있다. 사(史)에 구(口)가 들어 간 이유이다. 더불어 구실길(지난날, 구실아치가 공무로 가던 길), 구실아치(벼슬아치) 등에서 보이듯, 한말 구실(구위실)은 지난날, 공공(公共)이나 관아의 직무를 이르던 말 또는 조세(租稅)를 통틀어 이르던 말과 (어떤 자격으로, 또는 어떤 처지에서) 마땅히 해야 할 일, 맡아서 해야 할 일, 역할(役割) 등을 뜻하는 말이고, 구위/구의/구이/그위 등은 관청을 뜻하며, '구의하(아래아)다'는 '소송(訴訟)하다'는 뜻이다. 이러한 뜻이 있기 때문에 사(事), 사(使), 리(吏) 등이 또한 구(口)로써 함께 나타낸 까닭이다.

사(事)의 글말은 '사르다(키로 곡식 따위를 까불러 못 쓸 것을 가려내다), 사라다(살리다), 사리다(국수나 새끼 따위를 헝클어지지 않게 빙빙 둘러서 포개어 감다, 몸을 아끼다, 정신을 바짝 가다듬다)' 등의 준말이다. 그러면 사(事)는 목구멍이 포도청이듯, '먹거리(먹고사니즘)[구(口)]을 사라도록(살리도록)[사] 치다(치르다, 해내다)[복(攴)]' 또는 '마음을 우려내는 말[구(口)]을 사르어(키질하여)[사] 치다(쇠붙이를 달구어 두드려서 연장을 만들듯, 마음을 영글려가다)[복(攴)]'는 얼개로, 생존수단의 일과 존재이유의 자아실현을 위한 일을 나타내는 뜻이다.

한말 '일'은 '니(얼, 태양신)을 일다(일으켜 세우다)'의 준말로, 생존수단의 일 보다는 존재이유의 일에 더 초점이 맞춰진 일을 통하여 먹거리도 해결해야 하는 암시를 담고 있음을 알 수 있다. 그리고 '섬기다'는 '(마음에) 세워 심어/모시어 기르다'의 준말이고, 역사를 새기듯, 하늘의 뜻을 마음속에 심어 잊지 않고 나의 발자취를 지양(止揚)하며 새로이 거듭나게 하는 것으로, 사(史)와 사(事)의 뜻을 모두 담고 있지만, 얼을 일으키는 사(事)에 그 뜻을 담아 나타내어 구분했다. 부모를 섬김은 부모의 뜻을 받들어 내 마음 속에 심어 새롭게 싹 틔우며 모시는 또는 간직하는 뜻이듯, 모시고 공양해야 하는 일로 보았다는 방증이다. 어쨌거나 금문 시대에 이르러 그 의미 구분을 위해 자형을 사(史)와 사(事)로 변형시켰다.

다시 역사란 무엇인가? 사실이 문자로 기록된 시대가 역사 시대이고, 역사 그 이전의 시대가 선사(先史) 시대 곧 문자가 아닌 말의 이야기로 전해지는 신화(神話) 시대이다. 역사는 선택된 사실의 기록이다. 그리고 선택의 기준은 그 시대의 시대 정신과 관련된 사건이다. 시대 정신은 그 시대 위인들이 실현한 가치이다. 즉, 시대의 위인은 그 시대의 시대 정신을 실현한 영웅들이다. 그런 영웅들이 실현한 사실의 자취가 그 시대 정신으로써 선택되는 것이다. 그럼 올바른 시대 정신은 무엇인가? 흔히 올바른 역사란 없다고 하는데, 왜 있을 수 없는가?

신화 시대의 신화는 신(神)의 이야기(話)이다. 신들 사이와 신과 인간 사이의 사랑과 전쟁 그 삶에 대한 이야기 그리고 인간이 신이 된 이야기 등 크게 세가지 유형이 서로 복합되어 나타난다. 대체로 역사는 선택된 사건 곧 위인들의 이야기를 선택한 기록이듯, 신화의 역사 또한 신과 어울리며 신이 된 인간 영웅들의 이야기이다. 시각을 달리하면 신화의 역사는 인간이 신이 되어가는 과정의 이야기와 다름없다. 마찬가지로 역사 또한 우리 인간이 신이 되어가는 과정의 기록이어야 한다는 뜻이다. 다시 말해 올바른 역사란 우리가 신이 되어가는 과정의 거울로써 기록되는 것을 뜻한다. 역설적으로 우리의 존재 이유는 신이 되는 것이란 반증이기도 하다. 그런데 우리는 각자의 천명이 다르듯, 각자 신의 길이 다르다. 올바른 역사란 사람 수만큼 존재한다는 뜻으로 올바른 역사가 있을 수 없다는 의미의 역설이다.

각자 신의 길은 어느 시대 누구에게나 똑같이 그리고 변함없이 존재한다. 인간의 존재이유이기 때문이다. 그 시대의 보편적 정신과는 무관하다. 보편적 시대 정신은 각자의 다른 길들이 하나의 보편 원리로 수렴되는 마디이다. 개인의 가치가 보편으로 수렴되는 원리는 모두가 신이 되는 길을 갈 수 있는 세상의 건설이다. 즉, 유토피아의 건설이 일차적으로 당면한 목표이고, 그 실현의 로드맵이 그 시대 현재의 보편적 시대 정신이다. 유토피아란 각자의 자아를 실현하는 곧 신이 되어가는 제반 여건이 구비된 사회의 다름 아니다. 우리 인류의 역사는 아직도 그런 사회를 이루지 못했기 때문이다. 아직도 자아실현의 참나도 찾기 힘든 사회 곧 먹고사니즘에 얽매어 머물러 있다는 뜻이다. 따라서 우리의 시대 정신은 우선 이상 사회 그 유토피아의 건설에 수렴되어야 한다. 우리 시대의 올바른 역사란 유토피아의 길을 비추는 거울이 되어야 한다는 뜻이다.

마르크스의 유물사관은 우리의 노동가치 그 유물의 물질적 생산가치를 자아실현의 존재이유로 보는 사관과 다름없다. 즉, 그의 유토피아는 공산사회로서, 물적 생산을 함게 관리하고 소유하며 그 노동[일(事)]의 생산을 통해 자아를 실현하는 사회이다. 정신적 노동가치 그 신이 되는 자아실현의 목적이 빠진 반쪽자리 사관의 한계를 극복하지 못했다. 말 그대로 유물에 한정된 사관일 뿐이다. 즉, 자본주의의 한계 극복에만 매몰되어 인간의 근본적 정신의 존재가치를 벗어난 사관으로 볼 수 있다. 목적이 아닌 수단에 머무른 한계이다.

역사를 논하면서 E. H. 카아의 진보(進步) 사관을 빼놓고 말할 수 없다. 흔히 "역사란 역사가와 사실의 부단한 상호작용의 과정이며, 현재와 과거의 끊임없는 대화이다" 〈 역사란 무엇인가, E. H. 카아 지음, 곽복희 옮김, 청년사, 1991. 2. 15., p.38 〉로 대변되는 그의 역사관은 "그러므로 나는 먼젓번 강연에서 역사를 과거와 현재의 대화라고 말했지만, 오히려 역사는 과거의 사건들과 점차 우리들 앞에 나타날 미래의 목적들과의 대화라고 말해야 옳았을 것이다. 과거에 대한 역사가의 해석도, 중요하고 타당한 것을 골라내는 역사가의 선택도, 새로운 목표가 점차 나타남에 따라서 진화되어 나가는 것이다."〈 앞 책, p. 145~146 〉는 말로 결론지을 수 있다. 역사의 진보를 말하지만 무엇을 위한 진보인지는 밝히지 못한 한계가 있다.

사(史)와 사(事)의 갑골문은 구(口)와 복(攴)의 회의자이다. 입[구(口)]은 생존의 기본인 먹는 일과 마음을 알리는 말하는 일의 상징이다. 흔히 성경 창세기에서 하나님이 말씀으로 천지를 창조했다는 말의 속살은 말 속에 하나님의 뜻이 담겨 있다는 것이다. 즉, 구(口)는 먹고사니즘과 천명의 실현 그 자아실현의 상징을 담고 있다. 따라서 일[사(事)]

이란 입 안에 담긴 먹고사니즘과 하늘뜻을 받들어[구(口)] 하늘뜻[십(丨)]이 거듭[우(又)] 복받치게(북받치게) 복대기며(제정신을 차리지 못할 정도로 쾌치거나 몰아치다)[복] 끊임없이 얼을 북돋우고[복(攵)] 사르어(키질해)가는[사] 것을 뜻한다. 더불어 그런 일을 사기며(새기어 기록하며) 사르고(키질하고) 사뢰어(아뢰어)가는[사] 것이 또한 사(史)이기도 하다는 뜻이다. 사(事)와 사(史)의 한 글자 안에 마르크스의 유물사관과 카아의 진보사관을 넘어 그 이상의 보다 근본적 존재이유(기독교의 언약사관과 유교의 천명사관 등)도 담겨 있음을 알 수 있다. 어찌 철학개론 한 권의 분량뿐이겠는가?

리(吏)가 금문에서부터 나타나 사(事)의 금문과 같고, 소전에서부터 변형이 나타난 의미는 소전 시대부터 서로 구분 짓기 시작했다는 뜻이다. 글말이 '리'인 이유는 본래 전주로서 같이 쓰였는데 자형을 바꾸어 구별했거나, 분별을 위해 전주자로 새로 구분 지었다고 볼 수 있다. 그러면 글말 '리'는 '니르다(말하다)/ 이르게(닿게)하다' 또는 '리어(잇대어)주다' 등의 준말이다. 즉, 사(事) 곧 '섬길 일을 (백성에게) 니르다 또는 리어 주다[리]'의 얼개로, 신(臣)의 벼슬아치에 비견되는 '구실아치'의 말자취이다. 반대로 생각하면, '섬길 일(事)'은 얼(말)을 일으키고 세운(새긴) 것으로, 법령(法令)이고 구실의 다름 아니다. 우리나라에선 리(吏)가 '아전'으로 쓰이듯, 구실아치는 법령 곧 구실을 백성에게 직접 말하며, 서로를 이어 주는 말단의 벼슬아치를 나타내어 구실아치로 구분했음을 알 수 있다.

사(使)는 금문에서부터 나타나고, 금문의 리(吏) 또는 사(史)와도 조금 다른 모습이다. 인(人) 부분이 행(行)의 반쪽과 지(止)로 나타남은 대로(大路)로 달리며 오고 가는(止) 의미를 담았다고 볼 수 있다. 리(吏) 부분의 변형체는 죽간/목간에 담긴 얼(글) 곧 편지나 칙서(勅書)의 의미이지 않겠는가? 일반적으로 통신 수단은 문자가 일부라도 대중화 되었을 때 보다 활성화된 일일 것이다. 금문에서부터 나타나는 이유로 보인다. 즉, 금문시대에 문자가 일부 대중화 되었다는 의미이다. 물론 말로서도 가능한 일이지만, 문자 이전의 시대는 서로 멀리 떨어져 살지 않았다는 반증이고, 나랏일은 전령(傳令)으로 이루어졌다고 볼 수 있다. 그렇기 때문에 사(使)는 형성자이거나 회의자로, 편지 또는 칙서 등을 대로(大路)를 달려 급히 오가며 사뢰는[사] 얼개로 볼 수 있다. 한말 '사뢰다'는 의미상 '삼가 아뢰다'의 준말로 볼 수 있듯, 사(使)는 편지 등을 서로 급히 오고 가며 사뢰어 주는 뜻으로, 한말 '심부름'의 말자취로 볼 수 있다.

한말 '부름'과 '부림'은 서로 그 뿌리가 같을지라도 의미상 현격한 차이가 있는 말이다. 부림은 강제성이 강하고, 부름은 청유(請誘) 곧 부탁하는 의미가 강하다. 그리고 부름은 청함(부탁함)이고, 일컬음이며, 부름을 받음은 소명(역할)을 부여 받음이다. 그리고 한말 '심'은 '힘'의 변형일 수도 있지만, '시키다' 명사형(시킴)의 준말이거나 '심다' '시침질(바늘로 시치는 짓)' 또는 '시침하다(짐짓 태연한 기색을 꾸미다, 시치미를 떼고 태연한 태도로 있다)' 등의 준말이다. 그러면 한말 '심부름'은 그 의미상

'심다'와 '시침질'이 보다 가까워 보인다. 부름(부여 받은 역할)을 서로에게 심어주는 일이거나, 바늘로 시침질하듯, 서로를 부름에 따라 시치어 엮어주는 곧 이어주는 일이기 때문이다. 사(使)의 얼개와 결코 다르지 않다.

사(使)가 벼슬아치의 일로서 권위를 갖게 되고, 일반 백성에게 심부름은 점차 잔심부름으로 전락되어 쓰이며, 사(使)에 심부름의 의미가 사라져 한말 '심부름'의 한말글도 덩달아 사라졌다고 볼 수 있다. 엄밀히 말하면, 사라진 것이 아니라 벼슬아치들의 왜곡된 권위에 사로잡혀 슬며시 그 뜻을 버렸다고 보는 것이 보다 합당하다. 그러므로 오늘날 중국어에도 사(使)에 그 의미가 사라져 새로운 신조어를 만들어 사용하는 까닭이다.

다시 리(李)로 돌아와서 오얏/리(李)가 형성자라면, 자두/자(李)가 논리상 합당하고, 사자(심부름꾼)/리(李)는 '리' 글말로 자두/자(李)를 전주한 회의자로 구분되어야 마땅할 것이다. 그러면 이(李) 씨 성은 사자(使者)로서 국가에 큰 공을 세우고 임금에게 하사 받은 성(姓)으로 미루어 짐작할 수 있다. 그런데 '오얏(오앗)'은 또 무엇인가? 오얏은 자두의 잘못이고, 오앗은 자두의 옛말이라고 사전은 설명한다. 리(李) 자가 만들어지기 전부터 '자두'는 있었기 때문에 그에 따라 형성자로, 자두나무의 李 글자가 만들어 졌다고 볼 수 있다. 그렇다면 오얏(오앗)은 어디에서 온 말이고, 무슨 뜻인가?

한말 '자두'는 한자어로 자도(紫桃)로 나타내기도 한다. 의미를 담아 음차(音借)하는 것이 일반적이었다고 보면, 자도(紫桃)는 자빛(자주색)의 복숭아로 의미를 담아 나타냈음을 알 수 있다. 자두와 복숭아의 개연성은 무엇인가? 자두 역시 복숭아같이 한 쪽이 조개처럼 나뉘어 금이 난 열매이고, 자빛이 나는 특성을 가진다. 그 특성에 따라 자도(紫桃)

로 음차 했음을 알 수 있다. 그런데 오얏은 또한 '외야지' '외야자' 등의 표기가 나타난다. 그리고 사전에 오얏의 참은 '외얏'으로 설명하기도 한다. 그렇다면, 외얏은 '외줄로(한 쪽으로 줄을 지어) 이어(여 〉 야 / 잇대어)지다' 또는 '외야진 자두(자잘하게/자빛으로 두드러진/두툼한) (알/열매)'의 준말임을 알 수 있다. 그렇기 때문에 그 준말 '외얏'으로 또는 다르게 앞 쪽을 줄인 '자두'로도 함께 쓰였다고 추론이 가능하다. '외얏 〉 오얏(오얏)'의 변형은 '(조개처럼) 오무려 이어지는 자두'에 의미 동화된 현상이다.

우리말 '배'는 우리 신체인 '배[복(腹)]'와 물 위에 뜨는 '배[주(舟)]' 그리고 식용(食用)으로 먹는 '배[이(梨)]'의 세 가지 의미를 나타내는 말이다. 전혀 다른 세 가지가 어떻게 하나의 말에 나타날 수 있는가? 세 가지가 전혀 서로 다른 것이지만 유심히 보면 하나의 공통점을 발견할 수 있다. 바로 '볼록한' 모양이 그것이다. 우리 신체의 배가 볼록하고, 물 위의 배는 바닥 그 밑이 불룩하며, 먹는 배도 모양이 볼록하지 아니한가? 어떤 사물의 이름은 그 특성에 따라 짓는 것이 일반적이다. 그렇기 때문에 우리의 감각 중에 시각이 제일 먼저 사물을 인지하고 가장 손쉽게 서로를 구분할 수 있으므로 눈에 보이는 특성에 따라 이름 짓는 것이 일반화 되었다고 볼 수 있다. 시각 이외의 감각은 눈에 보이지 않는 것이다. 소리, 냄새, 미각, 촉각 등은 보이지 않는 감각이다. 아울러 지속적이지도 못하므로 서로를 구분 짓는 것은 어려움이 따른다. 그러므로 시각에 따른 특성에 기인하여 이름을 짓는 것이 대부분인 이유이다. 그 볼록하게 보이는 시각으로 지어진 이름이 '배'이고, 그에 따라 동음이의어로 나타나는 까닭이다.

복(腹)의 갑골문, 소전이다. 볼록한 '배'는 '볼록(아래 아)이'의 준말이다. 그러면 복(腹)은 신체 기관을 나타내는 육(肉)에 복(复) 글말의 형성자로, '볼록거리는[복(复)] 신체[육(肉)]'를 뜻한다. 엉덩이 역시 볼록한 신체로 볼 수 있지만, 볼록거리는 신체는 배뿐이다. 그것을 글말 '복(볼록볼록)'이 설명하고 있다. 주(舟)는 배를 그린 상형자이다. 따라서 글말 '주'는 그 상태와 현상을 나타내는 말이다. 그래서 '주걱지다' 또는 '주르르(미끄러져 가다)'는 준말로 볼 수 있다. 주걱지게 볼록한 배의 현상을 나타냈거나 물 위를 주르르 미끄러져 가는 현상을 나타내는 말이다. 어쩌면 뱀이 배로 주르르 헤쳐 가듯, 배(舟)가 그 볼록한 배로 물을 주르르 미끄러져 나아가는 현상을 나타냈지 싶다.

리(梨)의 소전과 리(利)의 갑골문, 금문, 소전이다. 리(梨)는 리(利) 글말의 형성자이다. 리(利)는 禾(벼/화)와 刀(칼/도)의 회의자이다. 그러면 '벼를[화(禾)] 베다[도(刀)]'는 일이 '이로울' 일로 수렴시키는 것은 무엇인가? 글말 '리'와 견주면, '이랑 재배(栽培)'이거나 '이삭 줍기'와 관련된다. 즉, '이랑 법으로[리(이)] 벼[禾]를 재배하고 수확한다[도(刀)]' 또는 '벼를 베어 내고 이삭줍기 한다'는 얼개이다. 이랑 재배(栽培) 법

150

이 있듯이 그 시대 이랑 치는 농사법이 많은 수확 증대를 이루었음을 짐작할 수 있는 글자이고, 수확하고 덤으로 이삭줍기 하여 이득을 더한다는 뜻으로 볼 수 있다.

'배 먹고 이 닦기'라는 속담이 있다. 일석이조(一石二鳥)와 비슷한 속담이다. 이 속담이 언제부터 이어졌는지는 알 수 없으나, 배는 '이 닦는' 이로움뿐만 아니라 그 크기 또한 배불리 먹을 수 있는 이득을 주는 과일이다. 그러면 리(梨)의 글말 '리'는 '이마빼기'처럼 볼록 튀어난 크기나 '이엉(초가집의 지붕이나 담을 이기 위하여 엮은 짚)'의 한 부분이 매듭지어지며 볼록한 크기의 열매를 나타낸 말의 준말로도 볼 수 있다.

살구와 매실은 서로 비슷하여 구분하기가 쉽지 않다. 열매 모양으로는 꼭지가 안으로 들어가 있는 것이 살구이고, 밖으로 나온 것이 매실이라 하지만 구분하기가 그리 쉽지 않다. 가장 간단한 방법은 씨와 분리되면 살구이고, 그렇지 않으면 매실이라 한다. 덧붙여 씨 표면이 작은 구멍이 많은 것이 매실, 그렇지 않고 매끈한 것이 살구이며, 신맛이 강한 것이 매실이고, 적은 것이 살구라고 한다. 결국 모양만 보고는 그 구별이 쉽지 않다.

살구의 옛말은 '솔(아래 아)고'이다. 아직 무엇을 뜻하는 말인지 알 수 없다. 그러나 열매의 크기와 모양으로 구분하여 이름 짓는 방법에 따르면, '솔은(좁은)[솔] 고리[고]' 모양과 크기의 열매를 뜻하는 말임을 알 수 있다. 한말글 행(杏)은 글말이 '행'인 것을 보면, 목(木)과 구(口)로 이루어진 회의자이다. 그러나 살구와 연관 지어 무엇을 나타내는지 알 수가 없다. 상식적으로 모양과 크기 등 시각적 구분을 위한 이름에 회의자는 어불성설이다. 회의(會意) 방식은 대체로 관념적인 개념을 나타내고자 하는 수단으로 볼 수 있기 때문이다.

행(杏)의 갑골문과 소전이다. 구체적인 사물을 나타내는 방식은 상형(象形)이나 형성(形聲)의 방식이 주로 쓰인다. 그러나 행(杏)은 회의자이다. 사자(使者)와 자두를 나타낸 리(李)처럼, 본래는 '행'과 '구' 글말의 전주자였으나 주로 '행'으로만 쓰이면서 '구' 글말은 사라진 것으로 볼 수 있다. 하나의 글자로 두 가지를 뜻하는 것이 그 방증이다. 다른 하나의 뜻은 글말을 음차(音借)하면서 같이 쓰게 되었다고 밖에 볼 수 없기 때문이다. 그러면 행(杏)은 '구(口)' 글말의 형성(形聲)과 '행' 글말의 회의(會意)에 의한 전주자로 볼 수 있다.

솔은(좁은) '고리/구슬[구(口)]' 만한 크기로서, 입(口) 안에 쏙 들어 갈 만한 크기를 암시하고, 살구의 구(고) 글말을 나타낸다고 볼 수 있다. 살구가 '솔고'로서 좁은 고리 크기를 나타내는 말이라면 '고(구)'에 방점이 찍힌 뜻으로 그 글말을 택했다고 보는 것이 보다 논리적이다. 더불어 은행(銀杏)나무는 화석과 같이 오래된, 그러나 수입종이 아닌 나무인데도 우리말이 없는 나무이다. 즉, 은행나무가 본래의 우리 이름인데 한자로 음차했다는 뜻이기도 하다.

'행' 글말의 회의자는 무슨 뜻인가? 행단(杏壇)은 학문을 닦는 곳으로, 공자(孔子)가 학문을 가르쳤다는 은행나무 단에서 유래했다고 한다. 알다시피 공자는 천하를 돌아다니며 가르쳤다. 은행나무만 찾아다니며 가르쳤을까? 공자 이전에는 어디에서 가르쳤을까? 학교를 뜻하는 교(校)는 소전에서부터 나타난다. 그 이전에 공자는 행단(杏壇)에서 가르쳤고, 그 이전은 또 어디서 가르쳤을까? 교(校)의 자형으로 미

루어 나무 아래에 모여 배우고 가르쳤음을 유추할 수 있다. 그리고 공
자의 행단은 큰 나무 아래에 침상이나 단을 세워 가르쳤다는 반증이
다. 그러면 행(杏)은 '말을[구(口)] 헹구는(애벌 씻은 빨래나 머리, 채소 따
위를 다시 깨끗한 물에 빨거나 씻다)[행] 나무[목(木)]'의 얼개로 교(校)와 비
슷한 의미임을 알 수 있다. 주로 은행나무처럼 크게 그늘을 만드는 나
무 아래에서 배우고 가르쳤기 때문에 은행나무의 행에 음차하여 쓰이
면서 살구나무와 함께 은행나무의 뜻으로도 쓰이게 되었다고 볼 수 있
다. 점차 '구' 글말은 사라져 쓰이지 않게 되면서 '행' 글말만 남아 살구
나무와 은행나무를 동시에 나타나는 모순이 생겼다고 보는 것이 보다
논리적이다.

시각을 달리하여, 공자가 은행나무 아래 단(壇)를 세우고 제자를 가
르쳤기 때문에 행단(杏壇)이 유래되었다는 의미를 거꾸로 뒤집으면,
행단에서 공자가 제자를 가르쳤다는 뜻이다. 즉, 행단이 이미 학교를
뜻하는 말이었다. 그리고 단(亶)이나 단(壇)은 소전에도 나타나지 않는
글자이다. 소전체는 주지하다시피 진시황의 문자통일로 변형된 글자
이다. 공자의 춘추전국시대 보다 대략 300년 후에도 없던 글자가 어찌
공자시대에 있었겠는가? 곧 행(杏)이 교(校)를 뜻했다는 반증이고, 교
(校)의 자형이 소전에 비로소 나타난다는 것이 또한 그 방증이다. 교단
(敎壇), 문단(文壇), 단상(壇上), 강단(講壇), 연단(演壇) 등 주로 가르치
는 의미와 연관된 장소를 뜻하듯, 행(杏)이 살구나 은행나무로 쓰이게
되자 후대에 단(壇)을 붙여 행단(杏壇)으로 학교를 구분했다는 반증이
다. 또한 행림(杏林)이 의원(醫員)과 의원의 잣대로, 나아가 행림(杏林)
을 유래시킨 의원 동봉(董奉)을 도교의 신선(神仙)으로 추앙하자 유교는
행단(杏壇)으로 공자를 성인화(聖人化)했거나 그 반대로도 추론이 가능
하다.

참고적으로 나무[목(木)]는 모(싹, 얼)가 가지 치며[목] 자라는 것이다. 마찬가지로 학교는 가르치는 장소이듯, 가르침은 얼을 가지 치는 것과 다름없다. 그렇기 때문에 행(杏)이나 교(校)의 목(木)은 얼을 가지 치는 상징을 그 메타포로 담고 있음을 알 수 있다. 즉, 학교는 반드시 나무 아래의 장소만을 뜻하지 않는다. 얼을 가지 치는 장소가 학교일 뿐이다.

은행(銀杏)은 은빛 나는 살구 모양의 열매를 뜻하는 것으로 풀이되는데, 은빛은 은행의 말린 씨 껍질에 나타난다. 눈에 바로 보이는 색깔도 아니고 씨의 껍질 색으로 이름 지었다는 것은 다소 납득하기가 어렵다. 은행과 살구는 그 열매와 씨의 모양이 서로 비슷하다. 다만 서로 크기만 다르고, 그 은행의 말린 씨가 은빛인 차이이다. 그래서 은행(銀杏)을 그 이름에 따라 설명하기 위한 궁여지책일 뿐이다. 그러면 우리말 은행의 뜻은 무엇인가? 은행의 가장 큰 특징은 다른 열매에 비해 유독 독특하고 지독한 시궁창 냄새를 풍기는 열매이다. 개/해골창(수채물이 흐르는 작은 도랑)의 준말을 '행'으로 보면, '인이 박인 행'의 준말 '인행 〉 은행'으로 볼 수 있다. 나아가 그런 수챗물을 헹구듯, 마음을 헹구는 메타포(은유)를 머금고 있는 뜻으로, 불가(佛家)의 연꽃 같은 유가(儒家)의 행단(杏壇)이 되고, 은행과 비슷한 살구는 또한 도가(道家)의 행림(杏林)이 되었다. 더불어 행단이 은행나무가 있는 단. 살구나무 또는 앵두나무가 있는 단이란 뜻도 있는 것에 견주면, 은행은 앵두 보다 조금 큰 차이가 있다. 그러면 '하(큰)앵'의 준말 '행'이기도 하다.

은행의 학명은 'Ginkgo biloba L.(징코)'이다. 일본에서 유래된 이름임을 알 수 있다. '징코'의 일본 발음인 한자어는 '人口'이다. 즉, '인고(仁口)'이고, 나아가 행(杏)이 '구(口)' 글말의 형성자(杏)라면, '인고(仁

154

촘)와 똑같다. 그리고 인(仁)은 '씨'를 나타내는 뜻으로도 쓰이는데, 이는 가차로 볼 수 있다. 즉, 우리말 '인(몸에 배다시피 한 버릇)'를 가차한 것이다. '인이 박히다'는 달리 '씨가 심어 졌다'는 뜻과 같지 않은가? 물론 지금은 관념적인 '씨'의 의미로만 쓰이고 있지만. 어쨌든 '인고(仁촘)' 즉, '씨살구'의 의미이거나 은행(銀杏)의 가차를 구(口) 글말로 알았기 때문에 '징코'가 되었다고 추정이 가능하다. 일본말 '징코'에 대한 어원을 명확히 밝히지 못하는 이유이며, 행(杏)이 구(杏)로도 쓰였음을 반증하는 것이 아니겠는가?

매실(梅實), 매실나무, 매화(梅花)나무는 우리가 아무 생각 없이 자연스럽게 쓰고 있는 말이다. 그러나 조금만 생각해도 뭔가 이상하다는 것을 느낄 수 있다. 바꿔 말하면, 매열매, 매열매나무, 매꽃나무의 뜻으로 말하는 것이다. 이상하지 않은가? 열매나무는 그 이름이 곧 그 열매이다. 그리고 그 열매의 꽃은 말해도 그 열매꽃나무로는 말하지 않는다. 물론 못할 것도 없다. 그러나 대체로 그렇게 말하지 않는다. 한자어의 뜻으로는 매(梅) 한 글자의 매(梅)나무가 맞다. 우리의 언중(言中)은 '살구' 달라고 하지 '살구열매' 달라고는 하지 않는다. 한 글자라서 그럴까? 우리말 열매 이름은 대체로 두 글자 이상이다.

매(梅)의 소전이다. 매(梅)는 '매(每)' 글말의 형성자이다. 그러면 '매(每) 나무(木)'라는 뜻이다. 우리말 '매'는 '매한가지(결국 같음. 결국 마찬가지임. 매일반)'의 뜻도 있는 말이다. 매실은 살구와 매한가지이다. 서로 구분이 어렵다. 그러면 '매살구'로 볼 수 있다. '매솔고 〉 매솔(아래아) 〉 매실'의 변천은 충분한 개연성이 있다. 즉, '매실'은 순수한 우리말로 볼 수 있다. 한자로 음차(音借)하면서 매실(梅實)이 되었다고 보는 것이 보다 논리적이다. 그래야 매실나무가 자연스럽게 쓰이는 이유로 합당하다. 또한 그래야 매실과 살구의 관계가 보다 분명한 의미로 서로 정립될 수 있다. 살구와 견주어 '매살(구)' 또는 '매솔(고)'로 다시 고쳐 쓰면 어떨까? 개살구도 있듯 '매살구'가 보다 자연스럽지 않겠는가?

오(梧)의 소전과 동(桐)의 금문, 소전이다. 금문시대까지 단음(單音)으로 나타냈으나 소전시대부터 우리말 그대로 음차하여 나타냈음을 알 수 있다. 오동(梧桐)은 오(梧)도 '오동나무/오'이고, 동(桐)도 '오동나무/동'을 뜻하는 형성자이다. 그리고 그 '오동(梧桐)'의 우리말은 '오동나무'이다. 다음절(多音節)의 형성자이고, 우리말도 '오동'이며 우리나라에도 흔히 있는 나무라면 당연히 우리말이다. 우리말 '오동'은 오동나무의 열매 이름이다. "오동의 열매도 꽃처럼 주렁주렁 달립니다. 마치 멀리서 보면 도깨비 방망이처럼 보이기도 합니다. 그런데 오동의 열매 하나하나를 자세히 보면 그 모양이 사람의 젖을 닮았습니다. 그래서 오동의 열매를 동유(桐乳)라 합니다." 〈나무열전, 강판권 지음, 글항아리, 2007.7.16. p. 221 ~ p. 223〉 그 열매가 젖처럼 '오동통(몸집이 작으며 통통한 모양)'

하므로 붙여진 이름으로 볼 수 있다.

가(咖)와 배(啡)의 소전이다. 가배(咖啡)는 '커피(coffee)'를 음차(音借)한 말이다. 중국어로는 '커피'와 비슷한 말(커페이)이나, 그 한자어의 우리말은 '가배' 이다. 그러면 '커피(coffee)'가 전 세계로 퍼지면서 중국을 통해 우리나라에 전해졌음을 알 수 있다. 처음 말이 커피를 가배차 · 가비차 또는 양탕(洋湯)이라고 불렸음이 그 증거이다. 한자의 중국어 발음으로 '커피'와 유사한 글자도 많이 있지만, 입(口)으로 마시는 음식을 암시하기 위해 입/구(口)가 있는 '가(咖)'와 '배(啡)'를 취하여 새로운 '咖啡'(커피)'의 형성자를 만들어 음차(音借)했음을 알 수 있다. 또한 가(咖)는 형성자로, 본래 '더하여(베풀어)[가(加)] 말하며[구(口)] 가로젓다[가]' 곧 '감사하며 사양하는 말'의 뜻이었고, 배(啡) 역시 형성자로, '입(口)으로 배다(스며들다) · 비왈다(뱉다)[배(非)]'는 얼개로서 '숨소리'와 '분다'는 뜻이다. '커피'의 '피'로 음차(音借)되면서 '커피'의 뜻도 새로 갖게 되었음을 알 수 있다. 마찬가지로 가(咖) 역시 커피를 음역(音譯)하면서 '커피'를 뜻하는 가차자가 되었다. 역설적으로 이와 같이 음역(音譯)하면서 숱한 우리말이 한자어가 된 것임을 알 수 있다.

가배(咖啡)가 분명한 중국의 다음절 외래어가 되었듯, 오동(梧桐) 또한 같은 이치로 음차한 말이다. '커피'는 우리말이 아니지만, '오동'은 우리만 쓰는 분명한 우리말이다. 이처럼 '오동'에서 보듯, '백성' · '포도' 등에서 보듯, 숱한 우리말이 한자어가 되었음을 알 수 있다. 한자어는 말이 아닌 글말이다. 곧 오늘날의 우리말은 말과 글말이 얽히고 설키어 뒤죽박죽이 되었다는 뜻이다. 따라서 하루 빨리 한자(漢字)가 아닌 한자(韓字)를 국어와 더불어 필수과목으로 가르쳐야 한다. 말이 얼키설키 되면 마음도 또한 마찬가지이다. 공자(孔子)가 '정명(正名)'을 정치의 제일 순위로 두는 이유이다. 한자를 제대로 알아야 글말과 말이 하나가 될 수 있다. 한자의 글말이 말과 하나로 될 때, 비로소 우리말이 한글과 더불어 하나가 될 수 있다. 다시 말해 한글과 한말 나아가 한말글(한자)과 글말이 서로 정확히 구분되어야 제대로 하나가 될 수 있다는 뜻이다.

*1. 「한단고기」 임승국 번역 · 주해, 1993. 3. 10., 정신세계사, p.42, p.169 참조

*2. 사진 출처; [네이버 지식백과] 한자 기원의 과학적인 고찰 (중국, 중국인 그리고 중국문화, 2011. 3. 3., 다락원)

*3. [네이버 지식백과] 한자의 기원 (한국 자전의 역사, 2012. 11. 19., 도서출판 역락), [네이버 지식백과] 한자 기원에 대한 전설, 한자의 발전과 변화 (중국, 중국인 그리고 중국문화, 2011. 3. 3., 다락원) 참조

*4. 「살아있는 우리말의 역사」 홍윤표 지음, 2009. 3. 11., 태학사, p. 71. 참조

*5. 「설문해자주」 부수자 역해, 염정삼, 2008. 9. 30., 서울대학교출판부, p. 751 참조

*6. 「중국문자학」 손예철 지음, 2004. 9. 30., 아카넷, p.233

*7. 「설문해자주」 부수자 역해, 염정삼, 2008. 9. 30., 서울대학교출판부, p.396

*8. 사진 출처; [네이버 지식백과] 방상시탈 - 귀신도 무서워할 귀면 (한국의 박물

관: 탈, 1999. 5. 1., 문예마당)

*9. 사진 출처; [네이버 지식백과] 창애 (e뮤지엄, 국립중앙박물관)

*10.「중국문자학」손예철 지음, 2004.9.30., 아카넷, p.209 ～ 226 참조

우리말
바로 알기

01

우리는 우리말을 안다고
할 수 있는가?

우리는 말을 어떻게 알고 있는가? '맹세는 말에 지나지 않고, 말은 바람에 지나지 않는다.'라고 버틀러는 말한다. 우리는 말을 바람처럼 알고 있을 뿐이다. 한말글(漢字) 믿을/신(信)이 그러했듯, 우리의 말(言) 속에 '신'의 마음을 잃어버렸기 때문이다. 우리는 '신'도 없이 '믿음'만을 강요한다. 그리고 말한다. 말이란 서로 간의 약속일 뿐이라고. 그렇기 때문에 바람에 흩날리면 이내 사라지는 것이다. 우리는 우리말을 모른다고는 결코 생각하지 못한다. 그렇다면 얼마나 알고 있을까? 사전 속에 담아 놓은 껍데기만 알 뿐이다. 바람이 불면 흩날리고 있다는 것만 알 뿐이다. 바람은 스쳐 지나가면 그만이다. 마음에 담고 새기질 못한다. '신'의 마음소리가 없기 때문이다. 마음속에 새겨지지 않으니 어디에서 오고 어디로 가는지를 알 수가 없다. 그냥 스쳐 지나갈 뿐이다.

우리말은 어디에서 어떻게 왔는가? 아무도 알 수가 없다. 왜 알 수가 없는가? 그 역사를 잃어버렸기 때문이다. 역사를 잃어버리는 것은 부모를 잃는 것과 같다. 곧 자신의 뿌리를 잃어버리는 것과 같다. 자신의 부모조차 모르는 시대가 되었다는 뜻이다. 어느덧 이제는 부끄러움조차도 잊어 버렸다. 어떻게 이런 일이 일어날 수 있는가? 그 부끄러움을 자신도 찾을 수 없게 숨겼기 때문이다. 우상(偶像) 속 깊이 머리카락 한 올도 보이지 않게 꼭꼭 감춰 버린 것이다.

하나님은 말한다. 우상(偶像)을 섬기지 말라고. 우상이란 무엇인가? 거짓을 참이라 우기는, 한마디로 '짝퉁'을 이르는 것이다. 하나님은 또 말한다. 자신만을 믿으라고. 그리고 자신만이 참이라고 우기는 것이다. 참임을 보여주지 않고 우기는 것은 거짓을 숨기기 위한, 우상이 우상을 감추기 위한 수단이다. 허수아비에 지나지 않는다. 거짓을 참이라 우기는 힘은 폭력일 뿐이다. 우상화는 허수아비임을 숨기기 위해 온갖 수단과 방법을 동원하여 그 폭력을 정당화하는 것이다. 그러므로 우상화는 거짓을 참으로, 즉 폭력을 정당화할 수 있는 절대적인 힘만을 필요로 한다.

우상화의 절대적인 힘은 어떻게 생기는가? 잃어버린 역사 속에 잉태된다. 부모를 모르게 되면서 생기는 것이다. 부모의 씨를 모르니 씨 없는 과일, 즉 우상만을 낳게 된다. 달콤한 과일 맛에 취하면 오히려 씨는 쓰고 한갓 먹는데 귀찮은 존재일 뿐이다. 씨가 귀찮아지면, 잉태하지 못하는 부끄러움을 감추기 위한 방패막이를 필요로 하게 되면서 방패는 한없이 커지고 화려하게 포장된다. 우리가 쉽게 우상화의 늪에 빠지는 이유이다. 우상의 집이 크면 클수록, 강하면 강할수록, 화려하면 화려할수록 들키지 않고 그 속에 꼭꼭 숨을 수 있기 때문이다. 역설적으로 그만큼 쉽게 가둘 수도 있다. 그렇게 우리는 갇히게 되는 것이다. 당연히 그 벽이 클수록 강할수록 빠져 나오기 또한 더욱 더 어려워짐은 불을 보듯 뻔하다. 이미 거대한 산으로 자연처럼 자리매김 되어 있기 때문이다. 의치(義齒)나 틀니도 정들면 한 몸이 된다. 오히려 주객이 뒤바뀐다.

우리는 말을 어떻게 쓰고 있는가? 말(언어)을 음성과 의미로 나누고 그 둘을 별개로 구분하고 있다. 그리고 그 소리말 곧 낱말이 나타내는 뜻만을 사전으로 풀어 모아 놓고 그만이다. 그 소리에 왜 그 뜻이 있게 되었는지 그 원리가 무엇인지는 씨가 없으니 당연히 알 수가 없어 서로 간 약속으로 얼버무리고 만다. 설령 그렇다 하더라도 그 약속의 근거와 원리는 무엇인지 밝혀야 하는데, 그마저도 밝힐 수 없기 때문에 우상의 폭력으로 감추고 있을 뿐이다. 오늘날 언어학에서 우상화는 소쉬르에서 비롯된다. '음성과 의미는 별개다' 그리고 모두가 이 틀 안에 숨어 버린 것이다. 말의 음성과 의미를 다른 것으로 나누는 논리적 근거는 동음이의어(同音異義語)에서 찾을 수 있다.

"언어가 음성과 의미로 각각 분리되어 별도의 체계로 존재하기 때문에 같은 소리가 전혀 다른 의미를 나타내는 일이 일어날 수 있다. 만일 음성과 의미가 한 체계 속에 있다면 적어도 동일언어에서만은 같은 음성으로 다른 의미를 나타내는 일은 있을 수 없을 것이다. 이러한 언어의 이원성에 의해서 동음어가 생성된다. 또한 음성 체계에서도 음운의 목록과 음운의 조합으로 만들어 낼 수 있는 음절 구조는 제한적인 반면에 표현해야 할 의미의 세계는 무수하게 많기 때문에 동음어는 필연적으로 만들어질 수밖에 없다. 다음절어보다 단음절어에 동음어가 많은 이유도 음절수가 짧을수록 동음어가 만들어질 수 있는 개연성이 높기 때문이며, 중국어, 영어, 불어와 같은 언어에 동음어가 많은 이유가 이들 언어에 단음절어가 많기 때문이다.(국어 의미론, 윤평현, 2009, 도서출판 역락, p.183)"

음성과 의미가 서로 같다면, 어떤 소리에 어떤 뜻이 이미 존재하여,

여기에 다른 뜻을 또다시 부여할 수는 없기 때문에 당연히 음성과 의미는 서로 같을 수가 없다는 논리체계이다. 논리에 어떤 모순도 없어 보인다. 이러한 논리가 절대적인 힘을 가질수록 그 틀에 갇혀 요지부동의 진리로 자리매김 되는 것이다. 그러나 과연 그러한가? 여기에는 아주 단순한 눈속임이 있을 뿐이다. 모순(矛盾)의 역설에 의한 속임수가 그것이다.

시각을 역지사지(易地思之)의 반대로 보면 어떻게 될까? 'A = B'이면, 당연히 'B = A'가 성립된다. 즉, 어떤 뜻에 이미 어떤 소리를 부여했는데, 여기에 다른 음(音)을 또다시 부여할 수는 없다는 논리도 성립된다는 뜻이다. 그러나 실상은 어떤 똑같은 뜻에 다른 소리를 부여하고 있다. 이것이 이음동의어다. 언어체계에는 동음어가 있듯 동의어도 함께 존재한다. 마찬가지로 동음이의어가 있듯 또한 동음다의어도 있다. 그렇기 때문에 어느 한 측면만으로 음성과 의미가 별개라는 논리는 전체적으로 보면 엄연한 모순이다. 즉, 장님이 코끼리를 만지는 것과 같다.

모순이 생기는 이유는 무엇인가? 모(矛)와 순(盾)을 함께 볼 때 생긴다. 창과 방패를 각각 따로 떼어놓고 볼 때는 결코 일어나지 않는다. 이것이 모순(矛盾)의 역설이다. 다시 말해 하나의 모순을 모(矛)와 순(盾)의 이원성으로 구분하고, 모(矛)의 논리만 증명하며 모순이 없다는 꼴이다. 그러므로 똑같은 이유로 음성과 의미는 별개가 아닐 수도 있는 것이다.

우리말 '밤'은 '밤(夜)'과 '밤(栗)'을 나타내는 말이다. 당연히 지금은 동음이의어로 분류한다. 그러나 '밝음(바)을 머금(ㅁ)다'의 축약형으로 볼 수 있다면, 어원이 같은 동음다의어로 분류해야 할 것이다. 夜(밤)은 태양(밝음)을 머금은 동안을 의미하고, 栗(밤)은 밥 곧 태양같이 하

166

얀 알맹이(밝음)를 머금고 껍질은 어두운 색을 나타내어 밤하늘의 어둠과도 같은 뜻을 내포하고 있기 때문이다. 그러므로 같은 시각(소리 뜻)에 의해 다른 의미의 동음어가 될 수도 있는 것이다. 과학적이라는 서양언어학의 이와 같은 시각은 동음어에 대해 너무 가까이 가서 장님 코끼리 만지듯 동음어만 보는 시각에 지나지 않는다. 동음이의어만 있는 것이 아니라 바로 옆에 동음다의어도 그리고 동의어도 똑같이 존재하고 있는 것이다.

인도유럽어족에서 사용하는 알파벳은 그림문자에서 차용한 음성부호일 뿐이다. 그림 즉 문자에서 차용한 발음기호에 지나지 않으니 당연히 거기에는 의미가 있을 수가 없다. 인도유럽어족의 알파벳은 비교언어학적인 측면에서 살펴보았을 때 오히려 인류 전체의 언어발달사를 거스르는 방향으로 흐른 역류현상으로 보아야 한다. 복잡한 그림문자에서 단순한 소리 문자로 편의성과 효율성의 발로에 의한 언어발달사의 한 측면일 뿐이다. 언어는 문자 이전에 말(소리)이 먼저 있었다. 뜻이 엄연히 있었던 소리 말이 그림문자로 인해 그림 뜻으로 바뀌었다가 다시 소리 말의 소리문자로 역류하는 과정에서, 그림문자의 발음을 빌려 그 음성기호로 만든 것이 알파벳이다. 그렇기 때문에 알파벳에는 본래의 소리뜻은 거의 사라지고, 어휘의 소리뜻만이 그림 뜻과 섞여 부분적으로 남아있을 뿐이다. 한자처럼 부분과 전체가 섞이면서 본래의 뜻이 얽히고설켜 도저히 알 수 없는 지경에 이르게 된 것이다. 즉, 알파벳은 그림이 나타내는 발음을 단지 그 기호로서 빌린 것이기 때문에 당연히 뜻이 담길 수가 없는, 태생 자체가 이미 씨 없는 수박일 뿐이다.

따라서 소쉬르의 언어학은 문자시대에만 성립될 수 있는 과학에 지나지 않는다. 문자 이전의 시대를 알 수 없기 때문에 그 부끄러움을 숨기기 위해서 과학이라는 미명으로 우상화되었다고 볼 수 있다. '음소와 의미는 서로 별개다.'라고 못 박아 놓고서 그 뒤에 숨어 의문조차 갖지 못하게 하는 것, 이것이야말로 권위와 권력 그리고 우상화 나아가 다수결 원칙의 이면(裏面)에 숨어있는 폭력 그 공포(恐怖)이다.

02

우리말
다시 보기

    한자는 표의문자이기 때문에 소리에는 의미가 없고, 문자에만 의미가 있다고 한다. 그리고 한글은 표음문자이기 때문에 글자에는 의미가 없고, 소리에만 뜻이 있다고 한다. 얼핏 보면, 문자의 특성에 기인되는 현상으로 논리에 하자가 없어 보인다. 과연 그러한가? 이러한 논리의 핵심은, 알파벳의 언어사에 의한 시각으로 보는 것에 지나지 않는다. 알파벳을 사용하는 문자 체계에서는 당연한 논리가 분명하다. 이역시 모순의 역설과 마찬가지이다. 그러나 한자와 한글은 결코 알파벳이 아니다. 그러므로 당연히 한자는 한자의 제자 원리에 따른 시각으로 보아야 하고, 한글은 또한 한글의 창제 원리에 따른 시각으로 보아야 마땅하다.

    말이란 무엇인가? 우리말 '말'은 어떤 의미를 내포하고 있을까? 아직까지 그 어원을 알 수 없는 말이다. '말'이란, 생각이나 감정을 나타내는 소리(음성), 또는 그것을 문자로 나타낸 것. 즉 언어라는 뜻이 사전적 의미이다. 문자 이전 까지는 소리만을 뜻했다는 것이다. 그러면 소리는 무슨 뜻인가? 물체가 진동했을 때, 청각으로 느끼게 되는 것으로 음(音), '목소리'의 준말로 음성(音聲), 말, 소식, 노래 등의 뜻이 사전적 의미이다. 다시 말해 '말'은 '소리'의 한 부분이다. 소리가 더 포괄적인 의미를 내포하는 말이다. 말이란 마음이 나타내는 소리로서, '마음이 우는, 일으키는, 이르는 것'이란 의미이다.

이와 같은 뜻풀이로 우리말 '말'을 분석하면, '마음[마]이 흐르는 [ㄹ], 또는 마음[마]의 알(씨앗)[ㄹ], 마음을 리[니]르다, 마음이 울(리)다, 마음이 일다' 등의 축약형으로 볼 수 있다. '소리'는 '소(속, 마음)[소]가 흐르는[ㄹ] 이(것)[ㅣ], 또는 소(마음)을 리어[ㄹ]주는 이(것), 소(마음)가 리[니]르다', 그리고 '솟아[소] 울리는, 리르는[ㄹ] 이(것)' 등의 축약형으로 볼 수 있다. 우리말 낱말을 축약형으로 보는 과학적(언어학적) 근거는 차치하고라도, 어쨌든 '말'과 '소리'는 '마음을 나타내는' 같은 의미를 공동으로 갖고 있는 말이다.

음악가는 소리로서 대화하고, 화가는 그림으로 서로 마음을 나눈다. 음악가는 그림에서 노래를 듣고, 화가는 소리에서 그림을 본다. 소리에도 뜻이 있고, 그림에도 뜻이 분명히 존재한다. 한마디로 말하면, 마음이 소리로도 나오고, 그림으로도 나타난다고 할 수 있다. 그러므로 오늘날의 언어체계는 소리와 그림이 서로 합해진 것으로 볼 수 있다. 즉 문자의 발견은 소리에서 그림을 본 것이라 할 수 있다. 음악가에서 화가로도 폭이 넓어졌다는 뜻이다. 이와 같은 시각으로 한말(우리말)과 한글(훈민정음)을 보면 어찌 보일까?

우리말 '동'은 여러 가지 뜻을 내포하고 있는 말이다. 윷말의 수 단위 같은 조각 단위의 '동'이 있는가 하면 묶음 단위의 '동'도 있고, 꽃이 피는 줄기를 이르는 '동'도 있다. 그리고 '동'이 경음화(硬音化)[된소

170

리되기] 현상으로 나타나는 '똥'도 있다. 아울러 북을 치거나 거문고를 탈(뜯) 때 나는 밝고 가벼운 소리를 뜻하는 '동동(둥둥)' 의 '동'이 있고, 작은 물건이 떠서 가볍게 움직이는 모양과 매우 춥거나 안타까울 때 발을 자꾸 구르는 모양을 뜻하는 '동동'의 '동'이 있다. (사물이나 현상이 이어지게 된) 마디, 사이, 동안, 끄트머리 등을 뜻하는 '동'이 있고, 한복 윗옷의 소매 부분 또는 소매에 이어 댄 조각을 뜻하는 '동'이 있다. 동그라미 · 동글다 등의 '동'이 있고, 동이다(동여매다)의 '동', (해가) 동 트다의 '동'도 있고 그 밖의 많은 뜻을 가지는 '동'들이 있다.

하나의 '동'이라는 음절에 여러 가지 뜻을 가지는 이유는 무엇인가? 왜 이 같은 동음어가 생기는 것일까? '동'을 다시 분석하면, 초성의 자음 'ㄷ'과 중성의 모음 'ㅗ' 그리고 종성의 자음 'ㅇ'이 모여서 하나의 음절을 이루고 있는 얼개이다. 음절(音節)이란 음소(音素)가 모여서 이루어진 소리의 한 덩어리 곧 소리마디로서 모음만으로 이루어지거나 모음과 자음, 자음과 모음 그리고 자음 모음 자음이 어울려서 이루어진 것을 말한다. 다시 말하면 소리를 내는 최소 단위를 뜻한다.

음소(音素)란 음절을 이루는 음운의 최소 단위로서 자음과 모음의 낱낱을 이름이다. 자음은 모음의 도움 없이 소리를 낼 수 없다. 물론 모음은 그 자체로서 소리를 낼 수 있다. 그러면 음소가 소리를 내는 최소 단위가 될 수도 있다. 엄밀히 따지면 모음만이 소리의 최소 단위가 된다. 그래서 모음인 것이다. 새끼는 어미의 도움 없이는 스스로 살아갈 수 없다. 그래서 자음인 것이다.

우리말의 얼개(구조)에서는 모음만이 중성을 나타낸다. 모음이 소리의 최소 단위이기 때문이고, 자음은 모음의 도움 없이는 소리를 낼 수 없기 때문이다. 즉 모음이 소리의 중심이 되는 것이다. 자식은 부모 없이 태어날 수 없다. 부모는 모든 것을 자식에게 아낌없이 물려준다.

부모의 뜻은 자식에게 있다. 그래서 소리의 뜻은 자음이 중심이 된다. 히브리어는 모음이 없이 자음만으로 이루어진 사실이 이를 입증하는 예이다.

그러므로 자음이 모여 있다면 뜻이 합쳐 있다는 의미가 된다. 모든 언어의 이상(理想)은 단음(單音)을 지향(指向)한다고 볼 수 있다. 경제적 효율성을 지향하기 때문이다. 한말글(한자)의 글말(한자음)이 단음인 이유이고, 그 이상(理想)의 실현으로 볼 수 있다. 글말에서 볼 수 있듯, 자음이 모여 있다면, 뜻이 모여 축약된 형태로 볼 수 있고, 자음이 단모음과 하나로 얼개를 이룬다면, 뜻이 생략된 형태로 볼 수 있다.

이와 같은 논리를 바탕으로 우리말 '동'을 바라볼 때, 비로소 똑같은 동음에서 그 뜻이 여러 가지가 될 수 있음을 분석할 수 있다. 즉 줄임말로 볼 수 있을 때만이 비로소 그 뜻을 정확히 알 수 있고, 그 동안 알 수 없었던 수많은 우리말 어원들의 실마리도 찾을 수 있다. 음절이 음소가 모여 이루어진 것이라면, 당연히 음소의 뜻들이 모인 의미가 음절의 뜻이어야 하지 않겠는가?

'도라(돌려)[도] 엮다[ㅇ]'의 축약형 '동'으로 볼 때, '동이다(동여매다)', '동글다, 동그라미', '동(묶음 단위 -〉 동여 맨 동그란 묶음 단위)' 등의 뜻이 확연히 나타난다. '도두어(돋아)[도] 오르다[ㅇ]'의 줄임말 '동'으로 볼 때, '(발을)동동 뜨다[거리다]', '동; 꽃이 피는 줄기 -〉 (꽃을) 돋우는 이[것, 줄기]', '동트다' 등의 의미도 쉽게 보인다. '도막이(도막난 이[것, 곳]) 또는 도막으로[도] 잇다/엮다[ㅇ]'의 축약형으로 볼 때, '동대다[달다, 자르다, 끊기다]' 등의 '마디, 사이, 동안, 끄트머리' 뜻을 볼 수 있고, '동; 조각(도막) 단위 -〉 윷말의 수 단위'도 구분할 수 있는 것이다. '동동; 북을 치거나 거문고를 탈(뜰) 때 나는 밝고 가벼운 소리'는 '두드려(뜯어/당겨)[도] 울(리)다[ㅇ]'의 줄임말임을 알 수 있다. 그리고 '

동(똥)'은 '(음식을)도막내어[도] 이기다(반죽하다)[ㅇ]'의 줄임말로 볼 수 있는 것이다.

이와 같은 줄임말이 동음어 생성의 필연이자 그 원인(이유)이다. 더불어 이처럼 우리말의 줄임 현상에 의한 단순한 조어 원리만 알면, 그동안 알 수 없었던 수많은 낱말의 어원을 쉽게 알 수 있는 것이다. 역사를 잃게 되면 아무리 쉬운 것도 도저히 알 수가 없다는 반증이다. 오늘날 극한의 초성 자음만으로 줄여 나타내는 이치 또한 마찬가지로 줄임 현상은 시대와 지역을 불문하고 있어 온 현상이다.

03

말의
필요충분조건

말은 어떠해야 하는가? 말이란 무엇보다도 모든 사람들이 함께 공유하며 서로 나누는 것이다. 그리고 말이란 '모든 사람들 개개의 마음을 드러내어 서로 나누는 소리'이다. 이처럼 정의(定義)하고 이 조건을 만족하려면 말은 어떠해야 할까? 말의 필요충분조건(必要充分條件)은 무엇일까?

모든 사람이 함께 공유해야 하므로 사람이라면 누구나 쉽게 알아들을 수 있어야 하는 필요조건이 필수이다. 알아들을 수 없다면, 그 소리는 다른 동물의 소리에 지나지 않을 것이다. 그리고 각자의 마음을 드러내므로 사람이라면 누구라도 믿을 수 있는 충분조건이 있어야 한다. 다시 말하면 그 말이 다른 말들과 분명히 구분될 수 있어야 하는 것이다. 곧 혼동되어 왜곡될 수 있어서는 결코 안 된다는 뜻이다.

말이란 누구라도 쉽게 수긍할 수 있는 보편성과 서로 믿을 수 있는 믿음성이 있어야 한다. 사람마다 시각 차에 따라 달라질 수 없는 보편성과 믿음은 어디에서 오는가? 우리 인간은 자연(自然) 속 존재로서 자연 법칙에 종속될 수밖에 없다. 그렇기 때문에 자연법칙과 부합된 원리일수록 보편성과 그에 따른 믿음이 충족될 수 있다. 그러므로 말의 필요충분조건은 한마디로 '상식(常識)'이랄 수 있다. 그러면 상식(常識)이란 무엇인가?

상(常)과 상(裳)의 소전이다. 한말글(한자)은 어떤 뜻을 나타내고 있을까? 상(常)은 형성자로 본래 치마를 뜻하였다. 건(巾)은 의미 부분이고, 상(尙)은 발음 부분이다. 현재 '치마'의 뜻으로는 상(裳)자가 쓰이고, 常은 '항상'의 뜻으로 가차되었다고 설명한다. 그러면 한말(우리말) '치마'는 어떤 의미인가? '두루마기'와 견주면, 쓰임새와 모양에 따라 '치(켜)든 마기'의 줄임말이다. 곧 '치켜세워 막은 이[옷(감)]'의 뜻이다. 두루마기 역시 '두루어[둘러] 막은 이'로 볼 수 있지 않은가? 하면 한말글 상(常)의 글말(한자음) '상(尙)'은 '솟아 오른'의 축약형임을 알 수 있다. 곧 '솟아 올린(상) 옷[베](巾)'으로 한말 '치마'의 말자취와 똑같다. '늘'의 뜻으로 가차되어 쓰이자 건(巾)을 의(衣)로 바꾸어 새로 상(裳)자를 만들어 썼다고 추정할 수 있다. 그렇다면 글말 '상'이 '항상, 늘'의 뜻으로 가차된 까닭은 무엇인가?

한말 '늘'은 날마다 변함없다, 똑같다는 뜻이다. '날'은 '나(해, 태양신)가 일다'의 준말로, 해가 똑같이 떠오르고, 변함없이 솟아 오른 상태를 나타낸 것이다. 또한 '날실'에서 보듯, '날'은 베(옷감)의 기준이 되어 세로로 늘어 서 있는 상태이다. 그리고 베는 날실을 늘어 세워 법(칙)으로 삼아 씨실을 바디 치며 짜이는 것이다. 이처럼 '날'이 똑같이 '늘'어 선 상태가 '늘'인 것이다. 그러면 '날'이 '늘'로 변한 말임을 알 수 있다. 또한 위로 솟아오르며 짜이는 베[건(巾)] 역시 한결같고 변함없는 형태이다. 따라서 상(常)이 '도, 법도'의 뜻과 '보통(보편적인)'의 뜻으로 유추되어 쓰이는 이유이다. 덧붙여 '늘'은 '늘리다'의 뜻이다. 날실이 똑같이 늘어나는 모습에서 '항상, 변함없는. 똑같은, 늘'의 뜻이 유추될 수 있다. 그리고 글말 '상' 만으로는 '늘, 변함없는' 뜻을 유추하기가 힘들다. 그러므로 가차된 것이 아니라 원래는 전주(轉注)되어 같이 쓰이다가 '치마'의 옷을 분명히 하기 위해 '치마/상(裳)'의 형성자로 변형시켰다고 보는 것이 보다 타당하다.

식(識)의 소전이다. 식(識)은 형성자로 언(言)은 의미 부분이고, 식/시(戠)는 발음 부분이다. '1. 알, 깨달을 / 식 2. ㉠ 기록할, 적을 / 지 ≒ 誌 ㉡ 표, 기호 / 지'의 뜻을 가진다고 설명한다. 글말 시(戠)가 '식'과 '지'로 변하며 전주(轉注)되었다고 볼 수 있다. 글말 '시 〉 지'의 변화는 'ㅅ'과 'ㅈ'의 조음 위치에 따른 동음화 현상이거나 '시'와 '사'의 혼용 곧 말(言)을 '사기다(새기다)[사]'에서 '지니다[지]'는 뜻에 의미 동화된 것으로 추정된다. 후에 지(識)의 뜻을 식(識)과 구분하여 보다 분명하게 지(誌)를 새로 만들었을 수도 있다.

'시' 글말이 '식'과 함께 쓰이는 이유는 그 뜻으로 유추하면 '시기다'

의 생략과 축약에 따른 것으로 볼 수 있다. '시기다'는 '시키다'의 옛말이다. 그러면 '말(言)이 시기는(식)' 것, 곧 '말이 지시하고 나타내는' 것이 '아는, 깨닫는' 것이라는 의미이다. 말이란 역설적으로 모든 사람이 아는 것이란 뜻이다. 바꿔 말하면, 어떤 사실을 모든 사람이 알게 될 때 그 말이 비로소 태어나 생명력을 갖게 된다. 따라서 어떤 말을 배우는 것은 그 지시하는 바를 알고, 깨달을 수 있다는 뜻이다. 말이 시키는 바이다. 결국 우리의 모든 말을 안다는 것은 모든 것을 안다는 뜻이고, 나아가 말 속에 그 동안 우리 역사 속 축적된 지식이 모두 담겨 있다는 의미이다. 앎의 다른 한말글은 지(知)이다.

지(知)의 금문, 소전이다. 지(知)는 회의(會意)로, '말[口, 言]을 화살[矢]로 지(찌)르다[지]'는 뜻이다. 곧 '말의 뜻을 관통하다'는 의미로, 일이관지(一以貫之)와 맥을 같이 하는 시이관언(矢以貫言)의 뜻이다. 그리고 구(口)의 갑골문/금문은 석(夕), 육(肉)의 갑골문/금문과 그 구분이 모호하고, 그릇의 의미로도 유추할 수 있어 그릇/명(皿)의 다른 형태로도 볼 수 있는 개연성도 무시할 수만은 없다. 그렇기 때문에 '그릇[口](에 담긴 것)을 화살[矢]로 꿰뚫는(지르는)[지]' 행위와 같으므로, 어쩌면 우리말 '깨달음'의 뜻에 보다 가까울 수도 있는 글이다. '깨닫다'는 '(알을) 깨다 + 드러내다'의 준말로 볼 수 있기 때문이다.

우리말 '알다'는 '알[얼, 마음, 말, 아름(美, 包)]을 깨다'[깨닫다/지(知)]와 '알을 안다(품다) 곧 배다'[식(識)]의 준말로 볼 수 있다. 그러면 '

'앎'은 '알을 무찌르는(깨는)[앎]' 마음과 '알을 품는[앎]' 마음으로 '깨달음[지(知)]'과 '알(얼)배움[식(識)]'의 두 시각을 동시에 나타내는 말로 볼 수 있다. 즉, 앎(知識)이란 알을 품고 깨는 것으로, 얼을 잉태하여 알을 깨고 나오는 것이다.

따라서 우리가 앎에 이르는 과정은 어떤 대상 곧 알이 껍질을 깨고 태어난 다음 밖이 환하게 보이며 배워 아는(知) 과정과 그 알이 무슨 알로 태어나는지[잉태되었는지]에 따라 나타내는 대로[이름 지어진 대로] 보고 배워 아는(識) 과정으로 나눌 수 있다. 곧 음양의 순환과정과 주객(主客)의 전도(顚倒)과정을 관통하며 아는 것이다. 그래서 지식(知識)이라 함께 쓰는 이유이다. 즉, 지(知)는 안에서 밖으로 깨어나면서 밖의 상태를 깨닫게 되는 것이고, 식(識)은 밖에서 알을 깨고 나오는 이(새)를 보고 무슨 새인지를 아는 것이다. 덧붙여 그 새에 걸맞은 알의 이름이 말이라는 뜻이 함축되어 있다.

결론적으로 말의 필요조건으로서 보편성이 '상(常)'이고, 충분조건으로서 믿음성이 '식(識)'이다. 말이란 늘 변함없이 한결같은 보편 법칙으로 작동되어야 누구라도 쉽게 알아서 배우고 익힐 수 있으며, 이것이 상(常)의 식(識) 곧 보편성이다. 그리고 말[언(言)]이 시키는[시(戠)] 것은 말 속 '신'의 마음이 드러나 보고 아는 것이며, 이것이 식(識)의 지(知) 곧 믿음성이다. 다시 말하면, 우리가 말을 주고받는 것[식(識)]은 각자 '신'의 마음[믿음(信)]을 관통하며 깨달아 서로를 알아 간다[지(知)]는 뜻이다.

04

말이 통하지 않는 세상은
어떤 곳인가?

　말을 한다는 것은 말이 시키는 것을 한다는 뜻이고, 이는 '신'의 마음이 하는 일이며 그 마음을 드러내 나타낸다는 뜻이다. 즉, 말을 주고받는 것은 각각의 '신'의 마음을 나누는 것이다. 그리고 같은 말을 쓰는 모든 사람들은 모두가 같이 알고 있는 뜻을 서로 주고받는 것이다. 바꾸어 말하면 서로 말이 통하지 않는다는 것은 나누는 말을 서로 다르게 알고 있다는 뜻이다. 또는 서로 다른 유형의 말을 쓴다는 의미이다. 알다시피 이 지구상에는 수천 가지 서로 다른 말들이 존재한다. 당연히 그 말을 배우지 못하면 서로 의사소통이 힘들다. 다른 언어권은 차치하고라도 같은 언어권에서도 새로 생기는 말을 배우지 못하면 알 수가 없다. 새로운 말이 퍼지는 속도와 넓이에 따라 서로 구분된다. 모두에게 모두 퍼져 쓰일 때 비로소 보편적인 말이 되는 것이다.

　말이 보편적이지 못하고 그 말을 새로 만든 일부에서만 쓰일 때 우리는 그 말을 전문어(專門語)라고 말한다. 곧 상식이 되지 못한 말이다. 그러면 아직 상식에 미치지 못하는 사람들이 전문가(專門家)라는 뜻일까? 말의 처음은 그 대상이 처음 발견되어 그 정체를 깨닫게 되었다는 것이다. 그리고 그 말이 모두에게 알려 질 때 곧 모순(矛盾)없이 받아들여질 때가 바로 보편적인 상식이 된다. 상식이 될 때 비로소 진리가 되었다는 뜻이다. 언제라도 변함없이 똑같은 법칙이 진리가 아니라면 무엇이 진리이겠는가? 그렇기 때문에 전문어는 아직 상식이 되지 못한 말을 일컫는다. 따라서 전문가란 '전문을 상식으로 만드는 사람'이랄 수 있다.

모든 사람은 전문가이다. 자신만의 천명에 따른 소명이 있기 때문이다. 그 전문은 자신이 잘하는 것이다. 그렇다고 전문이 그 사람 전체는 결코 아니다. 모든 사람이 같으면서 다른 이유이다. 같은 이유는 상식을 서로 공유하기 때문이고, 다른 까닭은 전문이 서로 천명에 따라 다르기 때문이다. 20%의 전문과 80%의 상식이 일반적이다. 이것이 2080 법칙의 근간이다. 역설적으로 말을 아는 모든 사람이 상식인(常識人)이다. 그러므로 상식인이 보편적으로 시대를 초월하고 끝없이 이어지며 쓰이는 말일수록 상식으로 세월의 무게(역사)를 담고, 상식으로 다듬어지므로 말 속에 이미 모든 진리가 함축되어 있다. 그렇다고 사라진 말들이 진리가 아니라고 또한 말할 수도 없다. 말이 사라지는 것은 진리가 아니기 때문에 자연히 사멸(死滅)된 경우도 있지만, 우리가 그 역사를 잃어버렸을 수도 있기 때문이다. 지금의 우리는 이미 그 역사를 잃어버린 시대에 살고 있지 않은가?

전문어가 상식어가 되지 못하는 이유는 전문가들이 더 이상 퍼지는 것을 막는 경우도 있을 수 있다. 곧 이익집단이 생기기 때문이다. 당연히 전문이 우대받는 까닭이다. 한편으로는 진리가 될 수 없음을 알고 숨기기 때문일 수도 있다. 우리가 감추는 이유는 어느 경우든 부끄러움이나 부당한 이득을 숨기기 위해서일 뿐이다. 특히 법이란 모든 사람이 쉽게 알 수 있고 수긍할 수 있어야 함에도 불구하고 알지 못하게 어렵게 되어 있지 않은가? 뒤집어 까보면, 그만큼 법이 부끄럽고 부당한 법이라는 반증이다. 법이 말이듯 말이 법이듯, 법은 또한 상식이기 때문이다. 그리하여 우리가 상식을 잃어버릴 때, 진리가 비상식, 곧 전문의 노예가 된다. 20%의 사이비에게 80%의 진리가 종(머슴)이 되는 것이다. 주객이 전도된 무법천지가 된다. 역사를 잃어버리면 부모도 모르는 무법천지의 세상이 되는 것이다. 말이 통하지 않는 세상이란 한마디로 상식이 없는 곳이다. 우리 세상은 얼마나 말이 통하는 사회일까? 부당한 이득을 보려는 자들에 의해 말이 왜곡되는 만큼 세상은 무법천지이다. 두말할 필요도 없이 말에 군더더기를 붙여 왜곡시킨 것이다. 그렇다면 우리는 왜 군더더기를 보지 못하는 것일까?

우리말 '믿음'은 '신'의 마음을 드러내 보일 때 믿을 수 있음을 알려주는 말이다. 당연히 드러나 있지 않은 마음은 어떤 마음인지 도저히 알 수가 없다. 그래서 다른 마음이 군더더기로 붙을 수 있는 까닭이고, 여러 언어로 갈라질 수 있는 이유이며, 더불어 감언이설(甘言利說)로 속마음을 속일 수도 있는 것이다. 모든 왜곡은 모름 위에서 가능하며 또한 시작된다. 그 모름 위에 착시현상을 덧붙이며 마무리되는 것이다. 어쨌거나 왜곡은 무언가를 숨기기 위한 것이다. 결국 우리는 '신'의 마음을 감추기 위해 벽을 바벨탑처럼 높게 쌓은 것이다. 그 탑 속에 마음 곧 신(神)이며 나아가 하나님을 가두어 놓았다는 뜻이다. 말이 통하지 않는 사회란 또한 말 속 '신'의 마음을 숨긴 곳, 한마디로 믿음이 없는 믿을 수 없는 세상이다.

마음을 숨기는 이유는 무엇인가? 마음이 부끄럽기 때문이다. 그렇기 때문에 벽을 쌓아 그 부끄러움을 감추려는 것이다. 부끄러우면 부끄러울수록 더불어 벽도 두꺼워지고 높아짐은 필연이다. 마음은 정신이지만, 벽은 물질이다. 마음은 한정이 없지만, 물질은 제한적이다. 부끄러울수록 제한적인 물질의 허기는 더욱 부채질하므로 또한 그 집착은 악순환을 거듭 낳기 때문이다.

마음이 부끄러운 이유는 무엇인가? 마음이 보잘것없이 빈약하기 때문이다. 그렇다면 제한도 없는 마음을 쌓으면 되지 않는가? 굳이 제한적인 물질을 서로 차지하려고 아귀다툼까지 벌려야 하는 까닭은 무엇인가? 마음은 제한이 없지만, 눈에 보이지도 손에 잡히지도 않기 때문이다. 즉, 마음 쌓기는 또한 보이지도 잡히지도 않는, 물을 공기를 쌓는 일과 같기 때문이다. 그 목마름의 거스름 현상 곧 부작용으로 물질을 대신 갈구(渴求)하는 것이다. 허영심(虛榮心)의 발로로 볼 수 있다. 우리가 말 속 '신'의 마음을 잃어버리면서 나타난 거스름이다. 따라서 말이 통하지 않는 세상은 또한 마음이 없는 세상 곧 물질(자본) 만능주의 사회이기도 하다.

역설적으로 말이 통하는 세상은 말이 전문이 아닌 상식이 되는 사회이고, 말 속에 믿음을 드러내는 세상이며, 서로 마음을 쌓아 말을 주고받는, 마음을 나누는 세상이다. 그런 사회는 당연히 먼저 말이 바로 서 있어야 한다. 공자가 말한 정명론(正名論)의 본질이다. 따라서 왜곡된 때를 깨끗이 벗겨내야만 비로소 그 말의 마음이 드러날 수 있고, 말에 쌓인 바벨탑을 무너뜨려 그 속 깊숙이 갇혀 있는 '신'의 소리를 꺼내야 믿을 수 있으며, 그래야 비로소 우리는 그 말이 상식이 되어 누구라도 쉽게 배우고 익힐 수 있다.

한말 '신'의 소리는 어디서 찾을 수 있고, 어떻게 알 수 있을까? 지금의 우리말은 많은 얼룩이 끼어 있고 그 역사를 잃어 버렸지만, 어쨌거나 그 자체가 유일한 증거물이다. 이 말에 다닥다닥 붙어 있는 얼룩을 벗기고, 한말의 말자취인 한말글과 서로 견주면서 퍼즐을 맞추듯, 찾을 수 있다. 그리고 수수께끼가 그러하듯, 알고 나면 누구나 수긍할 수 있고 쉬운, 달리 상식 같은 것이라면 찾은 것이 된다.

한말의 뿌리 찾기는 그 말자취, 즉 한말의 뜻(그림)글인 한말글과 소리글인 한글부터 그 역사를 거슬러 서로 비추어 가며, 묻은 때를 찾아 먼저 닦아야 하지 않겠는가? 천만 다행으로 우리 한글의 역사는 창제 원리와 그 변천 과정이 그대로 전해지고 있다. 별로 얼룩이 묻지 않았다는 뜻이다. 혹자는 우리 한글이 너무 늦게 창제되어 몹시 안타까워하는 경우도 있지만, 뒤집어 생각하면, 오히려 천만다행일 수도 있다. 그만큼 순수하기 때문이다.

05

훈민정음
다시 보기

훈민정음을 어떻게 볼 것인가? 오늘날 언어학은 알파벳에 의한 서양의 시각일 뿐이다. 한말글과 한글은 결코 알파벳이 아니다. 알파벳은 그림문자에서 차용한 단지 소리를 나타내는 부호일 뿐이다. 이러한 시각으로 우리 한글을 보기 때문에 한글 역시 알파벳처럼 인식하고 있다.

창제 당시 또한 '반절'로 불렸듯, 한글은 그 때도 그랬고, 지금도 여전히 알파벳의 시각을 벗어나지 못하고 있다. 그렇다면 한글은 어떻게 볼 수 있는가? 그 시각은 무엇인가? 세종대왕의 훈민정음 창제의 제자 원리로 보는 시각이고, 나아가 우리 문화의 정체성으로 보는 각도이다. 더불어 한말글과 상호 보완적으로 보는 것이다.

세종대왕의 훈민정음 제자 원리는 우리말 모음(중성)의 천(ᆞ) · 지(ᅳ) · 인(ㅣ)과 초성, 종성 자음의 음양오행 원리에 의해 제자 되었음을 ≪훈민정음≫「해례 제자해」에 명시되어 있다. 소리가 발성되는 구

강 구조 안에서 소리의 생성 위치와 혀 모양에 따라 자음의 형태가 제자 되었음은 익히 알고 있는 사실이다. 동양의 오음계, '궁(宮) · 상(商) · 각(角) · 치(徵) · 우(羽)' 와 오행을 발성기관의 위치와 모양에 따라 서로 연관 짓고 있다. 무엇보다도 한글 자음의 놀라운 점은 그 소리와 모양이 눈으로 보이는 것처럼 제자 되었다는데 있다. 즉 소리가 보이는 글자라는 것이다.

…… 한글이 세계 학계에 본격적으로 알려지게 된 계기는 바로 미국 언어학자 맥콜리 교수(J. D McCawley)의 서평이었다. …… "포스가 최상급형을 쓴 것은 매우 정확하다. 그것은 한글이 벨의 '보이는 음성'(1867)이란 책에서 제시한 아이디어보다 무려 4백년 이상 앞선 것이기 때문이다."

이 내용은 포스(Vos)의 주장을 옹호하는 것으로, 한글이 벨의 '보이는 음성'보다 훨씬 이른 시기에 벨과 같은 아이디어를 토대로 만들어진 문자라는 뜻이다. 이 서평으로 한글의 우수성과 독창성은 세계에 널리 알려지게 되었다. …… 〈 중 략 〉 …… 벨의 부호들은 로마 알파벳과는 관련이 없었지만, 그 대신 입에서 발화하는 동안 조음기관들의 위치와 움직이는 모습을 그림으로 추상화한 것이었으니, 발음기관을 본떠 만든 상형 문자였다. 벨은 연구 끝에 1867년에 《보이는 음성 : 보편적 알파벳 체계의 과학(Visible Speech : The Science of Universal Alphabetics)》이라는 책을 간행하고 그의 문자를 세상에 소개했다. 즉 발음기관의 위치와 발음기관이 움직이는 모양을 그림으로 만들어 새로운 문자를 만든 것이었으니, 바로 세종대왕이 훈민정음을 만들 때의 생각과 똑같지 않은가? 포스 교수는 바로 이러한 점을 지적하였고, 맥콜리 교수는 포스의 주장이 옳다는 사실을 미국의 언어학회지인 《 언어 》지에 서평을 실어 밝힌 것이다.

- 역사 속으로 떠나는 우리말 여행 우리말의 수수께끼, 박영준 · 시정곤 · 정주리 · 최경봉 지음, 2004. 8. 3., 김영사, P. 274 ~ 279

'소리가 보인다.'는 무슨 의미일까? 소리는 귀에 들리는 것인데, 눈에 보인다는 뜻이다. '소리가 그림이다.'라는 뜻이다. 귀에 들리는 것은 보이지 않아 쉽게 잡히지 않지만, 눈에 보이는 것은 실체가 보이므로 쉽게 잡힐 것같이 느껴진다는 의미이다. 은유법적인 표현이다. 그러나 소리 또한 구체적인 실상이다. 다만 우리의 감각은 청각보다는 시각에서 더 잘 느낄 수 있기 때문에 일어나는 착시현상일 뿐이다. 어쨌든 보이는 소리란 은유적으로 표현한 최상급의 찬사 이상도 이하도 아니다. 소리와 의미를 별개로 보는 언어학적 시각을 전제로 하는 최상급의 찬사일 뿐이다. 그러나 그 뿐일까?

음악가는 소리를 악보에 그린다. 오선지의 악보에 콩나물 대가리로 소리를 그린다. 오선지는 현의 비율이다. 피타고라스가 현의 비율로 소리를 나타냈듯, 소리 또한 수학적으로는 수의 비율일 뿐이다. 화가는 물감으로 그림을 그린다. 색으로 그린다. 그림은 색의 비율이고 빛의 비율이다. 그림 역시 수학적으로는 수의 비율일 뿐이다. 음악가는 악보에서 소리를 듣고, 소리를 듣고 리듬을 그린다. 화가는 화선지에서 색을 보고, 색을 보고 빛을 노래한다. 그림에서 음악(소리)을 듣고, 음악에서 그림(문자)을 본다. 왜 그럴 수 있는가? 똑같이 수의 비율로 나타낼 수 있기 때문이다. 그 수의 비율이 곧 우리 마음의 비율이기 때문이다. 말(소리)도 문자도 똑같은 우리 마음이 흘러나온 것이다. 듣는 소리를 보는 문자로 그린 것이다. 음소(音素)가 문소(文素)이고, 뜻소(意素) 즉 마음의 씨앗이다. 그렇다면 어떻게 음소(音素)에서 뜻소(意素)를 알 수 있는가?

정인지(鄭麟趾)는 『훈민정음』 해례본 후서(後序)를 다음과 같은 문장으로 시작하고 있다. 有天地自然之聲이면 則必有天地自然之文이니라. 천지자연의 소리가 있으면 반드시 천지자연의 글이 있다. …… 三極之義와 二氣之妙가

186

莫不該括이라. 삼극(三極)의 의(義), 이기(二氣)의 묘(妙), 포함되지 않은 것이 없다.

천지인(天地人)의 삼극(三極)이 뜻하는 바도, 음양(陰陽)이라는 이기의 묘도, 〈정음〉은 모두 다 갖추고 있다. 즉 삼라만상의 모든 것을 〈정음〉이 지니고 있다고 밝히고 있는 것이다. 천지인으로 이루어진 형상화뿐만 아니라 그것이 음양으로 변해가는 과정까지 〈정음〉은 하나로 묶어 놓았다.

······ 無所用而不備하며 無所往而不達이니라. 사용해 갖추지 못하는 바가 없고 가 닿지 못하는 바가 없다. 이것을 사용하면 표기할 수 없는 것이 없고 미치지 않는 곳이 없다. 요컨대 삼라만상을 내 것으로 만들 수 있는 문자라는 것이다.

– 한글의 탄생 〈문자〉라는 기적, 노마 히데키 지음, 김진아 · 김기연 · 박수진 옮김, 2011. 10. 9., 돌베개, p. 247~251

한글은 ≪훈민정음≫「해례 제자해」에서 밝히고 있듯, 우리말의 모음과 자음은 하늘, 땅, 사람 등의 구성 요소와 그 운행 원리인 음양오행 사상을 바탕으로 만들어 진 것이다. 그러므로 정인지가 분명하게 단언하고 있는 것이다. 천지자연의 소리가 곧 천지자연의 글이고, 천지인의 뜻(義)과 음양의 묘(妙)가 포함되지 않은 것이 없으니, 갖추지 못할 바가 없고 미치지 못할 바가 없다고. 이는 천지자연의 소리를 천지자연의 글로 그린 것이 우리글이라는 뜻이다. 바꿔 말하면, 천지자연의 소리가 우리말이고 우리글이라는 뜻이다. 천지자연의 모든 소리는 그 주체의 마음이 울리는 것이다. 다만 우리가 아직은 그 마음을 읽지 못할 뿐이다.

우리말 우리글의 음소(音素)와 문소(文素/글소) 즉 뜻소(意素)는 '천 · 지 · 인' 삼극(三極)이라는 뜻이다. 한마디로 〈 우리 마음의 씨앗은 하늘 · 땅 · 사람이다. 〉로 요약된다. 컴퓨터가 음양의 이진법으로 작동되듯, 우리말 우리글은 하늘 땅 사람의 삼진법 체계로 작동된다는 뜻이다. 그것이 우리말 우리글의 음소이고 문소(글소)이며 뜻소이다. 이것이 바로 우리 마음의 씨앗이고, 이 씨앗이 울리는 것이다.

그러나 지금까지 '음소와 뜻소는 별개다.'라는 소쉬르의 시각으로 훈민정음을 바라보았다. 상황이 그러하니 훈민정음은 알파벳 이상도 이하도 아닌 음성부호로만 보이는 것이다. 본래부터 우리말은 천지자연의 원리에 따라 만들어진 말이다. 세종대왕이 그 원리를 꿰뚫고 그 원리대로 만든 것이 훈민정음이다. 뜻이 없는 알파벳이 아닌 하늘 땅 사람의 뜻이 있는 한글을 만든 것이다. 창조가 아닌 발견이다.

훈민정음 창제의 두 번째 부작용은 한글을 알파벳 곧 음성부호의 소리글자로만 국한시켰다는 것이다. 단순히 알파벳으로 고착화시켜 그 이상을 보지 못하게 했다는 의미이다. 더불어 우리말의 속살, 우리의 정체성 그 '신'의 마음까지 가리는 해악을 끼친 것이다.

훈민정음 창제의 부작용은 결국 상식으로 만든 한말글(한자)을 전문어로 바꿔 상식이 없는 사회를 만드는데 일조를 하고, 나아가 한글을 알파벳의 벽돌로 고착시켜 우리네 '신'의 마음을 가려 믿음이 없는 세상이 되는데 또한 일조를 했다는 의미이다. 어찌 그 해악이 가벼울 수 있겠는가? 천만다행으로 그 창제 원리 속에 우리의 마음만은 고이 담아 놓아 찾을 수 있는 계기가 된 것은 더 큰 복이 되어 돌아온 새옹지마가 되었다. 새옹지마가 다른 해악이 되지 않도록 경계하고, 그 동안의 부작용과 해악을 말끔히 닦아 바로 세워야 할 것이다.

06

한글
다시 보기

　처음의 우리말은 어떻게 만들었을까? 그 보편 원리는 무엇일까? 훈민정음 창제 원리를 되짚어보면, 한글은 우리말의 소리 또는 글말(한자음)의 소리, 나아가 천지 만물의 소리가 나는 원리에 따라 창제되었음을 밝히고 있다. 이는 또한 한글이 우리말의 원리라는 반증이다. 즉, 한글이 이루어지는 원리가 우리말이 만들어지는 원리라는 뜻이다. 그럼 소리의 원리는 무엇인가?

　우리는 소리를 어떻게 낼 수 있는가? 소리는 우리의 마음이 우러나며 목청을 때리는 울림이다. 마음의 울림은 숨(공기)를 매개물로 하여 파동이 만들어지고, 그 파동은 다시 사람의 귀청 곧 고막을 두드리며 마음이 공명되어 전달된다. 다시 소리를 내는 과정을 세분하면, 첫 번째 단계는, 횡격막이 수축하면서 허파 속의 공기가 밖으로 나오게 된다. 이때 목에 있는 성문(聲門)을 지나게 되는데, 성문에는 성대(聲帶)라는 한 쌍의 주름이 있다. 우리가 소리를 내면서 목에 대었을 때 진동을 느끼게 되는 바로 그 부분이 성대가 떨리고 있는 부분이다. 그럼 왜 그곳에서는 진동이 발생하게 될까?

우리는 지하철 플랫폼에서 전동차가 막 지나갈 때, 플랫폼 쪽에서부터 철로 방향으로의 힘을 느끼게 되는데, 이것은 베르누이의 정리 때문에 발생하는 일이다. 사람의 성문에서도 그런 현상이 발생한다. 공기가 성문을 지나게 될 때 그 부분의 압력이 낮아지고, 힘은 압력이 높은 곳에서 낮은 곳으로 향하므로 그 결과 양옆에 있는 성대들이 서로 부딪히게 된다. 성문에서 발생하는 이러한 사건들은 사람의 목소리에 어떤 영향을 주는 것일까? 바로 음의 높낮이(pitch)를 결정하게 된다. 우리가 공기를 빠르게 보내면 압력이 더 낮아지고, 성대들이 서로 부딪히는 속도는 빨라지며 음의 높이는 높아지게 된다.

그렇다면 실제 '아', '어'와 같은 소리의 언어적 정보는 어디에서 만들어지는가? 성대에서 입술과 콧구멍까지의 통로를 성도(聲道)라고 부르는데 바로 이 성도를 지나면서 여러 가지 음이 만들어지게 된다. 성도의 상태, 즉 입을 크게 벌렸는지 작게 벌렸는지, 혀끝이 윗잇몸에 붙었는지 아닌지와 같은 여러 가지 상태에 따라서 다양한 소리가 나오게 된다. (네이버 지식백과 〈원리 사전〉 음성인식의 원리 '사람이 소리를 내는 원리' 중에서, 글 이상호, 2011. 3. 24.)

전동차가 우리의 마음이고, 마음이 지나면서 주변에 울리며 그리는 소리가 말이고 글이다. 사람이 내는 소리는 사람 맘이 울리는 것이듯, 개소리는 개의 마음이 울리는 소리이다. 하늘에서 울리는 소리는 하늘의 마음이고, 땅에서 울리는 소리는 땅의 마음이다. 당연히 사람이 내는 소리는 우리 사람의 마음이다. 자연의 모든 소리들이 그러하다. 다만 우리가 아직은 그 마음을 읽지 못하고 있을 뿐이다. 그럼 소리에 마음이 담기는 원리는 무엇일까? 그 원리를 알면 그 마음을 읽을 수 있지 않겠는가?

우리 사람 또는 만물은 천지인이 하나로 발현된 존재이다. 인중천지일(人中天地一)이다. 그렇기 때문에 사람이 소리를 내는 원리는 또한 천지인의 마음작용이고, 그 작용에 따라 마음이 담기며 울림으로 나타난다는 뜻이다. 하늘은 무엇인가? 세상이 처음 열리는 시간이다. 소리가 처음 일어나는 시간의 울림이다. 땅은 무엇인가? 하늘이 연(펼친) 공간이다. 공간의 울림이다. 사람은 누구인가? 시공이 교차되며 솟아난 사이 존재이다. 그래서 사람의 울림은 시공이 함께 부딪치며 울린다. 즉, 천지(시공) 사이에 우리 사람의 마음을 담은 울림이다.

말소리가 형성되어 나오는 과정을 되돌아보면, 처음에 목구멍으로 나와 입 안에 머물면서 혀 놀림에 의해 여러 소리가 만들어지며 입술을 지나 쏟아져 나온다. 즉 말소리는 목구멍과 혀 그리고 입술의 세 가지 작용에 의해서 만들어 지는 것이다. 목구멍이 천(天)이고 혀가 인(人)이며 입술이 지(地)이다. 입 안이 곧 우주인 것이다. 입 안[아기집]에서 다 자란 다음 새로운 세상, 입 밖으로 다시 태어나는 것이 바로 말소리이다.

따라서 우리가 소리를 내는 보편적인 원리를 다시 천지인으로 세분하고 서로의 음양작용에 따라 나타나는 원리가 우리말의 소리 원리이다. 우리가 잉태되어 태어나듯, 천지창조가 일어나듯, 소리 또한 우주 보편 원리에 견주어 그 작용 그대로 나타냈다는 뜻이다. 즉, 성대는 블랙홀에 대응되고, 입 안은 웜 홀이며, 입의 문(구멍)이 화이트홀이다. 전체적으로 블랙홀이 천(天)이고, 웜 홀이 지(地)이며, 화이트홀이 인(人)이다. 다시 블랙홀의 허공 곧 성대의 허공이 천(天)이고, 블랙홀의 표면 곧 성대의 겉면은 공간의 지(地)이며 숨이 마음으로 이곳에서 마음이 일어나 천(天) 지(地) 인(人)이 잉태되어 소리(울림)가 생성되는 곳(블랙홀)이다. 즉, 천(天) 속에 다시 천지인이 있고, 지(地) 속에도 천지인이 함께 있으며, 인(人) 속 또한 마찬가지이다.

입 안의 벽(천장)과 입술 표면 공간은 지(地)이고, 목젖, 혀와 이는 인(人)이며, 허공이 천(天)이다. 이곳에서 모음과 자음이 태어나 그 뜻(마음)이 담기고, 서로 하나 되어 말소리가 잉태되며 자라는 웜홀이다. 입술 사이의 허공이 화이트홀이고, 입술이 화이트홀의 괄약근이다. 이곳에서 다 자란 말소리가 태어나는 것이다. 말소리는 화살처럼 날아가는 'ㅡ'의 모습이고 이는 모음의 상징이다. 그리고 물결이 일듯 파동이 물결치는 'ㅇ'의 모습이며 이는 자음의 상징이다. 'ㅡ'과 'ㅇ'으로 우리말 한글 자형의 모습을 이루는 이유이다. 한글은 이 같은 소리의 모습을 그린 것이다.

씨앗(마음)이 땅(공간/地)에 심겨 시간(天/하늘)이 지나 싹(人/사람)으로 돋아나듯, 소리(마음) 또한 천지인으로 태어난다. 그리고 소리는 모음(母音)과 자음(子音)으로 나뉜다. 천지인이 소리를 낳듯, 천지인이 모음을 낳고, 천지인이 자음도 낳는다. 소리를 낳는 천지인 각각의 마음 모습은 'ㅣ(天)' · 'ㅡ(地)' · 'ㆍ(人)' 이다. 훈민정음에서는 'ㆍ'이 천(天)의 의미로 쓰이고 있지만, 천부경의 천지인 사상으로 보면 인(人)의 의미가 보다 합리적이다. 상식적으로 보아도 천지의 기운은 서로 상대적이다. 'ㆍ(천)'과 'ㅡ(지)'의 관계 보다 'ㅣ(천)'과 'ㅡ(지)'가 서로 보다 상대적이다. 따로따로 비교하면 별 차이 없이 서로가 상대적 개념으로 보일 수 있지만, 셋을 함께 놓고 보면 보다 명확히 비교되기 때문이다.

태초에 처음 하늘이 열리는 것도 하나의 점(ㆍ)일 것이고, 땅도 사람도 그러하다. 하늘은 시간이고, 시간은 더해지며 솟아오르는 덧셈 법칙의 작용이다. 그렇기 때문에 그 모습 그대로 'ㅣ'이 천(天)이 된다. 땅은 공간이고, 공간은 곱해지며 퍼져나가는 곱셈 법칙의 작용이다. 그렇기 때문에 그 퍼져나가는 그 모습 그대로 'ㅡ'이 지(地)가 된다. 사람은 천지간의 사이존재이다. 하늘 기운(ㅣ)과 땅의 기운(ㅡ)이 만나 크로스(+)되는 한 점의 찰나(ㆍ)에 사람이 태어난다. 내가 태어나는 그 순간의 하늘과 땅 기운이 나의 천명(소명)이다. 사주팔자의 논리적 근거이고, 합방(合房)의 일(날)을 정하는 이치이기도 하다. 나아가 우리의 모든 택일(擇日)의 논리이다. 따라서 천지가 만나 낳은 찰나 그 모습 그대로 'ㆍ'가 인(人)이 되어야 마땅하다. 천부경 '천일일(天一一) 지일이(地一二) 인일삼(人一三)'의 뜻과 같다.

모음(母音)은 소리를 낳는 어머니 소리이다. 소리는 파동, 즉 울림이 없이는 일어나지 않는다. 울림을 낳는 소리의 어머니이다. 그래서 모음이다. 모음을 낳는 천지인은 〈ㅣㆍㅡㆍㆍ〉이다. 천지인의 작용으로 다양한 모음들이 생성된다. 어머니(부모)의 뜻은 자식에게 있다. 모든 것을 자식에게 물려주며 자식은 또한 부모 자신의 미래이기 때문이다. 그래서 모음은 자식의 뜻에 크게 좌우된다. 우리말 모음의 변이가 심한 이유이기도 하다. 그렇다고 전혀 뜻이 없는 것이 아니라 뒤에 숨어 있다. 알게 모르게 자식을 돌보듯, 항상 곁에서 숨어 지켜보고 있다. 우리말 모음에서는 뜻보다 어감의 느낌이 보다 더 크게 느껴지는 이유이다. 그리고 자음은 모음 없이는 울릴 수 없기 때문이기도 하다. 그래서 자음(子音)이다. 자음은 모음의 뜻(마음)이 담긴 소리의 자식이다. 즉, 뜻은 자음으로 발현된다. 자음 또한 천지인의 작용으로 다양하게 생성된다.

07

우리말의
소리 원리

한글 모음은 ' ㅣ (天) ' · ' ㅡ (地) ' · ' ㅣ(人) ' 곧 ' ㅣ (天) '에는 하늘의 기운(마음)을, ' ㅡ (地) ' 에는 땅의 기운(마음)을 그리고 ' ㅣ(人) '에는 사람의 기운(마음)을 담아 서로 어우러져 다른 많은 모음을 만들어 낸다. 천지인 서로의 기운이 어우러져(비율을 이루어) 새로운 소리와 기운(마음)을 만들어 낸다는 뜻이다. ' ㅣ (天) '은 입 안의 허공과 입술 사이의 허공이고, ' ㅡ (地)'는 입 안의 천장과 입술이며, ' ㅣ(人)'은 혀와 이(치아)이다. 그리고 모음은 뜻이 잉태되어 숨어있다. 그 뜻은 자식 곧 인(人)인 혀의 위치에 숨어 있다. 그렇기 때문에 모음은 미세한 혀의 움직임 보다는 입술의 모양에 크게 좌우되어 나타나는 까닭이다. 그 어우러지는 조합은 어떻게 무슨 원리로 이루어지는 것인가?

모음(母音) 곧 부모의 관계는 서로 '무(無)[0] 촌 관계'이다. 서로 헤어지면 남남인 대등(평등)한 사이이다. 그래서 모음은 서로 붙지 않고 서로 조금 떨어져(경계를 이루며) 동등하게 가운데에서 결합된다. 그리고 '

ㅣ(天)'을 기준으로 좌우 또는 안팎으로 'ㆍ(人)'이 자리하는 것이 'ㅓ'와 'ㅏ'이고, 'ㅡ(地)'를 중심으로 아래와 위 달리 안과 밖에 위치하는 것이 'ㅜ'와 'ㅗ'이며, 나아가 'ㅕ''ㅑ'와 'ㅠ''ㅛ'이다. 그밖에 '에/예, 애/얘, 의/외/위' 등으로 조합될 수 있다. 'ㆍ(人)'은 혀며 그 위치이다. 그렇기 때문에 'ㅓ'는 혀뿌리에서 나고, 'ㅏ'는 혀끝에서 나온다. 'ㅜ'는 혀의 중간 밑에서 나고, 'ㅗ'는 혀의 가운데 위에서 나온다. 그 밖의 다른 모음도 그와 같은 이치이다. 좌우, 위아래, 안팎은 음양이고, 음양의 흐름 곧 시간적 변화와 음양의 위치 곧 공간적 변화에 따라 조합되며 모음이 생성된다. 즉, 천지인 각각의 기준에 따라 음양의 원리로 서로 조합된다는 뜻이다.

모음은 목구멍(천)으로부터 혀(인)의 위치와 움직임을 거쳐 입술(지) 모양에 따라 구별되어 나타난다. 'ㅏ'음은 혀가 앞으로 나오며 입술이 크고 동그랗게 벌어져 나는 소리이고, 'ㅓ'음은 혀가 뒤로 들어 가며 입술이 옆으로 타원형을 이루며 나는 소리이다. 그리고 'ㅑ'와 'ㅕ'음도 마찬가지로 똑같은 상태에서 혀의 움직임을 보다 크게 하여 나는 소리이다. 'ㅗ'음은 혀가 위로 조금 부풀어 오르듯 하고 입술이 동그랗게 오므려 지며 나는 소리이고, 'ㅜ'음은 혀가 아래로 조금 잠기 듯하고 입술이 타원형으로 오므려 지며 나는 소리이다. 같은 상태에서 'ㅛ'와 'ㅠ'는 혀가 좀 더 크게 움직이며 나는 소리이다. 모음 또한 눈에 보이는 소리이다. 입 안의 현상을 상징한 소리이기 때문이다.

자음(子音) 곧 자식들의 관계는 서로 '1(一) 촌 관계'이다. 부모와 자식 간에도 마찬가지이다. 서로 떨어질 수 없는 관계이다. 그리고 서로 순서가 정해진 차등의 불평등 관계이다. 그래서 서로 순서에 따라 긴밀하게 붙어서 결합된다. 자음도 천지인이 낳는다. 그 자음의 조합 원리는 무엇인가? 자음은 천지 음양의 자식(人)인 음양이 낳은 사상(四

象)이 있으며 그 사상(四象)으로서 자음 'ㄱ(태음) · ㄴ(태양) · ㄷ(소음) · ㄹ(소양)'이 그것이다. 즉, 'ㅡ (地/음)' 기운이 'ㅣ (天/양)' 기운을 앞(위)에서 이끄는 것이 태음(太陰)으로 'ㄱ'을 이루고, 정반대인 'ㄴ'이 태양(太陽)을 이룬다. 우리말 '고마'가 태음신을, '니마'가 태양신을 나타내는(뜻하는) 이유이다. 그리고 태음 ㅋ[ㄱ]의 안에서 밖으로 양(ㅣ)[ㄴ]의 기운이 움트는 것이 소양(少陽)으로 'ㄹ' 이 되고, 태양 ㄴ에서 위로 음(ㅡ)의 기운이 싹트는 것이 소음(少陰)으로 'ㄷ'이 된다. 'ㄷ'과 'ㄹ'이 주로 움직임 곧 동태(動態)를 나타내는 까닭이다. 반대로 'ㄱ'과 'ㄴ'이 주로 정태(靜態) 곧 현상(現象)을 나타내고, 더불어 'ㄴ'(태양)과 'ㄹ'(소양)이 서로 호환되기도 하는 이유는 곧 그 의미 동화 현상 때문이다. 그러면 'ㅋ'과 'ㅌ'은 무엇인가?

'ㅋ'은 태음 'ㄱ' 안에 'ㆍ(人)'이 잉태된 현상이다. 'ㆍ(人)'은 천지의 산물(産物)이므로 음(陰)과 양(陽)으로 나타나고, 양(陽)은 또한 천(天)이며, 음(陰)은 또한 지(地)이다. 그렇기 때문에 인(人) 중에 천지(天地)가 함께 하나이다. 곧 인중천지일(人中天地一)의 비롯됨이다. 'ㅋ'은 태음의 자궁에 사람이 잉태되어 자라남을 뜻한다. 그래서 '커지고, 크는'등의 뜻을 담고 있는 것이다. 'ㅌ'은 소음 'ㄷ' 안에 'ㆍ(人)'이 들어가고 뚫고 비집고 나오는 현상들이다. 곧 안으로 '타고/틀고' 들어가고, 밖으로 '트고/터져(터트려)' 나오는 등의 뜻이 담겨 있는 까닭이다. 따라서 'ㅋ'은 태음 'ㄱ'이 'ㆍ(人)'의 천(天) 곧 양(陽)을 잉태하여 소양(少陽)으로 되는 사상(四象)의 발단을 암시하고, 'ㅌ'은 소음 'ㄷ' 안에 'ㆍ(人)'의 지(地) 곧 음(陰)이 들어가고, 천(天) 곧 양(陽)이 나오며 사상이 팔괘를 낳는 이치를 시사(示唆) 하고 있는 자음이다. 즉, ㄱ ㄴ ㄷ ㄹ ㅋ ㅌ 등의 일단(一端)은 음양(陰陽) 사상(四象) 팔괘(八卦) 역(易)의 원리를 나타내고, 나아가 64괘 384효의 근간이 되는 원리로서 그 뜻 또한 담고 있는 자음이다.

'ㄱ'은 혀 모양이 'ㄱ' 모양으로 되며 목구멍 근처 어금니에서 나는 소리이고, 'ㅋ'은 혀 모양이 보다 크게 부풀어 올라 'ㅋ'모양을 이루며 나는 소리이다. 'ㄴ'은 혀끝이 윗니에 닿으며 'ㄴ'모양이 되면서 나는 소리이다. 'ㄷ'은 혀끝이 위 잇몸에 닿으며 'ㄷ'모양을 만들며 나는 소리이고, 'ㅌ'은 혀가 보다 더 부풀어져 'ㅌ'모양을 이루며 나는 소리이다. 'ㄹ'은 혀끝이 입 안으로 감겨지다 다시 밖으로 펴지며 'ㄹ' 모양을 이루는 소리[r]와 혀끝이 입천장에 닿으며 'ㄹ' 모양을 만들어 나는 소리 [l]가 있다.

자음의 다른 일단(一端)은 천지인의 자식으로 나타나는 원(圓)방(方)각(角)이 있으며, 그 원방각 원리로써 자음 'ㅇ(천) · ㅁ(지) · ㅅ(반치음/인)'이 만들어졌다.(*) 그리고 그 각각이 기준이 되어 음양으로 나타나는 자음 곧 천(ㅇ)의 음양으로서 '꼭지 이응/여린 이응/ㆆ'이 있고, ㅁ(지)의 음양으로서 'ㅂ/ㅍ'이 있으며, ㅅ(반치음/인)의 음양으로서 'ㅈ/ㅊ' 등이 있다.

한 점 'ㆍ(人)'이 태어나 구르며 자라고 팽창되면 원(圓) 곧 동그라미가 된다. 하늘은 돈다. 돌면 동그라미가 되므로 하늘은 원(員)이다. 'ㆍ(사람)'이 'ㅇ(하늘)'이 되는 것이다. 이 또한 인내천(人乃天) 사상의 발로(發露)이고 말미암아 일어남이다. 인내천(人乃天)사상은 사람의 존재가치로서 존엄성뿐만 아니라 나아가 우리 사람의 존재이유로서 합목적성(合目的性) 곧 된 사람(하늘사람)으로 자라 하늘나라에 가는 것 〈하나님되기〉임을 함께 나타내는 의미를 가진다. 더불어 천지인이 또한 순환(동그라미)의 고리를 이루는 원리가 된다. 윤회(輪廻) 사상의 비롯됨이기도 하다.

굴리며 돌아가는 모든 것은 시간이 시키는 일이다. 그래서 원(員)이 하늘이 되고, 하늘은 도는 것이다. 마찬가지로 사방이 공간을 이루고, 공간은 위치와 방위를 가지며 팽창하고 수축하기 때문에 방(方)이 지(地) 곧 땅이 되는 이유이다. 사람은 하늘 곧 원이 땅 곧 방을, 다시 말해 시간이 공간을 굴리며 각으로 비틀어 짜내며 낳은 자식이다. 그래서 각이 사람인 까닭이다. 곡(曲) 곧 구름(굴림)의 이상이 원, 그 동그라미이고, 방(方)의 이상이 그 정사각형이며, 각(角)의 이상이 그 정삼각형이다. 그러므로 천지인을 원방각(ㅇ·ㅁ·△)으로 나타내는 까닭이다.

원(圓)의 天인 'ㅇ' 계열(ㅇ, ㅎ)은 목구멍(天) 소리이고, 방(方)의 地인 'ㅁ' 계열(ㅁ, ㅂ, ㅍ)은 입술(地) 소리이며, 각(角)의 人인 '△(ㅅ)' 계열(ㅅ, ㅈ, ㅊ)은 혀(人) 소리이다. 목구멍은 원(圓) 모양을 이루고, 입술은 방(方)이며, 혀는 각(角) 모양을 이룬다. 'ㅅ'은 혀 끝이 아랫니에 닿으며 혀 전체가 'ㅅ'모양을 만들고, 'ㅈ'은 'ㅅ'이 입천장에 닿으며 'ㅈ' 모양을 이루며, 그 모양에서 더 강하게 바람(ㅣ)이 더해지며 'ㅊ'모양을 상징한다.

원방각이 순환 고리를 이루며 돌아가는 것이 오행(五行)의 비롯됨이다. 즉, 원방각 천지인 각각이 음(陰)의 상극과 양(陽)의 상생으로 순환하며 나타나는 것이 오행이다. 따라서 우리말은 음양오행의 우주 원리에 따라 나타나는 천지만물의 뜻을 담아 만들어 졌다는 뜻이다. 어찌 한글이 단순한 음성부호만의 알파벳일 수 있겠는가? 그러나 훈민정음은 ㄱ ㄴ ㅁ ㅅ ㅇ 〈아(牙)/설(舌)/순(脣)/치(齒)/후(喉)〉의 기본 오음(五音)을 오행(木火土金水)에 다소 자의적으로 배합시켰다고 볼 수 있다. 오행(五行)이란 서로간의 유기적 운행법칙이기 때문이다. 즉, 기본 오음(五音)은 서로간의 유기적인 관계가 아닌 서로 개별적인 독립체이다. 그렇기 때문에 개별적 독립관계를 유기적 상관(相關) 관계로 자의적 강제가 이루어지면서 우리말 소리에 담긴 마음의 뜻이 가려지고,

소리만 부각되어 단순히 소리의 원리로만 인식된 면이 있었다.

한글은 기본 오음(五音) 'ㄱ ㄴ ㅁ ㅅ ㅇ'의 발음기관을 본뜬 상형(象形) 원리에 의한 글자와 그 기본 오음에 획을 더해가는 가획(加畫) 원리에 의한 글자로 나눠짐은 이미 알려져 있는 사실이다. 그리고 'ㄱ ㄴ'은 음양의 상형 원리에 의한 자형이고, 'ㅁ ㅅ ㅇ'은 천지인 원방각의 상형 원리에 의한 자형이다. 그렇기 때문에 상형의 기본 오음은 태생적으로 서로 다른 원리에 입각한 독립적인 관계이다. 반면에 가획의 원리는 획이 더해지며 유기적으로 변해가는 상관관계에 의한 글자이다. 즉, 음양오행의 운행법칙에 의한 자형이다. 다시 말하면, 가획에 의한 원리가 음양오행의 원리라는 뜻이다. 'ㄱ ㄴ'이 음양의 상형 원리이듯, 그 가획 원리는 음양의 원리 곧 사상(四象)과 팔괘(八卦)의 역(易) 원리를 나타내고, 'ㅁ ㅅ ㅇ'은 원방각의 상형 원리이듯, 그 가획 원리가 오행 원리를 나타낸다. 덧붙여 가획 원리에 의한 글자 또한 혀와 이 그리고 입술 등 입 안에서 소리를 이루는 현상 그 모양의 상징적 상형이기도 하다. 눈에 보이는 소리의 원리이다. 즉 가획되는 원리 또한 기본 오음에 입 천장이나 바람세기 등이 음양과 오행으로 덧붙여지는 현상의 상징을 나타낸 모습이기 때문이다. 예를 들면 'ㅈ'은 'ㅅ'의 혀모양이 입천장의 'ㅡ(지)'모습이 덧붙여지며(가획되며) 나는 소리로 그 현상의 모습 곧 그 상형과 다름없다. 그렇다면 음양과 오행은 무엇이며 그 차이는 어떤 것인가?

음양론은 서로 대칭의 관계이며 짝의 개념이다. 서로 한 몸임을 전제로 구별되는 원리이다. 천지의 다른 이름이다. 아울러 天 속에도 地가 있고 地 속에도 天이 함께 존재하는 관계를 말한다. 오행론은 음양과 천지인이 결합된 이론에 불과하다. 천과 지를 기준으로 인이 서로 대칭으로 만들어 지는 우리의 모음 원리와 동일하다. 음양오행론은 처음에는 구분 짓던 음양과 오행을 서로 모아 하나의 개념으로 통합한 것에 불과하다. 天(ㅣ)에 地(ㅡ)와 人(ㆍ)을 음양으로 머금고, 地(ㅡ)에 人(ㆍ)과 天(ㅣ)이 음양으로 존재하며, 人(ㆍ)에 天(ㅣ)과 地(ㅡ)가 음양으로 나타나는 원리이다. 천지인 속에 이미 음양과 오행이 함축되어 있다. 천지인이 축소되어 나타나는 것이 음양이요 확대되어 나타나는 것이 오행이다. 그렇기 때문에 음양과 오행만으론 불완전하므로 천지인을 중심으로 통합되어 나타나는 것이 음양오행론이 되는 이치이다. 이와 같이 오행은 음양을 상생상극의 관점에서 새롭게 확대하여 본 시각에 불과하다. 상생상극으로 모순 없는 순환구조의 관계를 그에 상응하는 자연물에서 취한 것이 금수목화토(金水木火土)이다. 천지인 관계는 가위바위보의 관계처럼 서로 (밀어 주는) 상생과 상극이 한 몸인 관계를 나타내지만 오행은 상생과 상극이 음양으로 분리된 관계이다.

따라서 음양은 천지 양의(兩儀)의 작용 원리이고, 오행은 천지인의 작용 원리이다. 즉, 음양은 기준이 없는 천지 곧 시공의 원리이고, 오행은 천지가 인을 기준으로 운행되는 곧 인을 통해 천지가 발현되는 천지인의 원리이다. 다시 말해 음양은 수 2 곧 지(地/공간)의 원리이고, 오행은 수 3 곧 인(人)이 상생과 상극의 음양(천지) 작용을 하는 원리이다. 상생의 양(陽)과 상극의 음(陰)이 순환하는 과정을 다섯 단계로 나누어 운행되는[오운(五運)] 법칙이고, 인(人)에 시간의 법칙이 작용하는 원리이며, 십간(천간)의 비롯됨이다. 덧붙여 인(人)에 공간의 법칙이 작용하는 원리가 육기(六氣)이고, 십이지(지지)의 비롯됨이다. 따라서 우리말은 기본 오음에 나타나는 천지 음양의 양의(兩儀)와 천지인 원방각의 삼위(三位)가 드러내는 마음이 사상(四象)과 오행(五行)으로 그 뜻을 확장하여 나타내는 원리이다.

08

우리말의 뜻
원리

부모의 존재이유는 무엇인가? 부모는 자식을 낳아 기르고 가르치며 독립(분가)시키는 존재이다. 우리의 존재이유는 무엇인가? 우리는 되어가는 존재이다. 그럼 우리의 존재이유는 된 사람이 되는 것이다. 된 사람은 누구인가? 큰 사람이고, 하늘사람이다. 곧 하늘을 아는 사람이고, 나아가 하나님이다. 그렇기 때문에 우리의 존재이유는 하늘을 아는(깨닫는) 것이고, 하나님(부처님 / 된, 큰 사람 / 해탈)이 되는 것이다. 그 길은 끝이 보이지 않는 길이다. 그래서 그 길을 가기 위해 우리는 대(代)를 잇는 것이다. 따라서 부모의 존재이유는 그 뜻을 자식에게 가르치며 잇게 하는 것이다. 자식의 미래가 또한 자신의 미래가 되기 때문이다. 부모의 뜻은 그렇게 자식에게 잉태되는 것이다.

우리말 모음은 부모처럼 그 뜻을 자음에 잉태시키고, 뒤에서 곁에서 항상 지켜주고 있는 존재이다. 모음의 뜻은 숨겨져 있고, 자음에 좌우되어 나타나는 이유이다. 'ㅣ(天)'은 시간의 중심이 되어 'ㅓ'와 'ㅏ'

의 시간적 위계를 구분 짓고, 'ㅡ(地)'은 공간의 중심이 되어 'ㅜ'와 'ㅗ'의 공간적 위계를 경계(境界) 지으며, 그 기본적인 뜻을 분명히 나타내는 존재이다. 우리말 '어제' '이제(오늘)' '아제(내일)'이 나타내는 의미에서도 그 발단(發端)을 볼 수 있다. 즉 'ㅣ(천/시간)'을 기준으로 'ㆍ(인)'이 좌(왼쪽)에서 우(오른쪽)으로 움직이며 시간의 현상과 흐름을 나타내고 있지 않은가? '얼'이 '알'이 되고 다시 '얼'로 이어지는 시간의 순환 또한 마찬가지이다. '〈어〉 다르고 〈아〉 다르다'는 속담의 근원이라 하는 이유이다. 더불어 'ㅡ(지/공간)'을 기준으로 'ㆍ(인)'이 밑에서 위로 위치하며 공간의 위치(ㅜ)와 흐름(ㅗ)을 나타내는 이치이기도 하다. 즉 우리(ㆍ)는 공간의 속 그 밑(ㅜ)에 위치(존재)하며, 공간 위(ㅗ) 곧 하늘로 오르려는 존재를 나타낸다. 점차 혼용되면서, 다시 말하면, 자식의 어리광을 어르고 달래며 때로는 받아 주면서 그 의미 또한 숨겨지며 모호해 진 것으로 볼 수 있다. 그리고 모음 역시 가획되며 확장되듯, 그 뜻 또한 축약되며 숨겨지는 원리로 나타난다.

우리말 모음은 말소리의 중성을 이룬다. 부모처럼 자식(자음)들의 중심(구심점)이 되기 때문이다. 나아가 우리말 초성 중성 종성의 합자 원리 또한 천지인의 원리이다. 즉, 초성이 천이고, 중성이 지이며, 종성이 인이다. 다시 말해 초성의 하늘 뜻을 중성의 땅에 심어(잉태하여) 종성의 사람 뜻으로 싹 틔우는 존재이유를 나타낸다. 삼행시(시조) 짓기의 비롯됨이다. 덧붙여 종성부용초성(終聲復用初聲)의 원리는 인내천(人乃天)사상의 비롯됨이다. 하늘의 뜻은 사람에 있고, 사람의 뜻은 하늘에 있다는 원리이다.

자식의 존재이유는 무엇인가? 자식은 부모의 뜻이 잉태되어 태어난 존재이다. 부모의 뜻은 무엇인가? 하늘의 뜻이고, 하늘사람 곧 큰(된) 사람이 되는데 있다. 즉, 자식의 존재이유는 부모의 뜻을 이어 받아 그 뜻을 이루는 것이다. 이것이 또한 효(孝)의 근본이다. 곧 부모가 이루지 못한 뜻을 넘어 그 이상을 이루며 또 다시 후대에게 이어 주는 것이다.

우리말 자음은 자식처럼 부모의 뜻 곧 하늘의 뜻을 받아 태어난 존재이다. 'ㄱ ㄴ'은 양의(兩儀)가 낳은 사상(四象)의 태음(太陰)과 태양(太陽)의 뜻으로 태어났다. 음양은 상대적 개념이다. 주와 객의 관점으로 보면, 주(主)가 중심이 되는 태양(太陽)이 되고, 객(客)이 주변이 되는 태음(太陰)이 된다. 태음은 음(陰)이 가장 왕성하게 드러나는 단계로서 음(ㅡ)이 극점에 달해 양(ㅣ)이 꼬리를 물며 움트기 직전의 형상(ㄱ)을 상형한 모습이다. 그렇기 때문에 태음은 '가(우물가, 냇가 등)/ 겉/ 껍질/ 거짓/ 가지/ 가죽' 등에서 보듯, 중심의 주변 곧 가장자리를 나타내는 말들이 된다. 마찬가지로 '그것(이)/ 거기' 등에서 보듯, 중심에서 떨어진 존재를 가리키는 뜻을 나타낸다.

반면에 태양은 태음과 반대로 양(ㅣ)이 극점에 달해 음(ㅡ)이 양의 꼬리를 물고 태동하기 직전의 형상(ㄴ)을 상형한 형태이다. 그렇기 때문에 '나(오)다/낳다' 등에서 보듯, 중심으로 나오고, 중심에서 낳는 뜻을 나타낸다. 또한 '나(너)/ 님(니마)' 등에서 보듯, 중심을 뜻하고, 그 중심의 주체인 태양신의 뜻을 지닌다. 마찬가지로 태양(太陽/ㄴ)은 '노엽다/ 노래/ 눕다' 등에서 보듯, 태양신(ㄴ)이 솟아오르는(ㅗ) 뜻을, 태양신(마음)이 솟아오르는 이(소리)의 뜻을, 태양신(나)이 밑에 붙어있는(눕) 뜻을 머금고 있는 원리이다.

'ㄷ ㄹ'은 사상(四象)의 소음(少陰)과 소양(少陽)이다. 'ㄷ(少陰)'은 태양(太陽/ㄴ)에 가획되는 원리 그대로, 음(ㅡ)의 싹이 꿈틀대는 태양(ㄴ)에 왕성한(젊은/少) 음(ㅡ)이 더해지는 사상 원리로서 소음(少陰)의 뜻을 나타낸다. 즉, 소음이란 음(陰)이 생장하기 시작하는 단계이다. 그렇기

203

때문에 확장의 상태에서는 '닿다(다다르다)/ 돋다/ 돌리다/다르다' 등에서 보듯, 중심에서 주변으로 움직이며 나가는 마음(뜻)을 나타낸다. 반대로 수축의 상태에서는 '들다(들어가다)/ 뚫다' 등의 상대적 의미를 나타낸다. 그래서 다르게 되었다(다르다)는 뜻도 유추될 수 있다.

'ㄹ(少陽)'은 반대로 양(ㅣ)의 싹이 움트는 태음(太陰/ㄱ)에 왕성한(젊은/少) 양(ㄴ)이 더해지는 사상원리로서 소양(少陽)의 뜻을 나타낸다. 즉, 소양이란 음(陰) 안에 있던 양(陽)이 비로소 표출하는 단계를 말하며, 이체자가 아닌 가획 원리로서 태음(ㄱ)에 양(ㄴ)이 더해져 바람개비가 휘돌리는 역 S 자 모양의 태극처럼 양(陽)이 표출되는 뜻을 나타낸다고 볼 수 있다. 그리고 'ㄹ' 음(音)이 [R]과 [L]로 나타나듯, 혀의 모양 또한 휘말려 'ㄹ'의 모양을 이룬다. 따라서 역동적인 운동성을 나타내고, 더불어 'ㄴ'(태양)과 'ㄹ'(소양)이 서로 호환되기도 하는 이유 곧 그 의미 동화 현상이다. 'ㄷ'과 'ㄹ'이 주로 움직임 곧 동태(動態)를 나타내고, 반대로 'ㄱ'과 'ㄴ'이 주로 정태(靜態) 곧 현상(現象)을 나타내는 까닭이다. 그리고 'ㅋ'과 'ㅌ'은 이미 살펴본 것처럼 사상과 팔괘의 역(易)을 암시하며 그 뜻을 머금고 있다.

자음 'ㅁ'은 입술을 모아 벌리면서 나는 입술소리이고, 그 모양을 상형한 자형이다. 입술은 지(地)를 나타내고, 그 사이의 허공은 천(天)을 의미한다. 입술을 모음은 천 곧 하늘을 모으고 담는 뜻이고, 입술을 벌림은 지 곧 땅을 벌리는(넓히는) 뜻이다. 그렇기 때문에 천지가 모여 사방을 이루어 모으고 담는 공간의 뜻을 나타낸다. 'ㅁ(방/方)'이 땅이 되는 이유이다. 즉, 방(方)의 자음 'ㅁ'은 하늘과 땅이 모인 형상으로 공간에 '모으(이)는', '만나는', 공간이 '메워지는', '막는', '미끄러지는' 등 땅(공간)의 뜻을 가진다. 공간의 이동 등 시간(하늘) 개념도 나타나는 것은 방(方/ㅁ)이 천지가 모여 사방의 공간을 나타내기 때문이다. 다시 말해 하늘을 품고(감싸고/지고) 있는 땅을 나타내기 때문이다. '해를 품은 달(해품달)'의 의미이다.

자음 'ㅂ'은 'ㅁ(지)' 위에 천(ㅣ)의 마음이 좌우에 더해지는 형상의 가획 원리로 입술소리 'ㅁ'에 바람 세기가 더해진 소리이다. 기운이 좌우에 더해진 이유는 그 기운이 서로 주고받는 상대성 원리를 띠기 때문이다. 그리하여 '빛'이 '비추고', '받는', '바람'이 '불고', 하늘에서 떨어지는 '비', 두 다리 곧 공간을 '벌리는', 어떤 것을 '버리는' 등 'ㅁ' 곧 공간(땅)에 하늘(천)의 음양 상대성 의미가 더해진 뜻을 나타낸다. 상대성은 상생의 양(陽)과 상극의 음(陰)이 작용하는 오행 원리이다.

자음 'ㅍ'도 마찬가지로 'ㅁ'에 사방으로 인(·)의 마음이 더해진(가획된) 형태이며 상대적으로 바람세기가 'ㅂ' 보다 더해진 소리이다. 인의 기운이 사방에 더해진 이유는 만물(인)이 공간(ㅁ)에서 사방으로 '퍼지는' 기운(뜻) 또는 안으로 '파이는' 기운의 상대성을 나타내기 때문이다. 'ㅂ'과 'ㅍ' 역시 서로 애매한 경우가 종종 있고 서로 호환되기도 한다. 의미와 소리의 강약이 모호해 졌기 때문이다. '팔'은 원래 '발'과 같은 동음어였으나 '팔'로 의미 구분이 구체적으로 변해 온 역사를 감안하면, 'ㅍ'은 'ㅂ'보다 훨씬 후대에 생성된 말로도 보인다. 말이 다양화됨에 따라 필연적 발전 과정으로 역사적 산물의 결과라 할 수 있다.

'퍼지다, 파이다, 펼치다, 풀(리)다' 등에서 보듯, 공간에 인의 음양 상대성 의미가 더해지며, 오행의 원리에 의한 뜻을 확대하여 나타낸다. 즉, 공간 땅(地) 'ㅁ'에 묻힌 모(싹)가[1] 빛을 받으며[2] 피어나 퍼지고[3] 벼(이삭)가 패며(이삭이 생기며)[4] 부풀어 맺히며 다시 모가 되는[5] 다섯 단계의 순환 과정이 오행이다. 'ㅁ(양) ―〉ㅂ(양) ―〉ㅍ(양) ―〉ㅍ(음) ―〉ㅂ(음) ―〉ㅁ(음) '의 음양 순환을 오행의 단계별로 구분한 것이다.

자음 'ᐃ'은 혀의 끝과 윗니가 만나 이루는 소리이며, 그 모양대로 상형한 글자이다. 반치음이라고 하지만, 설치음이 보다 합당하지 않겠는가? 어쨌든 천지(입천장과 그 사이 공간)가 하나 되었다가(붙었다가/ㅅ) 떨어지며 그 사이에서 인(·)이 태어나는(솟아나는) 사람의 뜻을 나타낸다. 'ᐃ(각/角)'이 사람이 되는 이유이다. 'ㅅ'과 'ᐃ'은 뜻과 소리가 비슷하여, 'ᐃ'이 사라진 꼴이 되었다. 그래서 우리말 자음 'ᐃ(ㅅ)'은 천지의 '사이'에서 '솟아나'고, '서'있는 모든 '사람'의 뜻을 머금고 있다.

자음 'ㅈ'은 'ㅅ(人)'이 입천장(ㅡ)에 닿아 나오는 소리로 지(地/ㅡ)의 마음이 덧붙여지듯, 가획되는 원리이고, 그 소리 또한 세기가 더해져 커지는 소리이다. 입천장은 지(ㅡ)로서 땅의 공간적 의미이다. 그러므로 'ㅅ'의 의미에 'ㅡ'의 의미가 더해져, 인(ㅅ)이 솟아 나오는 그 공간의 위치 '자리', 사람이 커지며 '자라는' 공간의 확장, 사람이 '자는(잠기는)' 공간의 축소 등 가획 원리대로 'ㅅ(사람)' 뜻에 공간(지)의 음양 상대성 의미가 더해진 뜻을 머금은 글자이다.

자음 'ㅊ'은 다시 'ㅈ'에 ' ㅣ (천/시간)'의 의미가 더해지는 가획 원리로서 '처음(첫)/차례(차례)' 등에서 보듯, 'ㅈ'의 공간 속 시간(천)의 흐름과 '차는', '채워지는', '치우는', '치는' 등 공간적 시간의 추이(推移) 같은 공간의 시간적 변화 뜻이 덧붙여진다. 그리고 'ㅊ' 역시 'ㅈ'의 혀 모양과 입천장소리에서 바람의 세기(천)가 더해진 소리이다. 종종 'ㅈ'과 'ㅊ'의 뜻과 소리가 서로 충돌하여 모호한 경우가 나타난다. 그래서 서로 호환되는 경우도 종종 있다. 이는 그 의미의식과 발음상의 강약 구분이 희박해진 결과로 볼 수 있고, 천지 뜻을 인식하는 모호성으로 기인되는 것으로도 볼 수 있다. 어쨌든 'ㅈ'은 지(ㅡ/공간)의 음양 상대성이 그리고 'ㅊ'은 천(ㅣ/시간)의 음양 상대성이 더해지며 순환하는 오행 원리로 뜻이 확대되는 것이다. 세상(천지 사이)에 태어난 사람은[1] 자라며[2] 정수리에 얼이 가득 차면[3] 차차 잠기며[4] 신(神)[넋]이 되어 사라지는(본래의 자리로 돌아가는)[5] 음양오행의 순환으로 구분 지을 수 있다. 곧 ' ㅅ(양) 〉 ㅈ(양) 〉 ㅊ(양) 〉 ㅊ(음) 〉 ㅈ(음) 〉 ㅅ(음) '의 다섯 단계 순환 과정을 뜻한다.

훈민정음의 자음 'ㅇ'은 소리가 없는 무음(無音)이다. 목구멍을 상형하여 그 허공의 무(無/0)를 뜻한다. 천지창조는 무(無/0)에서 비롯됨이다. 수식(數式)으로 〈 0 ÷ 0 〉이다. 현대 수학에서 〈 0 ÷ 0 〉은 부정이라 한다. 특정할 수 없는 무한한 수(數)를 낳기 때문이다. 곧 빅뱅의 모습이다. 이는 '하(큰/많은) 나(태양/얼/빛/낳다)〈폭발〉'의 뜻과 같다. 우리말 '하나'는 '무한(∞) '이면서 수 '1'를 의미한다. 빅뱅을 뜻하고, 무(無)에서 유(有)를 낳는 천지창조를 뜻하며, 시간의 비롯됨 곧 처음을 뜻한다. 〈 0 ÷ 0 〉이다. 그리고 하나님이 가라사대 소리로 천지를 창조했듯, 태초에 소리가 있었다. 소리는 울림의 파동에서 비롯된다. 울림이 나눔(÷)이다. 그 소리의 울림은 목구멍 목젖이 파동을 일으키며 비롯된다. ㆁ(꼭지 이응)의 형상대로 비로소 유음(有音)의 자음이 된다. 무음의 '0'에 목젖의 인(人) ' ㆍ '가 덧붙여지며 유음이 된다. 비로소 하늘이 열리는 것이다. 하나의 점(ㆍ)이 파동을 일으키듯, 원을 이루며 태어난다. 점(ㆍ)은 인(人)이고, 원(0)은 천(天)이다. 인내천(人乃天)이다.

원(圓)의 자음 'ㅇ㋨'은 끝없이 돌고 돌며 순환하는 하늘의 형상 곧 목구멍의 형상에 목구멍(목젖)소리로 인(ㆍ)이 커지며 하늘이 열림을 뜻하는 것이다. 'ㅁ'은 빈 공간을 의미하지만, 'ㅇ'은 속이 채워진 '알맹이'의 의미를 머금는다. 즉, 'ㅁ'은 보이지 않는 천지가 모여있는 것이지만, 'ㅇ'은 사람 곧 인(ㆍ)으로 두르어 있기 때문이다. 그러므로 하늘뿐만 아니라 '알, 얼' 등의 뜻도 나타낸다. 방(方)의 'ㅁ'이 하늘을 머금고 있듯, 원(圓)의 'ㅇ'은 사람(ㆍ)을 잉태하고 있기 때문이다. 그래서 그 의미 동화에 의한 '니(ㄴ)'와 '이(ㅇ)'의 호환이 이루어지기도 한다. 그리고 각(角)의 '△'은 하늘과 땅이 구현되는 그 자체이다. 우리의 '삼일신(三一神)'의 의미이고, '삼신할머니'를 뜻한다. 삼신할머니가 탄생을 점지해 주는 이유이다. 이 관계가 천지인 관계의 실체이다.

자음 'ㅎ'은 지(ㅡ)가 더해진 가획 원리처럼 공간의 의미가 덧붙여진 뜻으로 짐작되지만, 오늘날은 'ㆆ'과 '꼭지ㅇ(ㆁ)'은 'ㅇ'과 'ㅎ'에 매몰되어 사라졌다. 자음 'ㅎ'은 천(ㅣ) 또는 인(ㆍ)과 지(ㅡ)가 더해진 것이다. 'ㅇ'이 천이나 인(ㆍ)이 자란 것이므로 'ㅎ'은 천지인이 모여 하나 된 형상이다. 아울러 우리말 자음의 마지막으로 그 최종 완결체이다. 그렇기 때문에 'ㅎ'은 '하다(크다, 많다), '함께' 모두가 모여 '하나가' 되는 우리(소리)의 고향 '하늘' 등의 뜻을 머금고 있는 글자이다. 자음소리의 처음 '꼭지ㅇ(ㆁ)'에서 'ㄱ'을 거쳐 'ㅎ'으로 순환 고리를 이루는 체계이다. 'ㄱ'과 'ㅎ'이 '꼭지ㅇ(ㆁ)'으로 고리를 이루며 처음과 마지막이 사라지면서 한말글 글말(한자음)에서 'ㄱ'과 'ㅎ'이 서로 구별 없이 빈번하게 호환되는 이유이다.

무(無)의 하늘 '0'에서 울리며(우리며/어르며)[1] 태어난 얼이[2] 하늘(씨앗)을 열어[3] 하늘을 아우르고[4] 여물려 익혀 알(하늘)을 잉태하는[5] 과정 또한 음양오행의 원리이다. 한글 모음 'ㆍ(ㅅ)'이 자라면 자음 'ㅇ'이 된다. 'ㅇ'은 또한 천(天)이다. 인(人)이 곧 천(天)이 되는, 바로 '사람이 하늘이다'는 인내천(人乃天) 사상의 비롯됨이다. 나아가 천(天/0), 하늘은 돈다. 하늘은 돌며 땅도 돌리고, 사람도 돌린다. 돌리면 원 곧 동그라미를 이룬다. 따라서 사람도 땅도 궁극은 'ㅇ' 곧 하늘을 이루고 하나가 되며 마침내 허공으로 흩어져 '0(無)'가 될 때 비로소 본래의 자리로 돌아가는 해탈을 이루는 것이다. 이것이 우리 인내천(人乃天) 사상의 본질(本質)이고, 우리말 소리와 그 뜻의 원리 또한 결코 이와 다르지 않다.

덧붙여 한말에는 마음을 나타내는 말이 다양하게 쓰인다. 얼, 넋, 성, 신(신명), 골, 부아[분], 화, 노, 영, 약 등 실로 다양하다. 무슨 차이가 있는 것인가? 한말 자음의 뜻에 따른 구분을 바탕으로 마음이 음양오행의 변화에 따라 나타나는 현상이나 상태를 나타내어 구분했다고 볼 수 있다. 즉, 하늘의 천명 그 성을 받고 태어나 음양오행에 따라 신바람을 일으키며 된사람(하나님)의 넋을 영글리는 마디마디 과정의 마음으로 구분한 것이다. 그러면 한말 마음은 무엇이겠는가? 옛말은 '마삼(아래아, 반치음)'이다. '삼'은 숨이고 삶이다. 그리고 숨은 또한 목숨이기도 하다. 그렇기 때문에 '마(아래아)'는 '모(싹)' 또는 '마키다(매기다, 정하다)'의 준말이다. 즉, '삼(아래아, 반치음)의 싹이거나 삼을 매기는 (정하는)' 것으로, 천명(天命) 또는 소명(召命)과 다름없다. 따라서 한말 글 심(心)은 신명(하늘뜻)[심]이 심어진[심] 현상이나 상태를 나타낸 글임을 알 수 있다. 이와 같이 우리말은 천명에 따른 인내천(人乃天) 사상을 바탕으로 이루어진 하늘말이다.

따라서 한글자음의 명칭 또한 누구나 알고 있듯, 각 자음이 나타내는 초성의 소리음을 천[ㅣ]으로 하고, 종성의 소리음을 지[ㅡ]로 하여 나타낸 것이다. 뜻은 하늘에 있고 그 뜻이 땅에 심어져야 싹을 틔워 나타날 수 있다는 논리이다. 그렇기 때문에 초성은 모두가 각각의 뜻이 있듯 분명하게 발음되지만, 모든 자음을 종성으로 나타내도 그 뜻이 땅 위 인간 세상에는 아직 꽃 피우지 못했듯 불분명하게 혼동되어 나타나는 것이다. 어쨌거나 이런 원리의 자음 명칭(이름)을 한자음으로 표기하면서 일부 오류가 생겼음은 자명한 사실이다. 관행으로 떠 넘기고 그대로 두면, 잘못된 관행이 끝없이 이어지듯, 잘못된 관행이 법이 될 수 있다. 잘못된 법(관행)이 법이 되면, 법의 모순이 생기고 결국

은 법은 오히려 그 이상의 해악 곧 무법천지 그 폭력의 세상이 되는 것
이다. 잘못된 법은 하루빨리 폐기해야 올바른 법이 정립되는 것이다.

한글자음의 올바른 명칭은, '기윽, 니은, 디읃, 리을, 미음, 비읍, 시
읏, 이응, 지읒, 치읓, 키읔, 티읕, 피읖, 히읗'이다. 그 순서는 차치
하고라도 명칭만이라도 올바로 사용해야 한다.

09

우리말과
바벨탑

　성경 창세기 속 바벨탑 이야기는, 역설의 신화언어로 보면, 우리 인류의 언어가 분화된 원리로도 읽을 수 있다. "그들의 언어를 혼잡게 하여 그들로 서로 알아듣지 못하게 하자."를 역설적으로 읽으면, 서로 마음이 달라져 언어가 혼잡하게 되었다는 반증이다. 나아가 서로의 마음이 달라진 이유가 언어가 혼잡하게 된 곧 분화된 원리라는 뜻이다. 그럼 마음은 왜 서로 달라진 것인가? "서로 말하되 자, 벽돌을 만들어 견고히 굽자 하고 이에 벽돌로 돌을 대신하며 역청으로 진흙을 대신하고 또 말하되 자, 성과 대를 쌓아 대 꼭대기를 하늘에 닿게 하여 우리 이름을 내고 온 지면에 흩어짐을 면하자 하였더니" 하는 이유이다. 즉 하늘에 닿는 길은 흩어지지 않고 서로 한마음으로 탑을 쌓아 가야 하는데, 벽돌로 돌을 대신하고 역청으로 진흙을 대신하기도 하며 또 성도 쌓고 대도 쌓자 하며 서로 그 방법이 달라졌기 때문이라는 암시이다. 각자 자신의 방법이 최고라고 우기면서 갈라졌다는 뜻이다. 다시 말하면, 바벨탑은 문자의 탑 곧 언어의 탑임을 비유한 암시이다. 벽돌과 역청 등의 문자가 발명되며 그것을 재료로 언어의 탑을 다시 쌓았다는 비유로 볼 수 있다. 또한 같은 문자로도 성을 쌓는 방법과 대를 쌓는 방법 등에 따라서 서로 달라질 수 있음을 시사하고 있다.

우리말 고양이는 괭이, 야옹이 등으로도 불린다. 괭이는 고양이의 준말이고, 야옹이의 준말은 '양이'이다. 그러면 고양이는 '고 + 양이'의 합성어이다. 야옹이는 '야옹야옹 우는 이(짐승)'의 준말이다. 그렇기 때문에 고양이의 '고'는 '가로다(말하다)'의 준말로 '야옹야옹 가로는 (말하는) 이'를 뜻한다. 한말글 고양이/묘(貓)는 묘(苗) 글말의 형성자이다. 곧 '묘(苗)하는 짐승(犭)'을 뜻한다. 우리말과 견주면, '묘'는 '미아(야)오'의 준말이다. 즉, 묘(貓)는 '미(아래아)[말하다] + 이아오~이[야옹] + 이[犭]'의 얼개이다. 〈설문〉의 한자음과 우리가 쓰는 한자음은 거의 동일하다. 그 시대에는 동일한 음을 공유했다는 방증이다. 그러나 오늘날의 중국음은 우리와 달리 너무 많이 변해있다. 우리는 그대로인데 중국음만 변했다는 것은 또한 그 음(音)의 어원의식 곧 의미를 모르기 때문에 나타난 필연이다. 한자가 중국글이 아니라는 반증이기도 하다.

영어의 mew(뮤/묘)는 '[의성어]vi. 〈고양이 등이〉 야옹야옹하고 울다/vt. 고양이 등이 우는 것 같은 소리로 말하다/ n. 야옹야옹(하고 우는 소리)'의 뜻이다. 우리는 '야옹야옹'으로 듣는 소리가 그들은 '미아오 미아오'로 듣는 이유이다. 한자의 보일, 알릴/시(示)와 see, 귀/이(耳)와 ear, 나/ 아(我)와 I(아이), 너/ 여(汝)와 you, 그(들), 남, 다를/타(他)와 they(데이)/ the(더)/ thy(디), '원(願)하다'와 want 등등. 우리말 우리(위)의 준말과 we, 긔(그이) [희]와 he, 똥과 dung, 보리와 barley, 바탕과 bottom, 갓(아래아)다(끊다)와 cut, '들이어[드링]키다(켜다)[크(키)]'

212

와 drink, '스(솟아) 프(부풀어) 리(리어/잇달아) ㅇ(오르다)'와 spring 등등. 그리고 '그라다(그리다) + 표(表)[프(ph)]'와 graph, 땅/지(地)와 geo-(geograph, geology 등) 서로의 유사성이 현저하다. 바벨탑의 가설(언어는 하나다)로 견주면, 영어는 한자 창제 후에 분화되었다고 볼 수 있다. 즉 우리말과 한자가 뒤섞였거나 따로따로 만들어진 경우도 있기 때문이다.

　"온 땅의 구음이 하나이요 언어가 하나이었더라〈창11;1〉"의 바벨탑 신화가 언어 역사의 실체라면, 우리말과 히브리어의 관계 또한 서로의 개연성을 설명할 수 있는 증거가 있어야 할 것이다. 언어 분화의 원리에 입각하여 성경에 나타난 히브리어와 우리말을 비교하면 어떠할까? 초기 히브리어의 가장 큰 특징이 모음 없는 자음뿐이었음은 주지의 사실이다. 후에 발음을 위해 모음이 추가되며 오늘날의 히브리어로 발전되었다. 이는 본래 하나의 언어에서 많은 변화가 있을 수 있는 증거가 된다. 그리고 혹자는 우리 한글이 히브리어에서 왔다고 주장하기도 한다. 그렇다면 물론 그 반대도 성립될 수 있고, 서로 한 뿌리였음을 입증하는 증거일 수도 있다. 그렇기 때문에 우리말과 히브리어의 관계를, 후에 추가된 것이 확실한 히브리어의 모음을 배제하고, 우리말과 견주어 그 자음의 소릿값과 줄임 법칙에 따라 재구성하여 서로를 비교하면 어찌될까?

　성경 창17장에는 하나님이 '아브람'과 그의 아내 '사래'의 이름을 '아브라함'과 '사라'로 개명해 주었다. "이는 내가 너로 열국의 아비가 되게 함이니라"하고, "그로 열국의 어미가 되게 하리니"하는 까닭으로 말미암다. 그렇다면 아브라함의 '함'에 열국의 아비 되는 뜻을 주었음이다. 이는 우리말 '한님, 한검'의 준말 '함'으로 보면 '한(큰) 님금'의 뜻이고, 나아가 '하나님'의 준말이다. 혹 '함께'의 준말이라면, '아브

213

람과 함께'의 뜻이다. 그리고 아브람은 '존귀한 아버지'라는 뜻이라 한다. 존귀한 아버지는 아버지를 높여 부른 이름으로 우리말 아버님과 대응될 수 있다. '아브람'의 그 모음을 재구성하면, '아버림'일 수 있고, 우리말 'ㄹ'은 'ㄴ'으로 호환이 가능하므로 '아버님'과 같다. 즉, 열국의 아비 곧 임금 아버지 나아가 아버지 하나님의 뜻으로 서로 아귀가 빈틈없이 딱 들어맞는다. 이는 이스라엘의 아버지가 아브라함이 되는 이유이기도 하다.

우리말 '사래'는 추녀 끝에 잇대어 댄 네모난 서까래의 뜻이고, 옛날에 '이랑'의 뜻도 있지만, '사레(잘못 삼킨 음식이 숨구멍으로 조금 들어갔을 때 재채기처럼 뿜어 나오는 상태)'로 보면, 사래라는 이름이 아기를 낳지 못하는 사레 걸린 상태와 비유될 수 있다. 그래서 '사라'로 개명시키고, 열국의 어미가 된다함은 '사라'에 그 뜻이 있음을 암시한다고 볼 수 있다. 우리말 '사라(아래 아)다'는 옛날에 '(목숨을) 살리다'는 뜻이다. "그로 열국의 어미가 되게 하리니 민족의 열왕이 그에게서 나리라"하는 이유에 그대로 부합된다고 볼 수 있다. 사레에 들리듯 아기를 낳지 못하던 '사래'에서 고목에 싹이 나듯 '사라'는 살리어 '이삭'을 낳았다. 그리고 이삭의 우리말은 '① (벼나 보리 따위의) 꽃이나 열매가 꽃대 둘레에 많이 달려 있는 부분 ② 농사지은 것을 거둔 뒤에 땅에 흘리어 처진 지스러기'가 사전적 의미이다. 이삭 줍듯 태어난 '이삭'과 "그의 후손에게 영원한 언약이 되리라"하며 이스라엘의 새로운 새싹으로서 하나님이 언약을 세운 '이삭'의 의미가 또한 우리말과 서로 일치된다고 볼 수 있다. 더불어 히브리어 '이삭'이란 웃음을 뜻한다고 하는데, 우리말 '웃음'은 '마음이 넘쳐 우로 솟아나다, 마음이 우로 솟아 넘치다'는 뜻으로, 달리 '마음의 싹이 솟아나다, 마음이 싹트다'의 뜻으로 볼 수 있다. 싹의 이삭과 웃음의 이삭이 별반 다르지 않은 한 뿌리(겨레붙이)의 말이다.

'아담'을 우리말과 견주어 분석하면, '아 + 담'이고, 우리말 '아'는 아침이나 아버지, 아들 그리고 아사달 등에서 보듯, 해(태양)이고 얼(알)이며 하늘과도 통하는 말이다. 참고적으로 '아시아'의 준말을 '아사'로 보면 '아사달'과 서로의 개연성을 무시할 수 없다. '담'을 '담다'로 보면, 아담은 〈'아'를 담다〉는 의미이다. 곧 '얼을 담는 이'로 이름을 짓는 이의 아담을 뜻하고, '얼(씨, 하늘)을 길러 담은 이'로 '흙(하늘 곧 씨를 기르는 것)으로 다듬은(담) 이'의 아담을, 나아가 '하나님의 얼(숨)을 담아 만든 이'로 '흙으로 빚어 하나님의 숨결로 만든 아담을 의미하여 성경의 내용과 일맥상통하는 이름이다. 더불어 아담의 아들 '셋'은 우리말 '셋째'의 의미로 아담의 셋째 아들이라는 뜻과 일치된다.

에덴의 '에'는 우리말 '어이'의 준말이고, 어(아, 얼, 하늘) 이(이르다, 잇다)로 보면, '하늘에 이르는' 또는 '하늘을 잇는' 뜻일 수도 있다. 그리고 '덴'은 '데(곳, 것, 처지) 누리'의 준말로 보면, 에덴은 '하늘에 이르는/닿는 곳 누리'를 의미하는 말로 볼 수 있다. 에덴동산이 상징하는 곳과 어울리는 이름이다. 예수는 '예 + 수'로 나누어 '예'는 '이어(여)이'로 '잇대어(이어) 이르다'의 준말이고, 우리말 '수'는 '수단, 방법'의 뜻도 있다. '(하늘에) 잇대어 이르는 수단'의 뜻이다. 곧 예수라는 이름 자체가 '하늘에 이르는 수단(길)'을 뜻하는 말이다. 그렇기 때문에 "예수께서 가라사대 내가 곧 길이요 진리요 생명이니 나로 말미암지 않고는 아버지께로 올 자가 없느니라〈요14;6〉"하는 이유이지 않겠는가?

우리말과 한자, 영어 그리고 히브리어의 유사성으로 보면, 어떤 문자로 쌓고, 또 어떻게 쌓고 다듬는지 곧 그 줄임 방법에 따라 서로 다르게 분화될 수 있음을 알 수 있다. 나아가 문자 이전의 소리말은 소리만으로 소리를 듣고 말할 수 있어 변하지 않고 서로 똑같이 듣고 말할 수 있었으나 문자로 말미암아 소리가 문자에 갇히면서 소리도 서로 바꿰었음을 알 수 있다. 고양이 울음소리가 달라지는 까닭과 비견된다. 따라서 언어 너머의 우주 본연의 소리를 들을 수 있을 때 비로소 언어에 자유로울 수 있을 것이다. 하나님과 공명할 수 있는 경지로 이해된다. 그렇게 언어 너머 우주의 소리와 하나 되면 모든 소리(마음 / 하늘뜻 / 언어)를 알아들을 수 있지 않을까?

바벨탑 신화의 가르침은 마음이 서로 다르게 갈라지면 말이 달라지고, 말이 달라지면 서로 마음을 하나로 모으지 못하므로 끝없이 서로 반목할 수밖에 없다는 경고이다. 반대로 흩어진 서로의 말을 다시 배우면서 서로를 이해하고 서로 한마음으로 모아 결실(하늘문)을 맺는 계기로 삼으라는 뜻도 시사한다고 볼 수 있다. 즉 흩어져 팽창된 마음을 다시 하나로 수축하여 열매를 열라는 뜻이다. 그러므로 이제는 서로의 언어를 배우며 서로를 이해하고 다시 뜻을 모아 처음의 하나 된 언어로 돌아갈 때가 되었음을 나타내기도 한다. 씨앗은 흐트러진(분화된) 마음을 서로 이해하며 하나 되는 과정 속에서 여물려 지는 것이지 않겠는가?

10

우리는 왜
우리말인가?

바벨탑 신화는 우리의 언어 곧 마음이 흩어진 이유를 설명한다. 마음이 서로 갈라지면서 따로따로 마음에 담(탑)을 쌓았기 때문이라 한다. 그렇다면 마음이 갈라지는 까닭은 무엇인가? 보는 시각이 다르기 때문이다. 우리 인류가 이동하면서 흩어지면서 바라보는 각도가 달라진 것이다. 추운 지방에서 보는 태양과 더운 지방에서 보는 태양이 결코 같지 않다. 사막에 사는 사람과 늪지에 사는 사람이 바라보는 물은 분명 다르다. 앞에서 보는 코끼리와 뒤에서 또는 옆에서 보는 모습은 장님이 만지는 코끼리와 같다. 그러나 해는 해이고, 물은 물이며, 코끼리는 코끼리이다.

말은 마음을 담은 소리 그릇이다. 흔히 마음의 집이라 한다. 우리말은 우리 집에 사는 말이다. 우리 마음이다. 우리가 바라보는 시각의 그 마음이다. 그 역사를 담아 온 말이다. 말 속에 모든 것이 들어 있다는 뜻이다. 그렇기 때문에 말을 안다는 것은 말에 담겨 있는 그 마음과 그 마음의 역사 곧 모든 것을 안다는 뜻이다. 그리고 말을 안다는 것은 그 마음의 시각이 몇도 인지 누구인지 어디인지 언제인지를 안다는 뜻이다. 우리가 누구인지를 알 수 있다는 의미이다. 한마디로 우리말이 우리의 보편적 정체성이다.

왜 정체성인가? 인류는 모두가 하나님 자손이고, 하나님 민족으로 하나이며 세계화의 물결 속에 분열을 조장할 수도 있는 각각의 민족적 정체성 그 역행의 길이 무슨 의미가 있는가? 마음이 갈라지며 흩어지는 것은 세포분열이고, 이는 성장의 비롯됨이다. 그래서 분열이 문제가 되는 것이 아니라 분열된 마음이 각각 담(탑)을 쌓아 서로의 다름은 인정하지 않고, 서로의 높이 그 우열을 지으려는(키 재기 하는) 마음이 문제가 되는 것이다. 하늘나라에 오르려는 탑은 위치에 따라 그 시각은 당연히 다를 수밖에 없다. 그리고 각이 진 시각은 전체를 볼 수 없다. 따라서 다름은 또한 올바른 시각이 되지 못한다는 반증이다. 우리 모두는 불안전한 존재로서 서로 평등하다. 그래서 정체성이다. 태양을 알고 물을 알며 코끼리를 알기 위함이다. 각자 그 시각의 정체성을 알아야 서로를 알고 하나를 이룰 때, 즉 각자의 올바른 각도가 모여 완전한 원 360도를 이루어야 비로소 전체를 볼 수 있기 때문이다. '참나'를 알아야 너와 다름을 알고, 너의 다름을 알아야 비로소 너와 나가 다르지 않은 하나임을 알기 위함이다. 정체성의 확립이 그 시작이기 때문이다.

오늘날 점차 좁아지고 있는 지구촌에서 가장 한국적인 것을 찾기란 점점 어려워진다. 그만큼 세상은 다원화 속 세계화를 향해가고 있기 때문이다. 가장 한국적인 것이 세계적인 것이 되고, 반대로 세계적인 것이 한국적인 것이 되고 있다. 세계의 보편화일까 보편화의 세계화일까 아니면 둘 다일까? 가장 한국적인 우리의 정체성은 어디에서 찾을 수 있겠는가? 가장 한국적이고 오직 우리나라만이 가지고 있는 것은 우리의 말뿐이다. 고로 우리말이 우리의 보편적 정체성이다. 우리의 말에서만 우리의 정체성을 찾을 수 있다. 그리고 말 속에 그 주체의 모든 것이 담겨있기 때문이다. 그런데 정작 우리는 우리말을 제대로 알고 있지 못하다. 그 근본인 원리와 유래조차도 알 수가 없을 뿐만 아니라 그 밑말(어원)도 제대로 고구(考究)된 바가 없는 실정이다. 단지 문헌에 의한 역사성을 가진 몇몇 어휘만이 밝혀졌을 뿐이다. 어쨌거나 우리말을 통해 우리의 정체성도 찾을 수 있는 실마리는 제공받을 수 있다. 우리말을 안다는 것은 곧 우리의 정체성을 안다는 의미이다. 우리말을 모르는 만큼 그 모호성만큼이나 우리의 정체성 또한 정의하기가 모호한 실정도 사실이다. 따라서 우리말을 아는 만큼 우리의 정체성도 드러날 수 있으므로 우리말을 바로 세우는 일이 그 시작이 되어야만 하는 필연이다.

우리말의 정체성을 잃어버리면서 더불어 우리는 우리말 장단의 구분이 사라지는 기로의 역사적 산 증인으로서 지금 서 있다. 아니 이미 숨이 넘어갔는지도 모른다. 의사의 사망 선고만을 기다리고 있는 실정이지 않을까? 되살릴 길은 영영 없는 것일까? 기적은 그 염원이 모두가 한마음으로 될 때 이루어진다. 모두가 같은 꿈을 꾸는 꿈은 현실이다. 그러면 우리는 왜 '장단'을 꿈꾸어야 하는가? 세상이 필요로 하지 않으면, 사라지는 것이 필연이다. 필요성을 느끼지 못해 사라지는 것이라면, 굳이 되살릴 이유가 없지 않은가? 우리말 '장단'의 존재 이유는 무엇인가?

소리는 서로 똑같으면서 그 뜻이 서로 다른 동음이의어는 서로의 구분을 필요로 한다. 소리는 강약, 고저, 장단, 음색으로 나타난다. 바꾸어 말하면 소리의 구분은 강약(强弱), 고저(高低), 장단(長短), 음색

(音色)으로 구분할 수 있다는 뜻이다. 강약은 음파(音波)의 진동폭으로, 고저는 진동수로 나타나고, 음색은 음파의 모습(색깔)이다. 그리고 장단은 소요되는 곧 소리가 걸리는 시간의 차이로 나타난다.

언어의 기저에는 보편 원리가 작동되는 보편문법이 존재한다. 그래서 개인의 특성에 따라 나타나는 색깔인 음색은 보편 논리에서 배제될 수밖에 없다. 음색은 말하는 개별적인 사람을 구분하는 기준일 뿐이지만, 또한 그만큼 다양한 음색이 있어 세상이 아름다울 수 있는 이유이기도 하다. 더불어 모든 사람이 각자 모두 다른 특색이 있는 천상천하 유아독존이고, 하나님의 독생자인 까닭이다. 아무튼 그 보편적인 말의 의미를 구분하는 것은 강약, 고저, 장단에 따라 좌우될 수 있다. 영어의 악센트는 강약에 따른 구분법이고, 우리말은 장단에 따라 구분된다. 그리고 중국어의 사성(四聲)은 고저에 따른 구분법이지만, 단음(單音)의 동음이의어가 가장 많은 한자가 그러하듯, 사성은 어느 정도 장단과 강약이 가미된 가장 복잡한 구조를 이룬다고 볼 수 있다. 사성이 발달할 수밖에 없는 필연이다. 그렇기 때문에 가장 리드미컬한 소리로 그들 자신이 가장 아름다운 말이라 대단한 자긍심으로 여기는 이유가 여기에 있다고 할 수 있다. 또한 우리에게 중국어가 시끄럽게 들리는 이유이기도 하다. 그러나 중국어처럼 동음이의어가 많아 서로를 구분하기 위한 사성에 의한 아름다운 단어(어휘)의 리듬은 또한 다른 언어에서도 전체적인 문법(문장)에 따라 강약과 고저, 장단을 모두 복합하여 나타내므로 리드미컬한 음악적 아름다움의 우열은 무의미한 것이다.

발성의 제약에 따른 필연적인 동음이의어의 생성은 또한 그 의미구분의 필요성으로 소리의 음악성을 발전시켜 왔다고 볼 수 있다. 말 속에도 이미 음악이, 노래가 있음이다. 오늘날 우리말의 장단은 점차 사라지고 있고, 그 구분법의 혼동은 그 속도에 더욱 박차를 가하고 있는 실정이다. 생활에 쫓겨 이대로 방치한다면, 음악 따로 말 따로 영영 고착될 것이다. 생활 자체가 음악인, 언어가 음악인 아름다운 삶을 포기할 것인가? 우리말도 중국어처럼 불어처럼 될 수 있고, 아니 그 보다 더 아름다운 소리의 말일 수가 얼마든지 가능하다. 음악은 감정의 표현이듯, 말 또한 감정의 나타남이기에 얼마든지 가능한 일이다. 따지고 보면 말의 음악성을 더욱 두드러지게 과장하여 나타낸 것이 노래이고 나아가 음악이 아니겠는가? 요즘은 '랩'이 그 중간의 고리(다리)로서 나타나고 있지 않은가? 사라져가는 우리말의 장단을 되살리고 더욱 발전시킨다면 얼마든지 음악적인 삶을 누릴 수 있는 일이다. 음악적인 삶이야말로 천국에 사는 삶이 아니면 무엇이겠는가? 우리의 홍익인간 세상이 그리는 세계이고, 이는 우리 모두가 예술가가 되는 모두가 아름다움을 추구하는 세상인 것이다. 우리의 민화가 그러하듯, 말이 그러하듯 우리 삶의 곳곳에 스며든 모든 문화가 아름다운 삶(하늘나라, 천국, 자유, 해탈)을 추구하는 그 자체인 것이다. 우리가 '장단'을 꿈꾸어야 하는 까닭이다. 나아가 더욱 다듬어 말이 노랫가락이 되는 아름다운 우리말을 가꾸어야 하지 않겠는가? 우리가 '장단'을 잃어버린 것은 필요성이 없기 때문이 아니라 우리가 신바람 나는 즐거움을 잃어버렸다는 반증이지 않겠는가?

* 구길수님은 한글 자음의 뜻을 천지인 곧 하늘 땅 사람, 그 원(ㅇ) 방(ㅁ) 각(ㅅ)의 뜻에 의한 시각으로만 보고 있다. 〈 천부인과 천부경의 비밀(http://cafe.daum.net/chunbuinnet) 참조 〉

한말
다시 세우기

우리말 글자 한 자에
철학개론 한 권이 들어 있고,
말 한마디에
영원한 진리가 숨겨져 있다.

– 다석 류영모(*1)

01 하나, 하늘

올해 춘추(春秋)가
어떻게 되셨습니까?

　남자들은 아이를 낳을 수가 없다. 나는 남자다. 고로 산고(産苦)를 알 수가 없다. 우리는 흔히 자살한 사람들에게 말한다. 죽을 각오로 무언들 못하겠느냐고 너무 쉽게 말한다. 그러나 당사자에겐 죽음을 택할 수밖에 없는 고통, 감당할 수 없는 아픔이 있었을 것이다. 내가 경험하지 못한 아픔은 알 수가 없다. 우리는 기억하지 못할 뿐, 산고는 아이에게도 똑같은 고통을 요구한다. 알을 깨는 아픔을 감내하고 태어난다. 태어난다는 것, 낳는다는 것은 항상 산고를 동반한다. 깨는 아픔과 깨지는 아픔이 함께 공존한다.

　올해 춘추(春秋)가 어떻게 되셨습니까? 춘추(春秋). 봄가을을 몇 번이나 보내셨는지를 묻는 것이다. 이렇게 세월만 흘러 보내면 더해지는 것이 나이이다. 그래서인지 요즘은 나이 많다고 공경 받지 못한다. 버스나 지하철 등 공공장소에서 '노약자 지정석'으로만 공경 받는다. 공공 시설 지정 좌석이 미국에 새로이 정착한 이주민으로부터 토

착민을 보호하기 위해 만들어진 인디언 보호구역보다 낫다고 할 수 있을까? 우리는 모두 똑같이 나이가 더해진다. 나이만큼 공평한 것이 또 있을까? 세월이란 누구에게나 무심하게 흐르는 시간이니 말이다. 정말 그럴까? 봄 여름 가을 겨울 그 풍경이 각기 다르고, 어느 지역인가에 따라 경험하는 것들이 다르지 않은가? 세월이란 온갖 세파(世波)와 풍파(風波) 등을 항상 동반한다. 시간이란 항상 내편이 되어 주진 않는다.

세월이란 놈은 우리를 결코 그냥 내버려 두질 않는다. 온갖 풍상(風霜)을 쏟아 붓는다. 결코 피할 수도 없다. 이렇듯 나이를 먹는다는 것은 온갖 세파와 풍파, 산전수전(山戰水戰) 공중전(空中戰)을 감당해 내야만 먹을 수 있는 것이다. 그런데 왜 우리는 나이를 '먹는다'고 표현할까? 새해 첫날 아침 떡국을 먹어야 나이를 한 살 더 먹는다고 한다. 그래서 일까? 산모는 산후에 미역국을 먹고 우리는 생일날 미역국을 먹는다. 왜 떡국과 미역국일까? 둘의 공통점은 음식이 목에 걸리지 않고 잘 넘길 수 있게 미끌미끌하다는 것이다. 산모는 미역국을 먹으며 아기를 쑴풍쑴풍 낳기를 염원하고, 우리는 떡국을 먹고 미역국을 먹으며 세월을 쑴풍쑴풍 낳기를 기원하는 것이 아닐까? 모진 세월의 풍상을, '모나면 정 맞는다'고 떡국 미역국처럼 둥글둥글 원활하고 매끄럽게 넘기며 헤쳐 나아가길 염원하는 부적 같은 의식이지 않을까?

우리말 '나이'의 옛 말은 '나히'이다. 이는 '낳'이고, 동사형은 '낳다'이다. 동사 '낳다'에는 〈(솜, 털, 삼 껍질 따위로) 실을 만들다, 실로 피륙을 짜다〉라는 다른 뜻도 있다. 그래서 명사형 '낳이'는 〈피륙을 낳는(짜는) 일〉을 나타낸다. 이처럼 우리말 나이는 먹기만 하는 것이 아니라 세월을 먹으며 새롭게 얼(나)을 잉태하고 산고를 통해 거듭 태어난다(낳다)는 의미가 함축되어 있다. 결국 나이란 세월의 온갖 풍상을 먹으며 산고를 통해 한 올 한 올 실(얼)을 낳아 피륙(삶)을 짜는 것이란 뜻이다. 연장자를 공경해야 하는 충분한 이유가 이 때문이다. 세월을 잉태하고 해마다 거듭 태어나며 한 폭의 인생을 완성해가는 의미의 말 속에 이미 그 이유를 머금고 있다. 우리가 해마다 새해 첫날을 기리며 새로운 계획을 잉태하고, 연말에는 그 해의 결실을 낳으며 아쉬워하고 반성하는 이유이기도 하다

세월을 머금고 만들어 내는 나무의 무늬결, 그 나이테처럼 나이는 견뎌온 세월을 새롭게 수놓으며 나의 자화상을 그린다. 이제 나에 대한 질문은 바꿔야겠다. 올해로 나는 몇 번이나 거듭 태어났는가? 올해에는 무엇을 잉태하고 무엇을 낳았는가?

02

봄 여름 가을 겨울,
춘(春)하(夏)추(秋)동(冬)

춘하추동, 봄 여름 가을 겨울은 어떤 의미를 내포하고 있을까? 물론 1년(年)을 4계절로 나눈 각각을 이르는 말이다. 그러면 어떤 기준으로 나눈 것인가?

춘(春)의 갑골문, 금문, 소전이다. 춘(春)의 소전을 보면 일(日)과 초(艸), 둔(屯)으로 이루어졌고, 금문과 별 차이가 없다. 屯은 발음을 나타내며, '둔'이 '춘'으로 변했음을 알 수 있다. 글말 '둔'은 '둔덕'에서 보이듯, '도두어[두] 나오다[ㄴ]'의 준말이다. 그래서 '초목[艸]이 돌아 나오는[둔] 날/때/무렵[일(日)]'의 얼개로 이루어진 한말글이다. 그리고

228

봄의 아지랑이가 춤추듯 피어 오르는 모습과 의미 동화되어 초목이 '추어 나오다[춘]'는 글말로 변했음을 알 수 있다.

둔(屯)의 갑골문, 금문, 소전이다. 자형은 자(子)에 돋운 형상으로, 싹을 틔워 새로 돋아나는 현상을 나타냈다고 볼 수 있다. 그렇기 때문에 '진치다'는 '두어/두루어 놓다[둔]'의 가차에 의한 뜻이고, '어렵다'는 '주리어(주리 틀 듯) 나오다[준]'의 준말로 태어나는 산고의 어려움을 나타냈음을 알 수 있다. 그렇다면 한말 '봄'은 '(싹이/초목이) 보풀어 돋아 오르는[보] 무렵[ㅁ]' 또는 '(싹이/초목이)보이는[보] 무렵[ㅁ]' 그리고 '보이는(볼록볼록 돋아 나타나는)[보] 모(싹)[ㅁ]'의 줄임 말이다. 여기에는 한말글이 보다 구체적으로 묘사되어 있다.

하(夏)의 금문, 소전이다. 하(夏)는 상형자로 사람의 머리 · 손 · 다리 등을 모두 그린 형태이다. 옛날에는 중원(中原)에 사는 사람들을 지칭하였으며, '여름'이라는 뜻은 가차되었다고 설명한다. 갑골문에는 나타나지 않고, 금문에 나타난 자형이다. 중국의 하(夏) 왕조와 '크다/거대한, 위대한' 등의 뜻을 나타낸다. 그러나 그 자형만으로는 의미하는 바와 연결 짓기가 매우 어렵다. 한편 '매미'를 상형(象形)한 글자를 하(夏)의 갑골문으로 보기도 한다. 물론 아직까지 많은 갑골문을 해독하지 못하고 있지만, 하(夏)의 금문과는 너무 큰 괴리를 보이므로 수긍하기가 힘들다. 이는 여름과 연결하려는 억지로 보인다. 또한 매미를 상형한 자형이라면, 당연히 '매미'를 뜻하는 글자이다. 설령 그 글자를 가차한 것이라도, '매미'의 뜻과는 상관없이 그 글말을 가차한 것이다. 가차란 그에 합당한 글자가 없을 경우에 그 글말을 빌어서 나타내는 것이기 때문이다.

'매미'의 한말글은 선(蟬)이다. 선(蟬)의 금문, 소전이다. 금문은 매미를 그대로 그린 자형이고, 소전에서 형성자로 나타냈다. 선(單) 글말의 형성자이다. 처음에는 매미의 형태를 그린 상형자로 만들었다가 그 구분의 어려움과 복잡한 자형으로 말미암아 쓰기가 어려워지자 점차 간단한 형성자로 변형시켰다고 보는 것이 보다 합리적이다. 상형의 글말은 움직임과 현상을 나타내는 말이므로 형성자로 변형시켜도 그 글말은 대부분 변하지 않는다. 그 움직임과 현상을 나타내는 소리말로 다른 글자를 형용하는 원리가 형성이기 때문이다. 즉 '선(單)하는 벌레(虫)'의 얼개(구조)가 형성의 원리이므로 매미를 상형한 갑골문 글자도 그 현상을 나타내는 글말 선(單)이어야 이치에 맞다. 어쨌든 매미라는 뜻과 연결 짓기가 힘들다.

우리말 '매미'의 옛말은 '뫼(아래아)야미'이고, 이는 '매여 묶인(매인)

이(벌레)'의 준말로 '(나무에) 매여 매인 이' 곧 나무에 매양 붙어 매여 있는 벌레라는 뜻이다. '맴돌다'에서 보듯, 제자리에서 뱅글뱅글(빙빙) 도는 짓을 '매암'이라하고, 그 준말이 '맴'이다. 이는 결국 한자리에 매어 묶인 상태를 의미한다. 우리는 흔히 '맴맴' 우는 매미의 울음소리에서 '매미'의 어원을 찾지만, 우리말 의성어나 의태어는 대체로 그 말의 뜻에 갇혀서 말하고 듣는 소리이다. 그렇기 때문에 그 실체의 소리가 아닌 뜻말을 소리와 비슷하게 변형시킨 소리말로 볼 수 있다. 모든 동물의 울음소리가 각 나라별로 다르게 말하고 표기되는 이유이다. 아무튼 선(單)에서 매인 뜻을 유추하기는 힘들다.

단(單)의 갑골문, 금문이다. 방패/간(干)의 양쪽 끝에 돌멩이 같은 것을 달아매고, 그 갈라진 곳을 끈으로 단단히 묶은 사냥 도구를 그린 상형자로 설명하지만, 그 뜻은 전혀 다른 홑, 혼자, 오직, 단지/단과 오랑캐 임금/선을 나타내는 '선'과 '단' 글말의 전주자이다. 선우(單于)는 흉노족(匈奴族)이 그들의 군장(君長)을 일컫던 '샨위'의 한자음 표기이듯, 그 가차에 의한 의미전성으로 '오랑캐 임금'의 뜻이 유추되었음을 알 수 있다. 그리고 한말 '단'은 짚 · 땔나무 · 푸성귀 따위의 묶음이나 그 묶음을 세는 단위 또는 '단출하다'의 준말에 따라 '홑, 혼자'의 뜻이 가차되었고, '다만'의 준말에 따라 '오직, 단지'의 뜻도 가차되었음을 알 수 있다. 그러면 본래는 무엇을 나타낸 글자인가? 홑은 짝을 전제로 한 뜻이다. 그래서 그 뜻과 글말 '단' 그리고 자형을 서로 견주면,

단추 구멍과 그 고리(매듭)을 그린 상형으로 보는 것이 보다 합리적이다. 더불어 선자물쇠(미닫이 문짝에서만 쓰이는, 간단한 구조로 된 자물쇠[배목에 비녀장을 꽂게 되어 있음])에서 보듯, 본래는 단추매듭[단]과 선자물쇠[선]를 나타낸 글자로 볼 수 있다.

어쨌든 단단하다, 단추 등에서 보듯, '단'은 '달아 놓다'의 준말로서 '나무에 달아 놓은 벌레'라는 매미/선(蟬)은 본래 '단' 글말이거나 선자물쇠처럼 묶여있는 매미의 말자취로 볼 수 있다. 아울러 한말 '선'은 사람의 됨됨이를 가려보는 일을 뜻한다. 그렇기 때문에 '선비'는 또한 '선을 비릇는 이'의 준말임을 알 수 있다. 즉, 단추가 제 고리(구멍) 짝을 꿰어 맞추듯, 선자물쇠를 채우듯이 자신의 천명(天命) 그 소명(召命)을 비릇는 사람을 뜻한다. 마찬가지로 매미가 나무에 선자물쇠처럼 또는 단추를 채운듯 단단히 매달려 있는 모습에서 선을 비릇는 선비의 모습과 비유되었음을 알 수 있다. 진나라 육운(陸雲)이 한선부에서 노래했듯, 매미가 오덕을 갖춘 선비로 또는 매미 날개 모양의 익선관(翼蟬冠: 임금이 평상복 곧 곤룡포 차림으로 정사를 볼 때 쓰던 관)에서 보듯, 매미는 예로부터 선비의 덕을 나타낸다고 인식되어 온 이유이다.

따라서 갑골문 매미 글자의 글말이 '단'이거나 '선'이든 상관없이 여름/하(夏)의 글말과는 아무런 개연성도 찾을 수 없다. 그렇다면 우리말 말자취의 원리로 시각을 돌려 '여름'을 보면 어떨까? 한말 '여름' 또는 '열음'은 '열매(果)'를 뜻하는 말이다. 그리고 '녀름'은 '농사'의 뜻도 있고, '녀름지시'는 '농사, 농사짓기'의 뜻이며 '녀름짓다'는 '농사짓다'는 의미로 쓰였다. 그러므로 한말 '여름'은 '열매 맺는 무렵' 또는 '녀름짓는(농사짓는) 무렵'의 계절임을 나타내는 말이다. 그러므로 한말 '여름'에 견주어 하(夏)를 보면, '하' 또는 '가'의 글말은 '크다' 또는 '가꾸다' 곧 농사짓는 식물이 '크고', 식물을 '가꾸는' 또는 '가동질하는' 무렵의 뜻으로 가차했다고 볼 수 있다. 더불어 하(夏)의 금문 자형은 혈(頁)의 변이형에 여러 농기구 같은 기호가 덧붙여 진 형태이다. 즉, 획기적으로 개발된 농사법과 그 농기구들을 동원하여 농사를 짓는 현상을 나타낸 것으로도 볼 수 있다.

'하낳'은 '하(크게) 낳(낳다)'으로, '하늘(알/열매)을 새로 열다(맺다, 잉태하다/낳다)'는 뜻과도 서로 일맥상통하는 말이다. 그리고 하(夏)나라는 우(禹)임금이 세운 나라이다. 우(禹)는 순 임금이 선양(禪讓)하여 임금이 된 선양제의 마지막 왕이다. 그리고 그의 치적은 치수(治水)를 완성했다는 것으로 역사에 한 획을 그었다. 치수사업은 결국 논농사를 획기적으로 개선했다는 뜻으로 그 시대의 농업혁명을 이룩한 것이다. 그러므로 하(夏)나라를 가차하여 여름철 벼농사를 획기적으로 새롭게 개선한 나라라는 뜻을 암시하고자 했다고도 볼 수 있다. 그리고 이 시기는 중국 고대사와 우리의 고대사가 불분명한 시대로서 서로의 정체성이 모호하게 얽혀 있다. 서로의 정통성을 다투는 시기로, 하(夏)나라가 '하늘나라'의 정통성을 잇는다는 뜻의 개명(改名)일 수도 있다. 어쨌든 이 전설의 시대를 규명하는 일이 서로의 정체성을 분명하게 밝히는 일이기도 하다.

추(秋)의 갑골문, 소전이다. 추(秋)는 《說文》에 古文(籀文)이라 하여 수록한 글자는 〔禾+火+龜〕의 대전(大篆)이며, 소전(小篆)은 지금과 같은 "秋"로 적고 화(火)는 초(龜+火)의 생략형으로 발음 부분이라 설명한

233

다. 龜 글자는 메뚜기를 상형했다는 글자와 서로 혼용되어 쓰이고 있고, 그 글자만을 추(秋)의 갑골문으로 보기도 한다. 그러나 거북이를 상형했다는 글자와도 서로 구분이 어려운 글자이다. 그렇기 때문에 매미와 마찬가지로 메뚜기 또한 같은 맥락으로 볼 수 있다.

메뚜기의 옛말은 '묏도기'이다. 뫼는 메이고, 산이다. 즉, '모도아(모아) 돋운 이'의 준말로 뫼(산)의 뜻이다. 그렇기 때문에 묏도기는 '모도아(뫼) 도두(돋우) 뛰기 하는 이(도기)'의 의미로 '묏도기 〉 메뚝이 〉 메뚜기'의 변천과정이 추론된다. 따라서 한말글 메뚜기/마(螞)는 말처럼 뛰는(馬) 벌레(虫) 또는 모도아[마] 뛰는 벌레의 얼개이고, 메뚜기/자(虫乍)는 '바느질의 사뜨듯(乍) 뛰는 벌레(虫)'의 얼개로, '자맥질하듯(방아찧듯) 뛰는 벌레'에 의미 동화되어 '자' 글말이 되었다고 볼 수 있다.

매미와 마찬가지로 메뚜기의 자형 역시 가을과는 무관하다고 볼 수 있다. 위의 갑골문 자형은 전혀 별개의 자형이다. 추(秋)의 갑골문 맨 위 자형은 들/입(入)의 갑골문 자형이므로, 아래를 칼날의 모습처럼 볼 수 있으면, 벼훑이에 들여[입(入)] 알곡(이삭)[일(一)]을 추스려 올리는 [추] 현상을 나타내어 수확의 계절을 나타냈음을 알 수 있다. 점차 그 의미를 분명히 하기 위해 형성자로 변형시켰다고 보아야 한다. '추' 글말이 메뚜기 자형과 연결되면서 가을과도 무리하게 연관 짓고, 나아가 매미 자형 또한 여름과 억지로 연결 지은 것으로 추론된다. 다만 그 자형의 글말을 취하여 메뚜기가 뛰노는 계절을 암시하고자 했다고는 볼 수 있다.

한말 '가을'의 먼저 말은 '가슬'이다. '가(아래아)사(반치음)'는 옛말 '갓(아래아)다'의 활용형으로 '끊어'의 뜻이다. 그러면 '가사다(갓다)[가]와 알((벼이삭/알곡) 또는 철(계절)'의 준말 곧 '알곡을 거두어들이는 철(계절)'의 뜻이다. 따라서 한말글 추(秋)는 '벼를[禾] 추리다(필요한 것만 뽑아내

234

다, 따다)[추]' 곧 '벼훑이에 들여[入] 벼이삭[禾]을 추리다[추]'는 의미이다. 추수하는 계절을 나타내어 '가을'과 그대로 서로 일맥상통한다.

동(冬)은 終(마칠/종)의 원시형태이다. 終은 가시나무의 일종으로 '끝'이라는 뜻은 가차된 것이고, '겨울'이라는 뜻의 冬은 '끝'이라는 뜻에서 파생되었다는 학설이 있다. 한편 갑골문 · 금문에서 冬은 실 양쪽 끝을 묶은 형태인데, 실 끝을 잘 묶어 헝클어지지 않게 걸어 놓은 것은 다 썼다는 뜻이므로 '끝나다'라는 의미의 '終'은 여기에서 비롯된 것이고, 계절의 끝인 '겨울'이라는 뜻도 여기에서 파생되었다는 학설도 있다. 실(糸)은 옷감의 재료이기도 하지만 일반적으로 옷을 꿰매는 재료임이 먼저이다. 그렇기 때문에 실을 묶는 행위는 그 역할을 다 마쳤을 때임은 자명하다. 그러나 갑골문의 자형은 실을 묶어 놓은 형태보다는 어떤 곡식을 매달아 걸어 놓은 모습에 보다 더 가깝다. 終의 자형에 갇혀 보기 때문으로 보인다. 종(終)은 '동(冬)' 글말의 형성자이다. 즉 '실[糸]을 동여매다[동(冬)]'는 얼개로 분명히 '마침', '끝'을 뜻하는 글이다. '동 〉 종' 의 변화는 구개음화로 볼 수 있다.

동(冬)의 갑골문, 금문, 소전이다. 동(冬)의 갑골문 자형은 어떤 곡식을 다음 해에 종자(種子)로 쓰기 위해 기둥이나 벽 등에 매달아 놓은 모습을 상형한 것으로 보는 것이 보다 타당해 보인다. 지금도 시골의 겨울 풍경에 그대로 남아 있지 않은가? 특히 옥수수를 매달아 걸어 놓은 모습과 흡사하다. 금문에서는 씨앗을 뜻하는 십(十) 두 개가 서로 엮여 놓은 모습으로 나타나고, 소전은 주머니에 담아(들여) 동여매는 상징으로 나타냈다. 즉, 주머니 아래 들/입(入)을 겹쳐서, 들여 담는 현상을 나타낸 것임을 알 수 있다. 글말 '동'은 당연히 종자를 말리기 위해 '동여 매단' 현상이나 '동여 매어' 보관하는 상태를 그대로 나타내고 있다. 그러면 한말 '겨울'과는 어떻게 연결되는가?

겨울의 먼저 말은 '겨슬'이다. 이는 '(이삭이)기어[겨] 스며들다(스미다)[슬]와 철'의 준말이다. 다음 해의 새로운 새싹을 움트기 위해 안으로 움츠려 갈무리하는 과정, 곧 가을걷이한 곡식을 종자(種子)로 준비시키는 무렵을 나타낸 것이다. 그러면 '겨슬'의 '겨'는 '(쌀)겨' 또는 껍질을 뜻하는 '겨'로 볼 수도 있다. 그러므로 '(알/이삭이) 껍질[겨] 속으로 스며드리는 철 [슬]' 즉, 종자(種子)를 들이는 철임을 뜻하게 되는 것이다. 따라서 동(冬)의 갑골문은 입(入) 아래 주(丶) 그 알곡이 달려 있는 형상으로, '알곡[주(丶)]을 들이어[입(入)] 동여매다/동대다[동] 또는 알곡을 들이는 동안'의 얼개이다. 겨슬의 말 자취 그대로이다.

결국 봄 여름 가을 겨울, 춘하추동(春夏秋冬)은 '모(벼)'의 싹을 틔워 모내기하고, 농사지어 그 결실을 추수하고 다시 종자(種子)를 만들며 다음해를 준비하는 벼농사 제반 과정의 1년 동안을 사계절로 나눈 것과 다름없다. 그리고 그 기준은 벼이삭 즉 '모'의 변천과정임을 알 수 있다. 따라서 계절을 뜻하는 한말글 '계(季)'의 구조가 '벼[禾]의 싹(모)[子]'으로 만든 이유이다. 더불어 사계절 중 봄과 가을 곧 춘추로서 1년을 나타내어 나이를 뜻하고, 나아가 세월을 의미하는 것이다. 자연의 법칙 그대로를 말과 글로 나타낸 것임을 알 수 있다.

03

여러 가지 시간의
흐름들

계(季)의 갑골문, 금문, 소전이다. 계(季)는 화(禾)와 자(子)의 회의자로, 갑골문에서부터 큰 변화가 없는 글자이다. 글말 '계'는 '-거리로 이어 가다'의 준말로 추론할 수 있다. '-거리'는 달거리, 해거리, 하루거리 등에서 보듯, 그 시간 단위를 주기(週期)로 하여 일어남을 뜻하는 말이고, '거리'는 굿의 한 장을 이루는 단위, 남사당놀이에서 한 마당을 다시 몇 부분으로 나누어 그 부분을 이르는 단위 등으로 쓰이는 말이다. 그래서 계(季)는 '벼[禾]의 싹[子] 거리 곧 봄 여름 가을 겨울로 이어가는 각각의 단위[계]'를 나타내는 것이다. 또한 '계'는 '겨이'의 준말로, 이는 '겨누어(견주어)[겨] 이어 가다[이]'의 준말이기도 하다. 그러면 '벼[禾]의 싹[子]이 변해가는 과정과 견주어 이어가는[계]' 뜻을 나타내어 그 의미를 쉽게 알 수 있다. 이와 비슷한 얼개로 만든 한말글이 년(年)이다.

년(年)의 갑골문, 금문, 소전이다. 년(年)은 갑골문에서 사람[人]이 벼[禾]를 짊어지고 있는 모습의 회의자이다. 금문에서 인(人)의 자형이 변하기 시작하여 소전에서는 천(千)이 되어 형성자로 설명하기도 하지만, 자형의 변화에 따른 오해에 불과하다. 즉, 금문에 십(十)이 나타나듯, 씨앗을 일으키는 단위가 분명하다. 글말 '년'은 '니어(잇달아, 계속하여) 나누다'의 준말로, '벼[禾]를 일으키는(세우는, 일구는)[人] 전 과정을 기준으로 니어 나누는[년] 것'을 의미한다. 그렇기 때문에 한 해 벼농사를 단위로 잇달아 이어지는 '해'와 더불어 '나이'를 뜻하는 것이다. 따라서 벼의 '싹'이 변하는 부분 거리로 이어가는 각각의 단위를 의미하는 것이 계(季)이고, 반면에 년(年)은 그 사계(四季) 곧 벼가 싹을 맺히는 전과정의 벼농사를 단위로 이어가는 것을 뜻한다.

계(季)는 한말 '철'의 말자취이다. 그러면 '철'은 '차례[ㅊ](단위) + 얼(子)'의 축약형으로, '철'이란 '얼이 드는 차례(순서)'임을 쉽게 알 수 있다. 그래서 우리는 관용적으로, '철이 들다', '철이 없다'는 표현을 쓴다. 곧, 얼이 영글었다(무르익었다, 결실을 맺었다)는 뜻이고, 아직도 결실을 맺지 못하고 있다(풀의 상태를 벗어나지 못했다)는 의미이다. 더불어 '철부지'는 '철不知'로 세월 가는지도 모르는 얼간이를 일컫는 말이다.

그런데 사계절(철)의 명칭이 봄과 여름은 'ㅁ'으로 끝나고, 가을 겨울은 'ㄹ'로 끝나는 구조이다. 이 같은 조어방법에 다른 의도가 있는 것일까? 상식적으로 볼 때, 봄과 여름의 벼 상태는 결실을 준비하는 '모'의 상태이고, 가을과 겨울은 결실이 이루어진 '알(열)' 즉 '이삭'의 상태이다. 과정[싹]과 완성[알]의 단계로 나눈 것이다. 그리고 이는 과정이 강조된 '무렵'을 의미하고, 더불어 완성을 강조한 '철'의 개념으로 구분한 것이다. 어쨌든 사계절에서 싹이 돋는 '봄'과 결실을 맺은 '가을'을 취하여 '춘추(春秋)'로서 사시사철을 나타내고 '나이'를 뜻하게 되었음을 알 수 있다. 곧 나이란 해마다 새로운 싹을 심고 그 결실을 맺으며 거듭거듭 태어나야 한다는 교훈을 담고 있는 말이다. 그렇기 때문에 공자가 역사 또한 그와 같은 것으로 간주하여 '춘추(春秋)'를 짓고, 그 명칭으로 삼지 않았겠는가?

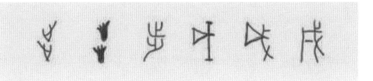

순서대로 보(步)와 술(戌)의 갑골문, 금문, 소전이다. 해, 새해/ 나이, 연령/ 세월, 시일/세(歲)의 갑골문은 보(步)와 술(戌)의 회의자이다. 걸음, 걸을/보(步)의 갑골문, 금문은 오른발 왼발을 아래위로 겹쳐 놓은 글자이다. 걸어가는 발자국을 그대로 그린 것이다. 그러면 한말 '걷다'는 (발을) '갈아(바꾸어) 디디다(딛다/닿다/다니다)' 또는 '갈아 들(이)다, 갈마 들(이)다'의 준말이다. 곧 '발(다리)를 번갈아 왔다 갔다 하다, 벌리다, 보내다'는 뜻이다. 그래서 보(步)의 글말은 '보내다, 버리다(벌리다)'의 준말임을 알 수 있다.

세(歲)의 갑골문, 금문이다. 세(歲)는 '발걸음[보(步)]을 가르어(잘라/썰어)[술(戌)] 세다(헤아리다)[세]'는 얼개이다. 자형이 갑골문은 발걸음 사이를 가르고 있고, 금문은 발걸음을 층층이 갈라 구분하고 있는 이유이다. 발걸음 나아가 발자취는 역사의 은유적 상징이다. 걸음걸음을 나누어 헤아림은 그 지나온 역사를 세분하는 것으로 '해/ 나이/ 세월' 등을 나타내는 일의 다름 아니다.

역(亦)의 갑골문, 금문, 소전이다. 역(亦)은 갑골문과 금문이 차이 없이 '大 + 八'의 형상이다. 대부분 지사자로 보지만, 회의자로 보는 것이 보다 타당하다. 즉, '사람이 크게[大] 팔을 벌려 나누어[八] 이어지는(잇닿은)[이/역] 고랑 이(곳)[ㄱ][익(羊益切)〉역]'으로 '겨드랑이'를 뜻한다. 그러면 한말 겨드랑이는 '곁의 팔이 들린(들려 움푹 패인) 고랑 이'의 준말임을 알 수 있다. '익/역' 글말에 의해 '또/ 또한'의 뜻으로 가차(假借)되자, 새로 신체를 나타내는 육(肉/月)을 더해 겨드랑이/액(腋)의 형성자로 서로 구분했다.

240

석(夕)의 갑골문, 금문, 소전이다. 저녁/석(夕)은 월(月)의 달빛을 나타내는 지사 십(ㅣ) 획이 없는 글자로, 밝지 않은 달빛을 암시하고 있는 글자이다. 그래서 글말 '석'은 '섞이다'의 준말로, 달이 희미하게 떠오르는 곧 달이 섞이기 시작하는 저녁 무렵을 나타내고 있음을 알 수 있다. 따라서 저녁은 태양이 어둠에게 머금어지는 과정이고, 달이 희미하게 섞이는 무렵으로, 저녁/석(夕)은 후자의 상태를 묘사한 글자이다. 그러나 시각을 달리하면, (갓 태어난) 달이 (해의 얼을) 서리어가는 [석] 때를 나타낸 것으로, 달 안에 얼[십(ㅣ)]이 없이 나타낸 까닭이기도 하다.

야(夜)의 금문, 소전이다. 야(夜)는 형성자로 금문을 보면 사람이 겨드랑이[역(亦)]에 달[석(夕)]을 끼고 있는 모습으로 '어둡다'는 뜻이라고 설명한다. 야(夜)는 글말 '익/역/액' 등이 '야'로 바뀌었다는 뜻이다. 어쨌든 '익/역/액'은 '이어 가다[야]'는 뜻의 여러 준말 형태이므로 타당해 보인다. 그러면 밤/야(夜)는 그 저녁[석(夕)]의 상태가 끝나고, 곧바로 저녁을 이어 가는[역/야] 때부터의 무렵을 나타내는 글자이다. 즉, 밤은 태양(밝음)이 어둠에 머금어진 상태와 달빛이 섞이는 희미한 저녁

(夕)을 이어 받아 달(月)이 완연히 떠 있는 동안의 상태로 나누어 나타 낼 수 있는데, 야(夜)는 그 후자를 뜻하여 표현했음을 알 수 있다.

그러나 시각을 달리하면, 대(大)와 십(十) 그리고 석(夕)의 회의자로 도 볼 수 있다. 즉, 달은 햇빛을 여미어 머금는 음(陰)의 상징이고, 월 (月) 안의 십(十)은 그 상징이며, 밤에만 환하게 뜨는 특징이 있다. 따 라서 '저녁의 희미한 달빛이[석(夕)] 야금야금[야] 빛을 머금으며 영글 어지고 [십(十)] 달빛이 환하게(크게) 되어가는[대(大)]' 얼개로 한말 '밤' 과 일맥상통한다. 그리고 달이 또한 보름달에서부터 '야금야금' 먹히 는 상황과 메타포를 이루는 시적(詩的) 의미도 아울러 나타냈다고 볼 수 있다. 우그러지는 달의 모습은 둥그런 호떡이 야금야금 먹히는 형 태처럼 변하지 않는가?

조(旱)의 소전이다. 일찍, 이를/ 새벽/조(旱)는 일(日)과 갑(甲)의 회 의자이고, 갑(甲)의 갑골문, 금문은 가운데를 가르는 십자가 형태이 다. 그 의미상 씨앗 또는 열매가 맺힌 열/십(十)의 자형에서 씨가 반 으로 벌어진 상태를 지시하는 지사자로 볼 수 있다. 그러면 글말 '갑' 은 '가가(아래아)기(갑자기) 또는 가르어 벌어지다'의 준말로, 갑(甲)은 막 싹트기 전 씨 껍질이 갑자기 벌어지는 상태로 싹이 돋아나기 직전의 순간 그 찰나를 지시하여 나타낸 지사자로 볼 수 있다. 따라서 조(旱) 는 햇빛이[일(日)] 벌어진 틈새로[갑(甲)] 조는(쪼다/ 조뼛대다/ 조잘거리다) [조](비추는) 때를 나타냈다.

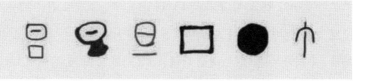

신(晨)의 금문, 소전이다. 새벽/신(晨)은 신/진(辰) 글말의 형성자이다. 그런데 금문은 소전과 다르게 일(日)이 아닌 발[지(之/止)]와 두 손으로 감싸는 형태의 가운데에 신(辰)이 있는 자형이다. 의미와 견주면, 글말 '신/진'은 신발하다(먼 길을 떠나기 위하여 짚신 신고 감발을 하다)' 또는 '진둥한둥(급하거나 바빠서 몹시 허둥거리는 모양, 겨를 없이 지내는 모양)'의 준말이다. 그러면 '별들이[신(辰)] 떠나기 위해[지(之)] 신발끈을 매려고[신] 허둥거리는[진] 무렵'을 나타냈다. 얼마나 멋진 표현인가? 소전에서는 해[일(日)]로 바꾸어 햇빛에 쫓기는 별의 허둥거림으로 나타냈다.

한말 '새벽'의 얼개는 무엇인가? '새벽'을 '새 + 벽'으로 분석하면, '새'는 '사이' 또는 '새(어 나오)다', '(날이) 새다' 등의 준말로, 사이(틈)에서 솟아 나오는 뜻이다. 그리고 '벽'은 '비치어 가(르)다'의 준말로 볼 수 있으므로 새벽은 '(햇살이) 새어 비쳐 가(르)다'는 뜻으로 아직 해뜨기 전의 여명이 비추는 때임을 나타내는 말이다. 조(旦)나 신(晨) 모두가 여명의 무렵을 나타내고 있지만, 한말 '새벽'은 조(旦)의 발로 볼 수 있다.

단(旦)과 정(丁)의 갑골문, 금문, 소전이다. 한말 '아침'은 '아(알, 해)가[아] 치솟아 오르는[치] 무렵[ㅁ]'의 준말로, 해 뜨는 무렵을 이른다.

243

한말글 아침/단(旦)의 갑골문, 금문은 일(日)과 정(丁)의 회의자이다. 정(丁)은 다 자란 장정(壯丁)의 뜻도 있고, 글말 '정'을 '참'의 뜻으로 보면, '꽉 찬(채워진)' 상태를 나타낸다. 글말 '단'은 '다 나오다'의 준말임을 쉽게 알 수 있다. 그러면 해돋이 무렵 '해가[일(日)] 꽉 차게[정(丁)] 또는 수(지)평선[_] 위로 다 나온[단] 무렵'을 뜻하여 한말 '아침'의 얼개 그대로 나타낸 글이다.

조(朝)의 갑골문, 소전과 입(人)의 갑골문, 금문, 소전이다. 조(朝)는 보통 설명하는 대로, '해와 달이 풀숲[초(艸)] 사이에 동시에 있는 모습으로, 해가 뜨고 달이 아직 지지 않은 상태인 '아침'을 뜻하는 회의자'로 볼 수도 있지만, 갑골문은 월(月)이 아닌 석(夕)이듯, 초(艸)를 햇살이 솟아 비추는 모습으로 보고, 글말 '조'를 '조(쪼)다'로 보면, '해가[일(日)] 솟아나며 햇살이[초(艸)] 달빛을[월(月)] 쪼아 먹는 또는 쫓는[조] 그래서 달빛이 희미한[석(夕)] 상황을 묘사한 곧 달이 섞이는 저녁(夕)과 대비되는 개념으로 보는 것이 보다 논리적이다. 소전은 정(丁) 또는 ㄱ(호미/괭이)와 입(人)이 추가되어 나타난다. 즉, 호미로 김을 매듯, 정으로 쪼듯, 햇빛이 솟아 오르며 달을 쫓아 들여 보내는 상황으로 나타냈다. 우리말 '아침'을 그대로 나타낸 단(旦)과 달리 보다 시적(詩的)으로 표현한 시각으로 볼 수 있다.

'조정(朝廷)'의 의미로 유추된 이유는 무엇인가? 조정(朝廷)이란 천지 음양(日/月)을 주물러 다듬어(쪼아) 세상을 보다 밝게 밝히는 곳을 일컫는다. 즉, 달빛(月) 보다 더 밝은 햇빛(日)의 밝은 세상을 다듬는(정으로 쪼는) 곳이란 의미로서 조정의 뜻으로 유추되었다고 볼 수 있다. 나아가 달빛(밤/月)을 쪼아 쫓아내고, 햇빛(아침/日)을 따라 쫓아가는, '임금 뵐(알현할)' 뜻도 유추된다. 더불어 아침/조(朝)는 저녁[석(夕)]을 잇대어 지은 밤[야(夜)]을 다시 잇는 시각에 견주어 만든 글자임을 알 수 있다. 즉, 저녁과 밤 그리고 아침은 달빛이 섞이고 빛나며 쫓겨나는 상황에 따라 나타냈다.

오(午)의 갑골문, 금문, 소전이다. 그리고 현(玄)의 갑골문과 소전이다. 오(午)의 갑골문은 현(玄)의 갑골문과 똑같다. 즉, 처음에는 '현/오'의 전주자에서 서로 구분을 위해 변형시켰다는 뜻이다. 현(玄)은 아지랑이가 가물가물 피어 오르는, 곧 켜(혀) 나오는[현] 현상을 나타냈고, 오(午)는 한낮의 태양빛에 대지가 오(이)글거리는[오] 현상을 나타내어 '정오(正午)'를 뜻했다고 볼 수 있다. '한낮'은 '낮의 한 가운데'의 준말로 '정오(正午)'를 나타낸다. 정오란 태양이 가장 높이 떠 오른 때를 이르는 말이다. 흔히 오(午)는 본래 절굿공이를 그린 상형자였으나 갑골문에서부터 지지(地支)의 일곱 번째로 가차된 글자로 설명하는 것은 금문의 자형에서 오인한 것으로 보인다. 글말 '오르락거리다[오]'는 의미에 따라 오히려 절구질하는 동작과 그 자형의 영향으로 절구공이 뜻을 가차했다고 보는 것이 합당하다. 어쨌거나 글말 '오'는 '오르다, 올리다, 오르내리다, 오글거리다'의 준말로, 태양이 오글거리고, 오르내리는 무렵 곧 가장 높은 정상의 언저리에 있는 무렵을 나타냈다고 볼 수 있다.

'점심'은 흔히 불교의 선종(禪宗)에서 정식(定食) 전에 마치 공복에 점을 찍듯이 먹는 간식을 '점심(點心)'이라고 한데서 유래된 말로 알고 있다. 그러나 우리말에 대한 어원의식이 희미해지고, 불교와 더불어 '점심(點心)'이 널리 쓰이면서 우리말의 '점심'과 혼용되어 쓰인 결과라고 볼 수 있다. 그렇기 때문에 점심은 주로 '점심식사'의 의미로 쓰이고, 그 시간대는 따로 점심때 또는 점심나절 등으로 나타내고 있다. 한말글 오(午)는 또한 태양이 기울기(저물기) 시작하는 시점이기도 하다. 따라서 '점심'은 '저물기[점] 시작하는 무렵[심]'의 준말임을 알 수 있다. 그리고 '저녁'과 서로 유기적으로 연결되는 뜻이기도 하다. 당연히 '저녁'은 (태양이) '저무는[저] 녁(무렵)'을 뜻한다.

막(莫)의 갑골문, 금문, 소전이다. 莫은 '막'과 '모' 두 가지 글말의 전주자이다. '막'음으로는 '아닐, 말, 없을'의 뜻과 '더할 수 없을'의 의미를 가지고, '모'음으로는 '저물(=暮)'의 서로 전혀 다른 뜻을 가진다. 흔히 莫은 해(日)가 풀숲[망(茻)] 사이에 있는 모양의 회의자로, '해가 지다, 어둡다'라는 뜻을 나타낸다. 大는 艸(초)의 변형이다. 뒤에 '아무도 … 않다'라는 뜻으로 가차되자, 日을 더한 暮(저녁/모) 자를 새로 만들어 보충하였다고 설명한다. 그러면 글말 '막/모'와 '저물다'는 유기적으로 어떻게 연결되는가? '저물다'를 '저'와 '물다(먹다) 또는 '울다'로 분석하면, '저'는 '저미다(여러 개의 작은 조각으로 얇게 베다)'에서 보이듯, '조다(쪼다)'의 뜻이다. '저물다'는 '조아(저미어) 물(들이)다, 먹다' 또는 '저미어 울다'는 뜻으로 해질녘 노을의 모습을 시적(詩的)으로 표현했다고 볼 수 있다. 즉, 莫는 해질녘의 노을이 지는 현상을 나타낸 회의자로 보면, 망(茻)은 풀숲이 아니라 쪼개지는 노을 빛을 나타낸 상징으로 볼 수 있다. 조(朝)의 아침 햇살이 달을 쪼듯, 막/모(莫)은 태양이 하늘을 저미어 저녁노을을 짓는, 또는 반대로 하늘이 태양을 조아 저미는 모습을 나타냈다고 보는 것이 보다 서로 유기적으로 연결된다. 그렇기 때문에 글말 '막'은 '먹다(물감 따위가 잘 배어들거나 고르게 퍼지다)'의 생략형 '먹(아래 아)'으로 하늘을 물들이는 뜻이거나, 태양을 '먹어' 삼키는 뜻으로도 볼 수 있다. 또한 '막내'에서 보듯, 마지막/ 끝의 의미로 태양의 마지막 몸부림도 나타냈다.

모(暮)의 소전이다. 즉, 소전 이후에 일(日)을 덧붙여 모(暮)로 구분하기 시작했다는 뜻이다. 그럼 '막'의 글말에서 부정의 의미로 가차된 이유는 무엇인가? 한말 '마구(잡이)'의 준말 '막'에서 '더 할 수 없을' 뜻으로, '막가다/막다르다/막다/막되다' 등의 뜻에서 '막아' 지는 행위로 말미암아 부정의 의미로 가차되었음을 알 수 있다. 후에 가차된 부정의 '막다'와 의미 구분을 분명히 하기 위해 '모' 글말을 빌어 (해/햇빛을)'모다(몰아가다), 무/물다(삼키다)' 또는 '모으다' 등의 의미로, 하늘이 채처럼 저민 햇살을 모아 들이는 저물/저녁 뜻으로 따로 구분하고, 나아가

'日'을 또 덧붙여 형성자로 보다 분명히 그 뜻을 구분하였다고 봄이 합당하다. 그렇다면 '노을'과는 어떻게 구분하였는가?

하(霞)의 소전과 우(雨)의 갑골문, 금문, 소전이다. 노을/하(霞)는 '雨 + 가(叚)'의 형성자이다. '비(雨)'와는 전혀 상관이 없는데 왜 의미 부분에 雨가 쓰였는가? 우(雨)는 하늘에서 어떤 것이 떨어져 내리는 것을 상형한 글자이다. 그렇기 때문에 천둥 번개 구름 등에 모두 쓰이는 것이다. 비가 가장 흔하여 일반적으로 '비'의 의미로 쓰일 뿐이다. 주된 의미는 '하늘에서 내리고 비추며 흩뿌리는 뜻'을 내포하고 있음을 알 수 있다. 그러면 글말 '우'는 '우리다'의 준말로, 하늘의 비/ 번개/ 천둥/ 눈/ 해(빛)/ 구름/ 노을 등을 우려내어 떨어트리는 뜻으로 볼 수 있다. '입 / 구(口)' 자가 '말하다'는 의미를 내포하고 있음과 마찬가지이다.

우리말 '비'의 뜻 역시 '비쳐(빗살 쳐)/비롯어 하늘에서 내리는 이(물/미르)'를 축약한 의미로 보아야 한다. 그러므로 하(霞)는 '(태양빛이/을) 가르어[가(叚)] 또는 하늘거리며[하] 비쳐 내리다, 우리다(雨)'는 뜻이다. 우리말 '노을'은 '노불(블) 〉 노울 〉 노을'의 변천 과정을 거쳤다. 즉 '노(얼/해)가 비쳐 우리다 또는 불탄다'에서 점차 '노(태양)가 울부짖다'는 시적 의미로 표현되었다고 볼 수 있다. 태양빛이 불꽃처럼 활활 갈리어 타 오르는 모습을 표현한 것이 하(霞)이다. 노을을 일부 방언에 '불새'라고 부르는 뜻에 그 잔재가 남아 있음을 본다. 저물 녘의 하늘이 태양을 쪼아 먹는 노을의 모습으로 표현한 글자가 모(莫)이고, 모(暮)이다. 반면에 노을은 하늘이 불타고 울부짖는 현상에서 다시 말해 먹히며 피가 뚝뚝 떨어지는 핏물[雨]로 나타냈고, 저녁이나 저물다는 해가 먹히고 잠기는 모습에서 해(日)를 덧붙여 표현해 구분했다. 그렇기 때문에 또한 '밤(夜)'은 태양이 달에 먹힌 상태를 나타낸 것이다.

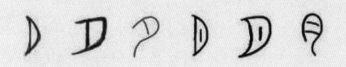

석(夕)과 월(月)의 차이는 안에 십(丨)의 유무(有無)일 뿐이다. 저녁의 또 다른 표현은 '석(夕)'이다. 아침의 달이 햇살에 쫓겨 사라졌다는 의미는 아침에 태어난 달이 해의 품에 안기어 잠을 자는 모습이기도 하다. 저녁에 다시 살아 나오는 것은 해의 강보(포대기)에서 독립하여 자라나는 모습으로, 얼을 섞어 서리기 위한 현상이기도 하다. 그렇기 때문에 밤은 또한 달이 해의 얼을 서리고 잉태하여 열매(얼)를 맺힌 상태이고, 아침은 그 얼이 다시 출산하는 때이다. 그렇게 돌고 도는 자연의 순리를 표현하고자 서로 간 유기적 관계로 나타냈다고 볼 수 있다. 즉, 밤은 달을 중심으로 도는 시간의 흐름을 나타낸 것이다. 마찬가지로 낮은 해를 중심으로 나타냈고, 더불어 전체적으로 하루가 태양이 한 바퀴 돈 기간을 나타내듯, 하루의 구분들은 해의 움직임에 따라 일목요연하게 표현 된 것이다. '하루'는 '하(해)가 (한 바퀴) 누(루)리는/이루는[흐르는/이르는] 동안'의 의미로 볼 수 있는 근거이기도 하다. '하돌 〉하랄 〉하라 〉하루'의 변천과정에서 고대의 '하돌'은 '하(해) + 돌'로 '돌'은 '닭'의 의미로 볼 수 있기 때문이다.

주(晝)의 갑골문, 금문, 소전이다. 주(晝)는 '畵(그림/ 화(畵), 그을/ 획)의 생략형과 일(日)의 회의자이고, 낮은 밤과 경계를 이룬다는 뜻으로 畵를 쓴 것이다'고 설명한다. 그러나 소전에서부터는 일(日)이 단(旦)으로 바꾸기 시작한다. 어쨌거나 주(晝)는 해가[일(日)] 아침에 떠올라[단(旦)] 주우욱 그리며, 가(로지)르며(畵) 주어지는[주] 동안을 뜻하는 글자로, 우리말 '낮'과 일맥상통한다. 즉, '낮'이란 해가 떠올라 질 때까지의 동안을 말함이다. 다시 말해 '나(해)가 주욱 자리하는 또는 주어지는 (지나가는)[ㅈ] 동안을 뜻한다. 그리고 畵의 생략형은 손으로 붓을 잡고 있는 형태로, 빗자루를 잡고 있는 형태로도 본다면, 해를 빗자루에 견주어 '해가 쓸어 주는 동안, 또는 해가 쓸리는 동안'을 표현했다고도 볼 수 있다. 햇빛은 빗살처럼 비추기 때문이다. 햇살 또한 빗자루에 쓸린 빗자국, 즉 빗살과 비슷하지 아니한가? 그러므로 밤은 또한 해가 쓸려 담기는 동안을 나타내어 서로 유기적 관계를 이루고 있다.

만(晩)의 소전과 면(免)의 갑골문, 금문, 소전이다. 일찍과 늦게, 일음과 늦음은 위아래가 공간(데)의 가늠이듯, 시간(때)의 가늠을 말한다. 그 가늠의 기준은 무엇인가? 우리말 '늦게'는 '느즈막에'의 준말이

250

고, 이는 또한 '느(해)가 지나 마지막에 이르는 녁에'의 준말임을 알 수 있다. 늦을/만(晩)은 면(免) 글말의 형성자이다. 그러면 '면'은 '멀어져/마지막으로 놓이다' 또는 '멀어진 녁(무렵)'의 준말이다. '면 〉 만'의 변화는 '면(멀리/멀직이 놓인/떨어진)'에 의한 의미 동화이다. 그래서 면(免)이 '놓다/내치다'의 뜻으로 보면 회의자일 수도 있다. 즉, 만(晩)은 '해[일(日)]가 멀어진 무렵/마지막으로 놓인 녁[면]'의 얼개는 형성이고, '해[일(日)]가 내치어 벗어나 놓인[면(免)] 마지막 녁에[만]'의 얼개로 보면 회의자이다. 별차이 없는 도긴개긴이다.

일찍/조(早)는 새벽과 같이 쓰이는 글이다. 조(早)는 '해[일(日)]가 쪼아[조] 틈(사이)를 갑자기 벌리는[갑(甲)]' 것이다. 달리 빛으로 찍듯이 비추는 때를 말한다. 한말 '일찍'의 옛말은 '일'이다. 그러면 '니(해)가 일다(빛을 일으키다)'의 준말이다. 점차 그 뜻을 분명히 하기 위해 '찍듯이 빛을 비추어(찌르어) 일으키는' 뜻으로 '찍'을 덧붙여 '일찍'이 되었다고 볼 수 있다. 따라서 일찍과 늦게는 해가 뜨는 시점 곧 아침과 해가 저무는 시점 곧 저녁을 기준으로 가늠하는 말임을 알 수 있다. 즉, 해가 뜨는 시작과 해가 지는 마지막이 기준이 되어 아침에 가까우면, 이른 때이고 저녁에 가까우면 늦은 때가 되는 것이다. 물론 서로 간 특정한 약속이 있다면 그 약속 시간이 기준이 되는 것으로, 별개의 문제이다.

만(慢)의 소전과 만(曼)의 금문, 소전이다. 한말 '느리게'는 '느(얼/해)가 리르어가게' 곧 '마음이나 해가 흐르듯이' 움직이는 뜻이다. 그렇기 때문에 느릴/만(慢)은 만(曼) 글말의 형성자로, '마냥(느긋한 마음으로 천천히), 만만한(느긋한)[만(曼)] 마음[심(忄)]'의 상태로 나타냈다. 즉, 해의 흐름이 아닌 느긋한 마음의 흐름으로 나타낸 글이다. 참고적으로 만(曼)의 금문은 아래부터 손[우(又)]와 미(眉) 그리고 족집게로 눈썹 털을 뽑는 모습의 자형이다. 그러면 글말 '만'은 '만지다(손질하다)/만들다/만물(맨 나중에 논의 잡초를 훔치어 없애는 일, 만도리)' 등의 준말로, 눈썹을 곱게 다듬는 모습을 나타낸 글자이다. 그러므로 '곱다, 아름답다/길다/ 끌다' 등의 뜻이 유추되는데, 쓸데없이 긴 눈썹처럼 '긴' 뜻이고, 털을 뽑듯, '끌어 당기는' 뜻임을 미루어 알 수 있다.

급(急)의 소전과 급(及)의 갑골문, 금문, 소전이다. 느긋한 마음의 느릴 뜻과 반대로 급한 마음의 빠를 뜻인 급(急)은 급(及) 글말의 형성자이다. 급(及)은 그 자형의 변화가 거의 없고, 사람이 손에 잡힌 또는 거의 붙잡힐 듯한 현상을 나타내고 있다. 그 뜻과 견주면, 글말 '급'은 '가까스로 붙잡다'의 준말이다. 그래서 근(끝)내, 끝까지 쫓아가 따라 붙어/잡아 미치는 뜻이다. 그러면 급(急)은 가까이 붙잡힐 것 같이 쫓기는, 반대로 기어코 반드시 붙잡아야 하는, 그렇듯 빠듯하게 속박된 마음 상태를 나타낸 뜻이다. 따라서 한말 '빠르게'는 '빠듯이 흐르게'의 준말로, 속박된 마음의 흐름을 나타낸 말임을 알 수 있다. 이와 같이 빠르고 느림은 마음에 따라 느껴지는 상대성의 관계이다. 그래서 늦었다고 생각이 드는 때가 가장 빠른 때가 될 수 있는 것이다.

속(速)의 소전과 속(束)의 갑골문, 금문, 소전이다. 마음 상태가 아닌 몸의 움직임에 대한 '빠르게'는 어떤 의미인가? 빠를/속(速)은 속(束) 글말의 형성자로, '속'은 '소(쏘)아가다'의 준말이다. 곧 '약속의 과녁을 맞추어(향해)[속(束)] 쏘아가듯, 쏜살같이(쏘아 놓은 화살같이)[속] 뛰다[착(辵)]'는 뜻이다. 다시 말해 약속 시간에 늦어 그 시간을 맞추기 위해 급히 쏜살같이 뛰어가는 속도를 뜻한다. 그렇기 때문에 한말 '빠르게'는 '바르다(도리나 사리에 맞아 어긋남이 없다, 햇볕이 잘 비치다)'의 뜻처럼, 햇빛이 잘 비추듯이 바르게 움직이는 뜻으로, '바르게'가 된소리(경음화)로 나타난 말이다. 즉, 약속 시간에 늦었을 때 그 시간에 바르게 도착하기 위해 햇살처럼 달려 가는 암시를 담고 있는 뜻이다. 속(速)의 얼개 그대로이다. 그럼 몸이 느린 것은 어떠한 상황인가?

서(犀)의 금문, 소전이다. 지(遲)는 소전에도 나타나지 않는다는 것은 그 후에 생긴 글이라는 뜻이다. 어쨌든 서(犀) 글말의 형성자로 설명하지만, '지' 글말의 회의자가 보다 합리적이다. 즉, '무소/코뿔소가[서(犀)] 지정지정(곧장 가지 않고 자꾸 지체하는 모양)거리며[지] 쉬엄쉬엄 가다[착(辵)]'는 얼개이다. 물론 '서(서성거리다)'의 준말이 지정지정에 의

253

미 동화되어 '지' 글말로 바뀐 형성자일 수도 있다. 지(遲) 이전에 나타난 글은 서(徐)이다.

서(徐)의 소전과 여(余)의 갑골문, 금문, 소전이다. 서(徐)도 여(余) 글말의 형성자로 설명한다. '내가[여(余)] 여짓여짓(말을 할 듯 말 듯 머뭇거리는 모양)거리며[여] 간다[척(彳)]'는 얼개는 형성자이고, '내 마음대로, 내가 가고 싶은 대로[여(余)] 서성거리며[서] 간다[척(彳)]'는 얼개는 회의자이다. 별차이가 없다. 그런데 글말을 '여기다(마음속으로 그렇게 생각하다)'의 준말로 보면, '내가[여(余)] 여기며[여] 뒤척뒤척 간다[척(彳)]'는 얼개로, 형성자이다. 이는 내 마음대로 내 마음이 여기는 대로 간다는 뜻이고, 다시 말해 내 마음이 이르는/흐르는/내키는 대로 여유롭게 가는 것이다. 그러면 바로 '느리게'의 발자취이다. '느'는 나이고 얼이며 태양이기 때문이다. 곧 '나가[느] 리르는 대로[리] 가게[게]'의 준말이기도 하다. 그럼 나는 누구인가?

령(令)의 갑골문과 명(命)의 금문이다. 나/여(余)는 여러 설이 있지만, 아직도 알 수 없는 자형이다. 령(令)과 명(命)의 시각으로 보면 그

254

와 같은 얼개로 이루어 진 것임을 알 수 있다. '령'을 '리르는 영(산뜻하고 밝은 기운)'의 준말로 보면, '하늘이(하나로)[一] 세워(들이어)[ㅅ] 니르는 영[령]을 공손히 받들다[절(卩)]' 또는 '공손히 받들어야 할 하늘이 세워 이르는 영'의 얼개이다. 그러면 하늘뜻을 세워 이르는 것이 법칙이고, 하늘뜻을 이르는 것이 명령(命令)하는 뜻으로, 하늘뜻이 아니면 함부로 법률을 세우고 명령을 내릴 수 없는 뜻임을 알 수 있다. 마찬가지로 '명'을 '멱(목)에 깃든 영'의 준말로 보면, '공손히 받들어[절(卩)] 먹여 살려야 할[구(口)] 하늘이(하나로)[一] 세워준[ㅅ] 목에 깃든 영[명]'의 얼개로, '목숨'의 발자취를 나타낸다. 목숨 또한 하늘이 세워준 것으로, 자기 마음대로 함부로 할 수 없는 것임을 뜻한다. 그렇다면 여(余)는 '하늘이(하나로) 세운 것을 여미고/이어(잇대어)[여] 태어난[생(生)] 씨앗[십(十)]' 또는 '하늘이(하나로) 세운 씨앗으로 태어난 여줄가리(주된 몸뚱이나 원줄기에 딸린 물건)[여]'의 얼개로, 우리는 각자 하늘의 천명을 받고 태어난 모두가 하늘겨레임을 알 수 있다. 그러므로 '여보'는 서로의 짝을 부르는 호칭이고, '여보시게/시오' 등은 각자 서로를 하늘의 여줄가리라 여기어 부르며 호칭으로 부르는 까닭이다.

01 둘, 땅

살고 계신 집은
어디입니까?

　흔히 '말은 생각의 집이다'라고 한다. 이는 말이 생각을 지배한다는 의미로도 쓰인다. 그러면 우리는 집에 의해서 지배당하며 살고 있다는 해석도 가능하다. 그도 그럴 것이 우리는 어느 곳, 무슨 형태, 어떻게 지은 집인가에 따라 각각의 삶이 다르다. 한옥 생활과 아파트 생활에 따라 사고의 패턴이 달라진다. 한옥은 느림의 미학과 자연친화적 사고가 몸에 배어 들고, 아파트는 빠름의 미학과 환경지배적 사고를 배양한다. 그리고 신분 차이에 따른 집 규모는 그 바라보는 의식의 시각을 다르게 한다. 시골 한 마을에 있는 집과 도시의 집은 서로 상대적이다. 시골집은 이웃을 확대하는 삶을 낳고, 도시의 집은 이웃을 축소하는 삶을 잉태한다. 분명 우리는 집에 의해 지배를 받고 있음이다. 그러나 말이 집은 아니다. 말이 지은 집이다. 말이 생각하는 대로 지은 집이다. 그러므로 말이 지은 집 곧 말의 뜻에 따라 집에 지배당하듯 우리의 생각이 지배된다는 의미이다. 말은 무엇인가? 마음이 우려내는

256

울림이고, 마음의 씨앗(알)이다. 생각은 무엇인가?

  사(思)의 소전과 신(囟)의 갑골문, 소전이다. 갑골문의 정수리/신(囟)
은 밭/전(田)과 마름모 꼴로 구분한 것으로, '신(신명)'이 깃드는 곳, 바
로 마음을 심는 밭임을 나타낸 것이다. 그럼 한말 '정수리'는 '참수리'
이고, '참마음 곧 참나가 이르른 이(곳)'의 준말임을 알 수 있다. 그래
서 생각/사(思)는 회의자로, '마음이[심(心)] 정수리[신(囟)]에 새기는(사
기는)[사]' 것이거나, '마음을/이 정수리(뇌)로 사르는(키로 곡식 따위를 까
불러 못 쓸 것을 가려내다 곧 키질하다)[사]' 것이다.

  순서대로 념(念)과 금(今)의 갑골문, 금문, 소전이다. 생각/념(念)을
형성자로 설명하지만, '금(今)'과 '념'의 글말은 차이가 많으므로, 회의
자(會意字)가 보다 타당하다. 형성이나 회의의 원리로 보면, 사실 그
의미하는 뜻은 별차이가 없기도 하다. 한말 '이제'는 '이르는 적에'의
준말이다. 즉, '말하는 바로 이 때'로 말하는 시점(時點)을 뜻한다. 갑
골문 념(念)의 윗부분에서 보듯, 본래는 입/구(口)를 뒤집어 나타내어
입/구(口)와 서로 구분했음을 알 수 있다. 따라서 어느 시기에 금(今)으

로써 다시 구분하였으나 갑골문 시대에는 서로 병용하여 쓰였다는 방증이다.

이제/금(今)은 어떤 얼개인가? 하늘이[一] 세우는 때[스]와 하나가 [一] 되는 때이다. 그러면 글말 '금'은 '그리메(그림자), 그음(한정限定)하다' 등의 준말이다. 하늘은 시간이고, 땅은 공간이다. 즉, 하늘의 시간이 세우는 때가 땅에 그림자를 그리는 때와 하나로 일치하는 때이다. 말하는 때나 움직이는 때에 따라 그때 그때 그 순간을 이르는 뜻임을 알 수 있다. 그러면 갑골문의 구(口)가 뒤집힌 금(今)의 얼개는, 말[구(口)]이 그리는 그림자를 그대로 거꾸로 그려 나타낸 것이고, 말하는 그때를 한정(그음)하는[금] 때를 나타낸 것임을 금방 알 수 있다.

생각/념(念)은 '마음이[심(心)] 바로 지금[금(今)] 금/념하는 것'을 뜻하는 얼개이다. 글말 '금'은 '그러모으다 (흩어진 것을 거두어 한곳에 모으다)', '그림 그리다', '그리는 모(싹)' 등의 준말 곧 형성자로 보면, '흩어진 마음을[심(心)] 즉시[금(今)] 한곳으로 모아 정리하는(그러모으는)[금]' 것이고, '마음이 지금 그림 그리는[금]' 것이며, '그 그림의 씨앗' 등을 뜻한다. 글말 '념'은 '녀미다(여미다), 여물다' 또는 '니어(녀/잇달아, 계속하여) 모내다(모심다)' 등의 준말 곧 회의자로 보면, '마음을/이[심(心)] 바로바로(곧바로, 즉시)[금(今)] 여미는/여무는[념]' 것이고, '마음이 즉시 잇달아 마음의 씨(모)를 심는[념]' 것이다. 별차이가 없다.

한말 '생각'을 '생(새기는 얼) + 각(마음을 가꾸어 가다)'로 분석하면, '마음(얼)을 새기고, 가꾸어 가는' 것이고, '생기다 + 각단(사물의 갈피와 실마리)'로 보면, '사물의 갈피와 실마리가 생기는' 것(마음)이다. 그러면 '마음이 정수리에 새기는' 사(思)는 한말 '생각'의 '생(새기는 얼)'을 표현한 한말글이고, '마음이 그림 그리고, 그 그림의 씨앗' 또는 '마음이 바로바로 여미고, 잇달아 그 씨를 심는' 념(念)은 생각의 '각(가꾸어 가는 마음)'을 나타낸 한말글로 볼 수 있다. 더불어 '마음을/이 뇌로 키질하는' 사(思)는 '마음을 가꾸는' 생각의 '각'을 나타낸 것이고, '흩어진 마음이 한곳으로 모이며 생기는' 념(念)은 '사물의 갈피와 실마리가 생기는' 한 말 '생각'을 그렸다고도 볼 수 있다. 어쨌거나 생각의 여러 각도를 나타낸 것이다.

따라서 말은 생각의 산물이고, 그 산물로 지은 집이다. 그러면 집은 말 곧 그 생각의 산물에 따라 지배되는 것이다. 집이 생각을 지배하고, 생각이 집을 지배한다. 생각의 산물이 바로 집이라는 뜻이다. 그러면 우리 한말 '집'은 어떠한 뜻을 내포하고 있는가? 아직까지도 그 어원에 대한 설이 분분한 '집'의 한말글은 집/가(家)이다.

가(家)의 갑골문, 금문, 소전이다. 가(家)는 회의자로, 집[宀(면)] 안에 돼지[豕(시)]가 있는 모습이다. 옛날에는 가축의 사육이 매우 중요하여, 가축들의 '우리'를 별개의 글자로 표현하였다. 그런데 후대에는 사람과 관련이 있는 뜻으로 발전하여 '돼지우리'를 뜻하던 家는 '사람이 사는 집'으로, '외양간'을 뜻하던 牢(뢰)는 '감옥'으로 뜻이 바뀌었다. 이와 같은 기존의 설명은 원칙이 없는 그때그때의 시각에 지나지 않는다. 자형으로만 보는 가(家)는 '돼지우리'이고, 뢰(牢)는 '소우리'인데, 돼지우리가 사람이 사는 집이 되고, 소우리가 외양간과 감옥이 되는 개연성이 결여되어 있기 때문이다. 또한 문자 이전에도 사람이 사는 집과 동물이 사는 집의 이름이 서로 구분되어 쓰이고 있었다.

사람이 사는 곳이 '집'이고, 동물이 사는 곳은 '우리'이며, 특히 새들이 사는 집은 '둥지' 또는 '보금자리' 였다. 물론 '개미집', '새집' 등에서 보듯, 처음에는 모두 '집'으로 쓰이다가 점차 구분을 하게 되었고, 구분 없이 쓰일 때 문자가 만들어 졌을 수도 있다. 그렇다 하더라도 돼지우리[家]와 소우리[牢]를 구분했다면, 사람 인(人)이 들어간 글자가 없는 이유도 설명할 수 있어야 한다. 더불어 학문, 기예에 뛰어나고 정통한 사람을 뜻하는 전문가의 의미로 유추된 이유 또한 모호해진다.

한말 '집'은 어떠한가? '짓다'에서 그 어원을 찾는데, 집을 짓고, 밥을 지으며, 짝도 짓는 것이듯, 산다는 것이 곧 짓는다는 것으로서, 모든 삶을 지어가는 곳이라는 뜻으로 설명한다. 그러나 쌀로 지은 것이 밥이듯, 집은 나무, 흙, 돌 등으로 지은 결과물이다. 곧 집은 결과물이지 짓는 과정을 의미하지는 않는다. 한편 집의 재료로 쓰이는 '볏짚'의 '짚'을 그 어원으로 보는 시각도 있지만, 지푸라기로 엮은 '이엉'이 있듯, 짚은 그냥 집의 여러 재료 중 하나일 뿐이다. '우리'는 '울타리'를 쳐서 만든 것이고, '막(이)'은 사방을 '막은 이'의 뜻으로, '둥지'는 '둘리어/둥그렇게 우리 지은 이 또는 자리'로, '보금자리'는 '보듬어 감싼 자리'의 뜻으로 읽힌다. 그러면 '집'은 무엇인가?

잠시 시각을 돌려 외양간을 먼저 보면, 옛말은 '오회(아래아)양'이고, 줄어서 '외양'이며, 후에 '칸살' 의미의 '간'이 추가되어 '외양간'이 된 것으로 추정된다. '외어서다/앉다'의 뜻에서 보이듯, '외다'는 '피하여 비키다, 방향을 다른 쪽으로 바꾸다' 등의 뜻이고, '외'는 '외따로, 외지다' 등의 어간으로, 무엇과 떨어져 있는 뜻을 나타낸다. 그렇기 때문에 '외따로[외] 이어진(잇달은) 우리/ 오두막[양]'의 준말이다. 곧 집과 떨어져 칸칸이 이어 만든 우리이거나 오두막을 뜻한다고 볼 수 있다. 옛날 시골에서 흔히 볼 수 있었던, 집과 떨어져 소우리, 돼지우리, 닭장 등이 칸칸이 잇달아 있던 헛간들의 모습 그대로이다.

뢰(牢)의 갑골문, 금문, 소전이다. 반듯한 집과 달리 우리를 지은 것 같은 자형이고, 안에 소/우(牛)가 있는 회의자이다. 뢰(牢)의 글말 '뢰(뇌)'는 '노늬다(노느이다/여러 몫으로 나누이다)'의 준말로 보면, '나뉘어(떨어져) 칸칸이 나눠진[뇌] 소[우(牛)] 우리(집)[면(宀)]'의 얼개로 '외양(간)'과 일치된다. 여러 가축들의 외양간에서 농경사회의 가장 대표적인 소를 취하여 만든 글자로 볼 수 있다. 그리고 감옥은 사람들과 떨어져 격리된 곳에 자유를 박탈하기 위한 집이다. 외양간과 별반 차이가 없다. 그러므로 죄 지은 사람을 짐승에 비유하여 감옥으로 유추되어 쓰일 수 있는 개연성이 충분하다.

인간에게 돼지는 어떤 동물이었을까? 12지신(地神)의 마지막 동물로서 부와 행운의 상징일 뿐만 아니라 잡귀의 침범을 막는 지킴이로서 궁궐이나 사찰의 수호신이기도 했다. 또한 제천의식에 쓰이는 교시(郊豕)로서, 하늘의 뜻을 아는 동물로 여기어, 이로 말미암아 고사(告祀) 지낼 때 돼지머리를 놓는 관습이 생겼다. 궁궐이나 사찰의 추녀마루에 돼지의 형상인 저팔계(豬八戒) 잡상이 장식되어 있는데, 이는 재앙이나 악귀를 쫓기 위한 것으로, 『서유기』에 등장하는 삼장법사, 손오공 등과 함께 궁궐과 사찰을 지키는 역할을 수행하고 있는 '지킴이'로 볼 수 있다. 그리고 희생물로서의 돼지머리는 인간의 바람을 천신에게 알려

주는 일종의 의사소통 수단으로 볼 수 있다.

　이처럼 돼지를 '지킴 - 민속에서, '한 집안이나 어떤 장소를 지키고 있다는 영물(靈物)'을 이르는 말 - 이'로 간주하고, 집/ 가(家)를 분석하면, '지킴이[豕]가 감싸서[宀] 가꾸어(잘 자라도록 보살피어, 꾸미어)[가] 지켜주는 곳' 또는 '지킴이 잘 가꾸어 나가도록 지켜주는 보금자리[면(宀)]' 의 얼개이다. 지금도 우리는 집을 지을 때 '상량식(上樑式)'을 하는데, 이는 성주받이 - 민간에서, 집을 새로 짓거나 이사를 한 뒤에, 다시 성주를 받아들인다고 하는 굿. 성줏굿 - 의 유속(流俗)이다. '성주'란 민간에서, 집을 지키고 보호한다는 신령으로 '지킴'의 또 다른 이름이다. 곧 '성(얼)을 주는 이'의 준말이다. 그래서 '성주가 주는 성(얼)을 받는 의식(굿)'이 성주받이임을 알 수 있다. 나아가 과학적(?)인 관점으로 돼지를 보면, 뱀의 천적이다. 그 시대 소리 없이 움직이는 뱀은 잠자리를 위협하는 공포의 대상이다. 그렇기 때문에 돼지는 편안한 잠자리의 수호신 곧 '지킴'으로 손색이 없었을 것이다. 더불어 잠자리의 돼지꿈은 편안한 심리적 안정과 부와 행운까지 안겨 주는 금상첨화가 아니었겠는가?

　이와 같은 한말글의 얼개로 우리말 '집'의 어원을 유추하면, '지킴이 지켜주고[지] 잘 가꾸도록(자라도록/살아가도록) 보살펴 주는 보금자리[ㅂ]' 곧 '지킴이 보니는(보살피는) 곳'의 준말이다. 그리고 우리네 집은 보통 삼대(三代)가 함께 모여 사는 곳으로 일가(一家)를 이룬다. 그러므로 집이란 일가(一家)를 이름이니 전문가의 의미로 유추될 수 있는 개연성이 충분하다. 바꾸어 말하면, 집이란 일반적인 집에서 태어나 각자의 전문으로 독립하여 일가를 이루고, 다시 상식의 집으로 만드는(성장하는) 곳임을 암시한다고도 볼 수 있다. 나아가 삼대(三代)살이는 집안의 가풍이 이어지는 필요충분조건으로, 가풍에 따라 집이 다듬어지고, 또한 그 집에 따라 가족들의 삶이 구속될 수밖에 없는 조건이다. 자연 속의 우리가 자연에 속박될 수밖에 없는 것처럼, 또한 말이 생각의 집이 되는 까닭이다.

02

주거(住居)
문화(文化)

의식주(衣食住)는 우리 인간 생활의 세 가지 기본요소인 옷 · 음식 · 집을 아울러 이르는 말로 쓰이고 있다. 우리 인간은 동물과 달리 부끄러움을 알기 때문에 의(衣)가 먼저인 그 순서는 그렇다 치더라도 주(住)가 집으로 인식되고 있음은 재고해 볼 필요가 있다. 주(住)에는 집의 뜻이 없기 때문이다. 집보다는 오히려 살아가고 있는 어느 터전을 나타내는 뜻이다. 더불어 그 주요 뜻은 '살다'이다. 그런데도 집의 뜻으로 쓰임은 살아가고 있는 곳으로서 의미가 부각되었기 때문일 것이다. 그렇다면 보다 분명한 집의 뜻이 있는 택(宅)이 아닌 주(住)를 쓴 이유는 무엇인가?

살/주(住)의 소전이다. 형성자로, '참나[주(主)]를 일으켜[인(人)] 주다[주]'또는 '참나를 주어 일으키다'는 뜻이다. 그러면 한말 '살다'는 '(불/마음을)세워/밝혀 일으키다'[살리다] 또는 '(불꽃/마음을)사르어 일으키다'는 준말임을 알 수 있다. 또한 임금/주(主)가 촛불을 상형한 글이라면, 살아간다는 것은 불꽃을 사르는 것과 같고, 불꽃을 피우기 위해서는 심지가 굳건히 심어져 있어야 하듯, 마음을 굳건히 심는 것이다. 따라서 굳게 심지가 박혀 있듯, 고정된 터전 곧 집에서 마음을 심으며 살아감을 암시하는 글이다.

주(主)와 주(丶)의 소전이고, 생(生)의 갑골문, 금문, 소전이다. 즉, 주(主)는 생(生)과 주(丶)의 형성자이다. 주(丶)는 불똥을 뜻하듯, 별똥별이 떨어지고, 불꽃이 타오르는 형상이다. 즉, 하늘뜻을 내려 주는 것이고, 그 하늘뜻을 불살라 되돌려 주어야 하는 것을 뜻한다. 그러므로 주(主)는 우리가 태어나면서[생(生)] 주어진[주] 천명(天命) 그 하늘뜻[주(丶)]의 다름 아니다. 흔히 '주제꼴'이니 '주제넘다'고 하는 것은 남의 천명 그 소명을 비하(卑下)하기 위한 말임을 알 수 있다. 나아가 임금만이 그 천명을 받은 것으로 왜곡하여 '임금/주(主)'로 쓰는 것이다. 우리는 모두가 각자의 천명이 주어진 하나님의 독생자이고, 천상천하 유아독존인 것이다. 그리고 글말 '주'를 '주욱(죽), 주검' 등의 준말로 보면, '주욱'은 '죽'으로 '죽다'의 뜻과 수 열(10)을 묶어 한 단위로 쓰이는 말이다. 수 열(10)은 열매(완성)를 뜻하고, 새로운 탄생 또는 거듭남의 씨앗이다. 따라서 우리가 산다는 것[주(住)]은 죽기 위해 사는 것이고, 이는 마음의 열매 또는 불꽃을 주렁주렁[주] 맺히며 거듭나는 것이 또한 삶이며, 나의 주(主) 곧 참나를 밝게 밝히고 일으켜 세우는 것임을 시사하는 뜻이다.

시(尸)의 갑골문, 금문, 소전이다. 주검/시(尸)의 갑골문 자형은 사람이 웅크리고 앉은 달리 움츠려 앉은 모습의 상형이다. 그러면 글말 '시'는 '시들다(쭈그러지다, 움츠리다), 시그러지다, 시리다(시근거리다), 사리다' 등의 준말이다. 대체로 시(尸)와 함께 이루는 글들의 의미는 거의 '사리다'는 의미와 부합된다. 한말 '사리다'는 '(국수나 새끼 따위를) 헝클어지지 않게 빙빙 둘러서 포개어 감다/ (뱀 따위가 몸을) 똬리처럼 감다/ (비어져 나온 못 끝 따위를) 꼬부려 붙이다/ (겁먹은 짐승 따위가 꼬리를) 뒷다리 사이로 끼다/ (몸을)아끼다/ 정신을 바짝 가다듬다' 등의 뜻이다.

참고적으로 방구들을 놓을 때, 중인방(中引枋) 가로 구들장이 걸치게 쌓은 나지막한 담을 '시근담'이라 한다. 움츠려 앉을 때 무릎의 모습과 흡사하다. 그 무릎에 걸치는 구들장으로 시근거리는 무릎 같은 담을 빗대어 지은 이름이지 싶다. 이 얼마나 시(詩)적인 이름인가? 아니라면 그 이름의 근거를 어디서 찾을 것인가? 우리는 종종 사물을 의인화하여 이름 짓기도 하기 때문이다.

거(居)의 금문과 소전이다. 살, 있을/거(居) 역시 고(古) 글말의 형성자이다. 글말 '고'는 '고다(푹 삶다, 소주를 만들다)', '고이다(괴다/모이다, 익히다, 밑을 받치어 안정시키다, 사랑하다)', '고르다(가려내다)', '고초다(곧게 세우다)', '고재다(곶다/꽂다)' 등의 준말로 볼 수 있다. 그리고 살, 있을/거(居)는 '고(古)' 글말이 '거' 글말로 변한 형성자이다. 살/주(住)와 견주어 그에 대응되는 의미로 유추하면, '거'는 '거르다(건더기나 찌끼 따위가 섞인 액체를 체 따위에 밭쳐서 액체만 받다)' 또는 '거두(어 들이)다'의 준말로 볼 수 있다. 그러면 '고'는 '고르다(가려내다)' 또는 '고이다(괴다, 모이다, 익히다)'의 준말이 의미 동화되어 변했음을 알 수 있다. 그렇기 때문에 살/거(居)는 '사리어/움츠려(움켜)[시(尸)] '거르다(고르다)' 또는 '거두어 들이다/거두다(고이다)'는 뜻이다. 즉 '열매를 맺히어 익히다 또는 여물어 영글게 하다'는 의미이다.

한말 '살다'는 '사르다(키로 곡식 따위를 까불러 못 쓸 것을 가려내다) 곧 키질하다]'의 준말이고, 사리며(열매 맺히며) 사는 삶을 나타내는 말이다. 이 말의 말자취가 살/거(居)임을 알 수 있다. 더불어 열매가 고잿난(꽂혀있는)[고] 상태에 의해서 '있을' 의미가 유추되었다고 추론이 가능하다. 나아가 주(住)와 마찬가지로 어느 터전에 꽂혀 살아감을 암시하는 것으로 볼 수 있다. 뿐만 아니라 고(古)는 끝없이 이어지는 의미를 담은 글이다. 다시 말해 옛날의 이야기를 현재의 삶으로 되살릴 수 있듯, 현재 또한 미래가 될 수 있다는 이치이다. 따라서 주로 주거(住居) 또는 거주(居住)로 함께 쓰고 있는 이유이기도 하다. 즉, 주(住)는 불꽃을 피우듯, 자신을 밝히며 성장하는 '사르는 (피우는/불사르는)' 팽창의 양(陽)적인 삶을, 거(居)는 그와 상대적으로 열매를 맺히며 다음 생의 씨앗을 잉태하는 '사르는/사리는(거르는)' 수축의 음(陰)적인 삶을 나타낸 것이다.

삶의 중심은 집이고, 집 또한 삶의 터전이 축소된 의미이므로 주(住)가 '집'의 뜻으로 비유되어 인식될 수 있다. 그렇기 때문에 주(住)는 집보다는 장소 곧 삶의 터전에 따른 제반 사항의 문제를 나타낸 것이다. 어떤 집이냐의 문제보다 먼저 어떤 장소에 살고 있느냐의 문제로, 곧 환경의 문제로 보아야 한다. 다시 말해 풍수의 중요성을 부각시킨 개념으로 볼 수 있다. 그렇기 때문에 주(住)는 '주어진 곳/것[주(主)]을 일으켜[인(人)] 주는[주]' 것이다. 삶을 일으켜 주는 것이 사는 것이고, 삶을 일으켜 세워주는 상생의 터전이 삶의 명당터로서 우리가 사는 곳이라는 의미가 함축되어 있는 글이다. 그러므로 주거문화란 환경문화이고, 나아가 우리 삶의 존재이유이다. 오늘날 환경문제가 심각해지는 상황에서, 의식주(衣食住)의 주(住)가 단순한 집의 중요성뿐만이 아닌 삶의 환경에 따른 중요성을 나타낸 것임을 분명히 환기시켜야 할 필요성이 절실하다. 가(家)나 택(宅)이 아닌 주(住)로서 나타낸 분명한 이유이다.

모든 생물은 주거(住居)를 가진다. 뿌리박고 사는 식물의 삶과 움직이며 사는 동물의 삶은 어떤 차이가 있을까? 달리 인간 삶에 한정하여 농경사회의 삶과 유목사회의 삶은 어떤 차이일까? 대체로 이동 곧 공간의 자유와 수명 곧 시간의 자유가 아닌가? 수백 수천 년을 사는 나무가 있듯, 동물보다 식물의 수명이 훨씬 길다. 그러므로 오래 사는 나무는 시간의 자유가 동물을 훨씬 뛰어 넘는다. 그러나 무한한 시간과 공간에 비추어 오십보백보일 뿐이다. 좌우지간 우리는 농경사회의 삶에 지배되며 장소의 공간에 지배되어 왔다. 풍수가 그 산물로서 방증이 된다. 우리는 뿌리내릴 곳을 찾아 집을 짓고 시간을 초월하고자 한다. 공간을 지양하고, 시간을 지향한다. 뿌리내릴 곳을 찾을 때까지 우리는 유랑민(流浪民)이다. 그나마 농경사회일 때는 우리 모두가 거주민이었는데, 산업사회로 전이된 후 어느 순간 우리는 유랑민으로 내몰려있었다. 유랑하면서 파헤치는 공간의 환경파괴를 되돌아 볼 여유 조차 없이 뻔뻔하게 살아온 기생충이었다. 어쨌거나 우리는 지구에 더부살이 하는 기생충일 뿐이다.

03

그 밖의
집의 유형(類型)

주(住)가 집과 함께 쓰일 때는 택(宅)과 한 몸으로 쓰인다. 집을 뜻하는 택(宅)을 제외한 다른 글과 함께 사용된 예를 찾기가 어렵다. 그렇다면 택(宅)은 터전으로서 집의 특성을 나타내는 글로 볼 수 있다. 다시 말해 집이 위치해야 할 터전 곧 풍수적 명당을 이르는 집이다. 집/택(宅)은 '탁(乇)' 글말의 형성자이다. 그러면 '탁 트인[탁(乇)] 집[면(宀)]'을 나타낸다.

탁(乇)의 갑골문, 금문, 소전이고, '부탁(付託)하다'는 뜻이다. 갑골문 갑(甲)의 아래에 비스듬히 다리를 뻗은 형태이다. 곧 싹을 틔워 뿌리를 내리다는 의미이다. 그러면 글말 '탁'은 '타고난(타) 곳(ㄱ)'이고, '타고나며 기대다'의 준말이다. 즉, '씨앗이 붙어 싹을 틔우며 기대다(뿌리를 내리다)'는 얼개로, '뿌리내릴 터전을 청한다'는 의미이다. 그러므로 '부치어(부) 타고나(타) 기대기를(ㄱ) 청한다(하다/하게하다)'는 준말이 '부탁하다'는 한말이고, 부탁(付託)은 그 뜻으로 음차(音借)한 것임을 알 수 있다.

택(宅)의 갑골문, 금문, 소전이다. 싹을 틔워 뿌리를 내리는 곳은 햇빛을 잘 받을 수 있게 앞이 확 트여야 하고, 양분도 잘 끌어 올릴 수 있게 물이 있어야 하며, 숨통이 잘 트이게 바람이 잔잔해야 하는 곳이다. 그런 곳이 탁(乇)이고, 그 위에 집을 지은(宀) 것이 택(宅)의 얼개임을 알 수 있다. 그런 곳이 명당이고, 그런 명당을 찾는 것이 또한 풍수이다. 그렇기 때문에 택(宅)은 또한 무덤을 뜻하기도 하는 것이다. 무덤이란 죽은 사람의 집이기 때문이고, 명당 곧 풍수가 양택(陽宅)[집]과 음택(陰宅)[무덤]의 위치이거나 그런 곳을 밝히는 것을 의미하는 까닭이다. 한말글 택(宅) 한 글자에 풍수(風水)의 근본원리가 다 들어 있음을 알 수 있다.

한말 '탁'은 앞이 시원스럽게 트인 모양을 이른다. 더불어 '턱(아래아)'은 〈옛〉 턱을 뜻하고, 평평한 곳에서 갑자기 조금 높아진 자리(언덕)를 뜻하는 말이다. '탁〉택'의 변화는 '태어난 곳[택]'에 의미 동화되었다고 볼 수 있다. 우리가 태어난 곳은 집 보다는 어느 터전 곧 그 지역을 의미하기 때문이다. 더불어 우리나라에서만, '댁(宅)'의 글말로 '대는(뒤를 보살펴 주는) 곳[댁]' 또는 '대단한 곳[댁]' 나아가 '되어가는(돼가는)[댁] 삶'의 의미에 따라 '남의 집(가정)을 높여 이르는 높임말'로 유추되어 쓰이기도 한다. 또한 〈지명에 나타내는 명사 뒤에 붙어〉 출가한 여인의 택호(宅號)나 〈일부 명사 뒤에 붙어〉 '아내'의 뜻을 나타내는 말로도 쓰인다. 이는 '대는(기대는) 곳[댁]'의 의미에 동화 또는 전주된 것으로 볼 수 있다.

옥(屋)의 소전이다. 집/옥(屋)은 주검/시(尸)와 이를/지(至)의 회의자이다. 다시 주검/시(尸)를 보면, 이를 부수로 하는 다른 글자들에서 주검의 뜻과 관계되는 경우는 거의 찾아보기가 어렵다. 대부분 자형이 그러하듯, 움츠려 앉는 동작과 그 현상에 기인되는 의미와 연관될 뿐이다. 그런데도 '주검, 시동, 신주' 등의 뜻을 나타낸다. 시동(尸童)은 지난날 제사 지낼 때 신위 대신 그 자리에 앉히던 아이를 뜻하고, 신주(神主)는 죽은 이의 위패(位牌)이다. 이유는 무엇인가?

屍

시(屍)의 해체(楷體)이다. 소전 시대 이후에 나타난 글자를 뜻한다.

시(尸) 글말의 형성자이다. '죽어서[사(死)] 시득시득(시들고 말라서 윤기가 없는 모양)하게[시] 움츠려진 몸[시(尸)]'의 얼개이다. 한말은 '주검'이다. 사전이 죽은 사람의 몸뚱이라 설명하는 대로 단순히 '죽은 몸'의 준말일까? 장례(葬禮) 문화가 있는 사회에서 그렇게 단순히 처리했을 리는 만무하다. 장례는 사례(四禮)의 마지막 예(禮)로서 그 절차 또한 매우 까다롭다. 우리 민속에 '지노귀새남(죽은 사람의 넋이 극락으로 가도록 베푸는 굿, 씻김굿)'이 있고, 같은 뜻의 '시왕가름(시왕을 가르는 일)'도 있다. '시왕'의 뜻은 차치하고라도 '가름'은 '갈음옷'이 있듯, 갈음(본디 것 대신에 다른 것으로 가는 일, 대체)의 연음표기이다. 즉, 죽어 새로운 몸으로 갈아 입고, 다시 태어나기를 염원하는 마음을 담은 굿이다. 그래서 주검은 죽어 가름하는 상태에 있는 몸을 뜻하는 그 준말임을 알 수 있다. 그러면 시(屍)는 '죽어[사(死)] 시왕가름하는[시] 시득한 몸[시(尸)]'을 뜻한다. 어쨌거나 시(尸)의 뜻은 시(屍)에서 비롯된 것임을 알 수 있다. 더불어 '신주'의 뜻은 '시늉을 내다'의 준말에 따라, 고인의 시늉을 내는 형상의 의미로 전주되었다고 볼 수 있다. 그런데 죽음은 무엇인가?

사(死)의 갑골문, 금문, 소전이다. 사(死)는 흔히 회의자이고, 사람[비(匕)]이 해골[알(歹)] 옆에 꿇어앉아 절을 하는 모습으로 사람이 죽었음을 뜻한다고 설명한다. 갑골문에서 보듯, 알(歹)과 인(人)의 회의자이다. 그런데 알(歹)은 상형자로 살을 발라낸 뼈의 잔해를 그린 것이라 설명하지만, 그 자형으로는 도저히 납득하기 어렵다. 그런 뜻이 있기 때문에 그런가 보다 하지만, 논리적인 설명은 결코 될 수 없다.

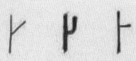

알(歹)의 갑골문과 소전이다. 자형으로만 보면, 복(卜)아래 책상이나 받침대의 형상이다. 글말이 '알'과 '대'의 전주자이고, '알' 글말일 때는 '앙상한 뼈'의 뜻이며, '대'일 경우는 '나쁘다'의 뜻을 가진다. 그 의미하는 바와 견주면, 글말 '알'은 알몸(아무것도 입지 않은 몸, 벌거벗은 몸, '가진 재산이라고는 아무것도 없는 사람'을 비유하여 이르는 말)이나 알거지 등에서 보듯, '알- (일부 명사 앞에 붙어 그 덮어 싼 것이나 딸린 것을 다 떨쳐 버린 것임을 뜻함)'의 뜻이다. 그렇기 때문에 앙상한 뼈의 뜻으로 쓰이고, 살을 발라낸 뼈의 잔해를 그린 상형자로 설명하는 이유이다. 그리고 글말 '대'는 '대가리(〈옛〉껍질)'에서 살을 발라낸 해골이 유추되어 '나쁜' 뜻으로 쓰는 듯하다. 그러나 복(卜)의 의미는 빠져 있다. 문자로서 자형은 어느 것이라도 결코 의미 없이 쓰이진 않는다. 많은 뜻을 담기 위해 최대한 생략하고 압축하여 나타낸 자형이 어찌 아무렇게나 덧붙이겠는가?

복(卜)의 갑골문, 금문, 소전이다. 복(卜)은 하늘뜻[ㅣ]이 나뭇가지가 가지 치듯, 갈라지는/비어지는 모습[/]을 보니어(자세히 살피어) 가능하여[복] 바르게 밝히는 것을 뜻한다. 그것이 또한 점이고, 점치는 것임을 뜻한다. 그리고 우리나라에서는 짐, 짐바리의 뜻도 가진다. 어떻게 유추될 수 있는가? 단순히 보자기로 감싼 것[복]에서 가차된 의미일 수도 있지만, 나/짐(朕)이 뜻하듯, 짐은 하늘뜻 그 천명으로 주어진 우리의 소명과도 같다는 뜻이다. 우리는 모두가 하늘뜻 그 천명을 짐으로 받아 지고 있는 짐배와 같다는 비유이다. 그러면 그 짐을 다 벗어버리고 배를 갈아 타기 위해 시왕가름을 기다리는 상태가 바로 죽다, 죽음을 뜻하고 그 말자취가 사(死)임을 알 수 있다. 그러므로 복(卜)의 갈라지는 자형[⎯]은 위로 가지 치듯 향하지만, 알(歹)의 복(卜)은 아래로 내려온 형태로 구분했다.

더불어 아래의 받침대는 내림대[손대(굿이나 독경(讀經)을 할 때, 신이 내리게 하는 데 쓰이는 솔가지나 대가지 따위)]의 내림굿을 할 때 차려 놓은 제사상을 상징한 것으로 볼 수 있다. 그러면 알(歹)은 복(卜)이 내림대이고 돛대이며 받침대가 배인, 전체적으로 짐배를 상징한 자형이다. 즉, 우리 몸은 짐배이고, 천명으로 주어진 신명 그 짐을 내려 받은 배임을 상징하며, 그 짐배를 다 벗어버린 상태를 나타낸 자형이 바로 알(歹)임을 알 수 있다. 그렇다면 글말 '알'은 '알짐배(몸)'의 얼개로, 짐을 다 벗은 앙상한 배의 뼈대만 남은 달리 몸의 '앙상한 뼈'를 뜻한다. 아울러 글말 '대'는 '대가다(정한 시간에 목적지에 이르다)'의 준말로, 짐배가 목적지에 다다라 돛과 닻을 내리고 짐을 내리게 된 상태로서, 목적을 이룬 다음의 허탈감 같은, 역설적인 텅 빈 배에 빗대어 '나쁜' 뜻이 유추되었다. 어쨌거나 복(卜)의 형태가 갑골문에서는 엄연히 서로 다른데 소전에서부터 같아졌다. 갑골문에서 서로 다른 자형이라면, 그 글말 또한 달랐을 것이다. 그것은 무엇인가?

外 외

외(外)의 금문과 소전이다. 갑골문은 단지 'ㅏ'으로만 나타냈고, 저녁때[석(夕)] 점을 치는[복(ㅏ)] 것은 예외적인 일이므로 '멀리할, 바깥, 외가' 등의 뜻이 있다고 설명한다. 이는, 논리적인 설명은 차치하고라도, 알(歹)의 윗부분이 바로 '외' 글말의 자형이었음을 밝혀주는 방증이다. 처음엔 적어도 복(ㅏ)이 '복'과 '외'의 전주자(轉注字)였는데, 점차 서로 다르게 일[—]의 방향을 위 아래로 분명하게 구분한 자형이었으나, 그 의미를 상실하면서 서로 비슷하게 쓰여지자 금문에서부터 석(夕)을 덧붙여 구분하기 시작했다는 뜻이다. 즉, 외(ㅏ)는 하늘 뜻[ㅣ]과 외지어[외] 아래로 떨어진[—] 얼개를 나타낸 것으로, 하늘 뜻은 십[ㅣ]이고, 씨(얼) 또는 열매이다. 따라서 안과 밖의 구분은 그 기준이 씨/열매[ㅣ]가 되어, 열매 쪽이 안이고 그와 외지어 떨어진 쪽이 밖이라는 것이다. 상하(上下)의 기준은 서로 간 약속에 의해 하늘(머리)쪽으로 오르는 방향과 땅(다리)쪽으로 내리는 방향이고, 좌우(左右)의 기준은 왼(손)쪽 오른(손)쪽으로 자신의 중심에 의한 분명한 것이며, 안과 밖은 제3자에 의한 기준이다. 다시 말해 집과 같은 제3자에 의해 그 안과 밖이 구분되는 이치이다. 그래서 이념의 대립을 좌우(左右)로 나타내는 이유가 각자 자신의 분명한 노선에 따라 갈리기 때문임을 알 수 있다.

월(月)과 석(夕)의 갑골문이다. 석(夕)에는 월(月)에 깃든 얼 그 하늘뜻 [ㅣ]이 없는 차이이다. 즉, 외(外)에 석(夕)을 덧붙여 구분한 이유가 분명히 나타난다. 석(夕) 안의 씨[ㅣ]가 외지어[외] 떨어져 나간 곳[ㅏ]임을 나타내기 위한, 다시 말하면 역설적으로 씨[ㅣ]가 그 기준이 됨을 금방 알 수 있게 표현했다. 한말글의 원리는 결코 이현령비현령(耳懸鈴鼻懸鈴)이 아니다. 다만 그 원리를 상실하여 개인적 이해에 따라 자형을 변형시키면서 꼬이게 되어 원칙이 없는 것처럼 되었기 때문이다. 덩달아 모든 글자들이 보는 사람의 이해에 따라, 저녁에 점을 치는 것은 예외적인 것처럼 이현령비현령(耳懸鈴鼻懸鈴)으로 설명하면서, 더욱 비틀어지고 더욱 어려운 글자가 된 것이다.

알(歹)을 다시 보면, 복(卜)이 아닌 외(ㅏ)이고, 얼/넋이 밖으로 나간 상태를 분명히 나타냈음을 알 수 있다. 더불어 사(死) 또한 알(歹)과 인(人)의 회의자이고, 천명으로 주어진 짐의 얼을 벗겨[알(歹)] 사르어(키질로 까불러)[사] 다음 생을 다시 싹 틔워 일으키는[인(人)] 얼개임을 알 수 있다. 한말 '죽다' 곧 '죽(열, 씨)을 이루어 기다리다(가리다)'의 말자취로 볼 수 있다. 그리고 한말 '밖'은 '바깥'의 준말이고, 바깥은 '바꾸어 터진 또는 터져 트인' 뜻임을 알 수 있다. 즉, 씨앗이 다시 외지어 싹 틔운 터전의 뜻이다. 외(外)는 그 말자취이다.

집/옥(屋)이 지붕과 덮개의 뜻도 있고, 주검/시(尸)와 이를/지(至)의 회의자로 집의 의미를 설명할 수 없기 때문에, 흔히 시(尸)를 지붕을 그린 상형으로 주장하는 학설도 있지만, 움츠리는 현상으로 유추하면, 지붕의 형태를 현상화(現象化) 시킨 것과 일치된다. 어쨌거나 지붕의 형태는 움츠려진 모습이기 때문이다. 주로 기와집 보다는 초가집이나 오두막집에서 두드러지게 나타난다. 볏짚이나 밀짚, 갈대 따위로 이엉을 엮어 지붕을 이는 방법은 당연히 바람에 날리지 않게 새끼줄로 꼭꼭 움츠리며 감싸는 형태일 수밖에 없다. 움츠려 앉아 사리는(따리를 트는) 시(尸)의 형상과 일치한다.

지(至)의 갑골문, 금문, 소전이다. 이를/지(至)의 갑골문 자형은 화살[矢]이 지면(地面)[一]에 꽂혀 있는 모습이다. 한말 '이르다'의 옛말은 '니를다'이다. 그러면 '니어늘다'로 '늘려서 잇대다'는 의미이다. 즉, 나무가 가지를 뻗어 닿듯, 어느 기준점에서 늘려 다다르는 관점이다. 다시 말해 화살을 쏘아 늘리듯, '늘려 화살이 떨어져 닿다'라는 뜻이다. 그렇기 때문에 지(至)의 글말 '지'는 '지르다(질러가다)' 또는 '지다(시들어서 떨어지다/이루어지거나 나타나다)'의 준말이다. '화살이[시(矢)] 지르어(질러가)[지] 땅(지면)에 꽂혔다(닿았다)[一]'는 얼개로 '이르다/다다르다'는 뜻이다. 더불어 '화살이[시(矢)] 지면(地面)에[一] 지다(시들어 떨어지다)[지]'는 얼개로 '지극하다(있는 힘을 다하다/화살의 힘이 미치는 곳까지 다하다)' 나아가 '하지(夏至)와 동지(冬至)'의 뜻도 유추될 수 있다. 하지(夏至)는 낮이 가장 길게 늘어난 날이고, 동지(冬至)는 밤이 가장 길게 늘어진 날이지 않은가?

실(室)의 갑골문, 금문, 소전이다. 주로 방(房)의 뜻으로 쓰인다. 그러면 글말 '실'은 '실다(〈옛〉얻다), 실리다(실음을 당하다, 싣게 하다)' 등의 준말이다. 그래서 '집[면(宀)] 안에 이어 늘리며[지(至)] 얻는 또는 실리는[실]' 얼개로, 한 칸 한 칸 늘려 이어지는 방(房)을 나타내고 있다. 그러므로 한말 '이르다'는 '이어 늘려 다시 잇대는' 얼개임을 알 수 있다. 다시 말해 중간에 끊어지지 않고 잇달아 이어지며 늘어나 닿아가는 뜻이다.

'옥집'은 바둑에서, 필요한 연결점을 상대편이 끊어 놓아 집같이 보이면서도 집이 아닌 것을 뜻한다. 현실에서의 옥집은 어떤 모습일까? 바로 옥(屋)이 아니겠는가? 즉, 집과 이어져 늘려 잇대어 지은 집이면서도 집이 아닌 집의 형태로 오두막 같은 집이다. 그러면 옥(屋)의 글말 '옥'은 '오그리다/옥죄다' 또는 '오두막'의 준말이다. '집과 이어 늘려 잇닿은 곳에[지(至)] 움막처럼, 정자(亭子)처럼 움츠려 지은[시(尸)] 오두막(초가) 집[옥]'의 의미이다. 더불어 '움츠리고[시(尸)] 옥죄어[옥] 이어 닿는[지(至)] 곳(것)'의 얼개로, '지붕, 덮개' 뜻도 유추될 수 있다. 바둑의 옥집은 주로 패(霸)의 형태로 나타난다. 즉, 옥집은 서로 집이라고 집이 아니라고 우기며 옥신각신하는 형국을 말한다. 그래서 옥집이다. 옥(屋)이 옥신각신하는 메타포가 있는 집과 다름없다. 그러므로 한말 옥생각은 '사실을 사실 그대로 보지 아니하고 공연히 자기에게 불리하기라도 한 듯이 여기는 그릇된 생각, 마음을 순하게 가지지 아니하고 옹졸하게 가지는 생각' 등을 뜻한다.

려(呂)의 갑골문, 금문, 소전이다. 음률/려(呂)는 갑골문에 동그라미 두 개를 잇달아 위 아래로 그린 형상이다. '음률, 법칙, 풍류, 등뼈' 등의 뜻이다. 갑골문의 동그라미는 국(國)과 위(圍)의 전주자이다. '나라'나 '에울' 등의 공통점은 '우리(울)'이다. 한 우리를 이루는 것이 '나라'이고, 우리처럼 빙 둘러 감싸는 것이 '에울'의 뜻이기 때문이다. 우리를 짓는 것은 각자 나름의 세계를 짓는다는 뜻이다. 각자의 세계가 서로 대등하게 마주보며 음률, 법칙 등의 뜻을 나타낸다면, 서로가 조화롭게 어울리는 현상과 다르지 않다. 그렇다면 글말 '려'는 '녀기다(마음속으로 그렇게 생각하다) 또는 녀미다(옷깃 따위를 바로잡아 단정하게 하다)' 등의 준말이다. 그러면 둘 이상이 함께 모여 각자의 정체성을 여미고, 서로를 여기어 인정하며 어우러지는 조화를 이루는 것이 음률이고, 법률이라는 뜻이다. 덧붙여 려(呂)는 음(陰)의 음률이고, 양(陽)의 음률은 률(律)이다. 율려(律呂)로서 서로 떨어질 수 없는 음양의 한 몸으로 또한 조화를 이루는 것이다.

율(聿)의 갑골문, 금문, 소전이다. 붓, 드디어, 펴다, 닦다 등의 뜻이다. 붓이나 빗자루로 쓸어 펼치고 닦는 의미가 연상된다. 그렇다면 글말 '율'은 '유들유들(부끄러운 줄 모르고 뻔뻔한 데가 있는 모양)하다'의 준말이다. 즉, '낭창낭창(줄이나 가는 막대 따위가 탄력성 있게 휘어지거나 흔들리는 모양)'이 낭창거리며 능청거리는 뜻으로 쓰이듯, 유들유들 또한 낭창낭창의 뜻과 비슷한 말이다. 그러면 율(聿)은 붓으로 글을 쓰거나 빗자루로 쓰는 현상이 물결치듯, 너울거리며 유들유들 낭창낭창 리듬을 타는 현상을 나타낸 것임을 알 수 있다.

률(律)의 갑골문과 소전이다. 법, 음률/률(律)은 척(彳)과 율(聿) 글말의 형성자이다. 척(彳)은 척척 거리며 가는 것이고, '척척'은 ' 행진대열에서 발걸음이 잘 맞는 모양, 일이 조리 있게 또는 차례대로 잘 처리되어 나가는 모양' 등을 나타낸다. 그러면 률(律)은 '너울거리며(유들 거리며)[율(률)] 리듬에 발맞추어 가듯, 척척 거리며[척(彳)] 펼쳐/닦아가는[율(聿)]' 얼개로, 자연과 하나로 발맞추며 나아가는 가락을 뜻한다. 곧 물아일체(物我一體)로 자연과 조화를 이루는 것이 법이고, 음률이라는 뜻이다. 따라서 율려(律呂)란 한마디로 우리말 '가락'을 이름이다. 우주 자연의 가락인 것이다. 다만 그 가락이 음(音)에서 가장 빈번하게 일어나므로 또는 음악에서 보다 쉽게 알 수 있고 느낄 수 있으므로, 주로 음악의 율려로 나타낼 뿐이다. 율려(律呂)는 천지창조의 빛이고 소리이며 파동이다. 음양이고 오행이며 10간 12지이다. 한마디로 생명의, 우리 삶의 리듬 그 가락이다.

궁(宮)의 금문과 소전이다. 집, 궁궐/궁(宮)은 면(宀)과 려(呂) 그리고 글말 '궁'의 회의자이다. '궁'은 '궁금하다', '꿍꿍이 속'에서 보듯, '가지가지(갖가지), 굼닐거리는 얼', '구비구비 굽이치며 얽히다/어울리다' 또는 '고갱이(사물의 알짜가 되는 속내, 핵심)[공 〉 궁]' 등의 준말로, 궁궐/궁(宮)이란, '얽히고설킨 가지가지 여러 마음들이 또는 그런 마음들이 [궁] 조화롭게 가락을 타며[려(呂)] 여미어 담긴 집[면(宀)]' 또는 '구비구비 어울리는[궁] 가락이 담긴 집'을 뜻한다. 온갖 마음을 하나로 아우르는 왕이 사는 곳임을 상징하며, 왕이란 그런 온갖 백성을 하나로 어울려 춤추게 하는 일임을 암시하고, 더불어 구중심처(九重深處)에서 무슨 일을 꾸미는지 모르는 그 꿍꿍이를 경계하는 글이기도 하다. 나아가 자궁(子宮)의 아기집으로 쓰이는 이유 또한 아기집은 누구나 왕의 씨앗을 잉태한 곳임을 암시하고 있기 때문이다.

04

동서남북(東西南北)은
어디인가?

동(東)의 갑골문과 금문이고, 서(西)의 갑골문, 금문, 소전이다. 동(東)은 주머니나 전대를 그린 것으로 가운데에 무슨 물건을 넣고 위아래를 잡아맨 것과 같은 모습이다. 본래 속(束)자와 같았는데 속(束)은 동사로, 동(東)은 명사로 쓰였다. 동쪽이라는 뜻으로 가차되자 주머니라는 뜻으로는 전대/탁(橐)자를 새로 만들어 보충하였다고 설명한다. 그러나 한말글은 품사의 구분이 없다. 그리고 서(西)와 비교하면, 동(東)은 서(西)의 위아래에 초(屮)가 덧붙여진 자형이고, 서(西)의 갑골문은 정수리/신(囟)과 같은 글자로 그 전주자이다. 정수리는 신명[신]이 깃드는 곳을 나타냈듯, 서녘은 하늘의 니(해)가 서리는[서] 곳을 나타낸 것임을 알 수 있다. 따라서 서녘은 순수한 한말 '(해가) 서리는 녘(방향, 쪽)'의 준말이고, 그 말뜻대로(말자취로) 나타낸 글이 서(西)이다. 즉, 신명[신]이 깃드는 정수리처럼 신(囟)의 글자에서 해가 서리는(깃드는) [서] 녘을 전주한 것이다. 또는 그 반대로도 볼 수 있다. 마찬가지로 동녘 또한 해가 동트는 녘의 준말로, 순수한 한말이고, 그 말자취대로 동(東)은 해가 도두어 오르며[동] 싹이 트이듯 트는[초(屮)] 회의자로 나타낸 것이다. 하늘의 해를 우리의 정수리에 깃드는 신명으로 비유하여 나타냈음을 알 수 있다.

　남(南)의 갑골문, 금문, 소전이고, 범(凡)의 갑골문, 금문, 소전이다. 범(凡)이 무엇을 그려 나타내는 것인지 아직도 정설이 없지만, 여러 쓰이는 의미와 그 글말로 견주면, 돛을 나타낸 것이다. 바람의 준말을 '밤(범)'으로 나타낼 수도 있고, '벌리어 마주치다'의 준말이 '범'이므로 바람을 벌리어 마주치는 돛으로 나타낸 것임을 알 수 있다. 즉, 한말 '돛'이 '도두어 치다' 또는 '도두어 친 천(피륙)'의 준말이기 때문이다. 그리고 무릇(헤아려 생각하건대, 대체로 보아)은 무르어[무르] 생각하는[시] 것으로, 돛을 치듯, 펼쳐서 마주보는 것과 같은 뜻이다. 더불어 돛을 펼친 그 '모두'를 뜻하고, 돛의 펄럭임으로 바람의 세기, 방향의 '대강과 개요'를 알 수 있으며, 돛은 '평범한' 천으로 배를 쉽게 움직일 수 있는 것임을 나타내어 평범 속에 비범이 숨겨있음을 암시한 글이다.

남(南)의 갑골문은 범(凡), 입(人), 초(屮)의 회의자이다. 글말은 '남다(〈옛〉넘다)'의 준말로, 남(南)은 '돛에[범(凡)] (해를) 들이어[입(人)] 비추는[초(屮)] 넘어[남]의 쪽'을 나타내는 얼개이다. 즉, 해시계 원리의 역발상으로, 해의 그림자가 아닌 해빛의 넘어 쪽을 나타낸 것이다. 다시 말해 아침과 저녁은 해가 뜨고 지는 쪽으로 쉽게 구분할 수 있기 때문에 낮을 중심으로 해의 방향을 돛과 견주어 유추하는 방법이다. 지상이 아닌 망망대해에서 해의 위치와 배의 돛을 기준으로 방향을 감지하여 나타낸 글로, 남녘 역시 '남아(해너머)녘'의 한말임을 알 수 있다.

북(北)의 갑골문, 금문, 소전이다. 두 인(人)이 서로 등돌리고 있는 모습이다. 그러면 글말 '북'을 어떻게 보아야 하는가? 한말 '북'은 타악기의 북(鼓)과 씨올의 실꾸리를 넣은 제구로서 날 틈으로 오가며 씨를 푸는 구실을 하는 베틀의 부속품(紡錘), 나무나 풀의 뿌리를 싸고 있는 흙 등을 뜻하는 말이다. 그리고 북돋우다(식물의 뿌리를 흙으로 덮어 주다, 용기나 의욕 등의 심리 작용이 강하게 일어나도록 자극을 주다), 북받치다(안이나 밑에서 솟거나 치밀다, 어떤 감정이 치밀어 오르다) 등의 뜻과 견주면, '북'은 '부아(폐, 부아 나는 마음) 기(기운)'의 준말임을 알 수 있다. 곧 성이 나듯, 부아기가 나는 뜻으로 성, 얼 등의 다른 말이다. 그렇기 때문에 식물의 부아기를 돋우는 것이 그 흙의 북이고, 사람의 마음 그 부아기를 울리는 타악기가 북[고(鼓)]이며, 베틀에서 베의 부아기를 돋우는 것이 그 씨실을 부리는 북이다. 마찬가지로 사람의 등을 두드려 북을 돋우

285

는 것이 북돋우는 것이듯, 해가 등을 치며(비치며) 북돋우게 뒤돌려 마주한 쪽이 또한 북녘의 다름 아니다. 다시 말해 북(北)은 '(해가) 사람의 뒤돌린 등을 북돋우며[북] 부아를 일으키는[인(人)] 녘'의 얼개로 나타낸 '북돋우는[북] 녘'의 한말을 그 뜻대로 나타낸 글임을 알 수 있다. 즉, 햇빛이 비추는 남녘의 맞은 편 곧 등돌린 녘이다. 어느 경우이든 관찰자가 바라보는 쪽을 나타낸다.

뱃사람들은 북쪽을 일컬어 '높'이라고 한다. '높'은 '노피(높이)'를 의미하며 '노(얼, 부아)를 피우는' 준말이고, 노가 피어 올라가는 정도의 뜻이다. 그러면 반대로 '낮다'는 '나(얼, 부아)[나]가 지다(자지러지다)[ㅈ]'의 준말이다. 곧 높낮이는 얼의 올리고 내림을 기준으로 나타낸 말임을 알 수 있다. 마찬가지로 높바람이 북풍이듯, '높'은 북을 돋우는 녘과 같은 뜻이다. 마파람이 남풍이듯, '마'는 남녘의 뜻이다. 마음(해)를 마주하는 녘으로, 남녘과 같다. 샛바람이 동풍이듯, '새'는 동녘이다. 해가 새는 곧 동트는 녘과 같은 뜻이다. 하늬바람이 서풍이듯, '하늬'는 서녘이다. 하늘이 뉘엿뉘엿 지는, 곧 하늘의 해(니)가 누어지는 (느지거니 지는) 의미는 해가 서리는 녘과 같은 뜻이다. 따라서 동서남북은 하늘의 해(알)에 따른 방향을 사람의 얼(알)과 견주어 은유적(메타포)로 나타낸 말임을 알 수 있다. 다시 말해 동녘은 얼이 돋아 오르는 쪽이고, 서녘은 서리는 쪽이며, 남녘은 넘어(마주하는)/남겨지는 쪽, 북녘은 북돋우는 쪽이다.

05

우리에게 국가(國家)란
무엇인가?

　우리가 언어로 생각해 낼 수 있는 가장 큰 세상은 우주(宇宙)이다. 반면에 우리 실생활의 삶과 가장 밀접한 세계는 나라 곧 국가(國家)이다. 흔히 공간의 집을 '우(宇)'라 하고, 시간의 집을 '주(宙)'라 하여 천지로 비유하여 쓰이고 있음은 익히 알려진 사실이다. 그런데 우(宇)는 갑골문에도 나오는데, 주(宙)는 소전에서부터 나타난다. 우주(宇宙)가 본래는 서로 상대적 개념으로 함께 만들어진 글자가 아니라는 방증이고, 후에 그렇게 비유하면서 쓰이게 되었다는 방증이기도 하다.

　우(于)의 갑골문, 금문, 소전이다. 상형자로, 오늘날 컴퍼스에 해당하는 원을 그리는 도구를 그린 것이라고 설명한다. 한옥 건축의 도구에는 '그렝이(칼)'이 있다. 원을 그리는 컴퍼스와는 다르고, 우둘투둘한 모양을 그러한 대로 본뜨는 도구이다. 주로 우둘투둘한 주춧돌 위에 기둥을 세울 때 그 주춧돌의 모양을 본떠 기둥의 밑동을 우비는(후비는) 데 쓰인다. 흔히 '그렝이질' 또는 '그렝이 수법'이라 불린다.

그렝이는 먹칼(먹을 찍어 목재나 석재 따위에 금을 긋거나 글씨를 쓰는 데 쓰이는 기구)과 함께 이루어져 그렝이 칼이라고도 부른다. 요즘은 돌 깎는 기술이 발달되어 그 수법이 별로 쓰이지 않지만, 전통기법의 문화재에는 아직도 이 기법이 그대로 쓰인다. 즉, 그렝이 정신의 근본은 우리의 생태사상에서 비롯된 것으로, 자연에 더부살이 하는 자의 겸손이 담긴 것이다. 자연을 훼손하지 않고 자연 그대로 그 위에 살려는 자가 자신을 거기에 맞추기 위해 자신의 살을 도려내는 아픔을 감당하는 정신이다. 오늘날 환경파괴는 그 정신을 망각하면서부터 비롯된 것임을 알 수 있다. 어쨌거나 그렝이는 본래의 그 근본이 '그러한 대로 우리는 (우려내는) 이(것)'의 준말임을 알 수 있다. 즉, 우(亏)는 컴퍼스가 아닌 그렝이를 나타낸 글자이다. '시집갈' 뜻이 있음이 그 방증이다. 다시 말해 그 근본인 씨앗의 집으로 본뜨러 가는 것이 시집가는 것이기 때문이다. 한말 시집은 씨의 집이고, 시집가는 것은 씨 받으러 가는 일이지 않은가? 그렇다면 '장가'는 무엇이겠는가? 장땡에서 보듯, 한말 '장'은 열(十)이고, 씨앗이다. 그래서 '장가'는 '씨앗을 가꾸는/가리는(맺히는) 집'과 다르지 않고, 장가가는 것은 씨앗을 가꾸러 가는 것임을 알 수 있다.

우(亏)는 그렝이가 나타내는 현상을 그린 것으로, 하늘 그 근본을 [一] 그러한 대로 본 떠서[一] 우리는(우려내는)[亅] 형상이다. 그래서 글말 '우'는 '우리다(어떤 물건을 물에 담가 맛이나 빛깔 따위가 우러나게 하다)'

의 준말이다. 우리는 것은 그 근본을 우려내는 것으로, 그 근본을 우리러 가는 것이 또한 '시집갈' 뜻이기도 하다. 그렇지 않다면 어떻게 그 뜻이 유추됨을 설명할 수 있겠는가? 더불어 우(于)가 주로 어조사로 쓰이는 뜻(~에, ~에서, ~까지) 또한 그러한 까닭으로 유추된 의미임을 알 수 있다. 그리고 감탄사로 쓰이는 뜻은 '우와' 놀라는 가차에 의한 것일 수도 있지만, 그렝이 수법에 따른 그 놀라움을 나타낸 의미일 수도 있다. 그렇다면 우(于)는 상형자가 아닌 일(一)과 탁(乇)의 회의자가 보다 합당하다. 즉, '하늘을[일(一)] 그대로 싹 틔워 뿌리내리며(부탁하며)[탁(乇)] 우리는[우]' 얼개를 그렝이처럼 나타낸 것이다.

우(宇)의 갑골문, 금문, 소전이다. 우(于) 글말의 형성자이다. 본래는 처마를 나타낸 글자로 설명한다. 치들어(솟아) 막은 이가 치마이듯, 한말 처마는 '처(쳐)들어 또는 처지어 막은 이'의 준말이다. 그렇다면 글말 '우'는 '우그러지다(물건의 가장자리가 안쪽으로 욱어 들다)' 또는 '우러르다(얼굴을 위로 향하다, 존경하는 마음을 지니다)'의 준말이다. 한옥의 원리는, 지붕은 하늘을 본 뜬 것이고, 주춧돌에 놓여지는 바닥이 땅으로, 그리고 그 가운데를 인간으로 상징화한 것이다. 또한 지붕은 하늘을 훨훨 자유롭게 날 수 있는 염원 곧 하늘을 우러러 오르려는 인간의 존재이유가 깃든 새의 모습으로 형상화 하기도 한다. 그렇기 때문에 처마는 새의 날개 깃에 비유한다. 그래서 처마는 새의 날갯짓처럼 펄럭이는 곧 쳐들고 쳐 내리며 알을 품어 막아 주는 것의 다름 아니다. 따라서 우(宇)는 '하늘을 우리어 낸[우(于)] 집의[면(宀)] 우그리고 우러른 [우] 곳'의 얼개로, '처마'를 나타낸 것이다. 더불어 처마는 하늘의 지 붕이 상하를 오르내리며 사방으로 두르고 가운데 인간(알)을 품고서 땅 에 그림자를 드리워 땅의 공간을 짓는 형상에 따라 우주의 공간을 상 징하는 의미로 비유되어 쓰이게 되었다. 실제로도 한옥은 처마끝으로 떨어지는 낙숫물의 고랑을 따라 집 전체의 공간을 형성한다.

유(由)의 갑골문, 금문, 소전이다. 구(口)와 주(丶)의 회의자이다. 주 (丶)는 그 형상과 글말로 미루어 견주면, 우리가 본래 하늘뜻 곧 천명 으로 주어진 얼의 뜻이다. 한말 '주제넘다(말이나 하는 짓이 제 분수에 넘 게 건방지다)' 또는 '주제꼴(변변치 못한 몰골)' 등에서처럼 주로 부정적 의 미로만 쓰이고 있지만, 그 의미로 미루어 보면, 주제는 자신의 주체성 (主體性)를 나타낸다. 그러면 주(丶)가 곧 한말 '주제'의 말자취이다. 그 러면 유(由)는 '말을[구(口)] 우리어 낸[유] 주제(주어진 근본)[주(丶)]'의 얼개로, '까닭, 말미암다' 등을 의미한다. 즉, 말을 우리어 낸 그 근본 주제가 그 말의 까닭이고, '말미암다'는 뜻으로, 바로 '말미암다'의 말 자취이다. 다시 말해 '말이 미나(내밀어) 또는 미루어 아물다[암다]'의 준말임을 알 수 있다. 유(由)가 《廣韻》以周切[우/유] 《集韻》《韻會》夷周切 [우/유] 《正韻》于求切[우] 등에서 보듯, '우/유' 글말로도 나타나고, 그 뜻하는 것으로 보면, 글말 '유'는 '우리다(우러내다)'임을 알 수 있다.

주(宙)의 소전이다. 그런데 집/주(宙)를 유(由)의 형성자로 설명하는 데 '유 〉 주'의 변화를 의미하거나 유(由)가 본래 주(丶) 글말의 형성자 또는 '주/유'의 전주자였을 수도 있다. 어쨌거나 본래는 '들보'를 나타 낸 글로 설명한다. 한말 '들보'는 '들어[여]서 보듬어 주는 것'을 의미 하고 그 준말이다. 즉, 들보는 하늘의 지붕에 해당되므로, 하늘의 시 각에서 보는 들보는 집 가운데의 사람을 안으로 들여서[입(入)] 보듬어 감싸는 입장이고, 사람의 시각에서는 하늘(지붕)을 들어 올려서 보듬 고 받치는 입장이다. 그리고 집은 지붕만으로도 집 전체를 상징하기도 한다. 지붕의 근본은 (대)들보이다. 들보가 없으면 지붕도 없다. 따라 서 들보는 지붕 나아가 집의 근본 되는 말미암이다. 그러면 주(宙)는 ' 집[면(宀)]이 주어지는[주] 원인[유(由)] 또는 집의 까닭을 주는(제공하는) 것'의 얼개로, 들보의 의미이지만, 한말 '들보'의 말자취와는 차이가 있다.

량(梁)의 소전으로 주(宙)와 더불어 들보를 나타낸다. 창(刅) 글말의 형성자로 설명하지만, 량(梁)에서 보듯, 량(梁/윗부분) 글말의 형성자 로 보는 것이 보다 합당하다. 다리[교(橋)]의 뜻도 있음에 따라 수(氵)

와 창(刃)을 구분하는 시각이지만, 그 둘은 '량' 글말의 회의자로 보인다. 어쨌거나 글말 '량'은 '리어(려) 엮다/올리다(ㅇ)[령〉량]'의 준말이다. 즉, '나무를[목(木)] 잇대어 엮거나 올린[량] 그 어떤 것[梁 윗부분]'의 얼개로, '들보, 다리' 등의 뜻이다. 한말 들보와 부합되는 글이다.

주(宙)가 '유(由)' 글말의 형성자라면, '지붕을[면(宀)] 이어 주는[여〉유] 까닭[유(由)]'의 얼개로, 또한 들보의 말자취로도 볼 수 있다. 더불어 우주 공간적 우(宇)의 상대적 개념으로 시간적 주(宙)를 만들어 쓰면서 덩달아 들보로 유추된 개연성도 무시할 수는 없다. 우주(宇宙)의 개념이 소전 시대 즈음에 형성된 것이 그 방증으로도 볼 수 있기 때문이다. 아니면 주(宙) 글자가 만들어 지면서 우주 개념이 쓰이기 시작했을 수도 있다. 어쨌거나 주(宙)는 집의 원인 곧 공간의 원인으로서, 시간적인 우주의 집으로 유추되었다. 즉, 과거 현재 미래를 이어주는 교량(橋梁), 곧 하늘을 받쳐주는 들보로서 하늘 그 시간적 우주를 나타낸다.

기둥/주(柱)의 소전이다. 주(主) 글말의 형성자로, '주제[주(主)]로서 주체(짐스럽고 귀찮은 일을 겪어 내거나 처리함 또는 그러한 물건/일)하는[주] 나무[목(木)]'의 얼개이다. 그러면 한말 '기둥'은 '기껏 또는 기꺼이[기] 도두어(돋우어/들어) 올리는 것[둥]'의 준말임을 알 수 있다. 즉, 기둥은 집의 가운데로 사람의 주제임을 나타낸다. 마찬가지로 들보는 지붕 곧 하늘의 근본이고, 주춧돌은 땅의 뿌리를 이룬다. 흔히 나라의 동량(棟

梁)이니 집안의 기둥이니 하면서 차별하여 말하지만, 마룻대는 들보 없인 있을 수 없고, 들보는 기둥 없이 있을 수 없으며, 기둥은 주춧돌 없이 있을 수 없다. 그리고 주춧돌 또한 지붕이 눌러 주지 않으면, 반대로 아래에서 받쳐 주지 않으면 아무런 소용이 없는 것이다. 이처럼 집도 천지인이 하나되어 존재하듯, 모든 것은 적재적소에 없어서는 안 되는 서로 유기적인 관계임을 나타낸다. 알다시피 한옥은 강제적 붙임이 아닌 서로가 양보하며 맞추는 짜맞춤식(조립식) 얼개이다. 바로 물아일체(物我一體), 그 생태사상의 발로에서 비롯된 것임을 알 수 있다.

혹(或)의 금문과 소전이다. 혹(或)은 '우리[위(囗)]를 위 아래 구석구석[二] 창으로[과(戈)] 호비적후비적거리는[혹]' 얼개이다. 즉, 누가 혹시나 우리 안에 훔치려 오는지 살피는 상황을 나타냈다. 그러므로 그 의미는 '혹, 혹시나, 누구, 어떤, 괴이하게 여기다' 등의 뜻이다. 글말 '혹'에 의한 가차로 설명하듯, '혹'은 '하(아래아)다가[학〉혹]'의 준말에 의한 의미에 따른 것이다. 한말 '하(아래아)다가'는 '〈옛〉 만일, 만약'의 뜻이다.

위(韋)의 갑골문, 금문, 소전이다. 위(o) 글말의 형성자로, '둘레(주

위)[○]를 돌아 다니며[두 개의 발] 위들다(연을 날릴 때 연줄을 걸어 얽히게
하다)[위]'는 얼개이다. '어기다'는 뜻이다. 더불어 글말 '위'가 '우미다
(매만지다)'의 준말로, 주위를 돌려가며 매만지는 또는 두 발로 밟아 매
만지는 얼개로, '다룸가죽(다루어 부드럽게 만든 가죽), 가죽, 부드럽다' 등
의 뜻이 된다.

위(圍)의 갑골문, 금문, 소전이다. 갑골문에서는 국(口)과 함께 전주
자로 쓰이다가, 금문에서부터 위(韋)와 혹(或)의 형성자로 구분하여 쓰
였다. 어쨌거나 '주위를 돌아가며[위(韋)] 동그랗게[○] 우리 짓다[위]'
는 얼개로, '에우다, 에워싸다, 사냥하다, 둘레' 등의 뜻이고, '위왈다
(위하다, 섬기다)'는 준말의 얼개로, '지키다'는 뜻이 된다.

국(國)의 갑골문, 금문, 소전 그리고 소전이다. 곧 소전에서는 혹(或)
글말이 빠진 형태와 함께 쓰였다. 어쨌거나 금문에서부터 혹(或) 글말
의 형성자로 나타냈다. 나라/국(國)은 혹(或) 글말의 형성자이다. 글말
'혹'은 무엇인가? '혹'은 '호강(호화롭고 편안한 삶을 누림)'의 준말이다. 그
렇기 때문에 나라/국(國)은 '나라 둘레를 에둘러 감싸며[□] 혹시나 모

를 위험을 보호하고(만일의 사태를 대비하고)[혹(或)], 백성들을 호강시켜 주는[혹] 얼개이다. 더불어 '혹'은 '살가죽에 내민 기형의 군더더기 살덩이, 타박상 따위로 근육이 부어 오른 것, 물건의 거죽에 볼록하게 도드라진 부분, 방해물이나 짐스러운 사물을 비유하여 이르는 말'의 뜻이기도 하다. 즉, 역설적으로 국가가 우리 백성의 혹이 되는 것과 백성이 국가의 혹 덩어리가 되는 것을 함께 경계한 의미도 담아 나타냈다는 뜻이다.

한말 '나라'의 옛말은 '나랗'이다. '하나'가 '하낳'으로, '크게 하나로 [하] 낳다[낳]'는 뜻이듯, '나랗'은 '나를 또는 나가 낳다'는 뜻이다. 즉, '내가 낳는 것이 나라이고, 나라가 낳는 것이 나이다' 다시 말해 '내가 곧 나라이고, 나라가 곧 나이다'는 뜻이다. "짐이 곧 국가이다"고 말하듯, 백성 모두가 각각이 곧 국가인 것이다. 어느 한 사람의 나라가 아닌 개개인 모두의 국가인 것이다. 따라서 나라/국(國)의 글말 '혹'은 '한통속(서로 마음이 맞아 같이 모이는 한 동아리)'의 준말이다. 그래서 '한 동아리로 감싸여[국(口)] 한통속으로[혹] 만일을 대비하며[혹(或)] 서로에게 혹이 되지 않는 존재'가 곧 '나라/국(國)'의 뜻임을 알 수 있다.

마음이 하나인 사람들이 하나의 울타리를 이루어 사는 곳이 나라이고 국(國)이라면, 당연히 서로 똑같이 살아야 한다는 반증이다. 열 손가락 깨물어 아프지 않은 손가락이 없듯, 그렇게 모두가 콩 하나라도 똑같이 나누어 먹을 수 있게 하는 것이 정치이고, 콩을 심고 재배하는 제반 사항을 각자 잘하는 솜씨로 나누어 분담하게 하는 것이 또한 경제임을 암시하고 있는 글이다. 결국 나라란 축소하면 나의 마음을 담고 있는 나의 몸과 같다는 뜻이다.

　신(身)의 갑골문, 금문, 소전이다. 몸/신(身)의 갑골문 자형은 사람
이 임신하여 배가 불룩한 모습을 그린 상형자이다. 그럼 글말 '신'은 '
신명(神, 마음, 얼)을 배다(잉태하다)'는 뜻으로, 몸/신(身)은 '마음을[신]
밴 몸뚱이[身]'의 얼개이다. 그렇다면 한말 '몸'은 '마음의 움(막)'의 준
말임을 알 수 있다. 따라서 나라란 나의 마음을 잉태하여 기르고 지키
는 나의 몸이고, 백성은 마음이며, 내 몸의 세포와 같다. 따라서 백성
은 나라 안 각각의 생각들이다. 나라의 마음속에서 하나가 되어야 하
는 생각들이다. 생각들이 하나의 마음 집을 짓는 것이다. 나의 병이
나라의 병이고, 나라의 병이 내 몸의 병이듯, 나라의 자존이 나의 자
존이다. 그래서 내 마음에 세상을 담으면, 세상이 내 나라가 된다.

01 셋, 사람

존함(尊銜)이
어떻게 되십니까?

우리 인류는 모든 만물에 이름을 붙여 주었다. '내가 그의 이름을 불러 주기 전에는/ 그는 다만/ 하나의 몸짓에 지나지 않았다. 내가 그의 이름을 불러 주었을 때/ 그는 나에게로 와서/ 꽃이 되었다. …… 너는 나에게 나는 너에게/ 잊혀지지 않는 하나의 눈짓이 되고 싶다' 사랑이 시작될 때부터 자연스럽게 외워지게 되는 김춘수의 시(詩) '꽃'은 여전히 가슴 설레게 하고, 아련한 첫사랑을 떠올리게 한다. 우리는 외로운 만큼, 그에게로 가고 싶은 만큼, 눈짓이 되고 싶은 만큼, 그렇게 열심히 이름을 불러 주었나 보다. 나는 어떤 이름으로 불려지기를 바라는 것일까? 그리고 우리는 어떻게 이름을 지어 불러 주는가? 지금의 이름은 내 의지와는 상관없이 부모님이 지어주신 이름이다. 부모가 되어 이름을 지어 보면 금방 알 수 있듯, 자식에 대한 부모의 바램이 녹아 들어 갈 수밖에 없다. 누가 자식의 이름을 함부로 짓겠는가? 과연 부모의 바램대로 내 이름에 걸맞게 살아가고 있을까?

297

명(名)의 갑골문, 금문, 소전이다. 한말글 이름/명(名)은 저녁/석(夕)과 입/구(口)로 이루어진 회의자이고, 흔히 저녁 때[석(夕)]는 어두워서 서로 잘 볼 수 없기 때문에 입[구(口)]으로 이름을 부르는 것이 이름이라고 설명한다. 상식적으로 생각해도 저녁에 서로를 구분하여 부르기 위해 이름을 짓지는 않는다. 석(夕)의 제자 원리를 제대로 모르면 도저히 알 수 없지만, 그 원리를 알면 반대로 너무 쉽게 알 수 있을 뿐만 아니라 그 이름에 담긴 마음도 볼 수 있다.

석(夕)과 월(月)의 갑골문이다. 앞서 설명한대로 두 글자의 차이는 십[ㅣ(十)]의 유무(有無)이다. 십[ㅣ]은 씨앗, 얼 등의 상징으로, 달의 얼이 있고 없고의 차이이다. 해와 달은 음양(陰陽)의 관계로 해는 얼(햇살/아기씨)를 뿌리고, 달은 그 아기씨를 받아 잉태시키는 관계이다. 즉, 저녁의 달은 노을의 태양과 살을 섞으며 짝짓기하는 달이다. 해의 얼을 받아 잉태시키기 위해 그 얼을 석석(무엇을 가볍게 비비거나 쓸거나 하는 모양 또는 그 소리)거리고, 석이는(더운 기운이 담근 술이나 식혜 따위를 석이게 하는) 달을 나타낸다. 그렇기 때문에 저녁의 달[석(夕)] 그 안에는 잉태시킨 얼이나 아직 영글지 않은 얼이 있기 때문에 십[ㅣ]이 없는 이유

298

이다. 그래서 달빛은 빛을 비추는 것이 아니라 햇빛을 잉태시키기 위해 키질하는 빛이고, 석이며 부글부글 끓어 오르며 피어나는 김 같은 빛이므로 햇빛처럼 강렬하지 않은 것이다. 그 얼이 영글려 맺힐 때 비로소 달[월(月)]이 되는 것이다.

이름은 부모의 바램을 담아 짓는 것이다. 저녁의 달에 잉태시키듯, 그렇게 이름을 지어 달의 정령으로 맺히듯, 그렇게 영글려 꽃 피우기를 바램으로 담아 지은 것이다. 그러면 글말 '명'은 '몃구는(〈옛〉메우는) 얼'의 준말이다. 즉, 명(名)은 '저녁 달이[석(夕)] 얼로 메워지게 하는 [명] 말[구(口)]'의 얼개로, 참나를 비추며 이루도록 바라는 말이다. 그러면 한말 '이름'은 '니르리는(얼을 이르도록 이르는) 말'의 준말임을 알 수 있다. 한말 '니르다'에는 언(言)과 지(至)의 뜻이 있기 때문에 한말 '이름'의 '이르다'는 지(至)와 언(言)이 모두 있는 뜻임을 알 수 있다.

존(尊)의 갑골문, 금문, 소전이다. 술 항아리를 두 손으로 공손히 받드는 자형의 회의자이다. 술 항아리를 공손히 받드는 것은 '조라술(산신제나 용왕제 등을 지낼 때 쓰는 술)'같은 제사에 쓰는 술임을 짐작할 수 있다. 그러면 글말 '존'은 '조닐로(남에게 사정사정할 때 제발 빈다는 뜻으로 쓰는 말)'의 준말이다. 그리하여 '조상님 또는 어떤 신에게 술을 받치고 [유(酉)/추(酋)] 조닐로[존] 공손하게 우러르며 받들다[두 손]'는 얼개로, '높이다, 우러르다' 등의 뜻이다.

금(金)의 금문, 소전이고, 나/여(余)의 갑골문이다. 금문의 자형은
나/여(余)와 나눌/팔(八) 그리고 한/일(一)의 회의자이고, 소전에서 금
(今) 글말의 형성자로 변했다. 나와 쇠, 철 그리고 금 등은 서로 어떤
연관성이 있는 것인가? 만물은 각자 하늘의 천명(天命)이 주어져 있다
는 정령(精靈) 사상이 그 밑바탕에 깔려있는 시각이다. 하늘의 천명 그
얼을 여미고 세워진(태어난) 존재가 나/여(余)이듯, 각자의 여미어진 씨
앗을[여(余)] 나누어[팔(八)] 하늘의 잣대로[일(一)] 가늠하는[금] 것이
금(金)이라는 얼개이다. 즉, 한말 '금(물건의 값, 가격)'의 말자취이고, 한
말글이 보다 구체적인 가늠[금]의 기준을 나타냈을 뿐이다. 시각을 달
리해서 보면, 천명으로 여미어 주어진 얼을[여(余)] 함지질(광산에서 복
대기나 감흙을 함지로 일어서 금을 잡는 일)하여[팔(八)] 하나로[일(一)] 긁어
(그러) 모은[금] 것이 쇠(철)이고, 금이다.

철(鐵)의 해서체(楷體)이다. 쇠/철(鐵)은 '날카로운[질(戜)] 철이 든
[철] 금[금(金)]'을 뜻한다. 한말 '철'은 '사리를 가릴 줄 아는 힘'의 뜻
으로, 흔히 '언제나 철들래' 등 핀잔처럼 듣는 말이다. 그러면 '채워진
얼'의 준말임을 알 수 있다. 그렇기 때문에 철(鐵)은 날카로운 얼이 깃

든 금(金)을 뜻한다. 그래서 한말 '쇠'는 '솟아 오르는 또는 소(쏘)는 니(얼)'의 준말이다. 이와 같이 모든 만물은 각자의 천명 그 소명에 따른 얼을 간직하고 있고, 그 각각의 값이 한말 '금'이며, 처음에는 쇠가 값의 기준이나 화폐로 쓰이자 쇠/금(金)으로 쓰이다가 금덩이(gold)가 그를 대체하면서 금덩이/금(金)으로도 쓰였다고 추론이 가능하다. 당연히 그렇게 되자 쇠/철(鐵)을 따로 만들어 구분한 것이다. 철(鐵)이 소전에 나타나지 않는 이유가 바로 이것이다.

함(銜)의 소전으로, 행(行)과 금(金)의 회의자이다. 재갈/함(銜)은 '하고자 하는 일에[행(行)] 징(대갈/신의 가죽 창 밑에 박는 쇠로 된 못)을 박아[쇠(金)] 하나로 매어 놓다[함]' 또는 '칼(갈)을[쇠(金)] 하나로 물려[함] 행하다(움직이게 하다)[행(行)]'는 얼개임을 알 수 있다. 주로 입에 물리거나 '함초롬하다[함]의 준말로, '머금을/물릴' 뜻이 전주되고, 굴레가 씌워짐에 따라 '직함'의 뜻도 유추되었다. 그리고 금(金)의 얼개에 따라 각자 천명으로 주어진 얼을 머금고 행하는 뜻으로, '직함'과 '머금다, 마음에 품다' 등의 뜻이 유추될 수 있고, '주어 여미어 진 얼을[금(金)] 함지에 담아 입에 물어[함] 함지질하는[행(行)]' 얼개로도 그런 뜻이 유추될 수 있다. 더불어 함지로 재갈이 물리면서 '느끼다'는 뜻도 유추될 수 있다.

한말 '재갈'은 '재인 칼'의 뜻이다. '재다'는 '쟁이다'의 준말이고, '다져 넣거나 끼워 넣다'는 뜻이다. '갈'은 '칼(枷)'의 옛말로, 죄인의 목에 씌우는 형틀이다. 그렇기 때문에 재갈은 '(입 안에) 재인 갈(칼)'로 멍에,

301

코뚜레 등과 같고, 주로 입에 물리는 도구이다. 그렇다면 존함(尊銜)은 어떤 의미인가? 존함(尊銜)은 남을 높이어 그의 '이름'을 이르는 말이다. 사람의 이름이 지어지듯, 부모의 존귀한 바램에 매어진, 굴레 씌워진 직함의 의미로 쓰였음을 능히 짐작할 수 있다. 더불어 시끄럽게 재잘거리지 말라고 재갈 물리듯이 부모가 지은 이름에 왈가왈부하지 말고, 그 바램의 뜻과 천명을 함지질 하듯 소명에 부응(符應)하라는 암시도 담겨있는 말이다.

예전 어느 때 사람의 이름은 흔히 사주팔자에 맞춰 짓는 것이 거의 필수였던 때도 있었다. 사주팔자는 그 사람의 천명과 동일시 되었기 때문이다. 즉, 그 사람의 천성에 맞춰 그에 합당한 이름을 지었다는 뜻이다. 저의 첫째 딸 이름은 몇 달을 고생하고도 실패하여 결국 남의 도움을 받았지만, 둘째는 교훈 삼아 다시 몇 달을 고생한 끝에 손수 지었다. 사주를 고려하지 않고, 말뜻만 생각한 사심의 바램을 담은 이름이었다. 그런데 바꿔달라고 성화가 이만 저만이 아니었다. 이름 갖고 친구들이 놀린다고 한다. 나름 심혈을 기울인 걸작(?)이라 생각했는데도, 고작 상처나 주는 이름이 되었다. 아무리 좋은 뜻을 가지고 있더라도 당사자의 입장을 무시하면, 오히려 못(재갈)이 될 수 있음을, 딸이 투정부릴 때마다 느끼게 되었다. 그 교훈을 그나마 노력의 대가로 위안을 삼는다. 결국 사람의 이름은 어릴 때 부모가 짓게 되면서, 즉 천성을 무시하고 부모의 사심만 개입되면, 근원적인 천성이 결여될 수밖에 없다.

다른 사물에 대한 이름은 어떠한가? 다른 사물에 대한 우리의 시각은, 일부 반려동물을 제외하면, 각각의 개별적 시각이 아닌 전체적인 종(種)의 개념에 따라 이름 짓는다. 즉, 사람은 개별적 특성인 20%의 천성에 맞추고, 인간 이외는 일반적 특성인 80%의 보편성에 맞춘다. 당연히 사람 중심의 시각이기 때문이다. 오늘날 왜곡된 2080법칙의 시각이고, 일반화의 오류가 비롯되는 까닭이기도 하다. 어쨌든 사람이 짓게 되므로, 사람의 관점이 개입되지만, 그나마 많은 사람들과 오랜 시대를 거치며 객관적 보편성을 획득한 이름으로 볼 수 있다. 또는 무관심에 따른 타성이 관성으로 이어져 온 이름일 수도 있다. 그럼 아담처럼 처음으로 이름을 지은 시각은 무엇이었을까?

잠자리는 왜 잠자리인가? 고추잠자리, 고추 먹고 맴맴. 내게도 한때, 정말 고추 먹고 매워서 맴맴 도는 줄 알았던 때가 있었다. 어린 시절 가장 친근한 벌레는 누가 뭐래도 잠자리일 것이다. 어디에서나 흔하게 보이던 게 잠자리였다. 잠자리는 1억 년 전 화석에도 있었고, 아직도 지구상에 5000여 종이나 있다고 한다. 그런데 이름이 왜 잠자리일까? 우리말 어원사전에도 어원 미상으로 나온다. 벌레와 상관없는 잠자리의 뜻은 잠을 자는 자리이고, 흔히 짝짓기를 은유적으로 표현하는 말이기도 하다. 그러고 보면 잠자리는 짝짓기를 잘하는 벌레를 뜻하는 말이다. 사실 잠자리 떼들을 보면, 흔하게 짝짓기 하는 장면을 볼 수 있다. 날면서도 짝짓기를 한다. '잠자리'라는 이름을 얻을 만도 하다. 정말 그래서일까? 잠자리의 한말글은 청령(蜻蛉)이다.

청(靑)의 금문, 소전이다. 흔히 푸를/청(靑)은 생(生)과 우물/정(井) 글말의 형성자로, 우물 주변에 돋아 난 풀에서 '푸르다'는 뜻이 나왔다고 설명한다. 우물 주변에 돋아난 풀만 결코 푸른 것이 아니다. 모든 풀이 푸르다. 굳이 우물로 나타낼 이유가 전혀 없다. 즉, 금문의 자형

은 생(生)과 단(丹)의 회의자이다. 생(生)은 풀이 돋아나듯, 새로 일어
나는(생기는)[생] 뜻이고, 단(丹)은 약탕기에 달여 낸[단] 약을 의미한
다. 그렇기 때문에 청(靑)은 '풀을 달여 내[단(丹)] 생긴[생(生)] 청(어떤
물건에서 얇은 막으로 된 부분)[청]'의 얼개이다. 그러면 한말 '청'이 '처대어
(무엇을 불에 대어 살라 버리다, 처지르다) 우리다(우려내다)'의 준말이 보다 합
당하다. 즉, 풀을 달여 우려낸 빛깔을 나타내고, 한말 '푸르다'는 '풀
색깔이 우러나다'의 준말임을 아울러 알 수 있다.

  단(丹)의 갑골문, 금문, 소전이다. 자형 안에 일(一)이 들어 나타냄은
하늘 곧 얼의 상징이다. 그리고 정(井)과 비슷한 자형은 단(丹)이 의미
하는 뜻 곧 '붉을, 정성스러울, 약' 등으로 미루어 약탕기나 화덕 또는
모루 등이 나타내는 현상을 상징화한 것이다. 그러면 글말 '단'은 '달구
어 내다, 달여 내다' 등의 준말임을 알 수 있다. 즉, '화덕에서 달구어
내[단] 모루 위에 올려진 쇠의 얼[일(一)]'에서 '붉다'는 뜻이 나오고, 덧
붙여 한말 '단결에(열기가 아직 식지 않았을 판에, 좋은 기회를 놓치지 말고 바로
그 자리에서, 단김에)'의 관용어가 나온 배경이다. 그리고 '약탕기에 달여
낸[단] 약초의 얼[일(一)]'에서 '약'의 뜻이 나오며, 약을 달이고 쇠를 다
듬질하는 일이 또한 '정성스러운' 일이다. 아울러 '약이 오르다, 약을
올리다' 등에서 보듯, 한말 '약'은 '얼, 성, 노, 화, 부아(분)' 등과 같은
뜻의 다른 말이기도 하다.

다(茶)와 도(荼)의 소전이다. 소전까지 같이 쓰이다가 서로의 구분을
위해 자형을 변형시켰다는 방증이다. 그리고 다(茶)는 또한 '차' 글말로
도 쓰인다. 곧 소전에서는 '차' 글말로 구분했다는 뜻이기도 하다. 그
런데 우리말에는 차(茶)에 대응된 말이 없다는 것은 또한 '차'가 한말이
라는 반증이다. 즉, 처음에는 차(茶)를 뜻하는 '다'와 씀바귀, 쓰다 등
의 뜻은 '도'로 구분한 전주자였으나 그 음(音)이 별다른 차이가 없어
구분이 어려워지자 차의 의미 그대로 '차'로 쓰며 구분했다. 같은 뜻에
다른 두 개의 글말이 있는 이유의 반증이다. 어쨌거나 '풀[초(艸)]에 여
미어진 약(얼)[여(余)]'을 다려(달이어) 낸[다] 것이 차(茶)이고, 그 얼이
도두러진[도] 것이 도(荼)를 뜻하는 얼개이다. 그러면 한말 '차'는 '(차
나무에)차 있는 얼을 차리어 또는 차 내어 놓은 것'을 의미한다. 이처럼
우리말의 어휘를 만드는 원리는 처음에 일단 그 뜻을 가득 담았다가
생략하고 압축하여 다듬어 가면서 기존에 있는 어휘를 피하여 최대한
줄여서 자신만의 자리를 찾아 가는 원리이다. 그 과정의 줄임 방법이
다양할 수밖에 없는 이유이기도 하다.

정(井)의 갑골문, 금문, 소전이다. 단(丹)과 분명한 차이가 있는 글자

이나, 소전에서 점을 찍어 나타내면서 서로 혼용되기 시작했거나 그 때부터 서로를 구분하지 못했다는 반증이 될 수도 있다. 정(井)은 우물 위에 두레박을 들어 올리기 위한 도르래 장치를 상징화 했거나 우물 뚜껑을 나무반자로 만든 형상으로 볼 수 있다. 그리고 글말 '정'은 '저 절로 올라 차다'의 준말이다. 그래서 '우 몰리어 우로 올라 찬 물'이 또 한 우물의 준말임을 알 수 있다.

청(蜻)의 소전이다. 잠자리/청(蜻)은 '청(靑)하는 벌레(虫)'의 구조인 형성자이다. 그러면 글말 '청'은 '칭얼(자꾸 보채는 모양)대다' 또는 '처(마 구, 많이 등의 뜻을 나타냄) 우리다(우려내다)'의 준말이다. 칭얼대는 소리는 또한 파도가 철썩이며 철렁[청]이는 소리처럼 귀청을 두드린다. 철썩 달라붙어 철렁거리는 짝짓기의 공감각적 묘사로도 볼 수 있다. 그리고 청할, 부탁할, 원할/청(請) 역시 같은 얼개로 '천명(天命)을 달아 낸 얼 [청(靑)]을 칭얼대는/ 처우리는[청] 말[언(言)]'의 뜻이다. 그렇기 때문 에 청(蜻)은 또한 귀뚜라미도 뜻하는 말이다. 즉, 끊임없이 칭얼거리 며 귀청 떨어지게 뚜드리며 울어대는 귀뚜라미는 '귀청 뚫리게 뚜드르 듯 우는 벌레'라는 뜻과도 서로 통한다. 어쨌거나 잠자리/ 청(蜻)의 '청' 은 '(잠자리를) 청한다(원한다)'는 의미이다. 에둘러 표현한 말임을 알 수 있다. 얼마나 시적(詩的)인 이름인가?

문(蚊)의 금문, 소전이다. 모기는 '모(튀어나온 뾰족한 끝)로 무찔러 가려운 이(벌레)'를 뜻하는 이름이다. 그렇기 때문에 모기/문(蚊)은 '무찌르고 나아가며(날며)[문] 물린 자국(무늬)을 남기는[문(文)] 벌레[훼(虫)]'의 얼개인 형성자이다. 아울러 '(가려워) 문지르게[문(文)] 하는 벌레'를 암시한다. 문(文)으로 나타냄은 문(文)처럼 글을 쓰듯, 가려워 긁는 현상을 그 메타포로 표현했다.

석(蜥)의 소전이고, 석(析)의 갑골문, 금문, 소전이다. 석(蜥)은 '석(析)' 글말의 형성자이다. 우리말 '석'은 무엇을 단번에 베거나 자르거나 하는 모양, 또는 그 소리를 뜻한다. '석뚝'의 의미다. 그래서 석(析)은 '木 + 斤'의 회의자이고, '도끼(斤)로 나무(木)를 석뚝자르는[석]' 얼개로, '쪼갤, 가를'의 뜻을 분명히 알 수 있다. '도마'가 도막 내는 밑받침의 주방 도구이듯, 도마뱀은 (자기 꼬리를) 도막 내는 뱀을 뜻한다. 한자어는 蜥蝎(석척)이다. 그러므로 석(蜥)은 '석뚝(析) 자르는 벌레(虫)'의 얼개로 나타냈다.

척(蜴)의 소전이다. 도마뱀/척(蜴)은 '척[본래는 역(易)]' 의 형성자로 설명하지만, '척' 글말의 회의자로도 볼 수 있다. 한말 '척'은 '체(그럴 듯하게 꾸미는 거짓 태도)'의 뜻과 '척척 달라붙는' 뜻도 있다. 그러면 '척 척 달라 붙어 그 주변 색으로 변하고[역(易)] 체하는[척] 벌레[충(虫)]' 를 뜻한다. 도마뱀은 또한 카멜레온이다. 주변 색에 맞춰 '척'하는 벌 레로, 척(蜴)은 카멜레온의 특성을 나타낸 글이다. '바뀔/역(易)'이 우 리말 '척'에 동화되어 변했을 수도 있고, '역' 역시 '역(약)다'로 '약삭빠 르다'의 뜻이 있으므로 '역(易)' 글말의 형성자로도 볼 수 있다. 이처럼 우리 선조들은 아무리 하찮은 벌레라도 그 이름을 함부로 짓지 않았 음을 알 수 있다. 모든 만물에 하나님께서 내려와 계시다는 정령신앙 의 발로(發露)이다.

02

우리의 신체어(身體語)는
어떻게 지었을까?

목(目)의 갑골문, 금문, 소전이다. 눈/목(目)은 '눈'을 그린 상형자인데, 어째서 눈동자는 나타내지 않은 것인가? '목' 글말로 어떤 현상을 나타내었는지를 이해하면, 그 시각을 알 수 있다. '눈'의 가장 큰 특징은 무엇일까? 흔히들 '마음의 창'이라고 한다. 마음이 드나드는 길목이라는 뜻이다. 그리고 밤에 보는 짐승의 눈에선 빛이 나온다. 이러한 특징으로 우리말 '눈'의 뜻은 '나(아래 아 / 태양신, 얼)가 나오다'의 준말이고, 눈은 마음이 드나드는 길이며, 길이 누워있듯, 눈길 또한 '누워 있는' 형상으로 그 의미까지 담아 '난'이 아닌 '눈'으로 나타낸 것이다. 그렇기 때문에 '목'은 '모가지'가 모의 갈래이듯, '모(싹, 얼, 마음)의 (드나드는) 길목'을 뜻한다. 눈이 '마음의 창'이듯, '눈'은 마음의 길이고 길목임을 강조한 말이다. 그래서 목(目)에 눈동자를 그려 넣지 않은 것이다. 얼이 머무는 곳이 아닌 드나드는 얼길을 나타내기 위한 까닭이다. 그리고 '눈(目)'은 '눈(雪)'과 동음이의어이다. 어떤 개연성이 있는가?

설(雪)의 소전이다. 눈/설(雪)은 소전에서 설(䨮)로 썼듯, 혜(彗)가 발음인 형성자로, 'ㅋ'는 彗의 생략형이고, 옛날에는 설(雪)과 혜(彗)가 발음이 비슷하였다고 설명한다. 그러나 '설'과 '혜'가 발음이 비슷하였다는 것은 납득하기 어렵다. 음운론상으로도 있기가 힘든 일이다. 형성자로 이어져 왔기 때문에 억지로 꿰어 맞추어 놓은 것이다. 혜(彗)는 손으로 빗자루를 잡고 있는 형상을 나타내고 있는 '혜' 글말의 회의자이다. 그리고 '비, 비로 쓸/혜'와 '꼬리별, 살별/혜'의 뜻을 나타낸다. '설' 글말의 '설다(쓸다)'와 '혜' 글말의 '헤치다(좌우로 물리치다/치우다)'는 서로 같은 의미이다. 그렇기 때문에 옛날에는 서로 비슷한 글말이었다고 설명할 수 있는 이유이다. 우리말로 밖에는 설명할 수 없는 사실이다. 즉, 혜(彗)는 '빗자루를 들고[彗] 헤치다[혜]'는 뜻이고, 빗자루에 쓸리듯이 지나가는 '꼬리별'의 의미가 유추되었다고 볼 수 있다. 그런데 꼬리별은 또한 살별이기도 하다.

혜(彗)의 소전이다. '살별'의 이름 뜻은 무엇인가? 비에 쓸[설]살리 듯, 꼬리를 남기며 지나가는 별의 의미이다. 혜성(彗星)이 꼬리별인 까닭이다. 그렇다면 혜(彗)는 본래 '비, 비로 쓸/혜와 꼬리별/살(설)'의 전주자였다는 방증이다. 점차 글말의 차이점이 희미하여 '혜' 글말로 같이 쓰이게 되었고, 눈/설(雪)에 그 잔재가 남아 있었다고 쉽게 추론된다. 한말 '설거지'의 '설'과 '헹구다(혜다)'의 '혜(혜)'에도 서로 비슷한 뜻으로 아직 그 잔재가 남아있다.

눈/설(雪)의 글말 '설'은 무엇을 나타낼까? 한말 '설다'는 '덜 익다 또는 넉넉하지 않거나 깊지 않다'는 뜻이기도 하다. 그러면 눈/설(雪)은 무엇이 '설은' 것인가? 형태상 '우박(雨雹)'이 설은 것이다. 따라서 설(雪)은 우박/박(雹)의 생략형 '우[雨]'와 혜(설)[彗]의 생략형 'ㅋ'가 결합된 형성자로 볼 수 있다. 그래서 '설은[설] 우박(雨雹)'이 눈(雪)이고, 더불어 비로 쓸어야[설/혜(彗)] 하는 암시까지를 담고 있는 글자이다. 그렇다면 '눈(雪)'의 한말은 어떤 얼개인가?

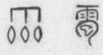

박(雹)의 갑골문, 소전이다. 우박(雨雹)의 한말은 '누리'이다. 그리고 눈의 '설다'는 시각을 달리하면, '눅진(날씨나 성미 따위가 누그러진)' 상태

311

의 다름 아니다. 그렇기 때문에 눈(雪)은 '누그러진(눅진)[누] 누리(우박)
[ㄴ]'의 얼개로, 설(雪)과 일치되고, 더불어 '누워 내려서[눈] 눈(目)처
럼 '누워 쌓여 놓이는[눈]' 것을 암시하는 말이다. 함박눈이 내리는 모
습은 분명 누워서 내리는 형상과 다름없다.

　박(雹)의 갑골문은 우박의 형태를 그대로 나타냈고, 소전은 비가 감
싸인 형태[포(包)]로 내리는 의미로 나타냈다. 그럼 글말 '박'은 '박다
(다른 물체에 꽂거나 끼우다, 식물이 뿌리를 내리다)'의 준말로, '씨를 뿌리며
땅에 박는 비'의 의미를 나타냈다. 덧붙여 누리/박(雹)은 '포동포동해
진[포(包)] 눈[설(雪)]'의 얼개인 형성자로도 볼 수 있고, '포 〉 박'의 변
형은 눈덩이가 '박박(빡박)해 지다' 에 의미 동화되었다고도 볼 수 있
다. '눈이[雨/설(雪)의 생략형] 빡빡해진 덩이[박]'의 뜻이다. 그러면 '
누리'는 '누르인(눌린) 이(눈)'이거나 '누는(똥이나 오줌을 몸 밖으로 내 보내
는) 이(눈)'의 준말이다. 즉, 누는 것은 낳는 의미로, 씨를 뿌리고 심는
(박는) 의미임을 알 수 있다.

　상(相)의 갑골문, 금문, 소전이다. 상(相)은 본래 '나무[목(木)]를 잘
살피다[목(目)]'라는 뜻이고, 나무를 재목으로 쓰려면 먼저 잘 살펴보
아야 하기 때문이며, 뒤에 '서로'라는 뜻으로 가차되자 쓰이지 않게 되
었다고 설명한다. 그러나 '볼, 점칠, 도울, 모양, 재상' 등의 뜻으로도
쓰이고 있으므로, '서로'의 뜻을 설명하지 못해 뒤바꿔 설명하는 꼴이
다. 단순히 '나무[목(木)] 눈[목(目)]'의 얼개이다. 즉, 나무는 싹 눈을

틔워 가지 치듯, 나무의 싹 눈을 뜻한다. 그 나무의 눈이 '상'하는 것이 '서로'의 뜻을 나타낸다는 얼개이다.

　나무의 눈은 위 아래가 사뜨는(바느질에서 두 쪽을 합쳐 마무를 때 가장자리를 위 아래로 번갈아 겹쳐 꿰매는)듯이 싹을 틔워 올라가며 가지를 친다. 그러면 글말 '상'은 '사뜨며 오르다/사 오르다'의 준말이고, '나무[목(木)]의 눈[목(目)]이 사뗘 오르며[상] 바라보는' 것이 '서로'의 뜻이다. 그리고 싹 눈이 난 것을 보면 다음에 나올 싹 눈의 위치를 알 수 있듯, 그렇게 아는 것이 '점칠' 뜻이고, 위 아래를 사뜨듯 마주 바라보는 것이 '볼' 뜻으로, 서로 마주 보는 뜻임을 알 수 있다. 더불어 서로 마주보며 입장을 바꿔 바라봐 주는 것이 '도울' 뜻이고, 백성은 나라의 싹 눈이듯, 백성과 서로 입장을 바꿔 바라보는 위치의 자리가 또한 '재상(宰相)'이라는 뜻이다. 따라서 한말 '서로'는 '서귀는(서로 바꾸는, 서로 달리하는) 놈(것)으로/노(얼)'의 준말이고, '마음(노)을 바꾸는 것처럼'을 뜻한다.

　상(霜)의 소전이다. 서리/상(霜)은 '상(相)' 글말이 '사리어 엉키다' 또는 '사리어 얼다'의 준말인 형성자이다. 그리하여 상(霜)은 '사리어 엉킨[상(相)] 눈[雨/설(雪)의 생략형]'으로 볼 수 있다. 또한 상(相)으로 나타냄은 사뜨듯 서로가 하나로 딱 붙어있는 현상도 담기 위함이다. 한말 '서리'는 '서리는(수증기가 찬 기운을 받아 물방울이 되어 엉긴/어리어 나타나는) 이(눈)'의 준말이고, '서리어(사리어/뱀 따위가 똬리처럼 감아) 엉킨(얼은)[상]' 상태를 말한다. 그렇기 때문에 눈(雪)은 우박처럼 내리는 '설은

313

누리(우박)'이고, 서리(霜)는 눈처럼 땅에 누워 붙어 있는 '서리어 얼어
붙은 눈'이다.

　빙(冫)의 소전과 빙(冰)의 금문, 소전이다. 즉, 빙(冫)은 빙(冰)의 생
략형임을 알 수 있다. 얼음/빙(冰)은 '빙(冫)한 물(水)'의 얼개인 형성자
이다. 빙(冫/仌)은 '비어지며 얼다 또는 비적비적(불거져) 일어나다'의
준말로, 물이 얼면서 비어지는(속에 들었던 것이 밖으로 쑥 내밀리는) 현상
을 나타낸 말임을 알 수 있다. 그렇기 때문에 얼음/빙(冰)은 '비어지며
얼리는[빙(冫)] 물[수(水)]'의 뜻이고, 한말 '얼음'은 '얼은 물'의 준말임
을 알 수 있다. 더불어 우박/박(雹)의 '포(包)' 글말은 또한 '포삭포삭(푸
석푸석)하다'의 준말로, 얼음에 비해 포삭포삭(푸석푸석)한 상태임을 암
시하고 있다. 따라서 빙(冰)/ 박(雹)/ 설(雪)/ 상(霜)의 관계는 '물 〉 얼
음 〉 누리(우박) 〉 눈 〉 서리'로, 물이 천기(天氣) 곧 날씨의 온도에 따라
흐르듯 변화되는 상관관계에 의해 나타나는 개연성으로 서로 구분했
음을 알 수 있다.

　비(鼻)의 갑골문, 소전이다. 코/비(鼻)는 비(畀) 글말의 형성자이다.

본래 자(自)가 코를 그린 상형자였는데, 뒤에 '스스로' 등의 뜻으로 가차되자 '코'의 뜻으로는 비(畀)를 더한 鼻 자를 새로 만들어 보충하였다. 코(自)로 공기를 끌어들여 몸에 공급한다[畀]는 뜻이므로 畀는 발음도 담당하는 회의 겸 형성자라 설명한다. 코는 숨을 쉬는 신체기관이다. 숨은 어떻게 쉬는가? '스스로, 저절로' 쉬는 것이다. 그러면 '자(自)' 글말은 '자내(〈옛〉몸소, 스스로)' 또는 '저절로'의 생략형으로, 코가 스스로 숨쉬는 현상을 나타낸 말이다. 그러면 자(自)가 '저절로, 스스로'의 뜻으로만 쓰이게 되자, 새로 '비(畀)' 글말을 추가하여 형성자로 만들어 코/비(鼻)로 구분했다고 보는 것이 보다 더 합리적이다.

비(畀)의 갑골문, 금문, 소전이다. 신(囟)에 화살 꼬리가 달린 형상이고, '주다'는 뜻이다. 신(囟)은 정수리, 숫구멍으로 신(얼)이 드나드는 곳이다. 그러면 정수리에 얼이 비롯된 얼개로, 달리 말하면 주어진 얼에서 '주다'는 뜻이 된 것이다. 즉, 하늘이 천명(신, 마음)을 정수리에 쏘아 주다라는 뜻이다. 그렇기 때문에 글말 '비'는 '비롯되다, 비릇다(아기가 곧 태어날 듯한 상태가 되다, 진통이 시작되면서 산기를 나타내다)'의 준말이다. 덧붙여 '비릇는' 것은 그 의미로 견주면, 빨래를 비틀어 물기를 짜내는 현상과 다름없는 뜻이다. 따라서 비(鼻)는 코가 자연스럽게 숨을 비릇는 현상을 나타낸 것이다. 그래서 비조(鼻祖)의 뜻도 가지며, 한말 '비르숨(비롯함)'이 비릇는 숨 곧 숨을 비릇다는 뜻이다.

'코'의 옛말은 '고뿔(감기)'에서 보듯, '고'이다. '고'는 '스스로, 저절

315

로' 숨을 쉰다는 의미와 연결된다. 그래서 '고르다'와 일맥상통하는 말이다. 때로 거친 숨을 '(저절로, 스스로) 고르게 하다'는 뜻이다. 코를 '골다'의 표현은 코를 '고르다'의 준말로 보아야 한다. 코를 고는 행위는 숨을 고르게 하기 위한 자연스런 현상으로 쓰이다가 점차 코를 울리고 드르렁거리는 소리를 내는 행위로 쓰였다고 볼 수 있다. 그리고 비(鼻)의 '비릇는 숨'은 우려내는 숨으로도 볼 수 있듯, 또한 코가 숨을 '고르다(여럿 중에서 가려내다)'는 의미도 담겨있다. 즉, 코는 숨을 필터링하는 기능도 나타낸 말이다.

구(口)의 갑골문, 금문, 소전이다. '입 / 구(口)'는 사람의 '입' 모양을 상형한 것이라지만, 입 모양으로 보기는 힘들다. 입의 작용을 형상화했다고 보는 것이 보다 합리적이다. 그렇다면, 입의 어떤 움직임이나 현상을 나타낸 것인가? 입의 특징은 누가 뭐라 해도 '말하는 것과 먹는 것'이다. 말하는 것은 입 속 혀의 작용이고, 먹는 것은 이[치(齒)]와 혀의 작용이다. 즉, 구(口) 자형의 양쪽 솟은 것은 입술이고, 가운데 가로지른 선[_]은 혀와 이를 상징한 것이다. 그럼 '구'는 '구르다(바닥이 울리도록 발을 들었다가 힘주어 내리 밟다) 또는 구르다(데굴데굴 돌면서 옮겨 가다, 총포를 쏠 때 반동으로 그 총포가 뒤로 되튀다)'의 준말이다. 말하고 먹는 일은 결국 혀를 구르고, 이빨을 구르는(내리 밟고 되튀는) 작용의 다름 아니다. 그런 현상을 그림으로 상징화 했고, 글말로 나타낸 것이다. 따라서 한말 '입'은 '일어 바르다(겉을 싸고 있는 것을 벗기거나 헤치거나 하여 속에 든 알맹이를 집어내다, 한데 어울려 있는 것 속에서 필요한 것 필요하지 않은 것 만 골라내다, 올바르게 하다)'의 준말임을 알 수 있다. 점차 의미 확대가 이 루어지면서, '어귀, 식구(인구)' 등으로 유추되었다.

이(耳)의 갑골문, 금문, 소전이다. '귀/이(耳)' 역시 귀 모양이 아닌 그 작용을 그린 상형자이다. 귀의 특징은 듣는 것이다. 그럼 듣는 것 은 무엇인가? 보이는 얼이 드나드는 길목(창)이 눈이듯, 들리는 얼(소 리, 말)이 드나드는 문(門)이 귀이다. 물을/문(問)이 '말[구(口)]의/로 문[문(門)]을 문지르는(노크하는)[문]' 얼개로 나타내는 이유이다. 어 쨌거나 귀에는 귀청의 문이 있다. 귀의 작용은 귓바퀴로 소리를 모 아 귀청의 문을 울리고 여닫는 것이다. 즉, 소리가 귓바퀴를 돌아 귀 청에 이르러[지(至)] 이르고[언(言)] 문(귀청)을 이기고(열고)[승(勝)] 들 어가는 것이다. 입장을 달리하면, 소리를 귓바퀴로 이끌어 귀청에서 이기고(흙이나 가루 따위에 물을 부어 뒤섞어서 반죽하다, 잘게 썰어 짓찧어서 다 지다, 빨래 따위를 이리저리 뒤치면서 두드리다) 이기어(육체적 · 정신적 고통 이나 장애 · 슬픔 · 흥분 등을 참고 견디다, 몸을 가누거나 바로 하다) 들여 보 내는 것이다.

귀의 갑골문 자형은 (소리를) 귓바퀴로 모아 담아 이끌어/이기어/이 르어 귀청(고막)을 찌르는(두드리는) 현상으로 볼 수 있고, 금문은 소리 를 모아 담아 바로 세우는 구체적인 현상을 설/립(立)의 자형을 덧붙여 나타낸 것이다. 그러면 글말 '이'는 '이끌다, 이기다, 이르다[지(至),

317

언(言)' 등의 준말로, 귀의 작용과 현상을 나타낸 말이다. 그렇다면 한
말 '귀'는 '구석구석 구르어 이기다/이르다/이끌다'의 준말임을 알 수
있다. 그리고 이(耳)의 '따름, 뿐' 등의 뜻은 한말 '이다(사물을 지정하는
뜻을 나타내는 종결형 서술격 조사)'는 의미로 한정이나 단정의 뜻을 나타내
는 어조사로 가차된 것이다. 뿐만 아니라 소리를 이끄는 귀에 따른 그
뿐임을 담고 있다. 덧붙여 오늘날 과학은 달팽이관으로 이어지는 속
귀(내이)의 세반고리관과 전정기관이 우리 몸의 평형을 유지하는 기관
임을 밝혀주고 있다. 전정기관은 수평과 수직을 그리고 세반고리관은
회전 감각을 유지한다. 금문의 귀/이(耳)의 자형 안에 설/립(立)을 덧붙
여 나타냈다는 것은 그 시대 의학이 귀의 평형유지 기능도 있음을 알
고 있었다는 반증이 될 수도 있다. 아울러 립(立)의 자형이 고막(귀청)
을 뚫고 지나는 현상도 담아 나타냈다.

골(骨)의 갑골문과 소전이다. 골(骨)은 '살을 발라낸 뼈를 그린 과(冎)
와 月[육(肉)] 즉 뼈에 붙어있는 살을 나타낸 육(肉)으로 구성된 회의자
라고 설명하지만, 그렇다고 하니까 그런가 보다 할 뿐이다. 이해하기
가 쉽지 않다. 물론 소전에는 과(冎)와 육(肉)의 회의자가 분명하다. 그
러나 과(冎)가 어떻게 '뼈를 발라내다'는 뜻이 유추되고, 골(骨)의 갑골
문 자형에서 과(冎)와 육(肉)이 어떻게 나타날 수 있는가?

　육(肉)의 갑골문과 소전이다. 육(肉)의 갑골문은 입/구(口)를 옆으로
뉘어 놓은 자형이다. 즉, 입으로 먹는 것임을 나타내고, 구(口)와 구
분 지은 것이다. 그러면 글말 '육'은 '유들유들(낭창낭창)거리다, 유들
유들 구부러지다/고물거리다'의 준말이다. 따라서 한말 '고기'는 '고
불고불(요리조리 고불거리거나 고부라져 있는 모양)대며 고물고물(몸을 좀스
럽고 느리게 자꾸 움직이는 모양)거리는 이(젓)'의 준말임을 알 수 있다. 그
런데 육(肉)과 월(月)이 소전에서부터 비슷해지며 점차 같게 된 이유는
무엇인가?

　육(肉)의 갑골문과 석(夕)의 금문으로 거의 같다. 석(夕)은 달 안에 아
직 십(열, 씨앗)[丨]이 없음을 나타내기 위한 자형이다. 반면에 육(肉)은
먹는 것임을 나타내기 위한 구(口)를 옆으로 뉘어(굴려) 위 아래 입술이
먹는 형상처럼 나타냈다. 즉, 입 안의 십[丨]이 말의 씨앗이 되듯, 살
은 몸의 씨앗이고, 달이 그러하듯, 몸(살)은 또한 마음을 잉태하여 씨
앗을 맺혀야 하는 존재임을 더불어 나타내기 위한 장치이다. 신(身)으
로서의 살(몸)과 먹이(肉)로서의 고기를 동시에 함축한 뜻이다. 자연의
모든 존재는 서로가 서로의 밥(먹이)이 되는 까닭이기도 하다. 그러면

319

글말 '육'은 '이어(잇달아, 계속하여, 잇대어)[여 〉 유] 기르다'의 준말이다.
즉, ' 서로의 먹이가 되어[구(口)] 거듭나며[옆으로 굴린 口] 얼[십(丨)]
을 이어 기르다[육]'는 얼개이다. 끝없는 먹이의 순환을 나타낸 뜻이
다. 배설물 또한 다른 생명의 먹이가 되지 않는가? 따라서 한말 '고기'
는 '고르게 기르는 이(얼)'의 준말이다. 다시 말해 고기가 담고 있는 마
음은 만물을 '고르게 기르는 니[고기]'이고, 그 피상으로 나타난 뜻들
이 '고불대며 고물거리는 이(것)[고기]'이다.

과(過)의 금문과 해체이다. 괘(咼) 글말의 형성자이다. 금문의 자형
에서 구(口)의 자취를 찾기 힘들므로 과(冎)로 보는 것이 타당하다. 다
만 글말 '괘'는 '과이'의 준말이므로 '이'의 의미를 보다 분명히 나타내
기 위한 변형으로 볼 수 있다. 즉, '꼬아(과) 이다(잇다)'의 준말로 잇대
는 상황을 분명히 했다. 그래서 금문의 자형은 서로 다리를 잇듯, 이
어지는 현상을 상징화 했다. 따라서 '다리를 꼬아 잇듯 또는 꿰어[괘]
가다[착(辵)]'는 얼개로, '건널, 지낼(서로 꼬아 부대끼며 사귀어 가다), 지나
칠' 등의 뜻이 유추된다. 그리고 '고라(아래아/고르다, 높고 낮거나 많고 적
음이 한결같다, 정상적이고 순조롭다) 이다[과/괘]' 또는 '골라(고르아)가다'의
준말로, 또한 '지나다, 지나치다'와 지나치며 간과한 '실수, 허물' 등의
뜻도 유추된다.

　알(歹)과 골(骨)의 갑골문을 비교하면, 알(歹)은 살을 발라 비어져[╱] 외 떨어트려[외(卜/外)] 알(덮어 싼 것이나 딸린 것을 다 떨쳐 버린)거지처럼 [알] 앙상한 뼈대[冂]를 나타냈고, 골(骨)은 살이 붙어있는 뼈를 나타내고 있는 차이가 있다. 그리고 골(骨)의 갑골문과 과(過) 금문의 과(咼)를 비교하면, 뼈를 발라낸 것이 아니라 붙어 있던 살을 발라낸 뼈를 나타낸 것이고, 그 뼈들이 서로 다리처럼 이어진 형태를 상징화한 것이다. 따라서 골(骨)의 갑골문은 살이 붙어 있는 뼈대를 나타낸 것임을 알 수 있다. 또한 구(口)의 형태는 살이 뼈에 붙어 곧게 세워진 현상을 나타낸 것임도 아울러 알 수 있다. 그렇기 때문에 글말 '골'은 '고르다'의 준말이다. 즉, 골(骨)은 '살이 붙어[육(肉)] 고르게(골고루 바르고 올곧게)[골] 잇대어 세워 놓은 것[과(咼)]'의 얼개로, 뼈, 뼈대를 나타낸다. 그렇다면 한말 '뼈'는 어떤 의미인가? 한말 '뼈'의 옛말은 'ㅅ벼'로 '살을[ㅅ] (붙여) 바르게[ㅂ] 이어(잇대어)[ㅕ] 세운 이(것) 또는 살을 사 올리는(사리는)[ㅅ] 벼리'의 준말임을 알 수 있다.

03

자신의 얼굴에
책임질 수 있으십니까?

　'얼굴'의 어원은 "15세기에서도 어형은 '얼굴'이었으나 '몸 전체', '형상', '형체', '모습', '틀' 등의 의미를 지니고 있었다. 15세기에 쓰인 '몸얼굴[體格]', '믿얼굴[原形]' 등의 합성어를 통해서도 '얼굴'이 몸 전체를 가리키는 단어였음이 분명히 드러난다. 그런데 '얼굴'은 17세기에 와서 '顔面(안면)'이라는 의미로 변하였다. '안면'은 '몸 전체'에 포함되는 한 부분이다. '몸 전체'에서 '몸의 일부'로 의미가 변한 것은 결국 의미 적용 범위가 축소된 현상으로 설명된다.
－ 조항범(趙恒範) / 충북대학교, [새국어소식] 제24호(2007. 7. 18), '얼굴'의 의미 변화 중에서, 국립 국어원

　얼굴과 몸이 비슷한 의미로 쓰이다가 얼굴은 몸에 밀려 안면(顔面) 곧 '낯'과 함께 쓰이고 있는 역사를 보여주는 말이다. 더불어 오늘날은 '낯'이 점점 얼굴에 밀리며 그 쓰임이 줄어들고 있는 역사의 현장에 우리가 살고 있다. '낯'은 주로 '낯짝'이나 '낯부끄러움' 등으로 쓰이는데, 그나마 '면목(面目)'에도 밀려 쓰인다. 성형이 만연되어 낯은 부끄러울

수 없는 철판(보톡스, 실리콘 등)의 시대가 되었기 때문일까?

신(身)의 갑골문, 금문, 소전이고, 체(體)의 소전이다. 몸을 나타낸 한말글은 신(身)과 체(體)이다. 신(身)은 사람이 '신(명)'을 잉태한 자형으로 '신(신명/마음/얼)이 깃든' 현상을 나타내는 글이다. 즉, '얼을 담은 골(꼴)'의 말자취이고, '마음의 움' 곧 '몸'의 말자취이기도 하다. 체(體)는 소전에서부터 나타나고, '예(豊) 〉 체'의 형성자로 설명하지만, 회의자가 타당하다. '례(豊)'는 예(禮)의 뜻이고, 풍(豊)은 넉넉한, 풍성한 등의 뜻이다. 글말 '체'는 '체하다(척하다)'의 준말이다. 즉, '사람의 뼈대[골(骨)]가 예의를 차린 듯 [례(豊)], 넉넉하게 차린 듯 [풍(豊)] 체하는(척하는)[체]'는 얼개로, 단순히 우리의 몸뚱어리만을 뜻한다. 신명(얼/마음)이 잉태된 신(身)과 뼈대가 갖추어진 체(體)를 함께 쓰며 우리 몸을 신체(身體)로서 나타내는 이유이다. 체(體)가 소전에서부터 나타나기 시작하듯, 그 때부터 우리 몸을 마음과 별도로 몸뚱어리만을 나타낼 필요가 생기기 시작했다는 반증이다. 즉, 이전에는 몸은 당연히 얼의 꼴로서 신(身)과 마음[심(心)]을 따로 떼어 인식했는데, 소전시대 이후로 얼꼴에서 따로 몸뚱어리[체(體)]를 떼어 내 생각할 필요가 생겼다는 뜻이다. 그 까닭은 무엇인가? 역설적으로 사람의 가치가 신(身)과 체(體)로 구분되어 많은 사람이 몸뚱어리로 전락되었다는 반증이다.

수(首)의 갑골문, 금문, 소전이다. 머리를 나타내는 한자어는 '수 (首), 혈(頁), 정(頂), 두(頭)' 등이 있다. 수(首)는 머리털이 나 있는 사람 의 머리를 그린 상형자라 하는데, 갑골문의 자형은 그 머리털이 없을 뿐만 아니라 사람의 얼굴로 보기도 힘들다. 상형자는 그 대상의 정체 성이 나타내는 현상을 그리는 것이다. 머리의 정체성은 얼이 깃든 곳 이다. 머리에는 숫구멍(정수리)이 있듯, '수'가 들어와 깃들고 익는 곳 이다. 곧 글말 '수'는 '수(가) 들다, 수 익다(꾀가 익다/마음이 익다)'는 준말 이다. 한말 '수'는 암수, 숫구멍(수리), 수가 없다 등에서 보듯, '씨, 마 음, 수단, 꾀' 등의 뜻이다.

수(首)의 갑골문은 눈이 아닌 주(丶) 곧 하늘이 천명으로 주어진 불씨 의 다름 아니다. 윗부분의 '〈'은 들/입(入)의 갑골문 자형이 뒤집힌 형 상이다. 곧 하늘로부터 정수리를 통해 들어온 불씨이고 그 불씨가 한 말 '수'임을 알 수 있다. 즉 수가 들어 주어진(깃든) 현상과 얼이 깃들여 익히고 영글리는 현상을 나타낸 것이다. 금문에선 눈에 점을 찍어 나 타낸 이유이다. 따라서 한말 '머리'는 '머금은(머무르는)[머] 리(니/태양신) [리]' 이거나 '마음을/이[마] 리은(이어 받은)/닉은 이[리]'의 얼개이다. 곧 머리는 얼이 깃들고 영그는 곳임을 나타낸다.

혈(頁)의 갑골문, 금문이다. 혈(頁)의 갑골문은 앉아 있는 사람[儿]
과 머리를 강조[首]하여 그린 상형자로, 머리/수(首)에 없던 삼(彡)이
세워진 형상도 나타나는데, 갑골문의 삼(彡)은 기(气)와도 같은 전주자
이다. 흔히 머리칼을 나타낸 것으로 인식하지만, 기(气)의 변형체로도
볼 수 있다. 어쨌거나 공손히 앉아 있는 사람의 얼굴을 돋보이게 나타
내고 머리털까지 나타낸 자형이다. 글말 '혈'은 무엇을 나타내려는 것
인가? 사람 몸 전체를 나타낸 글자로서, 수(首) 그리고 신(身)과 다른
어떤 특징을 나타낸 것인가? 신(身)은 얼이 몸에 잉태된 특징이고, 수
(首)는 머리에 얼이 들어와 깃든 특징을 나타냈다. 그러면 혈(頁)은 머
리에 깃든 얼을 공손히 받들어 익히고 영글려 발현되는 현상을 나타내
기 위해 기(气)도 덧붙여 표현한 것이다.

글말 '혈'을 '혀(켜) 일다'의 준말로 보면, '머리에 깃든 얼을 공손하
게 혀(켜) 일다'는 얼개이다. 한말 '혀다(켜다)'는 끌다(당기다)[인(引)], 불
을 일으키다(불을 붙여 밝히다)[점화(點火)], 현을 문질러서 소리를 내다
[탄(彈)], 톱질하다[거(鋸)], 단숨에 들이 마시다, 기지개를 하다, 실을
뽑다(잣다, 길쌈하다)[방(紡)] 등의 의미를 가지고 있다. 즉, 신(身)은 마
음과 대응된 마음을 잉태한 몸을 나타내고, 혈(頁)은 머리에 깃든 얼을
익히고 영글려 발현시키는 얼골을 나타냈다. 다시 말해 신(身)은 몸이
주체가 되는 신체를 나타낸 것이고, 혈(頁)은 얼(마음)이 주체가 된 신
체를 나타낸 글이다. 그래서 수(首)와 더불어 주로 머리와 관련된 의미
를 나타낸다.

한말 얼굴은 '얼골'이 먼저 말이다. '골'은 또한 '꼴'이고, '꼴값'에서 보이듯 '사물의 생김새나 됨됨이'를 이르는 말이다. 그리고 '만들려고 하는 물건의 모양을 잡거나 만든 물건의 모양을 바로 잡는 틀, 형틀'의 뜻도 있으며 '벌컥 내는 성' 등 여러 뜻을 가진다. 즉, '고여/고르어 일다' 등의 준말로, 얼을 고르게/골라 일으키는 의미이다. 따라서 '얼골'은 '얼을 고르게/골라 일으키는 꼴'의 얼개로, 본래는 얼을 켜서 일으키는 꼴과 같은 거의 몸과 동의어로 쓰인 말임을 알 수 있다. 곧 신(身)이 몸이고, 혈(頁)이 얼골로 구분된 의미로 볼 수 있다. 후에 몸이 얼골의 의미까지 포함하여 쓰이자 얼골은 의미가 축소되어 머리의 앞면으로 쓰이면서, 점차 안면 곧 낯과 서로 의미 충돌을 거쳐 각자 제 자리를 찾아 동전의 양면처럼 구분되었다.

면(面)의 갑골문, 소전이다. 사람 얼굴 안에 눈이 있는 모습을 그린 상형자로 설명하지만, 눈 속에 눈이 있는 형상이 보다 타당하다. 즉, 서로 마주보고 있는 현상을 나타낸 것이다. 그리고 눈은 얼이 드나드는 길목으로 얼이 나오는 곳이다. 그러면 글말 '면'은 '미어져 나오다'의 준말이다. 그러므로 '서로 마주보며[면(面)] (얼이) 내밀려 나오는/내는[면] 것(쪽)'의 얼개로, 서로 상대적인 시각에 따라 비춰지는 방향이나 쪽을 나타낸다. 즉, '낯, 얼굴, 대할, 만날, 뵐, 겉, 표면, 쪽, 방향' 등의 뜻이다.

顏 彥

　안(顏)과 언(彥)의 소전이다. 선비/언(彥)은 '문기(文氣) 곧 문(말)의 얼
[文과 彡(彡)]을 언제나[언] 언덕을 오르듯 또는 쌓듯 끌어 올리고 쌓
아가는[엄(厂)]' 사람을 뜻한다. 얼굴/안(顏)은 '언(彥)' 글말의 형성자
이다. 즉, 면(面)이 주로 쪽, 방향, 겉, 표면 등의 뜻으로 쓰이자 따로
낯, 얼굴을 나타내는 글자로 만든 것임을 알 수 있다. 그렇기 때문에 '
얼골(몸)[혈(頁)]에서 얼을 쌓아 일으켜[언(彥)] 얼이 나타나는[언] 곳
(쪽)'의 얼개에서, 점차 얼이 드러나는 안쪽[안]에 의미 동화되어 '안'
글말이 되었다. 안팎의 기준은 마음이기 때문이다. 또한 '안고나다(남
의 일이나 남의 책임을 자기가 맡다)'의 준말로 하여금 몸이 쌓고 익히는 얼
의 책임을[혈(頁)] 낯(얼굴)이 떠맡는 의미를 담게 한 것이다. 따라서 나
이 40이 되면 자신의 얼굴에 책임을 져야 한다는 말이 생길 수 있는 까
닭이다.

　면(面)과 안(顏)으로 견주면, 한말 '낯'은 '나(태양신)가 나와 비치는,
치솟는 이(것/쪽)' 또는 '나(마음/얼)의 빛이 나는 이(것/쪽)'의 준말임을 알
수 있다. 그러면 안(顏)은 또한 '빛, 색채'의 의미도 유추될 수 있다. 빛
과 관련되기 때문이다. 빛 역시 얼의 다른 시각 곧 '얼(아/해)가 비치는
이' 이고, 색채 역시 빛에 의한, 얼의 작용에 의해 나타나는 현상이다.
만물은 저마다 각자에 맞는 모양과 색을 가진다. 모양은 몸이고 색은
마음과 대응된다. 색은 마음의 빛이 나타나는 것 곧 (마음의 빛이) 새기
어진 꼴(깔)[색깔]의 다름 아니다. 모양이 색이고 색이 모양이다. 나
아가 '색즉시공(色卽是空) 공즉시색(空卽是色)'이다. 어쨌거나 몸 전체

327

를 나타내던 '얼골'이 '낯'과 같은 '얼굴'로 의미가 축소되었어도, '얼굴'
은 '얼'이 깃든 의미가 강한 일반적인 '얼굴'의 뜻으로, '낯'은 '얼'이 나
타나 비추어지는 뜻이 강한 어감의 차이에 따라 '체면'의 뜻으로, 다소
서로를 경계 짓고 각자의 자리를 지키며 공존하고 있다.

　색(色)의 소전이다. 금문에도 나타나지 않는다. 색(色)은 인(人)과 절
(卩)의 회의자이다. 일어서는 사람(人)과 앉아 있는 사람(卩)으로 어찌
빛(깔)의 뜻을 나타낼 수 있는지의 논리는 차치하고라도 원시 동물벽화
에 색을 구분하여 그린 그림들이 나타나는데, 소전 시대 이전에 색(色)
에 대한 말과 글이 없다는 것은 어불성설이다. 그러므로 본래는 그 글
자가 있었지만, 본래의 뜻 보다는 전주나 가차되어 같이 쓰던 다른 뜻
만으로 쓰이자, 새로 색(色)으로 구분하여 쓰게 되었다는 반증이다. 그
글자는 무엇이고, 어떻게 찾을 수 있는가? 소전에는 색(色)과 비슷한
얼개의 도장/인(印)이 있다. 도장의 원리는 근본적으로 색깔을 나타내
고 물들이는 방법과 같다. 그 원리와 개연성을 견주어 찾을 수 있다.

　인(印)의 갑골문, 금문, 소전이다. 인(印)은 본래 손[조(爪)]으로 사

람을 꿇어 앉힌다[절(卩)]는 의미의 회의자로, '누르다'라는 뜻을 나타냈는데, 눌러 찍는 것이 도장이므로 가차하여 쓰이자, '누르다'는 손/수(手)를 더한 억(抑)을 새로 만들어 보충하였다고 설명한다. 갑골문은 손톱/조(爪)가 아닌 왼손의 좌(屮)와 절(卩)의 회의자이다. 절(卩)의 자형이 공손히 무릎 꿇고 앉아 있는 모습이므로, 글말 '절'은 조아리듯 조(쪼)그리듯 '절하다'의 준말이다. 절은 공경하고 받들며 섬기겠다는 맘짓의 몸짓이다. 즉, 얼이 저절로 일어나는 현상의 다름 아니다. 그래서 '받들다(섬기다)/머금다'의 뜻도 유추될 수 있다.

순서대로 좌(左)와 우(右)의 금문과 소전이다. 갑골문에서는 우(又)를 단순히 뒤바꾸어, 글말만 '좌'와 '우'로 구분했다는 뜻이다. 우(又)가 그대로 '우' 글말과 자형을 유지하고 있는 것이 그 방증이다. 즉, 좌(左)는 얼을 조아려[좌] 일으키는 손이고, 우(右)는 힘을 우려내는[우] 손으로 구분했다. 그렇기 때문에 좌(左)는 공(工)이 고르게 이끄는 도구이듯, '좌뜨게[좌] 도구를 교묘히 이끄는[공(工)] 손[又]'을 뜻한다. 곧 글말은 '좌뜨다(생각이 남보다 뛰어나다)'의 준말이다. 그리고 우(右)는 '밥을 먹게[구(口)] 우겨 넣는/우비적거리는[우] 손[우(又)]'을 뜻하여, 단순히 밥을 떠먹는 손을 나타냈을 수도 있지만, 좌(左)와 대응된 개념은 못 된다. 말은 생각이 우러나는 것이듯, 좌뜨인 생각이 우려내는 말에 따라 행하는, 곧 말 우(위)에 있는 손을 뜻한다. 다시 말에 '말의 지시에 따라[구(口)] 힘을 우려내는[우] 손[우(又)]'을 뜻한다.

따라서 한말 왼손은 '(얼을) 외어내는[윈] 손'이고, 오른손은 '(힘이) 오른 손'임을 알 수 있다. 즉, 한말 '외다'는 '피하여 비키다, 외우다(글이나 말을 기억하여 그대로 말하다, 암송하다/마음에 새겨 잊지 아니하다, 기억하다)' 등의 뜻이므로, 좌뜨듯 외어내며 생각하는 손을 말한다. 반면에 한말 '오르다'는 많은 뜻이 있지만, 물이 오르듯, 힘이 익히 오른 달리 힘이 우러난 의미도 있으므로, 물 오른 힘에 따라 움직이는 손을 뜻한다. 바로 현대 과학이 밝힌 좌뇌와 우뇌의 기능을 담고 있는 말이다. 이처럼 좌와 우는 좌뇌와 우뇌로 서로 크로스되며 한 몸으로 작동되는, 곧 서로 상보적 관계로 상승작용을 하는 존재이다. 좌우의 대립은 상승작용을 끌어 올리기 위한 명분이 없으면, 스스로 자멸하는 길임을 경계로 담은 개념이다.

인(印)의 갑골문은 좌(左)와 절(卩)의 회의자이다. 왼손은 오른손과 떨어져 외지어 난 손이고, 좌뜨인 손으로 각자에게 주어진 독특한 자신만의 특성을 나타낸다. 곧 각자의 정체성을 상징한다. 그러므로 인(印)은 '각자 천명으로 주어진 독특한 얼을[좌(左)] 공손히 받들어 머금고 있는[절(卩)]' 얼개이다. 그러면 글말 '인'은 '일어(키질하듯 우리어) 내다'는 준말로, 인(印)은 각자의 얼을 우려내다는 뜻이다. 그래서 각자의 얼을 '잇대어 놓은[인]' 것이 도장이고, 그렇게 하는 것이 또한 도장 찍는 일이다. 마찬가지로 각자의 얼이 일어 우러나는 것이 색깔(빛깔)이고, 그렇게 물들여 우려낸 것이 옷감 등에 새기어 나타난 색(色)이기도 하다.

옥새(玉璽)가 임금을 상징하듯, 도장은 각자를 대신하는 상징이다. 마찬가지로 색(色) 또한 각자의 얼이 겉으로 드러나 나타나는 것과 다름없다. 색(色)의 소전은 인(人)과 절(卩)의 회의자로, '사람 곧 만물이 [인(人)] 공손히 받들어 머금고 있는 얼을[절(卩)] 일으켜 세워[인(人)]

[색]하는' 얼개이다. 글말 '색'은 '광산에서, 새(금의 성분이 들어 있는 구새)를 찾기 위해 감돌이나 감흙 또는 복대기의 일부를 떠내어 사발에 담고 물에 일어서 시금(試金)하는 일'로, '새를 가리다'의 준말 곧 '색을 보다'는 뜻이다. 더불어 한말 '새다'는 '(날이) 밝아 오다' 곧 '빛이 새어 나오다'의 뜻으로, 빛이 새어 가르는[색] 소리가 '색색거리는' 준말로도 보면, 빛이 비치는 현상을 공감각(共感覺)의 은유적 표현으로도 볼 수 있다. 그리고 '새기다(조각하다, 마음에 깊이 기억하다) '의 준말이기도 하다.

그러므로 색(色)은 '각자가 공손히 받들어 모시고 있는 얼(천명)[절(卩)]을 일으켜 세워[인(人)] 새어 가는[색]' 것이 각자가 비추는 빛깔(색깔)의 뜻이고, '새를 가르고[색], 새기는[색]' 것이 물감 등으로 추출한 색(色)의 뜻이다. 즉, '햇빛을 시금질하듯, 색을 보아[색] 빛을/이 일으켜 내어/일어나[인(人)] 머금은 것[절(卩)]'을 뜻하듯, 빛깔의 과학적 현상을 그대로 나타낸 글이고, 또한 그렇게 색색거리며 시금질하듯, 짝짓는 행위로 말미암아 '여색'의 뜻도 유추될 수 있다. 그래서 만물이 얼잇기(짝짓기)하여 잉태되듯, 빛깔 역시 그런 작용과 다름없이 나타나는 현상이므로, 한말 '빛깔'은 '빛이 깔리는(새기는/머금는) 것'이고, '빛의 꼴(깔)'임을 알 수 있다.

인(印)이 본래 빛깔, 색깔 등의 뜻을 나타낸 글이었는데, 도장으로 전주되어 같이 쓰이다가 점차 도장의 뜻을 주로 쓰자 색(色)으로 변형시켜 서로 구분했다고 추론이 가능하다. 즉, 한말 '잇'은 '잇꽃과 그의 꽃부리에서 채취하는 붉은빛의 물감'을 뜻하는 말이다. '잇을 대어 누르다[인]'는 준말과 도장의 의미 그리고 도장은 잇을 사용하면서 거의 도장의 뜻으로만 쓰여졌다고 볼 수 있다. 그런데 갑골문의 좌(左)가 조(爪)로 바뀐 이유는 무엇인가?

조(爪)의 갑골문, 금문, 소전이다. 갑골문은 칼/도(刀)에 삐침[별
(丿)]이 덧붙여진 형상이다. 즉, 손톱은 손가락의 톱이듯, 칼처럼 도
려내는 톱 같은 손톱의 현상을 나타낸 것이다. 톱이 그러하듯, 손으로
켜고 훑는 수단을 가지므로 그런 동작과 현상을 나타낸다. 그래서 글
말 '조'는 '조다(쪼다/조이다/조아리다/쬐다/조개다/조르다/조르륵대다/조몰락대
다/조으다(쪼다, 새기다)/조지다)' 등의 준말이다. 다시 말해 긁고, 할퀴
고, 찍고, 움켜잡는 등의 뜻을 나타낸다. 도장은 찍는(새기는) 것이다.
얼을 조아리며 우려내는 의미보다 '찍어(새기어)[조(爪)] 머금는[절(卩)]'
현상에 따라 주로 도장의 의미가 부각되기 시작했다는 방증으로도 볼
수 있다. 조(爪)로 바뀐 까닭이 않겠는가? 그렇다면 금문의 시대부
터, 도장이 주로 왕권의 상징으로 쓰였듯, 왕권이 강력해 졌다는 뜻이
고, 점차 왕권을 대신하는 군주 등도 함께 쓰면서 벼슬의 뜻도 유추되
어 쓰인 이유이다.

정(頂)의 소전과 두(頭)의 금문이다. 혈(頁)을 얼굴(몸)로 보면, 정(頂)
과 두(頭)의 구분도 확연해 진다. 곧 정(頂)은 '정(丁)한 얼골(頁)'이고,
두(頭)는 '두(豆)한 얼골(頁)'인 얼개의 형성자이다. 한말 '정'은 '정말로

(참말로), 정작'의 준말이듯, '참'의 뜻이다. 그렇기 때문에 얼굴(몸)의 참된 곳은 '머리'이고, 나아가 머리의 참은 '신(얼/마음)'이 깃들고 드나드는 '정수리'를 나타내며, 더불어 '꼭대기, 정상'의 뜻도 유추되었다. 그럼 머리/수(首)와는 무슨 구분을 위함인가? 수(首)는 단순히 '수(얼, 씨)'가 깃든 머리를 뜻하지만, 정(頂)은 수리에 얼이 참(정)되게 꽉 찬 정수리를 따로 구분하여 나타낸 글이다. 정수리는 흔히 '정(頂)'과 우리말 '수리'의 얼개처럼 동의(同意)를 반복한 글자로 나타내지만, '수리'는 '수가 니르는(이르는) 이 또는 수가 이어진 이'의 일반적인 '숫구멍(숨구멍)'을 나타내는 말이듯, 정수리는 '정(참)수리'의 순수한 우리말이다. 곧 '얼이 꽉 찬(정/참) 수리(숨구멍)'을 뜻한다. 그래서 얼굴(몸)의 참은 '정수리'가 되는 것으로, 정(頂)은 '정수리'의 말자취로 보는 것이 타당하다.

두(豆)의 갑골문, 금문, 소전이다. 뚜껑이 달린 굽이 높은 제사 그릇을 그린 상형자로, 제기, 콩, 팥 등의 뜻을 가진다고 설명한다. 윗부분은 일(日)의 자형과 같다. 즉, 하늘을[일(一)] 담아 세워 놓은 현상을 나타낸다. 그렇기 때문에 하늘에 드리는 제사 그릇의 의미로 유추될 수 있다. 그러면 글말 '두'는 '두다'는 뜻으로, 하늘을 두는 그릇이고, 역설적으로 제사는 하늘뜻을 두고 드리는 것임을 암시한다. 즉, 제사란 하늘뜻의 성취도를 하늘에 알리는 의식이라는 뜻이다. 그런데 콩과 팥 등의 의미는 어디서 나온 것인가? 콩과 팥은 서로 다른데 한 글자로 나타낸 이유는 또 무엇인가? 역설적으로 그 당시에는 식용한 콩과 식물이 콩과 팥 정도로 굳이 구분이 필요 없어 같은 콩으로 인식했다는 뜻이기도 하다. 팥을 소두(小豆), 적두(赤豆) 등으로 구분한 것이 그 방증이다. 따라서 두두룩두두룩(여럿이 모두 두두룩한 모양)한 콩 껍질의 모양과 그 현상에 따라 가차한 것임을 알 수 있다.

두(頭)의 글말 '두(豆)'는 '두드러지다, 도두(위로 돋우어 높게) 하다'의 준말로, '두드러진[두] 하늘을 담은[두(豆)] 얼골[혈(頁)]'이고, ' 얼골[혈(頁)]에 하늘을 두어[두(豆)] 도두운[두]' 것이다. 곧 몸(얼골)에서 두드러지고, 도둔(곧추 세운) 것이 '머리'인데 머리 중에서도 '우두머리'를 나타내기 위한 글자임을 알 수 있다.

오늘날 '우두머리'의 어원에 대한 학설이 분분하다. 우리말 어원에 대한 자료는 극히 빈약할 뿐만 아니라, 그 기간도 기껏해야 600년, 멀리 신라 '이두'까지 보아도 일천여 년을 넘기 힘들다. 인간 언어의 역사를 감안하면, 몇 천 년은 새 발의 피다. 자료를 남긴 시대도 이미 어원 의식은 희미해져 있었다. 특히 한자와 관련된 자료는 더욱 그러하다. 우리말이 잘못된 한자 인식의 영향으로 가려진 부분이 너무 많다. 순수 우리말인지 한자말인지 알 수도 없었고, 한자어가 권력어가 되어 순수 우리말도 억지로 한자어로 둔갑되는 경우가 허다하다. 한말을 나타낸 문자가 한자인데 역사의 변천에 따라 다시 그 한자를 우리말로 번역하면서 뒤죽박죽 되었다. 역사적 사료를 통한 과학적인 어원 탐구가 당연하다. 그러나 지나친 자료에 대한 맹신도 지양해야 하지만, 한자에 대한 맹신으로 뒤죽박죽 된 한자어에 대한 어원 탐구 또한 이제는 지양되어야 할 것이다.

'우두'는 흔히 '위두(爲頭)'가 변형되어 생긴 말로 보는 것이 일반적이다. 그러나 한말글 '윗/상(上)'을 번역(언해)하여 '위두'로 나타냄은 또한 순수한 한말의 방증이다. 상객(上客)을 '위두 손' 곧 으뜸되는 손님으로 번역한 것은 '상(上)'을 단순한 '위'가 아닌 '으뜸'의 뜻으로 본 것이다. 그럼 '위두'가 '으뜸'의 뜻임은 자명하다. '위두(爲頭)' 또한 '머리가(頭) 되게 하다(爲)' 곧 '으뜸 되게 하다'는 '위두'를 가차한 뜻이다. 그런데 '으뜸'의 먼저 말은 '웃듬/우둠/우담(아래 아)' 등의 형태도 나타난다. 즉 '우두'가 그 뿌리말일 수도 있다. 그렇기 때문에 '우(위)로 도두(두)하다'의 순수한 우리말이다. '우'는 '위'이다. 따라서 두(頭) 자체가 '으뜸되는/우두한(두드러진)[두(豆)] 얼골[혈(頁)]'의 얼개로, 한말 '우두머리'를 나타낸 말 자취이다. 그리고 그 '우두'는 '우(위/하늘)를 두고 있는' 의미로 으뜸을 뜻한다. 더불어 그 우두머리는 상투머리의 현상과 그 의미를 담고 있다.(*2)

오늘날 한말에는 한자어와 우리말이 겹쳐 만들어진 곧 동의중복현상으로 발생한 낱말이 무수히 많다. 이는 한자가 대중에게 널리 퍼지기 시작하면서 생긴 어휘가 대부분이다. 즉, 한글이 창제되고 한자가 언해되면서 비롯된 현상이다. 어원 의식이 희미해지면서, 한자어와 섞이면서 서로 뒤죽박죽 되어, 한말과 한말글 그리고 한자(한말글) 글말의 경계가 모호해진 결과이다. 아울러 우리말에 한자어가 많아진 까닭이기도 하다.

사람의 마음이 몸 전체에서 직접적으로 느낄 수 있는 머리의 낯 부분으로 옮겨지면서 그랬는지, 아니면 말의 쓰임에 따라 우리의 마음이 그렇게 변했는지 알 수는 없지만, 오늘날 얼굴 지상주의가 낳은 얼굴 성형은 씁쓸하기만 하다. 어쩌면 마음을 가꾸지 못한 자괴감의 발로인지도 모르겠다. 짝퉁이 범람하고 허영심이 만연하는 이유가 대리만족이라도 얻으려는 발악으로 보이기 때문이다. '말이 씨가 된다'고 한다. 말의 주술적 힘에 대한 믿음은 오늘날까지도 쉽게 떨쳐 버리지 못하고 있다. 아니 떨쳐 버려서는 안 되는 것이다. 말 자체가 마음의 씨앗이고 그릇이다. 말이 바로 서야 마음이 바로 설 수 있기 때문이다. 말의 주술적 힘을 다시 새롭게 일깨워야만 하는 까닭이다. 이는 '한말 바로 세우기'에서부터 비롯될 수 있다.

한말글은 금문에서부터 꼬이기 시작했지만, 다행스럽게도 그 후의 제자 된 글자들은 거의 기존의 자형에서 취하여 변형시켰을 뿐이고, 더불어 거의 대부분 형성자를 만들었기 때문에 본래의 원형이 아주 망가지지는 않았다. 대체적인 갑골문의 자형은 상징기호에 가깝다. 일부 상형자에 그림의 흔적이 있지만, 상형자 역시 지극히 상징성(추상성)이 두드러진 자형이다. 물론 그 면에서 보면, 갑골문에서도 일부 자형의 변형이 이루어지기 시작했다는 뜻이기도 하다. 역설적으로 보면 그나마 갑골문 시대까지는 본래의 모습을 거의 갖추고 있다고 볼 수 있지만, 그 본래의 원리가 잊혀지기 시작했다는 반증이다. 더불어 갑골문 시대 어느 시점에서 우리 민족과 중국 한족의 분열이 이루어졌었다는 사실의 반증일 수도 있다. 한단고기를 재조명할 필요가 있다. 한단고기가 위서(僞書)가 아니라는 증거가 미미하듯, 반대로 위서라는 증거 또한 미미하다. 지금까지 위서 논쟁은 그 안의 내용보다는 발견 과정에서 나타난 논쟁에 지나지 않기 때문이다. 고서란 본래 개인적 필사로 전해지는 특성상 일부 가필이 있을 수도 있지만 전체를 위서로 몰아 부치는 것 또한 지양되어야 한다. 전해지지 못하고, 유물이 유실되며 잊혀진 역사에서 그 유물이 없다는 사실만으로 속단할 수는 없는 일이기 때문이다. 유물이 나올 때까지 기다리지만 말고, 그 사실의 진위 여부를 좀 더 심도 있게 연구되어야 한다는 뜻이다. 그 동안 알려지지 않았던 일부 사실이 한단고기에 기록되어 진실로 밝혀진 것도 있지 않은가?

어쨌든 혈(頁)이 수(首)의 의미로 축소되었듯, 얼골(身體/頁)이 얼굴(顔)로 의미 축소되었다. 혈(頁)이 안(顔)이 된 것이다. 달리 말하면, 혈(頁) 곧 얼골이 사라지고, 언(彦) 곧 낯만 남았다. 선비는 사라지고, 선비가 쓰던 갓만 남았다. 한자가 음(音) 그 글말을 잃어버린 거스름 현상이다. 그 의미를 담은 역사를 무시한 결과는 결국 과정을 무시하는 결과를 낳았다. 즉, 결과만 좋으면 그 과정은 상관하지 않게 된 것이다. 과정의 폭력이 용인되는 합리화가 오늘날의 현실이다. 어떤 부정의 〈과정〉을 통해서도 걸리지만 않으면 되는, 그 〈결과〉로 돈만 많이 벌면 되는 세상이 된 것이다. 아버지의 의무는 부양의무라는 〈결과〉로만 국한함으로써 강도 짓을 하는 〈과정〉은 상관치 않는 세상이 된 것이다. 재벌의 부당한 재산증식 〈과정〉은 평가하지 않고 부와 권력이라는 〈결과〉만을 부러워하고 추앙하는 세태도 오늘날 세상의 이치를 잘 보여준다.

결과는 과정의 산물이다. 부정한 결과에도 불구하고 보기에 아무리 훌륭한 과실을 맺을지라도, 그 열매는 씨를 맺지 못한 씨 없는 과일일 뿐이다. 속이 썩은 열매, 씨를 맺힌다 할지라도 결국은 악의 씨를 잉태할 뿐이다. 한자문명에서 한자가 권력이 되면서 생긴 가장 큰 거스름 현상이다. 오늘날은 성경이 그 역할을 대신하고 있다. 당연히 성경은 하나님 나라로 가는 길을 밝히고, 그 길의 모범(시범)으로 예수가 보여준 생애(삶)임을 밝히고 있는 경전이다. 그러나 그 과정의 예수 생애는 무시하고, 하늘나라로 가려는 결과만을 강요한다. 돈으로 그 과정을 살 수 있다고 하는 것이다. 돈만 있으면, 그 과정이 어떠하든 천국행 티켓을 살 수 있다고, 그것도 돈에 따라 초고속 티켓도 살 수 있다고, 그 티켓을 팔고 있는 세상이 된 것이다. 과정을 무시하면서 생긴 거스름 현상이다.

이러한 모든 현상은 말 속에 마음이 들어있기 때문에 생기는 필연이다. 곧 말이 씨가 되는 까닭이다. 한자말이 씨가 되어 그 마음이 발현된 것이 오늘날을 증명함이다. 말을 바로 세워야 하는 까닭이다. 말이 올바로 서야 그 씨도 올바른 말의 씨가 됨은 자연의 순리이고, 상식이다. 우리의 역사는 말 속의 '신(神)' 곧 마음을 잃어버리면서, 오늘날 세상은 마음은 사라지고 물질만 살아남아 물질 만능주의의 자본주의를 낳았다. '신'없는 말이 씨가 되어 마음이 없는 곧 씨 없는 수박을 낳은 결과이다. 말이 씨가 되지 않는다면, 어찌 이런 일이 있을 수 있겠는가? 더불어 '깨진 유리창의 법칙(*3)'처럼, 마음을 잃어버린 말에는 끝없이 쓰레기가 쌓이게 됨은 자명하다. 덕지덕지 쌓인 쓰레기를 하루 빨리 걷어내고, 말의 마음을 바로 닦아야 할 분명한 이유이다.

---

*1. 다석과 함께 여는 「우리말 철학」이기상 지음, ㈜지식산업사, 2004. 3. 20., p.4

*2. [쉼표마침표] 38호(2008. 12.), 국립국어원, 〈말의 뿌리를 찾아서〉 '우두머리'의 어원, 홍윤표. 참조

*3. 유리창처럼 사소한 것들을 방치해두면, 나중에는 큰 범죄로 이어진다는 범죄심리학 이론. 1982년 제임스 윌슨(James Wilson)과 조지 켈링(George Kelling)이 자신들의 이론을 월간잡지 《Atlanta》에 발표하면서 명명한 범죄학 이론이다. 건물주인이 건물의 깨진 유리창을 그대로 방치해두면, 지나가는 행인들은 그 건물을 관리를 포기한 건물로 판단하고 돌을 던져 나머지 유리창까지 모조리 깨뜨리게 된다. 그리고 나아가 그 건물에서는 절도나 강도 같은 강력

범죄가 일어날 확률도 높아진다. 즉, '깨진 유리창 법칙'은 깨진 유리창과 같은 일의 작은 부분이 도시를 무법천지로 만들 만큼 걷잡을 수 없이 커질 수 있음을 뜻한다. 〈[네이버 지식백과] 매일경제용어사전, 깨진유리창법칙 (매일경제, 매경닷컴)〉

IV

성경 창세기
다시 보기

성경은 소위 말하듯 하나님의 뜻이 성령으로 계시되어 지어진 복음의 책이다. 곧 하나님의 뜻을 알리기 위한 책이다. 하나님의 뜻은 어디에 있고 어떻게 알 수 있는가? 하나님의 뜻은 하나님이 천지를 창조한 까닭으로 알 수 있다. 성경 창세기에 하나님의 뜻이 있다는 의미이다. 그리고 하나님 말씀으로의 천지창조는 또한 말씀으로 드러내시는 하나님임을 뜻한다. 바로 말과 함께 존재하고 말의 뜻이 또한 하나님의 뜻이라는 반증이기도 하다. 더불어 성경대로 구음이 하나였다면 모든 언어의 처음 그 뿌리는 하나님의 말씀이다. 마찬가지로 한말 또한 하나님의 말씀으로 증명되어야 한다. 한말과 성경 창세기를 비교하여 한말의 뜻과 하나님의 뜻이 서로 일치되면 증명될 수 있지 않겠는가? 그렇다면 한말을 바로 세우는 일이 또한 하나님의 뜻을 바로 세우는 하나님 나라의 지름길임이 아울러 증명됨이다.

01

태초(太初)는
언제인가?

창1;1 태초에 하나님이 천지를 창조하시니라 (*1)

우리말 '처음/먼저/비롯됨'의 한말글은 태(太), 초(初), 시(始) 등이 있다. 처음을 따지는 일은 '닭이 먼저냐 달걀이 먼저냐' 만큼이나 어려운 문제이다. '진화인가 창조인가' 즉 '달걀을 창조했을까 닭이 진화할까' 처럼 끝없이 돌고 도는 순환만이 있을 뿐이다. 순환(循環) 곧 고리(원)에는 처음과 끝이 없다. 이 순환의 고리를 끊어야만 처음과 끝이 보인다. 그래서 석가는 이 순환의 고리를 끊는 것이 해탈(解脫)이라 한 것인가?

순환 고리의 끊음, 처음과 마지막은 탄생이 그 한복판에 위치한다. 즉 처음과 마지막은 탄생을 기준으로 비롯된다. 따라서 우리말 '처음'은 '첫 + 움(싹)'의 준말이다. 먼젓말이 '처섬(반치음)'으로 알 수 있다. '움(싹)이 쳐(처)들어 솟다' 곧 '쳐들어 솟은[첫] 싹[움]'의 뜻으로 싹이 트는 시점을 이르는 말이다. 더불어 '먼저'는 먼젓말이 '몬저'이듯, 모(씨)

를 내는 곧 모를 모짜리에 내는[몬] 적(때)[저]'의 준말임을 알 수 있다. 점차 '처음'과 충돌하며 '미리'의 뜻으로도 전이되었다고 볼 수 있다.

태(太)의 소전이다. 태(太)는 점[주(ㆍ)]을 찍어 지시하는 지사자로 설명하지만, 대(大)와 주(ㆍ) 또는 일(一)의 회의자로도 볼 수 있다. 글말 '태'는 '태어나다'의 준말이다. '된사람으로 되기 위해[대(大)] 하늘의 독생자로[일(一)/주(ㆍ)] 태어났다[태]'는 얼개로 '처음'을 뜻하는 글이다. 더불어 '크다'는 뜻은 또 무엇인가? 우리가 태어나는 것은 크신 하나님의 씨앗으로 태어났기 때문이다. 하나님의 독생자, 천상천하 유아독존인 이유이다. 위대한 탄생이고, 삶은 위대하다는 뜻이다. 아울러 우리는 된 사람[大], 하나 된(一) 사람(人) 곧 하나님[大]이 되기 위해 태어났다는 뜻을 머금은 말이다. 그러므로 우리(만물)는 하나님의 씨앗으로 태어나 〈 창조 〉 하나님이 되기 위해 산다. 〈진화 〉

시(始)의 금문과 소전이다. 시(始)는 녀(女)와 이/태(台)의 형성자로 설명하지만, 회의자가 보다 합당하다. 곧 '이/태(台)'의 의미를 정확히 모른 데서 오인된 것이다. '이' 글말일 때는 임금이 '나' 곧 자신을 일컫는 말이고, '태'는 '삼태성'을 나타내는 뜻이듯, 또한 태(胎)의 뜻도 있음을 간과한 것이다. 삼태성(三台星)은 임금을 보좌하는 삼공(三公)의 별자리이듯, 태(胎)는 하나님의 독생자 곧 나(임금)를 태우고[태] 사사로이[사(厶)] 먹이는[구(口)] 것으로, 태(胎)의 다름 아니다. '기르다'는 뜻이 유추되는 이유이고, 태(胎)라는 방증이다. 그러면 글말 '시'는 '씨 또는 시므다(심다)'의 준말로, 시(始)는 '아기씨를[시] 태에[태(台)] 녀미다[녀(女)]' 곧 '잉태하다'는 뜻이고, 나(台)가 잉태된 처음(비롯함)을 나타낸다. 그렇기 때문에 '먼저(몬저)'는 또한 '모(씨)를 놓을(심을) 달리 모짜리를 내는[몬] 때[적][저]'의 준말로, 시(始)의 얼개와 같다.

초(初)의 갑골문, 금문, 소전이다. 초(初)는 옷[衣]과 도(刀) 그리고 글말 '초'의 회의자이다. 옛날 사람들은 동물의 가죽을 잘라서 옷을 만들어 입었는데, 옷[衣]을 만들려면 먼저 칼[刀]로 잘라야 하기 때문에, '시작'이라는 뜻을 나타내었다고 설명한다. 억지로 그 뜻에 맞추는 상황 설명이다. 절대 명제의 뜻 앞에서는 아무리 비논리적 상황도 논리로 인정된다. 상황논리로써 모든 것이 정당화된다. 우리 한자 문화의 가장 큰 병폐가 되지 않았나 싶다. 문리(文理)가 트이지 않으면 트일 때까지, 합리화 시킬 수 있을 때까지 공부했던 옛날 선비들의 우직함에 따른 거스름 현상이지 싶다. 비논리가 정당한 논리가 되기 위해서는 억지밖에 있을 수 없는 것은 자명하다. 억지가 통할 수 있는 길은 결국 폭력의 힘밖에 없다. 그레샴의 법칙을 앞세워 악화(惡貨)가 정당화된다. 내 안의 금력, 권력이 모두를 용인하게 된다. 우리의 현실이 필연일 수밖에 없는 이유이지 않은가? 우리말을 잃은 결과이다. 역사를 잃어버린 결과이다. 부모를 버리는 일로써, 후레자식은 필연이다.

글말 '초'는 '초리(꼬리)'의 준말로, 옷[衣(웃옷, 저고리)]의 꼬리는 '고름' 곧 옷을 매는 매듭의 띠이다. 그러면 초(初)는 '옷[衣] 고름[초(리)]을 풀다(풀어 헤치다)[刀]'는 얼개임을 알 수 있다. 별을 봐야 별을 따듯, 잉태하기 위한 보다 근본적인 시작을 나타내는 글이다. 곧 마음이 일어나는 때를 이름이다. 꼴려야 옷고름을 풀고 또 풀어 주지 않겠는가? 그러면 초(初)는 또한 무(無)와 서로 대응된다고 볼 수 있다. 즉, 수식으로 'ㅇ÷ㅇ = 1'이다. 흔히 수학에서 'ㅇ÷ㅇ'은 어떠한 수도 나올 수 있기 때문에 '부정'으로 정리하지만, 한말 '1(하나)'은 빅뱅의 의미와 같다. 그 상징으로 보면, 'ㅇ÷ㅇ = 1'로도 나타낼 수 있다.

비롯됨의 먼저 말은 '비르슴'이다. '비릇다'는 '아이가 곧 태어날 듯한 상태가 되다, 진통이 시작되면서 산기(産氣)를 나타내다'는 뜻이다. '비르어 잣다/짜내다'의 준말로, 실을 비틀어 잣고, 물을 비틀어 짜내는 의미로 볼 수 있다. 그리고 '슴'은 '공기 속에 숨어 있는 마음'이다. 그렇기 때문에 비르슴은 '비르어(비틀어) 잣는/짜내는 슴'의 준말이다. 다시 말해 공기를 무(無)의 상징으로 보면, 무(無)를 비틀어 유(有)를 짜내는 것과 같다. 유(有)는 특정할 수 없는 '부정'의 존재와 같다. 곧 'ㅇ÷ㅇ = 1'이다. 마음이 비틀려 짜지는, 달리 마음이 꼴리는 현상의 다름 아니다. 비르슴의 말자취가 초(初)이다.

초(初)는 꼴림의 일어남이고, 시(始)는 내가 잉태됨이며, 태(太)는 태어남이다. 시간상 그 흐름의 차례는 초(初)시(始)태(太)이다. 따라서 태

346

초(太初)는 태어남이 꼴림으로 비롯된다는 뜻이므로, 마음이 일어난 때를 이름이다. 어쨌든 태(太)/ 시(始)/ 초(初) 그리고 처음/먼저/비르숨은 태어남을 기준으로 순환 고리를 나타낸다. 있음의 순환 고리는 있음만이 있을 뿐이다. 고리만 보면 처음과 끝을 결코 볼 수 없다는 뜻이다. 고리 안과 밖을 보면 고리 전체(있음)가 처음이고 마지막이다. 고리 안과 밖의 없음이 또한 처음이고 마지막이다. 즉 있음의 처음과 마지막은 없다. 그냥 있을 뿐이다. 없음의 처음과 마지막이 없듯이. 따라서 있음의 처음은 없음이 되고, 마지막도 없음이다. 결국 있음의 순환 고리를 끊은 그 없음의 곳에 처음과 끝이 있다. 그리고 없음에 마음이 일어야만 있음이 시작되는 것이다. 물론 마음이 없으면(일어나지 않으면) 시작도 없다.

마침의 먼저 말은 '마참(아래아)'이다. '참'은 '처움'의 준말이다. 그러면 '마(모) + 처음'이다. '마지막 처음'이거나 '싹의 싹' 또는 '싹의 마음'으로 싹의 마음은 '마침'에 있다는 뜻이다. 그 마침은 새로운 싹의 잉태로써 다시 새로운 처음(세상)을 여는 것이다. 마침이 처음이고 처음이 마침이다. 그리고 싹의 싹, 싹의 마음은 또한 무(無)이다. 마침이 무(無)가 될 때 비로소 해탈이 이루어진다는 뜻이 숨어 있음을 알 수 있다. 우리는 그 마침 그 해탈을 이루기 위해 사는 것이다. 마음은 무(無)이면서 유(有)이다. 처음이면서 마지막이다. 예수가 그렇다고 말하는 까닭이다. 그리고 그 마음이 신(神)이라면 유(有)와 무(無) 신(神)이 하나이다.

유(有) 무(無) 신(神)이 하나 된 존재가 바로 '하나님'이다. 삼위일체의 진정한 의미이다. 우리의 삼신할매이다. '삼신(三神)이 하나[할]의 마음이[매]이다'는 뜻이다. 그러므로 성경의 '하나님'을 유(有)무(無)신(神) 삼신일체의 '마음이'로 보고 창세기를 다시 보면 어떻게 읽힐

347

까? 〈태초에 하나님이 천지를 창조하시니라〉 처음 곧 사람의 태어남은 무(無)[하나님]가 천지를 창조하신 다음이고, 천지는 마음이 일어(初) 창조했다는 뜻이다. 도(道)를 또한 무(無)[마음이]로 보면, '道生一(無生有) 一生二(有生天地) 二生三(天地生人) 三(人)生萬物'의 다른 표현일 뿐이다.

02

혼돈(混沌)은
무엇인가?

창1 ; 2 땅이 혼돈하고 공허하며 흑암이 깊음 위에 있고 하나님의 신은 수면
에 운행하시니라

혼돈(混沌)의 소전이다. 혼돈(混沌)은 각각 곤(昆)과 둔(屯) 글말의 형
성자이다. 혼(混)은 '섞을, 섞일'의 뜻이다. 그러면 '곤(혼)' 글말은 '고
아(꼬아)/고이어 나가다'의 준말이고, '휘돌리다'에 의미 동화되어 '혼'
으로 전이되었다고 보는 것이 보다 논리적이다. 그리고 돈(沌)은 '어두
울, 어리석을' 뜻이다. 그러면 '돈(둔)' 글말은 '도닐다(가장자리를 빙빙 돌
며 다니다)'의 준말로, 물(水)이 빙빙 돌아 '어둡고', 얼이 섞이는 '어리석

다'의 뜻이 유추될 수 있다.

혼(混)은 물(水)이 안으로 고이며 꼬아 나가는[곤(昆)] 형상이고, 돈(沌)은 물(水)이 밖(가장자리)에서 빙빙 도는 형상으로 혼돈(混沌)은 결국 '소용돌이'를 나타내는 말글이다. '소용'은 갸름하고 자그마하게 생긴 병을 뜻하고, '소용돌이'는 ① 물이 나선형으로 빙빙 돌며 세차게 흐르는 현상, 또는 그러한 곳. ② '사물이 세차게 움직이며, 어지럽고 혼란스러운 상태'를 비유하여 이르는 말이다. 곧 '소용'의 병처럼 물이 회오리 치는 현상이거나 '소용돌이' 현상 같은 모양의 병이 '소용'일 것이다. 그러면 '소용'은 '소(속)이 이어(잇달아) 오르다[용]' 곧 물속의 용오름 같은 현상을 이르는 말로, 소용돌이의 말자취가 혼돈(混沌)이다.

곤(昆)의 금문 소전이다. 금문의 자형은 일(日)이 아니고, 둥그런 원의 가운데가 뚫린 상태를 나타냈다. 아래의 견줄/비(比)는 뒤집혀 있다. 물이 한 점의 구멍으로 회오리 치며 빨려 들어가는 현상의 다름 아니다. 즉, 서로 비틀어 견주며 곤두박질치는 현상이다. 비(比)를 꺼꾸로 나타낸 이유이다. 따라서 곤(昆)은 회의자가 아닌 상형자로 회오리 치며 빨려 들어가는 블랙홀 같은 현상을 나타낸 자형이다. 회오리 치는 용오름 현상은 마치 곤두질(곤두곤두)하는 것과 같다. 중심잡기 위해 이리저리 움직이는 모습 그대로이다. 역설적으로 보면, 곤두질은 또한 곤두박질과 서로 상대성 원리로 작용한다. 그렇기 때문에 순서대로 먼저 빨려 들면 '맏'의 뜻이 되고, 그 뒤를 따르는 자는 '후손'의 뜻

도 되며, 대기하고 있는 줄이 끝없이 이어지는 윗면은 '뭇, 많을' 뜻이
나온다.

둔(屯)의 갑골문, 금문, 소전이다. 씨가 싹을 틔워 도두어 나는[둔]
현상을 나타냈다. 소용돌이 기둥 안은 싹이 도두어 오르며 나오는 현
상과 같고, 기둥 밖은 그 기둥 주위를 두르며 노니는[둔] 현상과 같
다. 이 또한 서로 상대성 원리가 작용한 현상이다. 따라서 혼돈(混沌)
은 각각 회오리 치는 곤(昆)과 둔(屯)에 물[수(水)]을 덧붙여 물 속에서
일어나는 소용돌이를 나타낸 것이다. 어쨌든 소용돌이 현상은 물의
용오름처럼 곤두질하는 것과 같고, 곤두질은 또한 역설적으로 곤두박
질하며 빨려 나가는 현상이기도 하다. 시각을 자궁 안으로 보면, 탄
생을 위해 비롯는 현상과 다름없다. 그렇기 때문에 이 같은 소용돌이
현상은 또한 마음이 비롯어 지는, 달리 꼴리는(꼬아지는, 일어나는) 현상
이기도 하다.

공(空)의 금문과 소전이고, 허(虛)의 소전이다. 공허(空虛) 역시 각각
공(工)과 호(虍) 글말의 형성자인데, 형성의 글말이 '공(工)'은 안에 있

고, '호(虎/虍) 〉허'는 밖에 위치한다. 공(空)은 '빌; 하늘, 공중; 헛될, 부질없을' 뜻이다. 그러면 글말 '공'은 '골 안' 또는 '고랑'의 준말이다. 그렇기 때문에 '굴[혈(穴)] 속의 빈고랑, 골 안[공간]'을 나타낸다. 굴을 고리로 비유하면, 고리 안쪽의 빈 공간을 나타낸다. 허(虛)는 '빌, 헛될; 약할; 별 이름'의 뜻이다. 그러면 글말 '허(호)'는 '허(호)비다, 허물다, 허수(술)하다, 허전하다' 등의 준말이고, '언덕[구(丘)] 위의 허허로움'을 나타낸다. 언덕을 고리 표면으로 비유하면, 그 위쪽의 빈 공간을 나타낸다. 따라서 공(空)은 고리를 기준으로 무한이 축소되는 무한소의 공간이고, 허(虛)는 무한히 확장되는 무한대의 공간을 나타내는 개념이다. 무한대와 무한소의 끝은 무(無)이다. 그 없음(無)의 공간을 이름이다. 결국 고리는 무(無)의 경계(境界)로서, 있음으로 없음을 나타낸 역설이 아니겠는가?

혈(穴)의 소전과 구(丘)의 갑골문, 금문, 소전이다. 자형으로 보면, 구멍/혈(穴)은 움푹 파여 안으로 들어가는 부분을, 언덕/구(丘)는 움푹 파여 밖으로 나가는 부분을 나타낸다. 즉, 구멍은 굴(窟)의 개념이고, 언덕은 계곡의 개념으로 볼 수 있다. 그럼 글말 '혈'은 '혀서(켜서) 긁어 내다/들다(파고 들다)' 또는 '결(사이)'의 뜻이고, '구'는 '구르다(굴르다)' 또는 '구렁지다'의 뜻이다. 즉, 혈(穴)은 회의자로, '움푹 나뉘어 파인[팔 (八) 안의 사이를[결(혈)] 움막처럼 감싸인[면(宀)]' 곳이고, '움푹 나누어[팔(八) 안으로 혀서 파고 들어가[혈] 움막처럼 감싸인[면(宀)]' 곳을

352

나타낸다. 반면에 구(丘)는 상형자로, 움푹 파인 밖의 구렁지고, 구르는 현상에 나타나는 그 언덕진 부분을 뜻한다.

호(虎)의 갑골문, 금문, 소전이고, 호(虍)의 갑골문과 소전이다. 호(虍)는 호랑이 입 부분만 나타낸 것이고, 호(虎)는 전체를 다 나타낸 것임을 알 수 있다. 호랑이의 특징은 호피의 무늬와 으르릉거리는 울음소리이다. 호랑이의 옛말은 '갈범'이었고 더 줄인 '범'으로도 쓰였다. 곧 '(쩍쩍)갈라지는 무늬와[갈] 버럭 울음 짖는 이[범]' 또는 '(쩌렁쩌렁)갈라지는 울음소리와[갈] 벼름하게 무늬 진 이[범]'의 준말이다. 그렇기 때문에 글말 '호'는 '호통치다'는 준말로, 호통치는 범을 나타냈다.

따라서 공(空)은 글말을 굴 안에 두어 그 안쪽을 암시하여, '무너지지 않도록 공교하게[공(工)] 움푹 파 들어간[혈(穴)] 고리 안[공]'을 나타냈고, 허(虛)는 반대로 글말을 언덕 위에 두어 그 바깥쪽을 암시하여, '움푹 구렁진 언덕에서[구(丘)] 속절없이 울부짖는 호랑이의 울음소리가[호(虎)] 허허롭게 울려 퍼지는 바깥[허]'을 나타냈다. 그러므로 혼돈의 소용돌이와 비교하면, 공(空)은 소용돌이 기둥 속이고, 허(虛)는 소용돌이 기둥 끝의 수면 위이거나 소용돌이를 뚫고 나온 그 너머의 세상과 견줄 수 있다.

흑(黑)의 갑골문, 금문, 소전이다. 갑골문과 금문의 자형이 전혀 다른 자형이다. 갑골문은 대(大)를 걸어가는 사람처럼 변형시켜 둥그런 둘레를 사람이 뚫고 들어가는 현상처럼 나타냈다. 어떻게 이해해야 하는가? 한말 '검다'를 나타낸 한말글은 검을/현(玄)과 검을/흑(黑)의 두 가지 시각이 있다. 검을/현(玄)은 아지랑이가 가물가물 피어 오르는 현상으로 나타낸 가물하게 검은 것이다. 반대로 가마득하게 감감(캄캄)한 검은 것을 검을/흑(黑)의 시각으로 보면, 그 말자취임을 알 수 있다. 즉, 한말 '가마득하다'는 '가마아득하다'의 준말이고, '가마'는 '사람의 머리에 머리털이 소용돌이 모양으로 난 자리를 뜻하듯, 감돌리며 감싸이는 의미'이며, '아득하다'는 '가물가물하거나 들릴 듯 말 듯 할 정도로 매우 멀다, 까마득하게 오래다, 어찌해야 좋을지 모르게 답답하고 어리어리하게 막연하다' 등의 뜻이다. 따라서 캄캄한 밤하늘처럼 막막하게 어둠으로 감싸인 상태로 비유되는 '검을' 뜻이다. '가마득'을 줄이면, '감'과 '극'으로 나타낼 수 있다. 감감(캄캄, 깜깜)한 것이 검을 뜻임을 알 수 있다. 그렇기 때문에 흑(黑)의 글말은 '극(가마득하다, 끌려가다)'이다.

흑(黑)은 크게(멀리)[대(大)] 감돌아 감싸여 뚫고 들어가는[0] 현상을 그린 자형으로 나타내고, 글말로 가마득하다, 끌려가다[극]는 현상을 나타낸 상형자이다. 즉, 블랙홀 속으로 빨려 들어가는 현상과 다름없다. 그러므로 흑(黑)은 소용돌이의 안으로 깊숙이 빨려 들어가는 현상을 나타냈고, 현(玄)은 반대로 흑(黑)의 블랙홀을 뚫고 나온 화이트 홀에 가물가물 피어 오르는 현상을 나타내어 그 음양으로 대비시킨 개념임을 알 수 있다. 금문에서는 그 의미를 이해하지 못하고, 아궁이에 그슬린 그을음으로 이해하여, '아궁이에 불을 때는 사람을 형상하고, 사람(大) 주변에 점점을 표시하여 그을음이 흩어지는 현상처럼 나타낸 것으로 추정이 가능하다.

암(暗)의 소전이다. 암(暗)은 음(音) 글말의 형성자로, '어두울; 가만히, 남몰래; 욀' 등의 뜻이다. 글말 음(音)은 '아물리다(암)'의 준말로, '얼(빛)[日]이 아물린[암]' 상태를 나타내고, 나아가 '아물려지며[암] 빗치어 번개를 치고[일(日)] 천둥을 치는[음(音)]' 현상도 담았다. 따라서 '얼을 둘러 아물은' 한말 '어둠'의 말자취이다. 어둠이란 빛이 가두어진 상태의 다름 아니고, 그렇게 하는 것이 '남몰래'하는 것이며, '소리 내어 읊조리며[음(音)] 얼을[일(日)]을 아물리는[암]' 것이 또한 '외우는' 뜻이다. 더불어 음(音)은 소리이고, '음'을 '으르름, 으름장'의 준말로, 천둥소리의 다름 아니다. 곧 번개치고 난 다음의 천둥 치는 밤하늘의 상황도 암시하여 나타냈다.

어둠은 빛의 씨앗이다. 어둠이 빛을 잉태하고 있기 때문이다. 그렇기 때문에 흑암(黑暗)은 빛을 잉태한 무(無)의 시간을 이름이다. 흑(黑)은 소용돌이치며 기둥을 비롯어 가며 모든 것을 빨아드리는 블랙홀이고, 그 속에서 서로 부딪쳐 켜지는 번개와 천둥소리가 휘몰아치는 상태가 암(暗)이다. 그렇기 때문에 혼돈은 소용돌이 자체이고, 공허는 소용돌이 속 공간이며, 흑암은 소용돌이 속 시간의 다름 아니다. 번개 치는 빛이 고르게 비치며 지나가는 시간은 공간의 공(空) 속에 공(工)과 연결 짓고, 천둥 소리가 흘러가는 시간은 공간의 허(虛) 속에 호랑이가 으르렁거리듯 포효하며 울부짖는 호(虎)와 서로 연결 지어 시공간의 연속성을 나타낸 것이다. 결국 혼돈(混沌)과 공허(空虛) 그리고 흑암(黑暗)은 소용돌이 상황에서 일어나는 현상을 구체적으로 구분하여 설명하는 것에 지나지 않는다.

혼돈(混沌)은 카오스이고, 카오스(chaos)는 무질서의 질서로서 소용돌이 속 질서이다. 카오스는 본래 '입을 벌리다(chainein)'는 그리스어로 소용돌이와도 개연성이 높다. 소용돌이는 비틀림이고 ' ÷ ' 이다. 즉, '0 [무(無)]'가 나뉘어짐이다. 곧 〈 0 ÷ 0 = 부정 〉의 상태이다. 공허(空虛)는 무(無)[0]의 공간이며 공간의 씨앗이고, 흑암(黑暗)은 무(無)[0]의 시간이며 시간의 씨앗이다. 하나님의 신(神)은 무(無)의 마음이고, 수면에 운행하심은 마음이 일어나는 것으로 무(無)가 비틀리며 나뉘어지기 시작했다는 뜻과 견줄 수 있다.

무(無)[하나님의 신(神)]의 마음이 일어(꼴리어) 시공(時空)으로 소용돌이치는 무질서의 질서(질서를 지향하는 무질서), 그 〈 0 ÷ 0 = 부정 〉의 상태에 있음을 나타낸다. 꼴림은 마음의 용오름 현상과 다름없다. 따라서 무(無)의 마음이 꼴리어 소용돌이치며 공허를 일으켜 세우고, 번개와 천둥을 치며 하늘이 열리기 시작하는 시공의 무한(無限)한 부정 상태가 되었음을 뜻한다. 한마디로 말하면, 마음의 블랙홀 상태를 이름이다. 다시 말해 무생유(無生有) 곧 하나님 창조의 원리로서, 천지를 창조한 구체적인 부연 설명으로, 천지 그 시공간의 창조를 나타낸 말이다.

03

빛(光)은
무엇인가?

창1;3 하나님이 가라사대 빛이 있으라 하시매 빛이 있었고

광(光)의 갑골문, 금문, 소전이다. 빛 / 광(光)은 사람[인(儿)] 머리 위에 불[화(火)]이 있는 모습의 회의자로, '밝다'라는 뜻을 나타낸다고 설명한다. 갑골문에는 인(儿)이 아닌 녀(女)의 모습으로, 혹자는 '(여자) 노예가 등불을 머리에 이고 꿇어앉아 있는 모습'을 그린 것으로 '인간 조명등'과 비유하기도 한다. 하지만 이는 지나친 상황설명의 일례일 뿐이다. 갑골문은 화(火)와 절(卩)의 회의자이다. 즉, '불꽃을[화(火)] [광]에 공손히 받들어 모시다[절(卩)]'는 얼개이다. 글말 '광'은 광대(얼

굴, 탈)에서 보듯, '고마(태음신) 얼'의 준말이다. 그래서 광(光)은 '얼굴에[광] 공손히 받들어 모신[절(卩)] 불꽃[화(火)]'의 얼개이다.

광(光)의 뜻은 '① 빛, 빛날 ② 영화로울 ③ 경치, 풍경 ④ 세월' 등으로 나타난다. 다시 말해 모든 만물은 각자의 정체성인 얼을 밝히는 불꽃을 간직하고 있다는 사상의 발현(發現)이다. 즉, 해가 가진 얼을 밝혀 불꽃을 피우는 것이 햇빛이듯, 모든 만물은 각자의 얼을 밝히는 불꽃을 피우는 빛을 비추고 있다는 뜻이다. 그런 '빛과 빛날' 뜻이고, 더욱 밝게 비출수록 '영화로울' 뜻이며, 그렇게 모든 만물이 각자의 빛을 비추는 것이 '경치, 풍경'의 뜻이며, 빛을 비추며 흘러가는 것이 또한 '세월'의 뜻이다.

우리의 머릿골에 깃들은 빛으로써, 『삼일신고』중 "자성구자 강재이뇌 (自性求子 降在爾腦)- 스스로 주어진 천명의 성품으로부터 그 씨알(참나, 一神)을 찾을 지어다. 너희 머릿골에 이미 내려와 계시느니라"와 『한단고기』 「단군세기」편 11세 도해 단군이 대시전(大始殿)을 완공 후 돌에 새긴 내용 중 "일신강충 성통광명(一神降衷 性通光明) - 하나님이 내려와 마음속에 충만하시니 각자의 천성을 통하여 그 참나인 하나님의 빛을 밝혀라"의 논리적 근거를 나타낸다. 아울러 타오르는 불[화(火)]로써 나타내는 것은, 촛불처럼 빛은 스스로를 불태워야(살라야) 빛날 수 있음을 담은 뜻이고, 또한 하나님이 사람 코에 생기를 넣어 창조하신 까닭을 예비하기 위함이다.

시(示)의 갑골문, 금문, 소전이다. 광(光)이 우리 머릿골에 내려와 있

는 하나님 씨앗으로서 빛이라면, 우리 밖 우주심의 하나님 빛은 무엇인가? 시(示)로 볼 수 있다. 시(示)는 본래 'ᅲ'로서 'ㅡ'은 하늘을 나타내고 ' ㅣ '은 하늘에서 신령스러운 기운이 땅으로 내려오는 것을 나타낸다는 설, 신주(神主)를 그린 것이라는 설, 돌로 만든 위패인 석주(石主)를 그린 것이라는 설 등이 있으나 정설은 없다. ① 보일 ② 알릴 등의 뜻이 있다고 설명한다. 상징적인(기하학적) 형태의 글은 주로 지사의 형태로 나타난다. 어떤 형태의 상형보다는 상징적인 기호의 성격이 크기 때문이다. 그러므로 시(示)는 지사자 '이(二)'와 '십(ㅣ)'의 회의자이다. 숫자의 한/일(一)이 하늘을 상징하듯, 두/이(二)는 땅을 상징한다. 그리고 십(ㅣ)은 완성 곧 씨, 얼 등의 상징이다. 그 뜻과 비교하면 글말 '시'는 '시기다(시키다)' 또는 '시므다(심다)'의 준말이다. 즉, '하늘씨[ㅣ]를 땅에[二] 시키고, 새기는(심는)[시]' 얼개이다.

땅은 또한 공간으로 모든 세상을 뜻한다. 하늘뜻을 세상에 시키고 심은 것이 '보이고, 알리는' 것이며 나아가 하늘이 보이고 알리는 것은 우리가 보고 알 수 있는 모든 것이라는 의미도 함축하고 있다. 결국 하늘(神)이 우리에게 시키고 새기는(심은) 것은 우리가 이 세상, 우주를 보는 대로 아는 대로 그대로라는 뜻이다. 그렇기 때문에 우리가 제사, 고사 등 하늘에 하는 제천(祭天) 의식은 바로 이러한 하늘이 심은 그 뜻대로 바르게 살펴 응대(應對)하며 꽃피우는 행위와 다름없다. 하늘의 뜻, 곧 하늘씨를 꽃피워 하나님이 되는 길을 끊임없이 이어가며 밝히는 것이 제사(祭祀)이고 예(禮)이며 예배(禮拜)이고 기도(祈禱)라는 뜻이다. 바로 여기에 종교의 처음과 마지막이 있는 것이 아니겠는가?

하늘(神)의 뜻은 이미 이 세상에 이 우주에 그리고 우리 몸에 심어 놓았다는 뜻이다. 보이는 그대로 보여 주고 있고 알 수 있는 그대로 알려 주고 있다는 방증이다. 우리는 보이는 만큼 알고, 아는 만큼 보인다. 다시 아는 만큼 보이고, 보이는 만큼 아는 것이다. 이렇게 되풀이로 거듭나며, 하늘의 뜻을 살피고 하늘에 닿아 가는 발자취를 이어가는 것이 종교이고 우리의 존재이유가 아니겠는가? 그리고 그 빛, 하늘의 씨(뜻)이 우리 머릿골에 심어진 것이 바로 광(光)임을 알 수 있다. 곧 시(示)와 광(光)은 서로 동전의 양면이고 음양의 관계와 같다. 그렇게 우리는 나를 알고 너를 알며 다시 나를 알아 너를 알고 모두를 아는 하나님이 되어가는 존재이다.

한말 '빛'은 문자 이전의 소리말을 상기하면, '빛'과 '빚' 그리고 '빗'을 하나의 낱말 겨레로 볼 수 있다. '빛'은 '비치다'의 준말이고, '빚'의 먼젓말은 '빋'이므로 '비러 받다'의 준말로 볼 수 있다. '빋'은 또한 구개음화현상으로 또는 '빋을 지다(비지다)'의 의미전성으로 '빚'이 된 것으로 추론된다. 어쨌든 '빛'이나 '빚'의 주체가 생략되어 있는 말이다. '빛'의 주체는 당연히 '하늘'이고, '빚'의 주체는 만물(人)이다. 그리고 '빌(리)다'의 주체는 '빛'이므로 상대적으로 하늘일 수도 사람일 수도 있다. 즉, 하늘이 비치는 '빛'은 하늘이 주체가 되어 만물에게 빌려 주는 하늘이 주체가 되는 것이고, 그 '빛'에 '비침'을 당하는 사람은 그 빛을 빌려 받는 사람이 주체가 되는 것이다. 그러므로 '빛'과 '빚'은 서로 음양의 관계와 같다. '빚'은 '지는' 것이다. 빚지는 것은 또한 은혜를 업(입)은 것이다. 그러므로 언젠가 갚아야 할 등짐인 것이다. 그래서 '지는' 것이다. 더불어 그 빚을 불태워 빛을 밝히는 것이 빚을 갚는 길임을 잉태한 말로 볼 수 있다.

한말글과 견주면 '빛'이 시(示)이고, '빚'이 광(光)이다. '빛'의 한말글 시(示) 속에는 '빛'의 뜻을 '보일, 알릴' 뜻 속에 숨겨 놓고, '빚(빛)'의 한말글 광(光) 속에는 '빋'의 뜻을 '절(厂)' 글자 속에 숨겨 놓아 서로 음양의 조화를 시사하고 있다. 더불어 광(光)은 그 뜻 속에, 영화로움에 젖어 한가로이 경치나 풍경을 즐기다가는 세월이 빛과 같이 흘러 영원히 하나님의 '빈'을 갚지 못할 것이라고 경계하고 있다. 아울러 우리는 항상 '빚꾸러기'임을 잊지 말라는 암시도 담아 하늘이 빚 독촉을 하고 있는 글이다. 따라서 시(示)와 광(光), 곧 빛과 빚 속에 이미 종교 또는 우리 삶의 모든 것을 담고 있다고 할 수 있다. 그러면 종교지도자(무당)는 '빚지시[빚거간(꾼)]'이 되어야 하지 않겠는가?

빛은 또한 부딪치고 비벼야 일으킬 수 있다. 번개는 어둠을 가르듯, 어둠이 비틀리며 나누어지며 일어나고, 불꽃은 돌이 부딪치며 번개 치듯 치솟아 일어나며, 나무가 비틀려 비벼지며 서로 부딪쳐 불꽃이 일어난다. 모두가 원리는 비틀려 나눠지면서 일어난다. 곧 하나님의 마음이 나눠지며 빛이 생긴 것의 다름 아니다. 그렇게 비껴 스치며 빛을 일으키는 것이 '빗'이다. 더불어 빗은 또한 빗어 쓸고 쓸어 담아 씻는 것이기도 하다. 하나님의 빛을 일으켰듯 또한 그 빛을 쓸어 담아 씻고 닦으며 살라 불 밝히는 것이 우리의 존재이유인 뜻이 그 마음인 말이다. 따라서 하나님이 가라사대, 달리 하나님의 마음이 빗어 빛이 생긴 것이다. 창조는 하나님의 말씀으로 일어 난 것이다. 그렇다면 말은 또 무엇인가? 말 또한 하나님의 마음이 그림을 그리듯, 혀를 빗어 생기는 것이다.

우리에게 혀가 없다면 어떻게 될까? 먼저 말을 제대로 못할 것이고, 맛도 제대로 느끼지 못할 것이다. 그리고 무심코 지나치지만, 침을 일으키고 음식을 침과 섞어 골고루 씹을 수 있도록 도우며 음식을 삼킬 때도 혀가 기능을 하는데, 혀는 입안을 채우면서 음식물을 인두로 넘긴다. 더불어 침의 기능은 1. 연하(嚥下/삼킴), 기계적 청소, 면역적 방어를 돕는 윤활제 역할 2. 음식물을 부드럽게 하고, 효소분해로 소화작용 3. 호르몬과 호르몬 유사물질의 생산 4. 내분비 기능 5. 맛이 느껴지게 중재(mediation of taste sensation) 6. 보호 기능 7. 항상성(homeostatic) 기능 8. 기타: 혈액 응고와 상처 치유 기능 등 실로 다양하다.(*2)

　설(舌)의 갑골문, 금문, 소전이다. 혀의 기능은 어떻게 하여 이루어 지는가? 단순하게 말하면, 혀를 휘저으며 일어나는 현상이다. 한마디 로 말해, '혀다(켜다)'는 행위로 일어난다. 그렇기 때문에 '혀'는 '혀다' 가 그 뿌리말임을 알 수 있다. '혀다'는 〈옛〉 1. 끌다[引], 당기다 2. 켜 다[點火] 3. 켜다[鋸] 4. 켜다[紡] 5. 켜다, 타다[彈] 등의 뜻이 있다. 그 래서 갑골문의 설(舌)은 두 갈래로 갈라진 뱀의 혓바닥이 아니라, 글말 '설'이 '설렁거리다'의 준말이듯, 혀를 설렁설렁거리며 '켜'는 현상과 동 작을 나타낸 것임을 알 수 있다. 나아가 소(小)를 덧붙여 말이나 음식 이 작게 켜이는 현상과 침을 일으키는 작용도 나타냈다.

　신(辛)의 갑골문, 금문, 소전이고, 신(新)의 갑골문, 금문, 소전이 다. 신(新)의 소전은 신(辛)에 목(木)을 덧붙인 형성자로 변했다. 그리 고 갑골문은 신(辛)에서 위의 일(一)이 빠진 형태이다. 역설적으로 일 (一)이 없는 신(辛)이 본래 '신' 글말의 글자라는 반증이다. 그러면 신

(辛)은 일(一)과 신[일(一)이 없는 신(辛)] 글말의 형성자이고, 마찬가지로 신(新) 역시 근(斤)과 '신'의 형성자임을 알 수 있다. 그렇다면 무슨 의미의 글자인가?

입(入)의 갑골문, 금문, 소전이다. 글말 '입'은 '입(히)다'의 준말로, '들치어 세워[入] 입다[입]'는 얼개이다. 어디에 들어가는 것은 역설적으로 그 어디를 내가 옷을 입듯, 들치어 입는 것과 같다. 그렇기 때문에 한말 '들다'는 '들치어(물건의 한쪽을 쳐들어) 안으로(씌워) 가다/오다'의 준말이다. 그와 반대로 역삼각형의 자형은 거꾸로 뒤집힌 입(入)의 형태이므로, '입는' 반대의 '벗는' 현상과 '신는' 현상의 의미를 함께 나타낼 수 있다. 더불어 벗는 것은 시(씨)가 벌어져(틔워) 나오는(드러나는) [신] 뜻이고, 신는 것은 심어 넣는[신] 뜻이기도 하다. 즉, '신다'는 '시므어(심어) 넣다'의 준말이다.

령(令) 합(合) 여(余)의 갑골문 자형이다. 윗부분은 모두 삼각형의 자형이다. 즉, 입(入)과 일(一) 곧 집(△)과 같다. 집(△)은 모을/집(集)의 뜻으로 해체에 나타나는데, 위의 갑골문 자형에서 취한 글자로 볼 수 있다. 즉, 글말 '집'은 '집다'의 준말이고, '집어[집] 하나로[일(一)] 들이다[입(入)]'의 얼개로, '모을, 모일' 등의 뜻이다. 더불어 '집피다(〈옛〉 지피다; 사람에게 신의 靈이 내려 모든 것을 알게 되다)'의 준말로는, '하늘뜻을 [일(一)] 들이어[입(入)] 지피다[집]'의 얼개로, 령(令), 합(合), 여(余) 등의 의미소로 쓰인다. 즉, 령(令)은 '들이어[입(入)] 지핀[집] 하늘뜻 그 천명을[일(一)] 공손히 받들도록[절(卩)] 니르어 알리다[령]'는 얼개로 '명령(합)' 등의 뜻이고, 합(合)은 '이르는 말이[구(口)] 하늘뜻 그 천명을 [일(一)] 들이어[입(入)] 지핀[집] 것과 합쳐지다[합]'는 얼개로 '맞을, 적절할' 등의 뜻이며, 여(余)는 '들이어[입(入)] 지핀[집] 하늘뜻 그 천명을[일(一)] 여미고[여] 태어나다[초(屮)]'는 얼개로 '나'의 뜻을 나타낸다. 점(占)을 치며 하늘뜻을 묻고 정치를 한(나라를 다스린) 은나라의 점사(占辭) 그 갑골문의 기록들이 그 방증이다. 어쨌든 여(余)의 갑골문은 一이 없는 辛의 갑골문과 서로 삼각형과 역삼각형의 차이로 같은 얼개이다.

여(余)와 신(辛)의 갑골문이다. 일(一)이 없는 신(辛)은, 여(余)와 견주면, '천명을 받아 심어진[역삼각형] 신명을[신] 싹을 틔워 드러내다[철(屮)] 또는 하늘뜻 그 천명을[일(一)] 신명으로[신] 벗겨[V] 드러내다[철(屮)]'는 얼개의 뜻이다. 그러면 그 신 글말과 일(一)의 형성자가 매울/신(辛)이다. 신(辛)은 옛날에 죄인의 얼굴에 문신을 새겨 넣을 때 쓰던 칼을 그린 상형자로 설명하지만, 그 뜻과 금문의 자형에서 비롯된 오인(誤認)으로 볼 수 있다. 그렇다면 무엇인가? 베틀의 신대(베틀의 용두머리 한가운데에 박아 뒤로 내뻗친 조금 굽은 막대. 그 끝에는 베틀신끈을 달아 놓았음.)를 나타낸 것이다. 그 일련의 형상 또한 신(辛)의 갑골문 자형과 비슷하다.

신대는 '신찐나무, 신초리' 등으로도 불린다. 그런 이름의 연유는 무엇인가? 신찐나무는 신을 찌는 나무란 뜻이다. 한말 '찌다'는 여러 뜻이 있다. 곧 '살이 올라서 뚱뚱해지다, 흙탕물이 논밭에 넘칠 만큼 괴다, 뜨거운 김을 쐬는 것처럼 몹시 더워지다, 우거진 나뭇가지의 갈대 · 참대 · 삼 따위의 배게 난 것을 성기게 되도록 베어내다, 모판에서 모를 모숨모숨 뽑아내다, 뜨거운 김으로 익히거나 데우다, 부녀자가 머리털을 목뒤로 틀어 뭉치어 비녀를 꽂다' 등의 뜻이다. 베틀의 구조는 씨실을 내게 하는 기능이 전부라고 해도 과언은 아니다. 즉, 날실을 먼저 일일이 걸어 두고, 그 날실을 엇갈려 벌리고 그 사이로 씨실 곧 북(씨올의 실꾸리를 넣는 제구로, 날 틈으로 오가며 씨를 푸는 구실을 함)을 지르며 내고, 바디(날을 고르며 씨를 치는 구실을 함)질을 하여 베를 짜는 것이다. 그 베틀의 날실을 엇갈려 벌리는 것이 신찐나무를 당기어 비롯되는 것이다.

베틀의 첫째 그 비롯됨은 신대 그 신찐나무이다. 그렇기 때문에 씨실을 내어 찌는 것이 베를 짜는 구조이고, 그렇게 신을 찌게 하는 나무 그 대를 뜻하는 이름으로 지어진 것임을 알 수 있다. 그리고 '초리'는 꼬리의 옛말이다. 그래서 신초리는 그 씨실을 내는[신] 꼬리라는 뜻으로 지어진 이름이다. 따라서 신(辛)의 글말 '신'은 '씨실을 내다'의 준말이고, '천명을 받아 심어[역삼각형] 신명의[신] 싹을 틔우기 위해[철(屮)] 곧 신을 찌기 위해[一이 없는 辛] 씨실을 내는[신] 처음(으뜸) 그 비롯됨[일(一)]'의 얼개로, '신찐나무'의 뜻이다. 또한 '일일이 한 올 한 올

[일(一)] 씨실을 내는[신]' 얼개로도 '신대'를 나타낸다. 신(辛)이 여덟째 천간인 까닭이다. 천간은 누에의 삶과 누에고치에서 실을 잣고 베를 짜는 베틀의 구조와 견주어 나타낸 것이기 때문이다. 그러면 '매울' 뜻은 어떻게 유추된 것인가?

한말 '맵다'는 '매다 + ㅂ다(비슷하다)'의 합성어이다. 즉, '매다'는 뜻과 같다(비슷하다)는 의미이다. '매다'는 '논밭의 풀을 뽑다(김을 매다), 끈 따위의 끝과 끝을 엇걸어서 마디를 지어 맺다, 물건을 동여서 묶다, 동물을 끈 같은 것으로 무엇에 이어 놓다, 밧줄 따위를 공중에 가로 걸어 놓거나 드리워 있게 하다, 낱낱의 것을 다발 지어 하나로 만들다, 무엇에서 떠나지 못할 관계를 가지다' 등 여러 뜻을 가진다. 신찌는 의미와 비슷하다. 베를 짜는 것이 결국은 날실과 씨실을 매는 것이기 때문이다. 즉, 뜨개질의 코에 꿰이는 뜻과 같다. 더불어 맵다는 '매맞는 것 같다'의 준말이기도 하다. 그래서 매운 맛은 통증과 같고, 그러면서도 잊지 않고 다시 찾는 그 맛에 매이게 하는 맛이기도 하다. 어쨌든 신찌는 상태와 거의 같다. 그러므로 신(辛)이 '매울, 고생할, 괴로울' 등의 뜻을 갖는 이유이다.

근(斤)의 갑골문, 금문, 소전이다. 도끼를 그린 상형자로 보지만, 현상이나 움직임을 나타내는 상형의 원리와 글말로 보면, 도려내는 자취[S]의 칼[/] 끝에 날이 들어 선[〈] 현상을 그려 나타낸 자형이다. 한말 '날'은 무슨 뜻인가? 칼의 가장 얇고 날카로운 부분이 사전적 의미이다. '날(이) 서다'고 하듯, 날은 숫돌에 갈아 세우는 것이다. 즉, '나(태양신, 얼)가 일다)'의 준말이다. 다시 말에 칼의 얼이 '날'이다. 더불어 '날카롭다'는 것이 '칼의 날과 같다'는 뜻임을 알 수 있다. 그렇기 때문에 근(斤)의 글말은 '근(〈옛〉 끝)이 나(오)다'의 준말이고, 칼의 끝 그 날이 나오고 서는 것으로, 날을 뜻하는 것이다. '근다(〈옛〉 끊다) 곧 끊어 내는[근] 것'의 의미에 따라 '도끼'의 뜻으로도 전주되어 나타냈다고 볼 수 있다.

신(新)은 갑골문에서 보듯, ㅡ 없는 신(辛) 글말의 형성자이다. 즉, '신날'의 얼개이다. 다시 말해 '칼의 얼 그 소명을 드러낸[ㅡ 없는 신(辛)] 신명이 난[신] 날[근(斤)]' 곧 무디어진 날을 다시 갈아 시퍼렇게 날이 선[신] 현상이 '새, 새로울' 뜻이다. 따라서 새로움은 갈고 닦아 각자의 얼을 세우는 것임을 암시한 글이다. 그러면 '일신우일신(日新又日新)'의 의미를 보다 분명히 알 수 있다. 그런데 그 의미를 이해하지 못해 소전에서는 '나무를[목(木)] 베어 내[근(斤)] 새싹을 틔우다[신(辛)]'는 얼개로 이해하고 그렇게 바꾸어 나타냈다. 이처럼 금문에서부터는 글말의 의미를 모르게 되면서 많은 자형의 변형이 생기기 시작했음을 알 수 있다. 역설적으로 갑골문의 어느 시점부터 그 원리와 글말의 의미를 상실하기 시작했다는 반증이다.

언(言)의 갑골문, 금문, 소전이다. 언(言)은 혀를 앞으로 빼낸 모습, 입으로 피리를 부는 모습, 목탁(木鐸)을 거꾸로 놓은 모습 등의 상형자라고도 하고, 죄인[辛 즉 辛(신)]이 자기 변론[구(口)]을 한다는 뜻의 회의자, 口는 의미 부분이고 건(辛)은 발음 부분인 형성자라고도 하나 아직 정설이 없다 그러나 갑골문, 금문의 자형은 분명 일(一)이 없는 신(辛)과 구(口)의 회의자이다. 즉, 언(言)은 '입에서[구(口)] [언]한 얼을 드러내다[신(辛)] 또는 [언]한 얼을 드러내어[신] 말하다[구(口)]'는 얼개이다. 그러면 글말 '언'은 '어느'의 준말이다. 옛날에 '어느'는 '무엇, 무슨, 어떤, 어찌' 등 육하원칙을 모두 나타낸 말과 같은 뜻이다. 그렇기 때문에 '입으로 어인 까닭의 얼을 드러내다' 또는 '어인 까닭의 얼을 드러내어 말하다'는 뜻이다. 한마디로 '마음을 알리다'는 뜻으로, 그 준말이 또한 '말'임을 알 수 있다. 또는 '입에서[구(口)] 얼을 내어[언] 베를 짜다[신(辛)]'는 얼개로, 베를 짜듯, 코를 꿰어 뜨개질하듯, 마음을 짜내어 만들어 내는 뜻이기도 하다. 결국 말이란 마음을 드러내 남이 알아 볼 수 있게 만들어 알리는 것이지 않은가?

음(音)의 금문과 소전이다. 갑골문이 나타나지 않는다는 것은 반대로 그 이전에는 언(言)으로서 말과 소리를 구분하지 않았지만, 구분이 필요해짐에 따라 새로 만들었다는 방증이기도 하다. 소리/음(音)은 언(言)의 구(口)와 신(辛)에 一이 더해진 것으로, 一은 소리가 입에서 나오는 것을 표시한 것이라고 사전은 설명한다. 그렇다면 처음에는 같은 언(言)에 글말 '음'과 함께 쓰인 전주자로도 볼 수 있다. 점차 구분을 명확히 하기 위해 언(言)에 一을 덧붙여 지사자로 다시 만들었다고 추론이 가능하다.

음(音)의 구(口)에 일(一)이 들어 있는 형태는 달리 입 안에 하늘(얼, 마음)[일(一)]을 머금은 현상이다. 즉, 음(音)은 '입 안에[구(口)] 하늘(마음)[일(一)]을 머금은 채 [음]하게 얼을 드러내다[신(辛)]'는 얼개이다. 그럼 글말은 '으밀아밀(남이 모르게 비밀스레 이야기하는 모양)'의 준말로, '하늘이[일(一)] 으밀아밀하게 하는[음] 말[언(言)]'의 뜻이다. 그러면 한말 '소리'는 '소기어(감추어)[소] 니르는[리] 이' 또는 '소기어 아뢰는 이'의 준말임을 알 수 있다. 다시 말해 소리는 그 뜻이 감추어진 말로서, 우리가 알아 듣지 못하는 모든 소리도 포함되므로, 말과 구분된다.

참고적으로 '소기다(속이다)'는 '소(마음)를 기이다(무슨 일을 바른대로 말하지 않고 숨기다, 〈준〉기다)'의 준말로, 본래는 마음을 숨기는 뜻이었는데, 점차 부정적인 의미로 사용되면서 '속이다'는 뜻으로만 남게 되었음을 알 수 있다. 더불어 소문(所聞)은 '들리는[문(聞)] 바[소(所)]'로 한자어처럼 표기되었지만, '소리에[소] 묻어 나는 니[문]'의 준말인 순수한 한말이다. 곧 우리말 뜻을 풀이하여 음차(音借)했음을 알 수 있다.

왈(曰)의 갑골문, 금문, 소전이다. 우리말 '가로다'에 '말하다, 이르다'의 뜻이 나타나는 이유는 무엇일까? '가로다'는 '가라샤대(아래아)'의 준말이고, 가라샤대는 '가리어 사뢰다'의 준말이다. 그리고 '가리다'는 '가려내다(추려내다, 골라내다, 잘잘못을 밝혀내다) 가려 듣다(내용을 분간하여 알다), 가려보다(분간하여 알아보다, 문제의 본질을 판단하여 알다)' 등의 뜻이고, '사뢰다(삼가 말씀을 드리다)'는 '사리어/사르어 아뢰다(윗사람 앞에서 풍악을 연주해 들려 드리다, 윗사람에게 말씀 드려 알리다)'이다. 더불어 '사르다'는 '키로 곡식 따위를 까불러 못 쓸 것을 가려내다'는 뜻이다.

갑골문의 왈(曰)은 일(一)과 구(口)의 분명한 회의자이다. 금문에서부터 입 안의 혀를 켜는 상형자처럼 변했다. 어쨌든 왈(曰)은 '하늘[일(一)]이/에게 [왈]하게 말하다[구(口)]'는 얼개이다. 그러면 글말 '왈'은 '아뢰어 알리다' 또는 '와작와작(좀 단단한 음식을 시원스레 씹는 모양 또는 그렇게 씹는 소리) 곧 곱씹어 알리다'의 준말이다. 즉, 음식을 곱씹어 먹듯, 하늘뜻[일(一)]을 가려내어 이뢰어 알리며[왈] 말하다[구(口)]는 뜻이다. 흔히 '가라사대'는 성현(聖賢)이나 경전에 쓰이는 말이다. 다시 말해 성현이나 경전의 내용이 하늘뜻을 곱씹고 곱씹어 가려낸 말임을 뜻하고, 역설적으로 우리가 곱씹어 알아야/들어야/보아야 할 말임을 암시하여 담고 있다는 뜻이기도 하다.

〈 하나님이 가라사대 빛이 있으라 하시매 빛이 있었고 〉는 흔히 말하는 '말씀'으로의 하나님 창조 역사(役事)를 뜻하는 서술방법이다. 말이 마음을 알리는 것이듯, 하나님의 마음이 알리는 대로 곧 언(言)의

370

뜻대로 세상이 창조되어 나타났다는 뜻이고, 역설적으로 세상은 마음의 발현체로, 모든 만물이 하나님의 마음을 머금고 있는 존재 곧 광(光)의 존재임을 뜻하는 논리이다. 더불어 시(示)가 또한 언(言)이고 음(音)임을 알 수 있다. 따라서 하나님이 가라사대(하나님 곧 마음이 일어나) 빛이 있으라 하시매(빗어 빚어 비치매) 빛이 있었고(빛이 켜졌고, 번개가 일었고) 그 빛 곧 번개가 이내 천둥으로 나타난 울림이 또한 말이고 소리라는 뜻이다. 오늘날 과학으로 보면, 블랙홀에서 웜홀을 거쳐 화이트홀 그리고 빅뱅에 이른 상태와 견줄 수 있다.

04

좋음(好)은
무엇인가?

창1 ; 4 그 빛이 하나님의 보시기에 좋았더라 하나님이 빛과 어둠을 나누사

우리가 보고 듣는 행위는 어떻게 이루어지는가? 듣는 행위는, 목청에서 울린 마음소리를 혀로 켜서 구분하여 나타내는 것이 말이듯, 그 말소리를 귀청이 켜지며 듣는 것이다. 바꾸어 말하면, '말소리가 귀청을 들이긋어(뜯어) 받아 들이다'는 뜻이다. '들이긋다'는 ① (금을) 안쪽으로 다가서 긋다 ② 잇달아 자꾸 긋다 ③ 숨이나 연기 따위를 들이 켜다 등의 뜻을 가진다. 그렇기 때문에 우리말 '듣다'는 '(소리가 귀청을) 들이긋어 받아들이다 또는 두드려 들이켜다'의 준말이다. 가야금을 타듯, 줄(현)을 뜯듯, 바이올린을 활로 켜듯, 또는 북을 두드리듯, 소리가 귀청을 켜는 행위에 의해 이루어진다는 뜻이다.

372

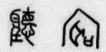

청(聽)의 소전과 청(聽)의 갑골문이다. 들을, 받아들일/ 청(聽)은 청
(聽)의 갑골문에서 보듯, 갑골문, 금문에는 耳(귀/ 이)와 口(입/ 구) 또는
口가 겹친 吅(현)자 만으로 이루어진 '청' 글말의 회의자이다. 부르짖을/
현(吅)은 글말이 '혀(켜) 내다'의 준말로, 거듭 혀 내어[현] 말하는 뜻임을
알 수 있다. 즉, 청(聽)은 본래 '귀[이(耳)]의 고막[청]에 거듭 노크한다
(켜 내다)[현(吅)]'는 얼개이다. 소리의 파동에 서로 공명(共鳴) 현상이 전
제된 글임을 알 수 있다. 점차 보다 구체적으로 '귀(耳)와 덕(悳)'의 의미
와 '곧을/정(王) 〈 청' 글말의 형성자로 바뀌었다. 덕(德)은 '곧게(바르게)
닦는다'는 뜻이다. 즉, 도(道)의 길[彳(行)]을 곧게 닦다[덕(悳)]는 뜻이
다. 그래서 '귀[耳]의 고막을[청] 닦아[덕(悳)] 곧게(바르게) 한다[정(王)]'
는 얼개로 바꾸어, '닦는' 행위로서, 귀청을 깨끗이 닦음과 더불어 귀청
을 켜는 현상과 비유했다. 그러면 관청/청(聽)은 '백성들의 청함을[청]
바르게 듣는[청(聽)] 집(厸)[엄(广)]'임을 알 수 있다. 더불어 대청(大廳)의
의미는 집 안 가족들간의 청함을 서로 듣는 곳 곧 가족들 간의 대화(소
통) 장소이거나 조상님들의 유언(청)을 경청하는 장소임을 알 수 있다.

문(聞)의 갑골문과 소전이다. 소전은 절(卩)이 빠지고, 문(門) 글말의 형성자로 바뀌었다. 글말 '문'은 문(門)이 그러하듯, '모두고(닫고) 나누다(열다)'의 준말로 볼 수 있다. 즉, 귀를 열고 닫는다는 뜻이다. 흔히 聽(청)은 귀를 씻고 듣듯 '귀 기울여 듣다'는 'listen'의 뜻으로, 聞(문)은 '들려오는 소리를 듣다'는 'hear'의 뜻으로 그 차이를 두고 인식되어 있는 듯하다. 그러나 문(聞)은 문(門)이 그러하듯, 닫혀 있으면 듣지 못한다는 암시를 머금은 글임을 알 수 있다. 소리는 들을 수 있어도 그 뜻(마음)은 들을 수 없다는 것을 시사하는 글자이다. 즉, 예수가 말하는 '(들을) 귀 있는 자는 들으라'의 상징을 담은 글자이다.

문(聞)의 갑골문은 '귀에[이(耳)] [문]하는 것을 공손히 받아들이다[절(卩)] '는 얼개이다. 그러면 글말 '문'은 '문대다(마구 여기저기 문지르다)'의 준말로, 귀를 문대는 소리를 공손히 받아 들이다라는 뜻이다. 즉, 청(聽)은 내 말을 들어 달라고 청하는(부탁하는) 것을 상대가 듣고, 받아들이는 뜻이고, 반대로 문(聞)은 남의 말(소리)를 내가 받아 들여 듣는 뜻이다. 모두 'listen'의 뜻이고, 단지 서로 입장만이 상대적인 음양의 관계임을 알 수 있다. 후에 귀을 씻고 들어야 하고, 가려 들어야 한다는 뜻으로 변했다. 역설적으로 서로 경청하는 예(禮)가 무너지기 시작하고, 가려 들어야 할 만큼 쓸데없는 잔소리가 늘어 난 사회가 되었다는 반증이다.

성(聲)의 갑골문과 소전이고, 성(声)의 갑골문과 소전이다. 그리고 경(殸/磬)의 갑골문과 소전이다. 경쇠(옥이나 돌로 만든 악기)/경(磬)의 갑골문은 수(殳) 곧 악기 채로 악기를 켜서 울리는[경] 얼개에서 소전은 돌/석(石)을 추가하여 경쇠를 보다 분명히 나타냈다. 성(声)과 성(聲)은 소전에서부터 같아졌는데, 갑골문은 오히려 성(聲)이 수(殳)와 구(口)가 생략된 형태이다. 거의 같은 뜻으로 쓰이는 것은 청(聽)과 문(聞)의 차이로 볼 수 있다. 그리고 악기로 나타낸 이유는 귀청을 악기로 비유한 의미도 덧붙이기 위한 것이다. 따라서 성(聲)은 '귀청을 켜 울려[경(殸)] 들리는[이(耳)/청(聽)] 성(얼)[성]'의 얼개로, 말하는 소리 음(音)과 대비된 들리는 소리를 뜻한다.

어(語)의 금문과 소전이다. 언(言)은 입(口)으로 소리를 내어 마음을 알리는 말에 비해, 어(語)는 '오(吾)' 글말의 형성자로, '나(吾)와 함께 오고 가며 어울리는[오 〉 어] 말[언(言)]'을 나타낸다. 즉, 언(言)은 말의 정체성을 나타내고, 어(語)는 말의 실용성을 나타낸 말이다. 그래서 언어(言語)로 함께 써서 일반적인 모든 말을 나타낸다고 볼 수 있다. '오 〉 어'의 변이는 '(함께)어울리다[어]'에 의미 동화된 것이다.

보는 행위는 당연히 눈을 통해서 이루어진다. 눈의 어떤 작용에 의한 것일까? 소리를 혀로 켜서 말하고, 귀청을 두드려 켜서 듣듯, 보는 행위 또한 빛을 눈으로 켜서 보는 것이다. 즉 어둠 속에서 눈에 불이 켜지듯, 빛을 눈으로 혀서[켜서(點火)] 밝힌다는 뜻이다. 그러면 '밝히다'는 '불을 발칵(어떤 일이나 상태가 갑자기 판판으로 바뀌는 모양, 갑작스레 기운을 내는 모양, 갑자기 심하게 성을 내는 모양)[발] 그어(가르어) 혀다[ㄱ히다]'

의 준말이다. 옛말은 '발(아래아)기다'이다. 오늘날의 뜻은 '속에 있는 것이 드러나게 헤치어 발리거나 찢어서 바라지게 하다'는 의미이다. 그러면 '발가지다(속의 것이 뒤집혀서 겉으로 드러나다)'는 의미와 같다. 다시 말해 우리의 얼굴에 깃들어 있는 빛이 광(光)이듯, 그 빛을 발가지게 하는 것이고, 발칵 그어 혀는(켜는) 것을 나타낸 것이다. 그리고 눈을 켜다는 의미는 눈을 깜박이는 행위와 견줄 수 있다. 곧 눈꺼풀을 벌름(볼름)거리다는 의미이다. 따라서 '보다'는 구체적으로 '눈을 깜박이며(벌름대며) 불 밝히다'는 원리로서, '눈꺼풀로 보이는/보려는 대상을 보듬어 담아 켜다' 곧 '보담아 켜다'의 준말이지 않겠는가?

견(見)의 갑골문, 금문, 소전이다. 견(見)은 눈[목(目)]과 인(人)의 회의자이다. '보다'는 뜻과 견주면, 글말 '견'은 '겨누다, 견주다'의 준말이다. 즉, '눈[목(目)]을 일으켜[인(人)](켜다/點火) 겨누다(견주다)'는 뜻이다. 흔히 눈은 마음의 창이라고 한다. 그러면 눈은 '누(나/태양신)가 나오다'의 준말로 볼 수 있다. 즉 우리의 머릿골에 내려와 있는 빛(光)이 나오는 창이란 뜻이다. 그러므로 견(見)은 '우리의 머릿골에 있는 빛(光)을 내가 직접 켜서(일으켜/불 밝혀) 겨누다(견주다)'는 행위의 다름 아니다.

반면에 시(示)는 하늘이 켜서 비추어 줌으로써 자연히 그냥 '보이는' 현상을 이름이다. 즉 하나님이 보여주기 때문에 보이는 것으로 우리 눈에 시므어(심어) 보이게 시켜주는[시] 뜻이다. 그리고 그렇게 보여주

는 것을 그냥 눈에 보담아 내 안의 빛(光)과 견주어 켜는 뜻도 견(見)이
다. 다시 말해 견(見)은 겨누어 보는 것과 견주어 보는 두 가지 뜻을 나
타낸다. 그런데 견(見)은 또한 글말 '견'과 '현'으로 또 다른 뜻을 나타
내는 전주자로 쓰인다. 사실 한자음에서 'ㄱ'과 'ㅎ'은 서로 빈번히 호
환되므로 같은 말로 볼 수 있지만, 글말 '현'은 '혀(켜) 내다'의 뜻을 분
명히 하여 서로 구분한 것으로 볼 수 있다. 그래서 현(見)은 '드러낼,
나타날; 지금' 등의 뜻을 나타낸다.

호(好)의 갑골문, 금문, 소전이다. 자(子)와 녀(女)의 회의자로, 추측
성 해석에 따라 많은 사람들에게 회자(膾炙)되는 글자의 하나이기도 하
다. 자(子)는 강보에 싸여 자라야 하는[자] 아이이고, 새싹이기도 하
다. 즉, '아이(새싹)[자(子)]를 녀미어[녀(女)] [호]하게 하다 또는 [호]하
게 녀미다'는 얼개이다. 그럼 글말 '호'는 또한 '고'이기도 하므로, '고
초다(곧추세우다, 지극히 하다, 한결같이 하다)'의 준말이다. 그러면 아이나
새싹을[자(子)] 녀미어[녀(女)] 고초다[고(好)]는 뜻으로, 올곧고 바르게
자라고 키우는 것이 좋다는 의미이다. 그러므로 한말 '좋다'의 옛말이 '
둏다'이듯, '도두어[됴] 하다(ㅋ다)[ㅎ다]'의 준말임을 알 수 있다.

〈 그 빛이 하나님이 보시기에 좋았더라 하나님이 빛과 어두움을 나
누사 〉 빛은 시(示)이다. 보는 것은 견(見)이다. 시(示)는 우주심의 발현
이고, 견(見)은 내 머릿골 광(光)의 발현이다. 그리고 보는 것은 마주침
이다. 서로 마주치며 하나가 되는 것이다. 아울러 좋다(好)는 것은 싹

이 자라나 돋는 것이며, 시각을 달리하면, 싹[子]이 여미어[女] 고인 (괸)[호(고)] 잉태의 상태이기도 하다. 〈 0÷0 = 부정(빅뱅)〉의 무한상태에서 비로소 〈 1 〉이 되는 상태와 서로 견줄 수 있다.

　우리가 볼 수 있는 것은 극히 제한적이다. 보지 못하는 것이 얼마나 많은가? 우리는 보고 싶은, 바라는 것만 볼 수 있다. 곧 세상은 〈 0÷0 〉의 상태이다. 우리가 볼 수 없는 존재가 무한으로 있는 세상이다. 그 무한의 존재에서 서로 눈이 마주칠 때 비로소 하나의 실체가 나타나는 것이다. 미시 세계의 양자물리학에서, 양자는 최소기본단위(덩어리)로 입자성과 파동성의 이중성을 나타내는데, 우리가 바라볼 때 입자를 선택하고, 바라보지 않을 때는 파동을 선택하여 서로 다르게 나타나는 이유가 아닐까? 즉, 바라보지 않는 파동의 상태는 잠재성으로만 존재하는 〈 0÷0 = 부정 〉의 상태이고, 바라볼 때에야 비로소 서로 마주치며 입자로서 실체가 나타나는 〈 0÷0 =1 〉의 상태가 되는 것이 아니겠는가? 어쨌거나 '그 빛이 하나님이 보시기에 좋았더라'는 〈 0÷0 = 1 〉이 되는 이유이고, 창조에 대한 기쁨의 표현으로, 무(無)에서 유(有)가 창조되는 원리와 서로 견주어 볼 수 있다.

05

시간(時)은
무엇인가?

창1 : 5 빛을 낮이라 칭하시고 어두움을 밤이라 칭하시니라 저녁이 되며 아침이 되니 이는 첫째 날이니라

빛을 창조하심은 하늘의 문이 열리고 세상이 밝아졌다는 의미이다. 그래서 시(示)가 '보일, 알릴' 뜻이 되는 것이다. 즉, 하늘의 문을 열어 세상을 보여주고[보일], 하늘문을 연 까닭(의도)을 알려주기[알림] 때문이다. 하늘을 보여주는 것이 알려주는 것이다. 우리는 그대로 보고 배우면 된다는 의미이다. 보이는 것이 모두가 '복(福)'인 까닭이다.(*3)

사(寺)의 금문과 소전으로, 지(之)와 우(又)의 회의자이다. 그러나 지

(之)와 지(止)는 서로 그 나타내는 의미가 바뀐 것으로 보는 것이 타당하다. 그와 함께 이루어진 글들에서 서로 혼동하여 정확한 구분 없이 쓰이고 있는 사실이 그 방증이다. 어쨌든 소전에서 우(又)가 촌(寸)으로 바뀌었다. 절/사(寺)는 '(마음을) 거듭[우(又)] 사르어(키질하여)[사] 멈추게 하는[지(止)]' 곳을 뜻하고, 관청/시(寺)는 '시시콜콜 시비를 가리어[시] 도움을 받아[우(又)] 그 시비를 멈추게 하는[지(止)]' 곳을 뜻한다. 마디/촌(寸)으로 변한 까닭이다. 즉, 하나의 마디를 지어 하나의 과정을 마치는 의미이다. 대나무가 마디를 지으며 자라나듯, 우리가 나이의 마디를 짓듯, 하나의 과정을 잘 마무리를 지어야 그 마무리를 발판 삼아 다시 새롭게 거듭날 수 있다는 의미이다. 마찬가지로 마침이 있어야 다시 새로운 거듭남의 시작이 되는 것이다. 그렇게 마음을 차례차례 마디 지으며 거듭나는 의미를 나타낸 것이다. 그러면 한말 '절'은 '저의 얼을 조아려(조리질하듯) 일으키는[절]' 곳을 뜻한다. 역설적으로 마침은 하나의 목표를 완성하는 의미로, 마디가 그런 단계별 열매 혹은 나이테와 같은 뜻을 나타낸다.

時

시(時)의 해체이다. 소전에도 나타나지 않는 글자라는 것은 시간 개념이 바뀌었거나 그 이전의 글자는 변용되어 알 수 없게 되었다는 뜻이기도 하다. 우리말 어두움은 빛을 잉태함을 뜻한다. 그리고 빛은 밝음이 비롯어 치솟다는 의미로 밝음(빛)의 탄생이다. 그러면 시(時)는 '해가[일(日)] 심어져(시므어져)[시] 또는 시키며[시] 하늘의 얼을 조아려

(밤낮으로) 일어가는[사(寺)]' 것이다. 즉, 해가 밤낮으로 사리어(키질하여) 또는 조아려(조리질하여) 그 하늘뜻을 일며 마디 지어가는 현상의 다름 아니다. 그렇기 때문에 〈 빛과 어둠을 나누사 〉는 빛이 나고 잉태하며 다시 태어나는 끝없는 조리질의 순환을 상징한다고 볼 수 있다. 빛의 순환이 곧 시간을 뜻한다.

시(時)를 다시 '사(寺)' 글말의 형성자로 보면, '태양[일(日)]이 사르며 [연소(燃燒)] 또는 사기며(새기며)[각(刻)] 하늘뜻을 일어(키질하여) 마디지어가는[사(寺)]' 뜻이다. 자신을 태우며 사르고 다시 새겨 잉태하는 순환을 거듭하는 것이다. 또한 자신을 사르며 자취를 새겨 남기는 것이다. 시간은 빛이 남기는 자취 곧 '빛자취'라는 뜻이기도 하다.

석(昔)의 갑골문, 금문, 소전이다. 글말 '석'이 '서리어(어떤 생각이 마음에 자리 잡혀) 가다(지나다)'의 준말로는, '물결이 출렁이듯 잇달아 지나며[~~~(물결)] 마음에 서리어 간[석] 날(때)[일(日)]'의 얼개이다. 즉, '옛날, 과거, 어제, 오래다' 등의 뜻이다. 글말 '석'이 '서르어(사르어) 가다'의 준말로는, '해[일(日)]가 밤낮으로 출렁이며[~~~(물결)] 사르어 (키질하여) 가다[삭 〉 석]'는 얼개이다. 다시 말해 시(時)와 같은 얼개이다. 곧 석(昔)이 시(時) 이전의 시간도 나타낸 글로 볼 수 있다.

낮은 '나(태양신, 빛, 밝음)의 자리[ㅈ]'를 줄인 말이다. 마찬가지로 밤은 '바(밝음, 빛)을 머금다[ㅁ]'의 준말이다. 〈 빛을 낮이라 칭하시고 어두움을 밤이라 칭하시니라 〉는 우리말 뜻을 그대로 설명하며 이르는 것이다. 말이란 곧 '마음(하느님)이 이르다'의 준말임을 알 수 있다. 더불어 말이 생성, 창조되는 원리이기도 하다. 바로 우리말의 비롯됨이다. 말의 창조는 말뜻의 세상이 창조되는 것이다. 하나님이 말씀으로 창조한 까닭이기도 하다.

창조의 첫째 날은 한(하나, 빛)) 날이고, 하늘(天) 날이다. 하나님이 첫째 날 창조함은 빛이고, 빛은 시간이며 시간은 하늘이다. 하늘은 하낳이고 하낣이며 빅뱅이다. 빅뱅은 폭발이며 빛이다. 우리말 하나에 '빛'의 뜻도 있는 까닭이다. 결국 하나님 창조의 첫째 날은 우리말 '하낳(하낣)'의 뜻을 풀어 그대로 설명하며 이르는 말 곧 그 개론의 요점이다. 바로 하늘이 열리는 과정을 보다 구체적으로 나타냈다.

06

물(水)은
무엇인가?

창1;6 하나님이 가라사대 물 가운데 궁창이 있어 물과 물로 나뉘게 하리라
하시고 7. 하나님이 궁창을 만드사 궁창 아래의 물과 궁창 위의 물로 나뉘게
하시매 그대로 되니라 8. 하나님이 궁창을 하늘이라 칭하시니라 저녁이 되며
아침이 되니 이는 둘째 날이니라

물의 먼젓말은 '믈'이고, 물의 신(神)인 용(龍)의 우리말이 '미르/미리'
이듯, 또한 '밀' 역시 물의 어원으로 볼 수 있다. 이처럼 우리말 모음의
넘나듦이 자연스럽다면, '물'과 '말' 역시 같은 말로 볼 수도 있다. 그
러나 그 머금은 뜻은 서로 전혀 별개이다. 우리의 말은 축약된 말이기
때문에 그 준말에 따라 천양지차로 달라질 수도 있다.

말은 마음이 울리는 소리의 뜻이 축약된 말로도 볼 수 있듯, 물은
무엇을 뜻하는 말의 준말인가? 눈물은 마음이 북받치어 눈에서 나오
는 물이다. 울음과 함께 나오는 물이다. 곧 마음이 울면서 나오는 액
체이다. 마음이 울리며 나는 소리가 말이듯, 마음이 울리며 나는 액

체가 또한 물이 아니겠는가? 다시 말해 마음을 우리면(우려내면) 나오는 액체로 '마음이 우러나다' 또는 '마음(마)을 우리다(울)'의 준말로 볼 수 있다.

우(雨)의 갑골문, 금문, 소전이다. 우(雨)는 하늘에서 비가 오는 모습을 그린 상형자로 설명하듯, 글말은 그 현상을 나타낸 말이다. 즉, 하늘(一)에서 뚝뚝 떨어지게 하는 현상을 따져 나타낸 뜻이다. 갑골문의 자형은 '하늘[일(一)]의 기(气)[Ⅲ]가 뚝뚝뚝[…] 떨어지는' 현상의 얼개이다. 갑골문의 기(气)는 삼(三)과 같고, 그 기(气)를 세워 나타낸 것이다. 그렇기 때문에 글말 '우'는 '우리다'의 준말이다. 우리말 '우리다'는 ① 어떤 물건을 물에 담가 맛이나 빛깔 따위가 우러나게 하다 ② 어떤 구실로 위협하거나 달래어 남의 것을 억지로 얻다 ③ 잿물을 내리다 등의 뜻이다. 오늘날 과학으로 보면, '비(雨)'란 단지 구름이 우리는(우려내는) 것일 뿐이지 않은가? 그렇다면 우리말 '비'는 '비릇다(아이가 곧 태어날 듯한 상태가 되다, 진통이 시작되면서 산기(産氣)를 나타내다)'의 준말로 볼 수 있다. 이는 또한 '빗다(머리털을 빗으로 가지런히 고르다)'와 서로 맥을 같이 한다. 우려내는 행위와 결코 다르지 않기 때문이다. 따라서 '비치는' 것이 '빛(示)'이고, '빛지는' 것이 '빛(光)'이듯, '비릇어 사리는(빗는)' 것이 '빗' 곧 '비(雨)'이다. 결국 비란 하늘을 비틀어 짜내듯, 하늘을 빗으며 우리듯, 하늘의 마음 그 하늘뜻이 우려내는 것을 뜻한다.

수(水)의 갑골문, 금문, 소전이다. 수(水)는 물이 흘러가는 모습을 그린 상형자로 설명한다. 갑골문은 우(雨)에서 일(一)이 빠진 형태와 비슷하다. 하늘이 아닌 땅에 떨어져 흐르는 현상을 상형으로 나타냈다. 그러면 글말 '수'는 '수르르(뭉치거나 얽힌 것이 술술 풀리는 모양, 물이나 가루 · 공기 따위가 부드럽게 새어 나가는 모양, 부드러운 바람이 천천히 부는 모양, 졸음이 오는 모양) 흐르다'의 준말이다. 달리 '우리다(우러나다)'와 다르지 않다. 그리고 물의 신 미리[밀]와 견주면, '미끄러지는 니(얼)' 또는 '미나는(〈옛〉내밀리는) 니(마음)'의 준말로, 수(水)가 그 말자취임을 알 수 있다. 또한 한말 '수'는 '마음'을 뜻하기도 한다. 곧 마음이 우려내는 '물'이고, 그 말자취로도 볼 수 있다. 더불어 '수'는 암수에서 보듯, 수컷을 나타내는 말이기도 하다. '암'을 '알(씨)를 머금다'는 준말로 보면, '수'는 '시(씨)'를 이름이다. 즉, 물은 생명의 근원이다. 물이 없으면 생명도 없다. 비약하면 물은 우주의 아기씨이다. 하늘이 비비어 우리는, 달리 비릇는 것이 '비[우(雨)]'이고, 비가 다시 땅에 머금어지는 상태 곧 씨(아기씨)가 땅에 뿌려져 심어지는(잉태되는) 것이 물[수(水)]이라는 뜻이다. 우주 생명의 유무는 물의 유무에 따라 판단하듯, 물은 생명의 근원 그 씨앗이기 때문이다.

〈 하나님이 가라사대 물 가운데 궁창이 있어 물과 물로 나뉘게 하리라 하시고 〉는 '마음이 갈리어(일어) 소용돌이치며 나뉘어 아기씨(비)를 비릇어 내게 하시고'로 번역될 수 있다. 그러면 〈 하나님이 궁창을 만드사 궁창 아래의 물과 궁창 위의 물로 나뉘게 하시매 그대로 되니라 〉

는 또한 하늘 위에서 비를 비롯어 땅에 내리는 현상의 다름 아니다. 그리고 궁창은 달리 말하면 공허(空虛)를 이름이다. 공허는 소용돌이치는 고리(굴) 안의 빈 공간이다. 물 가운데 궁창의 다른 이름이고, 궁창을 도는 소용돌이가 위와 아래의 물로 곧 굴 표면의 다른 이름이다. 더불어 우주를 자가복제의 프렉탈 구조로 보면, 우리 몸 안의 하늘(무한소)과 몸 밖의 하늘(무한대)을 상징한다.

따라서 〈 하나님이 궁창을 하늘이라 칭하시니라 저녁이 되며 아침이 되니 이는 둘째 날이니라 〉는 궁창 곧 공허, 그 소용돌이 굴 안의 빈 공간을 하늘이라 칭하듯, 그 굴 표면의 물이 땅임을 암시하고 있는 말임을 알 수 있다. 즉 첫째 날 하늘을 창조하시고 둘째 날 땅을 창조했다는 의미이다. 빛이 하늘이고 시간이듯, 물이 땅이고 공간을 뜻한다고 볼 수 있다. 그러므로 천지가 웜홀을 상징하고 우주의 자궁으로 비유하면, 인(人)을 잉태하고 있음을 시사하는 말이다. 다시 말해, 우리 인간(만물)은 빛을 하늘의 '앗'으로 물을 땅의 '시(씨)'로 곧 천지의 씨앗으로 잉태된 존재라는 뜻이다.

07

공간(空)은
무엇인가?

창1;9 하나님이 가라사대 천하의 물이 한 곳으로 모이고 뭍이 드러나라 하시매 그대로 되니라 10. 하나님이 뭍을 땅이라 칭하시고 모인 물을 바다라 칭하시니라 하나님이 보시기에 좋았더라

매(每)의 갑골문, 금문, 소전이다. 글말 '매'는 '매다(묶다, 이어 놓다, 낱낱의 것을 다발 지어 하나로 만들다)' 또는 '매만지다(잘 다듬어 손질하다)' 등의 준말이다. 그러면 '여미어[녀(女)] 매다/매만지다[매]'는 얼개의 뜻이었으나, 글말 '매' 곧 '매고르다(모두 비슷하다, 가지런히 고르다), 매한가지' 등의 뜻에 따라 '늘, 항상, 매양' 등으로 가차되어 쓰이면서 본래의

387

의미가 사라진 것이다.

　해(海)의 금문과 소전이다. 해(海)는 매(每) 글말의 물(氵)을 뜻하는 형
성자로 설명하지만, '해' 글말의 회의자가 보다 합당하다. 즉, '매양(한
결같이) 또는 머리를 빗질하며 매만지듯[매(每)] 하나로 이르는(하나를 이
루는)[해] 물[수(水)]'의 얼개이다. 다시 말해 모든 강물을 빗질하듯 쓸
어 담아 하나로 이르는 물의 뜻이다. 한말 바다의 먼저 말은 '바랄'이
다. 바다의 어원은 흔히 '받아 들이는 물'의 준말로 보고 있다. 그러면
'받들 〉 바달 〉 바랄'이 추정된다. 후에 '바랄(받아들이다) + 다(모두, 땅)'
의 의미가 추가되어 '바다'로 변천한 추론이 가능하다. 따라서 〈 하나
님이 가라사대 천하의 물이 한 곳으로 모이고 …… 모인 물을 바다라
칭하시니라 〉는 달리 '바다[해(海)]'의 뜻을 그대로 풀이하고 그 연유를
이르는 말과 서로 일치된다. 말이 세상을 창조하고, 창조한 세상이 그
대로 말로 나타난 것이다.

　부(阜)의 갑골문과 소전이다. 부(阜)는 갑골문을 보면, 'l'에 '〉'이 켜
켜이 쌓인 형태로 썼는데, 山을 세운 글자로 '산'·'언덕'을 뜻한다는

설, ' | '은 높은 산(山)을 가리키고 ' 〉 이 쌓인 형태'는 산비탈의 계단을 뜻한다는 설, 옛날에 동굴이나 구덩이를 파서 살 때 벽면(壁面)을 계단 모양으로 파서 오르내리기 쉽도록 하였는데 이는 바로 그 모양을 그린 것이라는 설 등이 있다고 설명한다. 한말 언덕을 '얹다 + 더기(덕/ 고원 (高原)의 평평한 땅)'의 준말로 보면, 얹혀 붙인 높은 평원을 의미한다. 그러면 부(阜)의 글말 '부'는 '부치다(붙이다)'이거나 '부풀다'의 준말로 볼 수 있으므로, 더기(고원의 평평한 땅)를 더께처럼 이어 얹혀 붙인 높은 평원을 뜻한다고 볼 수 있다.

　륙(坴)의 소전과 해체이다. 소전은 위로부터 생(生)과 팔(八) 그리고 토(土)이다. 곧 '륙' 글말의 회의자이다. 그 글말은 '리어(잇달아) 가다' 의 준말로, '흙[토(土)]이 나뉘어[팔(八)] 잇달아 이어지며(겹치며)[륙] 생기다[생(生)]'의 얼개로, 분지(盆地)같은 언덕의 뜻이다. 즉, 부(阜) 는 산처럼 올라가며 생긴 언덕이고, 륙(坴)은 산과 산 사이의 분지 같 은 언덕으로 구분될 수 있다. 그렇기 때문에 륙(陸)은 부(阜)와 륙(坴) 이 잇닿아 이어가며[륙] 펼쳐지는 평원(언덕)을 의미한다고 볼 수 있 다. 그렇다면 뭍은 '무리 지으며 붙고 트이는 터(전)'의 준말임을 알 수 있다.

추(墜)의 갑골문, 금문, 해체이고, 지(墬)의 금문과 해체이며, 지(地)
의 소전이다. 추(墜)와 지(墬)의 금문은 같은 글자이다. 그리고 두 글자
의 소전은 나타나지 않는다. 그런데 설문은 지(墬)를 주문(籒文/대전)의
지(地)로 설명하고 있다. 또한 지(地)는 소전에서부터 나타난다. 지(地)
의 연결고리는 지(墬)이고, 지(墬)의 금문은 추(墜)와 같으며, 추(墜)의
갑골문은 농은 유집 천부경에 나타난 지(地)와 같다. 어찌된 일인가?
추(墜)의 갑골문은 곽말약이 언덕에서 사람이 떨어지는 모습으로 주장
한 것을 수긍하면서 추(墜)의 갑골문으로 된 것이다.(*4)

화(化)의 갑골문, 금문, 소전이다. 똑바로 선 사람[인(人)]과 그 반대
로 서 있는 사람[화(匕)]으로 이루어진 형성자로 설명한다. 그렇다면
추/지의 갑골문에서 보이는 뒤집힌 사람의 자형[화(匕)]이 하나의 독립
적인 글자로 쓰였다는 방증이다. 그런데 추(墜)가 동국정운에는 '듀ㅣ'
로 나타난다. 곧 '뒤집히다'의 준말이다. 다시 말해 화(匕)는 '화' 글말
이 아닌 '뒤' 글말일 개연성이 보다 높다. 인(人)이 일어나는 모습을 나
타낸 상형과 대비된 뒤집히는 모습을 나타낸 '뒤'가 보다 합당하다. 그
러면 또한 한말 '되다'는 '되치며(하려던 일이 뒤집히어 반대로 되며) 일어나

390

다'의 준말이다. 즉, 헤엄치며 나아가듯, 허물을 벗기며(되치며) 일으켜 가다라는 뜻이다. 또는 '도두어(돋아) 니르왇다(일으키다)'의 준말로, 돋 아나는 것은 껍질을 뒤집으며 일어나는 것과 같으므로 서로 같은 말이 다. 따라서 화(化)는 '뒤집어 꺼내며[뒤(匕)] 얼을[화] 일으켜 나아가다 [인(人)]'는 얼개로, 얼을 드러내며 이르어 가다는 뜻임을 알 수 있다. 그대로 '되다'의 말자취이다.

화(化)와 지(陸)의 갑골문은 비슷한 시각의 얼개이다. 화(化)가 얼(화) 이 뒤집히며(까지며) 일으켜가듯, 지(陸)는 뒤집히며 언덕이 '지'하는 현 상을 나타냈다. 그렇기 때문에 글말 '지'는 '디'이고 '드러나다'의 준말 로, '언덕이 뒤집히며 드러나다'는 뜻이다. 즉, 무언가가 아래로 내려 가며(뒤집으며) 언덕이 드러나는 모습으로, 밀물썰물에 따라 갯벌이 드 러나는 현상과 같다. 바꾸어 생각해서, 언덕이 드러나는 것은 무엇이 빠지는 현상이겠는가? 그렇기 때문에 〈 천하의 물이 한 곳으로 모이고 뭍이 드러나라 하시매 그대로 되니라〉의 성경 구절은 해(海)와 지(陸) 갑 골문의 의미를 그대로 설명하여 나타낸 말임을 알 수 있다. 그렇다면 우리말 '다(아래아)[땅]'는 '드러난 다(모두, 전부)'의 준말이고, '다 드러난 언덕'의 준말 '땅'으로 구분하여 나타냈다고 볼 수 있다. 달리 말하면, ' 하늘문을 열어 빛이 비치며 드러나는(밝혀지는) 모든 것'을 의미한다고 볼 수 있다. 즉, 하늘이 빛에 의한 시간 개념을 나타내듯, 그에 대응하 여 땅은 물에 의해 드러난 공간의 개념으로 나타냈다고 볼 수 있다.

391

소전 시대에 '흙[土]이 드러나며[디] 이어지는[也]' 지(地)의 회의자로 바꾸어 나타냈다. 점차 천(天)과 대응된 지(地)의 의미로만 쓰이자 다시 들어난 땅(地)이 '언덕 [부(阜)]과 언덕[륙(坴)]을 계속 잇닿아 이어가는[륙]' 륙(陸)를 만들어 구분했다고 볼 수 있다. 륙(陸)이 소전에 나타나지 않는 것이 그 방증이다. 더불어 물이 소용돌이치며 둘리어지면서 드러나는 고리 울[공]이 굴[혈(穴)]이고, 고리 지며(꼬아지며) 일어나는[공(工)] 굴[혈(穴)]이 공(空)이다. 그렇기 때문에 공간(空間)은 마음이 둘리어지며 생겨나는 사이이고, 달리 시간이 비틀어 소용돌이치며 만들어지는 것으로 볼 수 있다. 또한 두르며 울이 지어지는 것을 〈둘〉로 보면, 숫자 둘(2)이 땅이고 공간임을 알 수 있다.

따라서 '뭍'은 다시 '무(물) + 트다(틔우다)'의 준말로도 볼 수 있다. 어둠이 빛을 잉태하듯, 물이 (싹) 틔운 것, 달리 물이 낳은 것으로 뭍은 물이 잉태한 뜻을 머금은 말이다. 창조의 둘째 날은 둘 날이고 땅(地) 날이다. 하나님이 둘째 날 창조함은 물이고, 물은 공간이며 공간은 땅이다. 땅은 둘이고 둟이며 시간이 비트는 소용돌이이다. 즉, 둘은 물이 드러내는 것이고, 물이 도두운(싹틔운) 것이며 둟은 하늘을 두르는 (도는) 물로 소용돌이치는 물의 다름 아니다. 따라서 하나님 창조의 둘째 날은 우리말 '둟(땅)'의 뜻을 풀어 그대로 설명하며 이르는 말이다. 하늘은 빛으로 어둠과 나누어 낮과 밤으로 창조되었듯, 땅은 물로 흙과 나누어 바다와 뭍[륙(陸)]으로 창조되었다는 의미이다. 음양(陰陽)과 사상(四象)의 다른 표현이다.

08

인간(人)은
누구인가?

창1;11 하나님이 가라사대 땅은 풀과 씨 맺는 채소와 각기 종류대로 씨 가

진 열매 맺는 과목을 내라 하시매 그대로 되어 12.땅이 풀과 각기 종류대로

씨 맺는 채소와 각기 종류대로 씨 가진 열매 맺는 나무를 내니 하나님이 보시

기에 좋았더라 13. 저녁이 되며 아침이 되니 이는 세째 날이니라

초(艸)는 초(草)의 고자(古字)이다. 즉 초(草)는 초(艸)가 조(早) 글말

을 덧붙인 형성자로 변했다는 뜻이다. 굳이 똑같은 뜻을 단지 이미 존

재하는 같은 글말을 또다시 덧붙여 따로 만든 이유는 무엇일까? 역지

사지(易地思之)로 발음기호가 아닌 표의 문자에서 발음을 나타낼 수 있

는 방법은 무엇이었을까? 한자의 글말은 육서(六書)에 따라 각각의 분

명한 역할과 뜻이 있는 말이다. 그러나 그 음(音)을 표기할 방법은 없

다. 어떻게 해야 할까? 아마도 처음에는 서당에서 '하늘/텬, 따/지'하

였듯, 훈독(訓讀)과 음독(音讀)으로 가르치고 배우며 전해졌다고 추론

이 가능하다. 점차 글자 수가 많아지면서 허신의 〈설문(說問)〉에 보이

393

듯, 비슷한 발음의 글자로 또는 반절법을 이용하여 나타냈음은 주지의 사실이다. 그렇다 하더라도 오늘날 많은 한자의 발음은 문헌만으론 부족하여 형성자에 나타난 글말을 통하여 밝혀진 것도 사실이다. 즉, 문헌과 형성자를 통해 고구(考究)된 발음이다.

반대로 생각하면 형성자가 한자 발음기호의 역할도 했다는 뜻이다. 사실 엄밀히 따지면, 육서 중 형성자는 초(艸)와 초(草)에서 보듯, 얼마든지 상형자로 대체가 가능하다. 다시 말해 형성자의 발음 부분을 빼면 그 발음 그대로의 상형자로 볼 수 있다는 뜻이다. 따라서 형성자는 자신 안에 같은 발음을 가진 글자를 공유하며, 회의자와 분명한 차이를 나타내고, 그 글자의 발음을 나타내는 발음기호 역할을 하는 것이다. 또한 그럼으로써 같은 글말의 상형자와 자형의 구별을 두어 동음이의어의 중복을 피했다고 볼 수 있다. 물론 상형과는 또 다른 의미 부분을 수식(형용)하면서 나타나는 미묘한 차이도 있다. 곧 회의와 마찬가지로 그 글자의 의미도 머금으며 암시와 경계 교훈 등을 나타내기도 한다. 5D의 기능과 진배없다. 형성의 원리에 한자의 원리가 모두 들어 있다고 할 수 있다. 아무튼 형성자는 단음 법칙에 의한 동음이의어의 구분을 용이하게도 한다. 그리고 말은 변하기 마련이다. 말이 변하면 뜻도 변한다. 따라서 형성자를 통해 말의 변천 역사를 거슬러 돌아 볼 수도 있다. 결국 일석오조의 역할을 하는 것이다. 형성자가 많아진 이유일 것이고, 또한 형성자만이 발음 부분이 있는 까닭이다. 한자는 표음문자인 알파벳 대신 표의문자를 그대로 고수하며, 형성자의 발전만으로 역사의 흐름을 이어 올 수 있었던 까닭이기도 하다.

屮(초/철/좌)의 갑골문, 금문, 소전이고, 초(艸)의 소전이다. 屮(초/철)는 십[丨] 곧 씨에서 싹이 돋운(트인) 형상이다. 글말 '초'는 '초들다(특히 어떤 사물만을 입에 올려 말하다[초], 쳐들다[철])'의 준말로, 단순히 싹만 틔우는 현상이다. 그리고 한말 '초라하다(보잘것없고 변변하지 못하다)'의 어원이기도 하다. 어쨌든 초(艸)는 땅을 뚫고 나오는 새싹의 모습을 그렸다는 屮(철)이 거듭되어, 거듭 솟아나는 풀을 나타낸 형성자이다. 풀이 돋아나는 모습으로, 싹만 거듭 솟아나는 의미이다. 그래서 '싹이[屮(초)] 초/촐싹이며[초] 돋아나다[屮(초)]'의 얼개이다.

초(草)의 소전이다. 초(艸)에 다시 '조(早)' 글말을 덧붙여 나타낸 형성자이다. 햇살이 화살처럼 온 천지를 조(쪼)듯이 비추듯, 해가 어둠을 벌리며 돋아나듯[조(早)], 싹이 온 누리에 부풀어 돋아나는 현상을 나타낸 것이다. 더불어 참새 등이 조잘대듯, 모이를 조/쪼으듯 돋아나는 풀의 특성도 나타낸 글이다. 이 같은 초(艸)와 초(草)에 견주면, 한말 '풀'은 '피어 오르다[폴 〉풀]' 또는 '풀다(풀어 나오다, 헤쳐 나오다, 내밀다), 푸들거리다' 등의 준말처럼 돋아나는 것임을 알 수 있다. 당연히 싹이 생략된 말이다.

목(木)의 갑골문, 금문, 소전이다. 목(木)은 줄기, 뿌리, 가지를 갖추고 서 있는 나무의 모양을 그린 상형자로 설명한다. '목'은 '모가지' 또는 '목(머리와 몸통을 잇는 잘록한 부분)이 지다(생기다)'의 준말이다. 즉, 모가 가르어 지다, 모가 갈래 지다, 싹이 갈라지다 등의 뜻이 있다. 따라서 씨[십(丨)]가 싹이 나고 다시 싹이 나며 갈라지다[목]는 현상을 나타낸 상형이다. 그러면 우리말 '나무'는 옛말이 '나모'이듯, '나뉘어진 모(싹)'의 준말로, 싹이 나뉘어져 가지가 처지며 자라는 것을 이름이다. 그러므로 풀과 나무의 차이를 분명히 하였다. 즉, 풀은 싹이 그대로 부풀어(피어) 오르는 것이고, 나무는 싹이 나뉘어 가지 치며 자라는 것으로 구분했다.

식(植)의 소전이다. 초(草)와 목(木)은 식물(植物)로 분류한다. 식(植)은 직(直) 글말의 형성자이다. '직'은 '지르어(꽂아 넣다, 내리 꽂다) 기르다'의 준말로, (땅에) 심어 길러[직(식)] 싹이 나는[목(木)] 것을 나타내고, 올바르게[직(直)] 심고 길러야 한다는 암시를 담고 있다. 점차 '심어 기르다'에 의미 동화되어 '식' 글말이 되었음을 알 수 있다. 그렇기 때문에 심을; 식물/ 식(植)이 되는 것이다.

하나님이 셋째 날 역사함은 초목(草木)의 식물을 창조했다는 뜻이다. 초목은 땅에 뿌리를 내리고 하늘로 치솟아 일어나는 식물이고, 일어나며 일으켜야 하는 인(人)이다. 다시 말해 천지(天地) 사이에 일어난 존재로, (천지) 사이를 이어 세우는 우리말 '셋'과 더불어 인(人) 그리고 '사라는(살리는, 살아가는) 움(싹)'의 준말인 '사람'의 뜻과 그 유래(由來)를 설명했다고 볼 수 있다.

위의 성경 구절에 따르면, 우리말 '사람'은 처음에 식물의 뜻으로 쓰였음을 알 수 있다. 즉, '사르는(키로 곡식 따위를 까불러 못 쓸 것을 가려내다) 또는 사라는 움(싹)'의 준말 '사람'의 뜻이다. 하나님이 초목을 각기 그 종류대로 내신 것은 달리 '가려낸 식물'을 뜻하기 때문이다. 따라서 점차 진화해야 하는 존재이유의 하나님 뜻이 암시된 것으로 볼 수 있다. 이로 미루어 하나님이 우리 인간을 먼저 창조하지 않은 이유를 짐작할 수 있고, 더불어 우리말 '사람'의 의미 변천 과정, 곧 그 진화의 의미를 유추할 수 있다.

09

별(星)은
무엇인가?

창1;14하나님이 가라사대 하늘의 궁창에 광명이 있어 주야(晝夜)를 나누게

하라 또 그 광명으로 하여 징조와 사시와 일자와 연한이 이루라 15. 또 그 광

명이 하늘의 궁창에 있어 땅에 비취라 하시고 (그대로 되니라) 16 하나님이 두

큰 광명을 만드사 큰 광명으로 낮을 주관하게 하시고 작은 광명으로 밤을 주

관하게 하시며 또 별들을 만드시고 17 하나님이 그것들을 하늘의 궁창에 두

어 땅에 비취게 하시며 18 주야를 주관하게 하시며 빛과 어두움을 나누게 하

시니라 하나님이 보시기에 좋았더라 19 저녁이 되며 아침이 되니 이는 네째

날이니라

〈 …… 광명으로 하여 징조와 사시와 일자와 연한이 이루라 〉는 달

리 말하면, 광명에 의해 징조와 사시와 일자와 연한이 나타난다는 뜻

이다. 사시와 일자와 연한은 사계절과 일 월 년을 뜻하므로 끝없는 시

간의 순환을 나타낸다. 그리고 그 시간의 광명 속에 징조, 곧 하나님

의 뜻을 담겨 두었다는 암시이다. 그렇다면 그 징조, 하나님의 뜻은

무엇인가?

하나님이 첫째 날 빛을 창조하시어 빛과 어둠을 나누시고 넷째 날 다시 그 빛으로 일, 월, 계, 년의 시간을 이루도록 해와 달 그리고 별을 창조하시어 땅에 비취게 하였다. 또한 그 빛 속에 징조, 곧 하나님의 뜻도 남겨 두었다는 것이 넷째 날의 창조역사이다. 빛과 어둠은 음양이고, 해와 달의 두 큰 광명의 1년 12달과 1일 12시는 사주(四柱)의 근간을 이룬다. 그리고 사주(四柱)는 음양오행 곧, 10간 12지의 작용임은 이미 알려진 사실이다.

사주(四柱)는 태어난 년월일시 천간지지의 역학관계와 살아가면서 부딪치는 천지인간의 역학관계로 요약될 수 있을 것이다. 이 사주 속에 징조를 숨겨 두었으므로 그 징조를 살피며 준비하고 대비하면 자유의지에 의해 운명을 개척할 수 있다는 뜻이다. 우리의 사주는 또한 서양의 황도 12궁과 맥을 같이 한다고 볼 수 있다. 우리의 12띠와 대비된 태어난 때의 12궁 별자리로 보는 점성술이다. 12띠나 12궁은 어쨌거나 태어난 년, 월, 일, 시에 따른 천지인의 역학관계로 볼 수 있다. 다시 말해 자신이 태어난 본분(자아/사주)를 바로 알아(찾아) 그 존재이유를 밝혀 나아가는 것이다. 그리고 그 존재이유는 그 자신의 별이 되는 것이란 뜻이 암시되어 있다고 볼 수 있다. 별을 맨 나중에 창조하신 이유일 것이다.

성(星)의 갑골문, 금문, 소전이다. 갑골문의 자형은 해나 빛과는 전

혀 무관하다. 어찌된 일인가? 정(丁)이 둘 있고 그 사이에 생(生)이 있는, 달리 생(生)이 정(丁) 둘을 나누고 있는 회의자이다. 정(丁)의 갑골문은 정사각형[ㅁ]의 지사자이다. 곧 '정(참)되다'는 글말로, 천지 사방이 바르고 올곧게 꽉 차있는 상태를 나타낸 글이다. 그렇기 때문에 성(星)은 '참되고[정(ㅁ)] 참된[정(ㅁ)] 성(얼)이/을[성] 낳아 둘로 나눈[생(生)] 것'의 얼개이다. 다시 말해 생(生)의 낳는다는 의미는 열매를 열리는 곧 씨를 맺고 틔우는 의미이듯, 참된 자아를 열어 놓은 것을 뜻한다. 따라서 별은 밤하늘에만 빛나듯, 다음 생으로 태어날 참나의 상징을 나타낸 말이다. 곧 '징조를 이루게 한' 까닭과 일치하는 뜻을 담은 글이다. 즉, 뭇 별들은 모든 인간 각각의 참나와 1;1 대응 관계를 나타낸 뜻으로 정(ㅁ)을 둘로 가르며 생(生)을 배치한 이유이다. 예수 탄생을 별을 보고 찾아온 동방박사의 이야기나 떨어지는 유성을 보고 큰 별(성인)이 지는 것을 아는 일이거나 '저 별은 나의 별 저 별은 너의 별' 하는 노래의 의미가 나타내는 맥락과 같다. 나아가 별자리들에 나타나는 신화에서 보듯, 죽어서 별이 되는 상징 또한 동전의 양면 같은 맥락이다.

화(禾)의 갑골문, 금문, 소전이다. 벼가 익어 고개를 숙인 모양으로 벼의 줄기와 뿌리를 그린 상형자로 설명하지만, 씨[십(ㅣ)]에 싹이 나 있고, 이삭이 들어 세워진[ㅅ] 현상을 나타냈다. 그러면 글말 '화'가 '화(얼)가 나오다'는 준말로, 화 곧 이삭이 나와 세워진 현상이다.

한말 '벼'는 어떤 얼개인가? 화(禾)와 견주면, '비어진(속에 들었던 것이 밖으로 쑥 내밀다, 숨었거나 숨겨져 있던 것이 드러나다) 니(얼, 태양신)'의 준말이다. 그렇기 때문에 화(禾)의 자형에서 비껴 그어진 표시가 '비어지다'는 상징을 나타낸 것임을 알 수 있다. 따라서 벼의 이삭 등 열매의 상징은 얼의 완성을 나타낸다. 그런 '벼가 열리는' 것이 한말 '별'임을 알 수 있고, 성(星)이 그 말자취임을 알 수 있다. 이런 근본 의미를 알 수 없었기 때문에 단지 그 표상의 뜻만 강조하여 빛날/정(晶)으로 변형시켜 나타냈다는 반증이다. 우리 한말글이 금문에서부터 변형이 나타나기 시작한다는 것은 역설적으로 그 시대부터 한말글의 원리가 이미 망각되어 있었다는 반증이기도 하다.

차(且)의 갑골문, 금문, 소전이고, 의(宜)의 갑골문이다. 차(且)는 제사에 쓰는 그릇을 그린 것, 신주(神主)의 위패(位牌)를 그린 것, 남성의 생식기를 그린 것 등 여러 학설이 있으나 아직 정설이 없는 것으로 설명하지만, 의(宜)의 갑골문과 비교하면 그 얼개를 쉽게 알 수 있다. 즉, 의(宜)가 고기를 나누어 감싼 모습이듯, 차(且) 역시 무언가를 정으로 쪼아 조각 내어 차곡차곡 또는 차례차례(차즘차즘) 쌓아 감싼 형태로, '또, 우선, 장차, 구차할' 뜻이다. 다시 말해 무언가를 쪼개 나누어 차례를 정해 보관한 현상으로, '우선' 순위대로 꺼내고, '거듭거듭(또, 또한)'하여 '장차'를 대비하며, 그렇게 쪼잔한 '구차할' 삶을 살아가는 모습을 나타낸 것이다. 자형의 모습이 정과 같고, 안에 두 개의 줄

401

은 거듭거듭 나누는 현상을 나타내며, 글말은 '차례차례(차근차근)하다'
의 준말임을 알 수 있다.

조(租)와 세(稅)의 소전이다. 조(租)는 '구실, 세금, 세들, 세낼, 쌓
다, 싸다' 등의 뜻이고, 세(稅)는 '세금, 구실/세와 벗을, 풀/탈'의 뜻이
다. 조(租)의 '세들, 세낼' 뜻은 단순히 세금의 뜻에서 유추된 것인가?
도정(搗精)하지 않은 벼의 열매를 정조(正租)라고 한다. 그러면 세(稅)
는 '벼를[화(禾)] 세어지게(희어지게)[세] 바꾼[태(兌)]' 것으로 도정한 벼
의 열매를 나타낸다고 볼 수 있다. 벗을, 풀/탈의 뜻이 그 방증이다.
따라서 본래 조(租)는 도정하지 않은 벼의 열매를 뜻하고, 세(稅)는 도
정한 벼의 열매를 뜻했는데, 세금을 뜻했던 '조세'를 음차하면서 그 뜻
으로 가차되었다고 볼 수 있다. 즉, 조세는 '조각 낸 (나라의) 세간' 또
는 '조각 내어 세는(수를 헤아리는) 이(것)' 등의 준말이다.

도정하지 않은 벼의 열매라는 시각으로 조(租)를 보면, '장차[차(且)]
조/쪼아야(벗겨야) 할[조] 벼[화(禾)]'의 얼개로, 그 말차취이다. 구실은
어떤 자격으로 또는 어떤 처지에서 마땅히 해야 할 일, 맡아서 해야 할
일, 역할(役割) 등의 뜻이듯, 도정하지 않은 벼의 열매는 마땅히 벗겨
져야 할 것으로 유추되었음을 알 수 있다. 그리고 글말 '조아 팔다(한목
에 팔지 않고 헐어서 조금씩 팔다)'의 준말에 따라 '세를 놓다, 세를 들이다'
등의 뜻도 유추될 수 있고, 차(且)의 나누어 쌓아 놓는 뜻에 따라 '쌓다'
와 여럿으로 쪼개어 파는(조아 파는) 것에 따라 '싸다'는 뜻도 또한 유추

402

될 수 있다. 물론 벼의 조(租)와 세(稅)로 세금을 걷었기 때문에 세금의 뜻으로 만들어 썼을 수도 있지만, 보다 합당한 이유로는 볼 수 없다. 마찬가지로 벼의 조(租)가 정규의 세금[정조(正租)]으로 규정되어 정조(正租)가 도정하지 않은 벼의 열매 뜻이 유추되어 쓰였을 수도 있지만, 그 보다는 마땅히(올바르게) 도정되어야 할 벼의 열매로서, 그 의미가 보다 타당하다. 뿐만 아니라 '징조'의 음차 표기로 볼 수 있는 근거이기도 하다.

징조(徵兆) 또한 '징조'를 음차하면서 조짐/징(徵)의 뜻과 조짐/조(兆)의 뜻이 가차된 것이다. '징조'란 무엇인가? 어떤 일이 일어나려고 하는 조짐이고, 어떤 일이 생겨날 것을 예상하게 하는 조짐이며, 조짐은 또한 어떤 일이 일어날 징조라 사전은 설명한다. 다시 말하면, 어떤 일이 일어날지 미리 충분히 짐작할 수 있는 일을 뜻한다. 조개어 나누어지면 세금을 징수할지 미리 짐작할 수 있고, 조개어 다듬어지면 무엇이 만들어질지 충분히 짐작할 수 있는 것이다. 그것이 조짐이다. 그리고 그런 조짐은 또한 어떤 일의 징검다리이기도 하다. 그렇기 때문에 '징검다리 조각'이 '징조'이거나 '징검다리 조짐'의 준말이 '징조'이고, '조개어지는 것으로 짐작'할 수 있는 일이 '조짐'임을 알 수 있다. 마찬가지로 도정되지 않은 벼는 당연히 도정될 것을 짐작할 수 있다. 그래서 징조를 음차한 것이 정조(正租)가 되는 까닭이다.

낮 동안의 별은 나타나지 않아 볼 수가 없다. 밤이 되어야 볼 수 있다. 낮 동안의 우리 삶은 몸에 가려 그 안의 마음이 보이지 않는다. 밤이 되어야, 곧 해가 떨어져 죽어야 볼 수 있다. 다음 생으로 몸을 바꾸어 태어나야 볼 수 있다. 그래서 밤하늘의 별은 우리의 마음이고, 다음 생의 우리 마음을 짐작하게 해주는 징조의 다름 아니다. 죽으면 밤하늘의 별이 된다는 옛 선조들의 믿음은 역설적으로 우리는 저 밤하늘의 별이 되기 위해 사는 것이고, 내 안의 마음을 닦아 영글리기 위해 사는 것이며, 그 열매에 따라 다음 생의 모습을 짐작할 수 있다는 뜻이기도 하다.

넷째 날의 창조 역사는 결국 우리말 넷(하늘 사람)의 뜻을 보다 구체적으로 설명한 것의 다름 아니다. 즉 우리는 '하늘사람(넷)'으로 태어나, 달리 하나님의 독생자로 태어나 하나님이 되는 것이 존재이유라는 뜻이다. 하늘의 별이 되는 것으로 비유했다고 볼 수 있다. 밤하늘의 별은 지금까지 만물이 태어나 죽어간 수만큼의 별들이 있지 않은가? 그리고 별은 밤하늘의 빛이다. 즉 우리는 죽어 새로운 하늘의 빛으로 다시 태어나는 존재임을 암시하는 상징이다. 우리는 어머니의 자궁 속에서 얼을 키워 이 세상에 태어나듯, 이 세상의 자궁 안에서 빛 그 얼을 머금으며 영글리게 하여 이 세상의 어둠을 뚫고 저 세상의 새로운 하늘에 다시 태어나는 것이다. 별이 밤하늘의 어둠을 뚫고 태어나 반짝이듯, 저 하늘의 별로 다시 태어나는 것이다.

10

움직임(動)은
무엇인가?

창1 ; 20 하나님이 가라사대 물들은 생물로 번성케 하라 땅 위 하늘의 궁창
에는 새가 날으라 하시고 21. 하나님이 큰 물고기와 물에서 번성하여 움직
이는 모든 생물을 그 종류대로, 날개 있는 모든 새를 그 종류대로 창조하시
니 하나님이 보시기에 좋았더라 22. 하나님이 그들에게 복을 주어 가라사대
생육하고 번성하여 여러 바다 물에 충만하라 새들도 땅에 번성하라 하시니라
23. 저녁이 되며 아침이 되니 이는 다섯째 날이니라

　하나님의 다섯째 날 역사하심은 움직이는 생물, 동물을 창조했음을
나타낸다. 우리말 '다섯'은 '땅 사람'을 뜻하는 말이다. 하늘 사람(넷)
이 하늘을 여는 우리의 존재이유라면, 땅 사람은 땅을 넓히는(가꾸는)
우리의 존재이유를 밝히는 뜻이다. 즉, '넷'은 '시간적 존재이유'이고,
'다섯'은 '공간적 존재이유'를 나타낸다고 볼 수 있다. 움직임은 공간적
확장과 응축의 과정으로 생육하고 번성하는 일이다. 하나님이 복을 주
어 생육하고 번성하라 하시는 이유이다.

력(力)의 갑골문, 금문, 소전이다. 우리가 움직이기 위해서는 힘이 필요하다. 그래서 힘은 움직임의 근원이다. 그러면 힘은 무엇이고 어디에서 오는가? 흔히 력(力)은 삽이나 쟁기, 가래를 그린 상형자로 분류한다. 그러나 앞의 갑골문은 지사자에 가깝다. 지사에서 일(一)은 '하늘'을 가리키기도 한다. 그러면 하늘(一)을 일으켜 세우는 지렛대 원리를 나타내는 상징(지사)이다. 또한 뒤의 금문(금석문) 모습은 하늘(씨)를 뚫고 돋아나는 싹을 상징하는 모습으로도 볼 수 있다. 그렇기 때문에 글말 '력'을 '니르혀(일으켜) 기르다/ 가르다(양 쪽으로 헤쳐서 열다/ 기어오르다' 등의 준말이고, 력(力)은 하늘을 일으켜(헤쳐) 열다(세우다)는 뜻으로, 싹을 틔워 새 세상을 여는 근원을 나타낸 것임을 알 수 있다. 화(禾)에서 씨(십(十))를 가르는 빗금 같이 '비어지게' 하는 의미와도 일맥상통한다. 그러면 한말 '힘' 역시 '하늘을 무우다(움직이다)' 또는 '하늘을 만들다' 등의 준말이다. 곧 하늘을 움직이고 여는 것이 '힘'이라는 뜻이다.

따라서 우리말 '움직이다'는 '움을 지어가며 이다(이르다, 이어가다)'의 준말이다. 우리말 '움'은 싹이고, 집을 뜻하는 말이다. '집'은 또한 새로운 하늘이다. 그렇기 때문에 '싹(움)을 틔우고 다시 집(움)을 지어 가며 새로운 하늘(움)을 이어 간다'는 뜻이 '움직이다'의 우리말 의미가 된다. 이는 결국 '하늘을 열어 가는' 뜻으로 '힘'과도 같은 뜻이다. 동전의 양면이고, 뫼비우스의 띠이며 서로 음양의 관계를 이루는 말로 볼 수 있다. 힘으로 움직이고, 움직이며 힘이 쌓이는(생기는, 길러지는) 관계이다.

정(呈)의 갑골문과 소전이고, 정(廷)의 금문과 소전이며, 임(壬)의
갑골문, 금문, 소전이다. 곧을/정(王)과 임(壬)은 명확히 다른 글인
데, 해체에서 같이 쓰이게 되었음을 알 수 있다. 그리고 정(呈)과 정
(廷)의 연결고리를 살피면, 곧을/정(王)은 립(立)의 자형에 '정' 글말인
전주자임을 알 수 있다. 곧 '정말로 참되게[정] 세우다[립(立)]'의 얼
개이다.

중(重)의 금문과 소전이고, 동(動)의 소전이다. 흔히 무거울/중(重)은
동(東) 글말의 형성자로 설명하지만, 정(王) 글말의 형성자임을 알 수
있다. 즉, '정(참, 열매, 마음)을[정>중] 곧게/바르게 세워[정(王)] 동 트
이다(싹틔우다)[동(東)] 또는 동 트여 바르게 세워 참되게 하다'는 얼개
로, 마음이 참되게 영글려 싹 틔울 수 있어야 또는 싹 틔워 영글려 참
되어야 '무겁다'는 뜻이다. 곧 마음이 거듭나는 순환 그 동전의 앞뒤를
함께 아우른 말이다. 시각을 달리하면, 갑골문의 동(東)이 서(西) 혹은
신(囟)과 초/좌/철(屮)의 회의자이듯, 중(重)의 금문은 屮가 아닌 화(禾)

에 보다 더 가깝다. 그러면 '중(重) = 화(禾) + 서(西)/신(囟) + 임(壬)/정(呈)'의 얼개이다. 즉, 얼이 동트는 것이 아닌 벼 이삭처럼 여물려 맺힌 상태를 의미한다. 그렇기 때문에 한말 '무겁다'는 '(마음이[마 〉 무)무리 지어(무더기로)[무] 거듭 부글거리다(익다) / 거듭나 부풀어 오르다[겁다]'의 준말임을 알 수 있다. '자(아래 아)사(반치음, 아래 아)[자위, 핵(核)]가 우로 영글어 오르다' 또는 '자라 오르다'의 준말에 의미 동화되어 '중'으로 변했다. 따라서 동(動)은, ' 씨(核)를 알차게 여물려(영글려)[중(重)] 하늘(얼)을 틔우게 하다[력(力)]' 또는 상대적으로 '하늘을 틔울 수 있게[력(力)] 얼을 알차게 여물려 가다[중(重)]'는 뜻으로, 한말 '움직이다'의 말자취 그대로이다. 글말이 '동'으로 바뀐 것은 '돋우어 오르다'에 의미 동화되었음을 알 수 있다.

경(巠)의 금문과 소전이고, 경(輕)의 소전이다. 경(巠)은 그 자형과 그 글말 '켜 올리다, 기어 올리다'의 준말[경]로 보면, 베틀에 날실을 걸어 놓은 상태를 나타낸 것이다. 날실은 씨실이 채워지기 전(前)의 상태로 베의 껍질과 같다. 그래서 경(輕)은 '수레[거(車)]의 [경]한 [경(巠)]'의 얼개이다. 그러면 글말 '경'은 '겨(곁) 울(우리)' 또는 '껄렁(말이나 행동이 들떠 모두 미덥지 아니하고 허황된 모양, 사물이 꼴사납고 너절한 모양)하다/거리다' 등의 준말로, 수레가[거(車)] 비어져[경(巠)] 껄렁거리는[경] 또는 비어진 수레의 둘레(곁 우리, 껍데기)를 뜻한다. 즉, 빈 수레가 요란하다는 속담과 같은 의미로 이 속담의 어원이기도 하다. 따라서 한말 '가볍다'는 '가운데가[가] 비어진[벼] 것과 같다(비슷하다)[ㅂ다]'의 준말임을 알 수 있다. 이처럼 우리 한말의 가치 기준은 오직 마음이다. 마음이 영글면 무겁고, 비어지면 가벼운 것이다. 그래서 길(吉)한 것 또한 마음의 말길이 자유로운 것이고, 반대로 마음이 갇히면 흉(凶)한 것이 되는 것이다. 마찬가지로 높고 낮음도 노(얼)가 피어 오르는 것과 나(얼)가 지는(떨어지는) 의미로 나타낸 말이다. 결국 우리는 마음을 영글리기(여물이기) 위해 산다는 방증이고 반증이다.

'하나님이 복을 주어 가라사대'는 이미 우리에게 복을 주었다는 뜻이다. 이는 하나님이 복을 주는 것이 아니라 이미 주었다는 것이다. 달리 말하면, 복은 받는 것이 아니라 만드는 것임을 의미한다. 이미 주신 복을 나의 복으로 만들어 내가 하나님이 되는 것이 우리에게 주어진 운명이라는 뜻이다. 그 복을 움직이는 것이 힘이고 그 힘을 키우는 것이 움직이는 것으로 거듭거듭 힘을 키워 하늘을 여는, 하나님이 되는 길이라는 것이다.

하늘을 열기 위해서는 먼저 하늘에 이르는 길이 필요하다. 그 길을 닦아 뚫어야 하늘길이 열린다는 뜻이다. 그 길이 공간적 존재이유이고, 우리말 '다섯(땅 사람)'의 의미이다. 더불어 천지인의 관계이고 '가위 바위 보'의 원리이다. 우리(가위)가 땅(보)을 갈아 가꾸어야 땅이 하늘(바위)을 열어 하늘이 다시 우리를 낳게 하는 이치이다. 가위가 보를 이기고, 보가 바위를 이기며 바위가 가위를 이기는 이치이다. 우리가 새로운 세상을 열기 위해서는 우리가 이길 수 있는 땅을 가꾸어 하늘을 이길 수 있는 땅이 하늘을 열개할 수 있다는 원리이다.

11

사랑은
무엇인가?

창1;24 하나님이 가라사대 땅은 생물을 그 종류대로 내되 육축과 기는 것과 땅의 짐승을 종류대로 내라 하시고 (그대로 되니라) 25. 하나님이 땅의 짐승을 그 종류대로, 육축을 그 종류대로, 땅에 기는 모든 것을 그 종류대로 만드시니 하나님이 보시기에 좋았더라 26. 하나님이 가라사대 우리의 형상을 따라 우리의 모양대로 우리가 사람을 만들고 그로 바다의 고기와 공중의 새와 육축과 온 땅과 땅에 기는 모든 것을 다스리게 하자 하시고 27. 하나님이 자기 형상 곧 하나님의 형상대로 사람을 창조하시되 남자와 여자를 창조하시고 28. 하나님이 그들에게 복을 주시며 그들에게 이르시되 생육하고 번성하여 땅에 충만하라, 땅을 정복하라, 바다의 고기와 공중의 새와 땅에 움직이는 모든 생물을 다스리라 하시니라 29. 하나님이 가라사대 내가 온 지면의 씨 맺는 모든 채소와 씨 가진 열매 맺는 모든 나무를 너희에게 주노니 너희 식물이 되니라 30. 또 땅의 모든 짐승과 공중의 모든 새와 생명이 있어 땅에 기는 모든 것에게는 내가 모든 푸른 풀을 식물로 주노라 하시니 그대로 되니라 31.

하나님이 그 지으신 모든 것을 보시니 보시기에 심히 좋았더라 저녁이 되며 아침이 되니 이는 여섯째 날이니라

여섯째 날은 한 마디로 '사람을 남자와 여자로 나뉘어 창조하셨다'는 뜻이다. 인간 이외의 것은 이미 다섯째 날까지 모두 만드셨고, 마지막에 그 모든 것을 다스리도록 하나님의 형상대로 인간을 창조하시되 남자와 여자로 만드셨다는 뜻이다. 그렇기 때문에 인간만을 하나님의 형상대로 창조한 이유와 남자와 여자로 만든 이유 그리고 다른 피조물을 인간이 다스리게 한 까닭이 무엇인가에 따라 하나님의 의도가 나타난다고 볼 수 있다.

거슬러서 하나님 창조의 순서를 되짚어 보면, 무생물 -〉 식물 -〉 동물 -〉 사람 순서이다. 진화의 순서이고 그대로 지구의 역사이다. 하나님 형상대로 사람을 창조하셨다 함은 반대로 사람만이 하나님과 가장 유사한 존재라는 뜻이고, 하나님에게 가장 근접하게 다가섰다는 의미로 읽을 수 있다. 다시 말해 우리는 하나님의 씨앗으로 하나님이 되기 위해 태어난 존재라는 반증이다.

사람에게 하나님의 다른 피조물을 다스리게 하시며 식물로 주시고, 동물에게 풀을 식물로 주심은 먹이사슬의 다름 아니다. 행간을 읽으면, 흙으로 만든 인간은 흙으로 돌아가듯 우리는 다시 식물(초목)의 식물(食物/먹이)이 되는 것이다. 따라서 먹이사슬의 순환을 이루고, 서로가 서로에게 밥이 되면서 서로 공존할 수 있다는 뜻이다. 더불어 사람에게 다스림의 권한을 주심은 하나님의 자연 법칙을 거스르지 않고 모두가 다 함께 실(공존할) 수 있어야 하나님이 된다는 반증이다. 우리말 다스림은 모두가 다 하나로 세운다는 뜻이고, 다스림을 이룰 때가 하나님이 되기 때문이다.

남자와 여자로 창조하심은 아직은 미약하므로 생육하고 번성하여 성

장하게 하심이고, 스스로 창조의 원리를 깨우치기 위함이다. 나아가 창조의 원리는 남자와 여자의 사랑에 있기 때문에 서로가 서로를 그리고 스스로를 알아야 가능하다는 뜻이다. 그렇기 때문에 남자와 남자, 여자와 여자 그리고 남자와 여자 사이, 곧 벗/짝/동무/단짝/짝꿍의 우정과 사랑도 필요하다는 의미이다. 더불어 사는 삶이 사랑의 존재이유이다. 플라톤 〈향연〉 신화의 언어가 의미하는 바가 아니겠는가?

"사랑이 무어냐고 물으신다면, 눈물의 씨앗이라고 말하겠어요" 유행가 가사처럼 누구나 나름대로 논문 또는 소설이나 시 한 편은 쓸 수 있듯, 사랑은 그만큼 우리가 할 말이 제일 많은 말일 것이다. 그러나 정작 '그러면 왜 사랑을 (해야) 하나요?' 물으면, 할 말이 별로 없는 것도 또한 사랑이란 말일 것이다. 왜 사랑해야 하는지를 알면, 보다 보편적인 사랑을 정의하기도 수월하다는 반증이기도 하다.

우리는 왜 사랑해야 하는가? 기독교 최고의 덕목이 사랑인 이유이기도 할 것이다. 논리를 단순화하면, 우리는 서로 나뉘어 있기 때문이다. 혼자가 아니라 서로 끼리끼리 나뉘어 함께 모여 더불어 살아야 하기 때문이다. 곧, 더불어 사는 삶, 공존의 법칙이 '사랑'에 있다는 뜻이기도 하다. 하나님이 "그 종류대로" 창조하신 까닭이다. 더불어 하나님은 우리를 남자와 여자로 또한 창조했다. 그러면 암수 자웅(雌雄)으로 창조하신 이유는 무엇일까? 하나님이 그들에게 복을 주시며 그들에게 이르시되 생육하고 번성하게 하심이다. 스스로 생육하고 번성, 곧 스스로 창조하게 하심이다.

우리는 왜 생육하고 번성해야 하는가? 하나님이 "땅에 충만하라, 땅을 정복하라"한 까닭이다. 백지장도 맞들면 낫듯, 혼자 힘으론 감당이 되지 않기 때문이다. 결국은 하늘 길을 갈고 닦아 새 하늘을 열기 위함이다. 그러므로 하늘을 여는 것, 새싹을 틔우는 것이 '사랑'이라는 뜻이다. 그런데 하나님이 남자와 여자로 창조한 더불어 사는 삶은 또한 '남자와 남자', '여자와 여자' 그리고 '남자와 여자' 등 세 부류의 관계가 있다. 흔히 동성과의 정신적 사랑을 우정(友情)이라 하고, 육체적 사랑을 따로 동성애(同性愛)로 구분한다. 그러면 이성간의 정신적 사랑(우정)은 없는 것인가? 또한 동성애는 정신적 사랑은 배제되는가? 사랑을 정신적 육체적 사랑으로 나누는 것은 서로 따로 존재하는 것이 아니라 음양의 관계이고 뫼비우스의 띠와 같은 관계일 뿐이다. 군이 구분하자면 정신적인 사랑이 우정이고, 육체적 정신적 사랑이 흔히 사랑이며 동성간의 육체적 정신적 사랑이 동성애로 구분할 수 있을 것이다.

일부 기독교 단체에서 동성애를 반대하는 논리적 근거는 하나님이 남자와 여자를 만들어 생육하고 번성하라는 창세기 구절에서 찾을 수 있다. 기독교의 일부 근본주의자들이 성경을 코끼리 장님 말하듯, 왜곡하여 해석하기 때문일 것이다. 하늘을 가리키는 하나님의 손가락만 보기 때문이다. 기독교의 가르침은 '사랑'이 거의 전부이고, 사랑은 결국 하늘을 열기 위한, 하나님이 되기 위한 것이다. 하나님의 길은 정신(알맹이, 마음)이 영글면서 열리는 것이다. 동성애자들은 단지 정신만을 잉태하는 사랑일 뿐이다. 결코 하나님을 거부하는 사랑이 아니다. 우리가 대를 잇는 것은 무엇 때문인가? 지금 나의 맘과 몸만으로는 하나님이 되기에 한참 부족하기 때문이다. 그리고 그 길은 또한 고난의 길이기도 하다. 그리하여 그 고난의 길을 내 대에서 끝내고 대를 이어 물려주지 않으려는 반(좍)동의 사랑일 수도 있다.

우정(友情)을 나누는 사이를 일컫는 우리말은 '벗'이고 '동무'이다. 나아가 '짝'이고, '단짝'이며 '짝꿍'이다. '벗'은 본래 한 몸이었으나 '벌어진 사이'이거나 '벌어진 사람'의 준말이다. '짝' 역시 쪼[짜]개어진 한 쪽을 나타내고, '단짝'은 '단단하게 서로 묶인 짝'의 준말이며 '짝꿍'은 '꿍(궁, 마음)의 짝'을 나타내는 말임을 알 수 있다. '동무'는 '무'를 마음으로 보면, '마음이 동여매어진' 사이를 뜻하고, '무'를 윗옷의 양쪽 겨드랑이 밑에서부터 아래 끝까지 댄 딴 폭으로 보면, '어깨동무'의 준말로써 '서로 어깨를 걸치어 무를 동여매는(동대는)' 사이를 나타내는 말이다. 모두 서로가 반으로 나뉘어진 사이이고 짝을 짓는 사이를 뜻할 뿐, 그 어디에도 남과 녀의 구분은 없다. 단지 '사람과 사람'의 관계일 뿐이다.

붕(朋)의 갑골문, 금문, 소전이다. 붕(朋)은 갑골문(앞)에서 보듯, 하나에서 둘로 나뉘어진 모습이거나 똑같은 둘을 하나로 묶은 상태를 나타내고 있다. 그러면 글말 '붕'은 '붙여 엮다' 또는 '(서로) 붙여 어울(리)다/어(우)르다'의 준말이다. 즉, 우리말 '단짝'의 의미와 서로 맥이 닿는다. 더불어 하나에서 벌리어(나뉘어) 진 사이, 곧 '벗'의 뜻과도 같다. 붙여 엮인 상태에서 무리 지어진 모습으로 유추되어 '무리'라는 뜻으로도 파생되었다고 볼 수 있다.

우(友)의 갑골문, 금문, 소전이다. 우(友)의 갑골문(뒤)은 손[우(又)]이

거듭된(겹쳐진) 모습이다. 글말 '우'를 '우그리다'로 보면, 두 손을 서로 우그리다는 뜻이다. 서로 어깨동무한 상태에서 같은 손이 겹쳐진 한 쪽만을 나타낸 상태이다. 즉 우리말 '동무'를 나타낸 글로 볼 수 있다. 더불어 우리말 '짝꿍'과도 같은 얼개이다. 그래서 대체로 붕(朋)은 동문(同門)으로, 우(友)는 동지(同志)로 주로 쓰이는 이유이기도 하다.

우리말 '여섯'은 '이어[여] 선 사람[섯]'으로 '사람과 사람'으로 이어진 관계를 나타낸 말이다. 그러므로 우리말 '여섯'은 '사람과 사람'들이 더불어 사는 삶의 원리, 그 공존의 법칙을 나타내는 말이고, 그 법칙은 '사람과 사람'들의 '사랑'이며 '사랑'은 단순히 짝을 찾고 짝을 짓는 행위로 '하늘을 영글게 하여(잉태하여) 새로운 하늘을 여는, 곧 하늘을 창조하는, 하나님이 되기 위한 행위'를 뜻하는 말이다. 로마 사람들이 수 6을 사랑의 여신의 수로 여기는 까닭이기도 할 것이다.

우리말 '사랑'은 본래 '생각[사(思)]'와 '사(아래 아)랑[통(寵)]'으로 쓰이던 말이다. 오늘날 사(思)의 의미로는 전혀 쓰이지 않는다. 사(思)는 신(囟)과 심(心)의 회의자이다. 마음이 머리에 있다는 뜻이므로 글말 '사'는 '사기다(새기다)' 또는 '사르(리, 라)다'의 준말이다. 즉, 마음이 머리에 새겨지는 것이고, 머리에서(를) 사르는 것이라는 뜻이다. 그렇다면 우리말 '사랑'은 '사라(르/리)는 얼, 사르어 어리다'의 준말임을 알 수 있다.

총(寵)의 금문과 소전이다. 통/총(寵)은 자형만으론 그 사랑의 의미를 설명할 수 없는 글자이다. 대체로 면(宀)을 의미부, 룡(龍)을 소리부의 형성자로 설명만 할 뿐 왜 그런 뜻이 도출되는 지는 설명하지 못한다. 기존의 한자에 대한 시각으로는 도저히 설명할 수 없는 글자이다. 단순하게 생각하면, '용(龍)이 집(宀) 안에서 총총거린다(총)'는 의미이다. 바로 그런 뜻이다. 말과 글이란 이처럼 지극히 상식적인 보편 원리에 의해서 작동되는 것이다. 결코 전문적이고 어려운 것이 아니다.

한말글은 그림 형상의 뜻만이 아니라 그 현상의 뜻 또한 갖는 원리로 만들어진 글자이다. 집은 보금자리이고 우리에게 몸과 같다. 마음을 나아가 몸을 감싸주는 것이 집이다. 그렇기 때문에 집(宀)은 그 현상인 '(포근히) 감싸다'는 의미 또한 갖는 글자로 볼 수 있다. 그리고 용(龍)은 남근 숭배사상에서 남근의 이상을 형상화(우상화)한 존재로 볼 수 있다. 그러면 집은 또한 '자궁'의 상징일 수도 있다. 그러므로 글말 '통'은 '틔우는 얼(아기씨)'의 준말임을 알 수 있다. 짝짓기를 적나라하게 표현한 회의자이다. 그 원초적 행위의 '총총거리는' 동작에 동화되어 글말이 '통〉총'으로 변했다고 볼 수 있다. 결국 우리말 '사랑'은 마음(얼)을 머리에서 사르는 것이 '생각'이고, 아랫도리에서 사르는 것이 '사랑'이라는 뜻이다. 즉, 머리에서 마음을 잉태하는 것이 생각이고 정신적 사랑이며, 자궁에서 아기씨를 잉태하는 것이 사랑이고 육체적 사랑임을 함께 머금은 말이다.

련(戀)의 해체이고, 모(慕)의 금문과 소전이다. 련(戀)과 모(慕)는 형성자로 마음[心/忄]을 련[緣/ 리어(이어) 나누다]하고, 모[莫/ 모도다(모

으다)]한다는 뜻이다. 마찬가지로 머리의 마음은 정신적인 사랑이고, 아랫도리의 마음은 육체적인 사랑을 나타낸다. 그 구분이 모호하게 쓰이고 있지만, 그 정도의 비중 차이는 있을지라도 둘은 결코 떨어질 수 없는 동전이다. 특히 저물/모(莫)가 저녁 노을을 나타냈듯, 마지막을 불태우며 햇살을 쓸어 모으는 현상은 하늘의 짝짓기이고, 그런 인간의 사랑으로 나타낸 글이 모(慕)임을 알 수 있다.

정(情)은 참으로 모호한 말이다. 우리말인지 한자어인지가 애매하다는 의미이다. '정'이란 말로는 분명 '애증(愛憎)'을 머금은 정신적 의미로 주로 쓰이지만, 한자어로는 우정(友情)과 정사(情事)처럼 그 구분이 뚜렷하게 나뉘어 쓰이기도 하기 때문이다. 우리말 '정'은 돌에 구멍을 뚫거나 쪼아서 다듬는 데 쓰는, 쇠로 만든 연장을 이르는 말이거나 '정수리, 정말로' 등에서 보이듯, '참/진실'의 '알맹이'를 뜻하는 말로 쓰이고 있다. '미운 정 고운 정 다 들었다', '정들다', '정떨어지다'고 말하듯, '정'은 드는, 쌓이는 것이다. 들고 쌓이는 '정'은 알맹이(핵)이 영글어 가는 상태를 이름이다. 우리말 '장'이 수 열(十)을 의미하듯 '정'은 '장(열매)'로 영글어 익어가는 의미의 순수한 우리말이다. 그러면 마음(얼)을 영글어 가는, 여물리는 순수한 정신적 사랑만을 의미할 수도 있지만, 또한 '조아리며 어르는 얼'의 준말로, 육체적 사랑도 나타낸 말이기도 하다. '조으는(쪼으는) 이(것)' 또는 '조아 어울리게 하다(다듬다)'의 준말이 연장의 하나인 '정'을 뜻하듯, 사람들 사이에 쌓이는 '정'은 '자사[핵(核)]를 여물다/영글다'의 준말로 정신적 사랑만을 뜻하지만, 남녀의 '정'은 또한 육체적 사랑을 뜻하기도 한다. 따라서 알맹이가 다 영글은 '참/진실'의 '정'은 둘 다를 아우른 그 결실의 말로 보는 것이 보다 타당할 것이다. 그렇다면 정(情)은 한말 '정'을 마음/심(心)을 덧붙여 보다 구체적인 형성자로 음차한 글임을 알 수 있다.

정(情)의 소전이다. 정(情)은 청(靑) 글말의 형성자로 설명하지만, '정' 글말의 회의자로도 볼 수 있다. 우리말 '청'은 '귀청, 목청'에서 보듯 목청을 뜻하기도 하고 얇은 막을 뜻하는 말이기도 하다. 그래서 '쳐(치어) 울리다' 또는 '처진 울(타리/막)'의 준말로 볼 수 있다. 흔히 '부탁(付託)하다'는 뜻의 '청하다'는 청할, 바랄, 부를/ 청(請) 자를 쓰는 한자어로 인식되고 있는 것이 오늘날 우리의 현실이다. 그러나 우리말 '고랑물'이 줄어 강물이 되고 '강(工) 물(氵)'이 강(江)의 한자어가 되었듯, 형성자는 우리말을 조금 더 구체적으로 표현한 글자로도 볼 수 있다. 말이 문자화 되고 말과 글이 혼용되면서 본래의 말이 문자의 글말에 잠식된 현상이다. 그러므로 많은 형성자의 글말은 본래 평상시 쓰는 우리말일 가능성도 있는 말들이다. '정'이 그러하듯 '청하다' 또한 그러한 말로 볼 수 있다. 이 또한 우리말에 한자어가 그리 많게 된 이유 중에 하나일 것이고, 한자가 점차 대부분 형성자로 만들게 된 이유이기도 하다.

'청'은 목청을 울려 귀청을 울린다는 뜻이고 결국은 마음을 울리는 것으로 공명을 일으켜 '바라다, 부탁하다'는 의미로 볼 수 있다. 정(情)은 '마음(얼)[심(忄)]을 청하여[청] 우려내다[청(靑)]'는 얼개로, 마음 또는 잠자리를 청한다(바란다)는 의미이다. 얼우기/얼잇기/짝짓기를 청하고, 마음을 청하는 육체적/정신적 사랑을 나타낸 글임을 알 수 있다. 그렇기 때문에 '(청하는, 바라는) 뜻/ 사정, 형편(분위기)' 등의 뜻도 유추되어 쓰이고 있다고 추론된다. '정' 글말의 회의자로 보면, '마음[심(心)]의 정(참)[정]을 우려내다[청(靑)]'는 얼개로, 별반 다르지 않다.

418

청(靑)은 약을 달여 우려내고, 풀의 얼을 우려낸 뜻이듯, 우려내는 뜻으로도 볼 수 있기 때문이다. 그렇기 때문에 풀을 쳐대어 우려내듯 넘쳐나는 '정'과 새록새록 우러나는 욕정(欲情)도 나타냈다고 볼 수 있다.

愛

애(愛)의 해체이다. 애(愛)는 본래 애(㤅)의 회의자가 변해간 글이다. 애(㤅)는 '목이 멜, 먹고 싶어 목이 마른(타는)/기(旡)'와 '마음, 얼/심(心)' 그리고 글말 '애'로 이루어진 회의자이다. 그러면 글말 '애'는 '애타다, 애끓다, 애끊다' 의 준말이다. '타는 목마름으로 애끓는' 사랑을 나타냈다고 할 수 있다. 육체적 정신적 갈망을 나타낸 글이다. 후에 '천천히(뒤져) 올/치(夂)'를 덧붙인 형성자로 변한 것은 뒤쳐져 오는 자식을 안타까워 애태우며 바라보는 정신적 사랑만을 나타내기 위한 것으로 볼 수 있다.

우리말 사랑의 옛말에는 '괴다'도 있다. '괴다'는 '(물이) 고이다, (술이) 익다(발효되다), (밑, 사이를)받치다(끼우다)' 등의 뜻도 있다. 대체로 (사이에) 끼워지는 물리적 현상과 무르익는(발효되는) 화학적 현상의 뜻으로 나뉜다. 고다(삶다, 끓이다, 술을 만들다)에서 '고이다 〉 괴다'의 변형과 고이다(꼬이다, 끼우다)에서 '괴다'로 준 형태의 두 가지로 볼 수 있다. 그러면 사랑의 뜻은 짝짓기(꼬다)의 육체적 사랑과 마음(얼)을 무르익혀 가는 정신적 사랑을 함께 나타내는 말로 볼 수 있다.

정신적 사랑이나 육체적 사랑은 서로 한 몸으로 존재한다. 서로 동전의 양면이다. 다만 서로의 구분을 필요로 하면서, 애(愛)와 총(寵)으

419

로 구분했다고 보는 것이 보다 논리적이지 않겠는가? 덧붙여 애(㤇)는 우리말 '괴다/사랑하다'의 한말글이고, 애(愛)는 '사랑(思)의 㤇'를 한말글로 구분하면서 변형된 것으로 보는 것이 타당하다. 물론 지금은 역사적 산물들이 켜켜이 덧붙여지며 서로 혼용되어 쓰이게 되었다고 볼 수 있다.

 우리말 여섯은 이어 선 사람이다. 나아가 사람은 만물이다. 만물이 함께 사는 존재이다. 그리고 여섯은 사랑의 수이다. 만물이 사랑으로 하나라는 뜻이고, 하나님이 사랑으로 만물을 창조했다는 뜻이다. 그렇게 하나님은 사랑으로 창조를 완성했듯, 역설적으로 보면, 사랑으로 창조된 하나님이다. 따라서 사랑으로 다시 하나님을 창조하는 것이 우리의 존재이유라는 뜻이다. 기독교의 근본이 사랑에 있는 까닭이다.

12

쉼은
무엇인가?

창2;1 천지와 만물이 다 이루니라 2. 하나님의 지으시던 일이 일곱째 날이
이를 때에 마치니 그 지으시던 일이 다하므로 일곱째 날에 안식하시니라 3.
하나님이 일곱째 날을 복 주사 거룩하게 하셨으니 이는 하나님이 그 창조하시
며 만드시던 모든 일을 마치시고 이날에 안식하셨음이더라

휴(休)는 흔히 나무[목(木)] 그늘에 사람[인(人)]이 앉아 있는 모습
으로 '쉰다'는 의미를 설명한다. 언뜻 이론(異論)의 여지가 없어 보인
다. 그러나 사람이 나무에 기대고 서있든, 앉아 있거나 누워 있든 나
무와 있으면 쉬는 것인가? 나무가 없으면 쉴 수가 없는가? 한자의
정황(情況) 논리 - 상황에 억지로 꿰맞추기 식 논리 -는 개별 논리이
다. 개별적인 상황이 전체를 일반화(보편화)한다. 일견 보편 논리로
보일 수 있지만 그 보편은 개별적인 보편으로 사람 수만큼의 보편이
존재한다. 즉 보편이 아닌 개별이고, 강제(억압)된 보편일 뿐이다.
그리고 보편은 진리와 부합될 때 비로소 상식이 된다. 그래서 지금

까지 한자가 어려웠던 것이다. 일반화(상식화)된 보편 논리가 없었기 때문이다. 강제된 보편은 진실을 왜곡하는 지름길이다. 한자 역시 누구나 쉽게 이해하고 배울 수 있는 가장 상식적이고 보편적인 논리로 만든 것이다. 그런데 왜 어렵게 된 것인가? 한자는 우리말을 말 자취 원리로 만든 것인데 우리말을 모르고 이해했기 때문이다. 우리의 보편 논리를 그들의 개별 논리로 강제했기 때문이다. 더욱이 우리는 덩달아 그 장단에 따라 춤을 추었기 때문이다. 역사를 잃어버린 결과의 희극이다.

'쉬는' 것은 나무 그늘에 앉아 있는 것으로 정의가 내려지면서 다른 사실은 묻어 버린다. 모든 언어는 가장 상식적이고 보편적인 논리로 이루어진다. 그래서 같은 언어족은 같은 상식을 공유하는 것이고 그 상식이 또한 그 사회 문화이며 정체성일 것이다. 그렇기 때문에 말이 통하는 사회가 상식적인 사회이고 서로 말이 통하지 않으면 비상식적인 사회라 할 수 있다. 우리는 우리말이 통하는 사회인가? 우리는 법(法)으로 쓰는 말을 모르고, 의(醫)로 쓰는 말을 모른다. 각자 쓰는 말들이 발기발기 갈라져 있지 않은가? 그 사회를 모르는 사람에겐 어려울지라도 말이란 그 사회를 아는 사람에겐 서로 쉽게 알 수 있는 그들만의 보편적 논리로 이루어진 것일 뿐이다. 세계의 언어가 갈라진 이유이고 원리이기도 하다.

한말 '쉬다'는 대체로 ①음식이 시금하게 변하다, 목청이 탈이 나다 ② 피로를 풀려고 몸을 편하게 하다, 하던 일을 잠시 멈추다, 결근이나 결석을 하다, 잠을 자다 ③ 숨을 들이마셨다 내보냈다 하다 등의 뜻으로 쓰인다. 그러나 음식이 상하는 것은 삭아지는 것이고 익어가는 것으로 술이 괼(발효될) 때도 숨을 쉰다고 하며, 몸을 편하게 하는 것도 가쁜 숨을 고르게 하는 것으로 보면, 결국은 그 뿌리가 숨을 쉬는 것에

서로 닿아 있다고 볼 수 있다. 그러면 숨은 또 무엇인가?

　우리말 '숨'은 '심'과 '삼'의 의미와도 서로 하나의 개연성이 있는 말이다. '삼'은 아기의 태(胎)를 뜻하는 우리말이고, 산삼을 캐는 일을 '심메' 그러한 일을 하는 사람을 '심마니' 그리고 '심~봤~다!'라고 외치듯, '심'은 또한 '삼'이다. 삼(蔘)은 초(艸)와 삼(參) 글말의 형성자이다. '강(고랑)'과 같이 우리말 '삼(심)'을 그 구체적 외연인 풀[초(艸)]을 덧붙여 글자로 만든 것이 삼(蔘)임을 알 수 있다. 숨구멍을 숫구멍이라 하듯, 숨은 '숫'이고 숫은 '처음 그대로'이고, 숫(수/남성) 곧 '시(씨)앗'이다. 그러면 숨은 '수(숫)의 마음' 또는 '수(씨앗)를 무우다(움직이다)'의 준말이다. '마음의 씨앗(처음)'이고 '싹을 틔우는 어떤 기운'을 나타낸다. 숨이 곧 목숨이고, 삼(삶)이다. 그리고 '심'이다. 그렇기 때문에 심은 힘으로도 쓰인다. 서로의 구분이 어려운, 혹은 같은 이유이기도 할 것이다. 덧붙여 '숨다'에서 보듯, 보이지 않고 숨어 있는 존재이다. 공기에 숨어 있듯 모든 곳에 숨어 있다. 그렇다면 '(숨을) 쉬다'는 '숨을 우리다(우러나게 하다)'의 준말이다. 다시 말해 '(숨어 있는) 심(힘)을 우려내다'는 뜻이다.

　식(息)의 금문과 소전이다. 식(息)은 자(自)와 심(心)의 회의자이다. 글말 '식'은 '시기다(시키다)' 또는 '식히다'의 준말로, '마음(얼)이[心] 스스로(저절로)[自] 시키다/식히다[식]'는 얼개이다. 나아가 '삭히다'는 준말로 보면, '얼이 저절로 고아 삶아지다(삭히다/우려지다)'는 의미로 보다 우리말 '쉬다(숨을 우리다)'에 부합된다. 그래서 코(自)의 마음이 시키는 것이고, 마음을 스스로 식히는 것이며 힘(심, 숨)을 우려내는 것을 의미한다. 즉, '(숨을) 쉬다'는 뜻과 '(편히) 쉬다[마음을 식히다]'는 뜻을 아울러 가진다. 숨을 쉬는 것이 마음을 식히는 것으로 '(편안히) 쉰다'는 뜻이 도출될 수 있다.

호(乎)의 갑골문, 금문, 소전이고, 기(气)의 갑골문과 시(示) 그리고 우(雨)의 갑골문이다. 삼(三)의 갑골문은 기(气)의 갑골문과 같다. 곧 전주자이다. 그래서 호(乎)의 윗부분은 기(三)가 세워진 형태로, 기(气)의 흐름이 주고 받는 현상을 나타낸 것이다. 그렇기 때문에 우(雨)의 갑골문 또한 하늘[一]의 기[川]가 뚝뚝 떨어지며 우러나는[우] 기[川]의 현상으로 나타낸 것임을 알 수 있다. 어쨌든 호(乎) 아랫부분의 'ㅜ'는 丂(고)라고 설명하지만, 금문 이후 형성자로 자형의 변화에 따른 것이다. 시(示)의 갑골문 아랫부분과 같다. 즉, 시(示)가 하늘뜻[일(一)]을 비추며 보이고 알리듯, 호(乎)는 기(气)를 뿜어 주고 받는 현상을 나타낸 것임을 알 수 있다. 본래 '부르다'는 뜻이었으나 어조사로 가차되어 쓰이자 구(口)를 덧붙여 호(呼)로 대체했다고 설명하지만, 거꾸로 '불다, 숨을 내쉬다'는 뜻에서 '부르다'는 뜻이 유추되었다고 보는 것이 타당하다.

호흡(呼吸)의 소전이다. 식(息)을 '날숨과 들숨'으로 나누어 구분한 것
이 호흡(呼吸)이다. 호(呼)와 흡(吸)은 '입/구(口)'에 '호(乎)'와 '급(及)' 글
말의 형성자이다. 호(呼)의 글말 호(乎)는 또한 '고'로 볼 수 있기 때문
에 '고르다' 또는 '고다(우리다)'의 준말로, '(숨을) 고아/고르어[고(호)] 뱉
다(불다)[口]'는 뜻이다. 날숨은 나오는 숨 또는 날아오르는 숨으로 뱉
는 숨이고, 익힌(㦤) 숨은 힘(气)을 우려내어 찌꺼기 숨을 버리며, 고르
는(거르는) 그리고 '호~' 내뿜는 숨임을 알 수 있다.

급(及)의 갑골문, 금문, 소전이고, 흡(吸)의 소전이다. 급(及)은 끌
어 잡아[급] 당기는 현상으로도 볼 수 있다. 흡(吸)의 글말 '급'은 '끓
으며(삶아지며) 벌꺽이다(괴다. 벌다)'의 준말로, 흡(吸)은 '(숨을) 끌어 잡
고[급(及)] 들어 마셔[口] 끓어(익혀) 벌다(괴다/힘을 벌어들이다)'는 얼개
이다. 즉, 숨을 들이켜 괴어(삭혀) 기(气)를 우려내는 뜻이다. 숨을 들
이키는 '흡~' 소리에 동화되어 '급 〉 흡'의 변화를 미루어 짐작할 수
있다.

휴(休)의 갑골문, 금문, 소전이다. 인(人)과 목(木)의 회의자이다. 피상적인 현상으로는 '사람이[인(人)] 나무에[목(木)] 괴이다(밑을 받치어 안정시키다)[괴〉규〉휴]'의 얼개로, 나무에 편안히 기대어 쉬는 뜻이다. 그러나 식(息)의 뜻과 견주면, 식(息)과 상대적인 개념이다. 즉, 식(息)이 마음을 식히는 것이듯, 휴(休)는 마음을 식히게 한 근원을 나타낸 글이다. 곧 마음을 괴어 끓게 한 것이다. 한말 '휴'는 '규'이고 '괴'로도 볼 수 있듯, '괴다(술이 익으려고 거품이 부걱부걱 솟아오르다/고다/삭히다 또는 턱을 괴다)'의 준말이다. 인(人)은 일으키는 뜻이고, 목(木)은 모(얼)가 갈라지는 세포분열의 상징이다. 그리고 세포분열은 또한 '자가 성장'의 상징이다. 그러므로 '얼을 일으켜(성하게 하여/부풀려)[인(人)] 괴며(익히며, 교합하며)[괴(규/휴)] 얼을 가지 치다(세포 분열하다)[목(木)]'는 얼개로, 나무를 가지 치듯, 나무를 괴며 일으켜 세우는 뜻이다.

식(息)이 숨에 의한 힘을 우리는 과정에서 그 발효 열기를 식히는 쉼이라면, 휴(休)는 식(息)으로 트인 뜸팡이가 고이듯, 뜸팡이가 출아(出芽/ 싹이 터 나옴)로 번식하듯, 가지 치며 일으켜 세우듯, 출아(出芽)시키는 숨을 쉬는 쉼을 의미한다고 볼 수 있다. 한마디로 발효시키는 숨을 쉼이다. 지친 몸을 나무에 기대며 숨을 고르기 위해 깊게 숨을 내 쉬는 '휴~' 소리에 동화되어 '괴 〉 휴'의 변이를 추측할 수 있다. 따라서 '휴식(休息)'으로 나타내어 서로 맞물려 순환하는 숨을 뜻한다. 즉, 식(息)은 호흡(呼吸)으로 뜸팡이를 틔우는 과정을, 휴(休)는 그 뜸팡이를 발효(醱酵)시켜 출아(出芽)하는 과정을 나타내어 서로 구분했다고 볼 수 있다. 다시 말해 식(息)[호흡(呼吸)]은 외적인 외호흡으로 숨을 끌어드렸다 내뿜는 들숨날숨을 나타내고, 휴(休)는 내적인 내호흡으로 들숨을 발효시켜 힘을 우려내고 그 찌꺼기를 날숨으로 보내는 화학적 숨을 나타낸다. 보다 쉽게 말하면, 식(息)은 음식물을 위(胃)로 끌어들여 항문으로 배설하는 작용과 같고, 휴(休)는 음식물을 소화시켜 흡수하는 작용과 같이 비유할 수 있다. 그렇다면 우리말 '쉬울(쉽다)'의 '쉬'는 '쉬다'의 '쉬'와 무슨 차이가 있는가?

이(易)의 갑골문, 금문, 소전이다. 쉬울/이(易)와 바꿀/역(易)의 전주자이다. 易에 대한 시대별 정황 설명은, 역설적으로 한자 자형 변천의 이유를 밝혀 주는 좋은 반증이 된다. 소전의 자형에 따라 '도마뱀 설(說)'과 '일월(日月) 음양설'이 있다. 〈설문해자〉의 해설에서 비롯된 설(說)이다. 역(易)[易學]이란 변화의 때를 구하는 것으로, 하루 12번 색이 변하는 도마뱀(카멜레온)을 상형(象形)하여 나타내고, 빛에 따라 쉽게 색이 변하듯 '쉬울' 뜻으로도 쓰였다는 설(說)이다. 역(易)은 또한 음양의 이치를 밝히는 것으로 일(日)과 월(月)의 음양을 나타낸 것이 음양설(說)이다. 후에 금문과 갑골문이 발견되면서 '잔(그릇)에 술이나 물(액체)을 따라 갈고[변하고], 그릇의 물을 버리듯 '쉽다'는 뜻이 된다는 설이 이제는 정설로 되어 가고 있다.

갑골문의 易은 '그릇[명(皿)] 또는 달[석(夕)]과 숨[기(气)]'의 회의자이다. 그릇은 담는 것에 따라 그 기능이 변한다. 술은 술잔이 되고, 물

427

은 물잔이 된다. 또한 반대로 밥그릇에는 밥을 담고, 국그릇에는 국만 담기도 한다. 서로 상대적이다. 숨[기(气)]은 마음이고, 그릇[명(皿)]은 몸과 같다. 저녁의 달[석(夕)]은 얼을 잉태하는 달이다. 곧 기(气)를 들이켜 잉태시키는 달이다. 여자 몸에 깃들면 여자의 마음이 되고, 남자 몸에 깃들면 남자의 마음이 된다. 그리고 마음은 그 공부에 따라 담고 있는 그릇 그 얼굴 또한 변형시킨다. 그렇기 때문에 나이 사십에는 자기 얼굴에 책임을 져야 하는 까닭이다. 따라서 글말 '역'은 '(서로를) 여기다(그렇게 생각하다), 이어 가다'의 준말로, 서로 동화(同化)되다는 의미이다. 즉, 근본인 기(气)는 변하지 않지만, 그 숨[기(气)]이 그릇(몸)을 바꾸어 가고, 그 그릇을 변형시킨다는 뜻이다. 그리고 '이'는 '(서로) 이골 나다' 또는 '니기다(익히다)'의 준말로, 서로가 이골이 나고, 익숙하여 '쉽다'는 뜻이 된다.

혈(血)의 갑골문과 소전이다. 피/혈(血)은 제사 때 그릇[皿]에 희생(犠牲)의 피[丿]를 담은 것을 나타낸 것이라거나, 서로의 맹약을 지키기 위해 피를 나누어 마셨다는 식의 정황논리가 지금까지의 한자에 대한 이해이다. 그렇게 왜곡된 논리를 배우고 익힌 양반층 사회에 그 논리가 만연된 결과를 초래했듯, 오늘날 지도층에 까지 이어져 온 결과가 작금의 현실이 아니겠는가? 혈(血)은 그릇(皿)과 주(丶)의 회의자이다. 그릇은 무엇을 담는 것이고 우리에겐 몸과 같다. 갑골문의 자형은 두 인(人)이 꼬리로 이어진 형태이다. 그릇의 형태로서 사람의 몸과 마음을 일으키는 메타포를 나타냈다. 주(ヽ) 또한 불꽃 같은 핏방울을 그 은유로 담았다. 그러면 글말 '혈'은 '혀(켜) 일다'의 준말로, '마음의 불을 켜고 일으키다'는 뜻이다. 따라서 '우리의 몸과 마음[皿]을 살찌우는(얼을 켜는)[혈] 주제[주(ヽ)]'의 얼개로, 한말 '피'가 '피는(피우는, 피어나는, 피어오르는) 니(태양신, 얼)'의 준말이고, 혈(血)은 그 말자취임을 알 수 있다.

한말 '쉬/쉬이/쉽게'의 먼저 말은 '수이'이고, 더 이른 말은 '수비(순치음 ㅂ)'이다. 이(易)와 견주어 보면, 이(易)는 우리 몸 안의 기(气)가 '이골이 났다'는 뜻이다. '이골'은 '이(니/얼)가 골다(곯다, 괴다, 쉬다)'는 뜻으로, 술이 괴어 숨이 끓어오르듯, 숨을 뱉는 날숨을 의미한다. 들숨이 익으면 저절로 날숨이 되듯, 숨을 뱉듯 이루어지는 것이 '쉽다'는 뜻이다. 그러면 우리말 '수비'는 '수(숨)를 비왇다(뱉다)'의 준말로, '숨 뱉듯이' 저절로 일어나는 것을 나타낸다. 자신이 하는 일 중에 숨 뱉듯이 하는 것처럼 쉬운 것이 또 있을까? 숨도 들이키는 숨 보다 내 쉬는 숨이 더 쉽다는 뜻이기도 하다. 그렇지 않은가? 이처럼 한말 속에는 과학적이고 철학적인 보편적 의미와 논리가 모두 담겨 있다. 마찬가지로 그러한 한말을 그 자취대로 글로써 나타낸 것이 한말글 소위 한자라는 것이고, 이것이 한말글의 제자 원리인 한말의 말자취 원리이다.

우리말 여섯은 사랑하는 사람들의 사랑사람 곧 '사랑'으로 보면, 일곱은 '하늘(1) 사랑(6)'을 나타낸다. 사람은 사랑으로 하늘에 오를 수 있다는 뜻이다. 즉, 일곱은 '곱(사랑)을 (하늘로) 일다(일으키다)'이고, 하늘사랑은 하늘의 사랑으로 하늘이 복을 주어 거룩하게 하심이다. 하늘은 시간이고 시간이 복이다. 주어진 시간에 하늘을, 하나님을 만드는, 거룩하게 하는 것이 복이다. 그리고 사랑은 잉태이며 하나님의 씨를 잉태하심이다. 잉태된 씨앗은 발아를 기다려야 한다. 발아는 삭혀야 하고 삭히는 것은 시간 곧 하늘이 하는 일이다.

우리 삶의 이유는 '사랑'이고, 사랑은 하나님의 씨, 독생자를 잉태함이며[이는 하나님이 그 창조하시며 만드시던 모든 일을 마치시고], 나아가 독생자를 하나님으로 발아시키는 데 있다[이날에 안식하셨음이더라]. 잉태된 독생자를 익히는 일은 하늘만이 할 수 있다. 잉태하는 사랑이 우리의 '일'이고. 삭히어 틔우는 사랑이 '쉼'이다. 열심히 일하고 그 결과를 기다리는 것이 쉼이다. '진인사대천명(盡人事待天命)'이고, 속담 '하늘은 스스로 돕는 자를 돕는다'의 의미이다. 일곱째 날을 복 주사 거룩하게 하시고 안식하신 이유이다. 그러나 익히는, 삭히는 사랑은 견디는 사랑이다. 익혀지고 삭여지는 아픔을 식히면서 견디는 사랑이다. 견뎌야만 하늘의 복이 열리는 것이다. 잉태한 것이 적으면, 일한 만큼 쉼 또한 적은 것도 사실이다. 쉼이 짧고 편하다면 그만큼 이룬 것도 없다는 뜻이다.

더불어 쉼은 숨(힘)을 우리어 '땅 사랑(여덟)'을 가꾸기 위한 재충전이다. 우리가 잠을 자는 이유는 하루를 열심히 일하고 그 일을 소화시켜 힘을 우려내도록 쉬게 하려 함이다. 마찬가지로 6일간 열심히 일한 만큼 또한 삭히려 하루를 쉬는 것이 안식일이다. 내 몸에 채운 것, 잉태된 것이 없으면 우려낼게 또한 아무것도 없는 것은 자명한 이치이다. 사필귀정이다. 일하지 않으면 쉼도 없다. 움직이지 않으면 숨도 없다. 우리말 '믿음'은 '마음이 드러남'이다. 곧 하나님이 드러남이다. 소망은 갈망이다. 하나님을 갈망하심이다. 사랑은 하나님을 잉태하심이다. 사랑 없이는 하나님이 드러날 수 없음이다. 소망, 사랑, 믿음 중에 사랑이 제일인 이유이다.

13

흙(土)은
무엇인가?

창2;4 여호와 하나님이 천지를 창조하신 때에 천지의 창조된 대략이 이러하니라 5. 여호와 하나님이 땅에 비를 내리지 아니하셨고 경작할 사람도 없었으므로 들에는 초목이 아직 없었고 밭에는 채소가 나지 아니하였으며 6. 안개만 땅에서 올라와 온 지면을 적셨더라 7. 여호와 하나님이 흙으로 사람을 지으시고 생기를 그 코에 불어 넣으시니 사람이 생령이 된지라

창세기 1장은 하나님 창조 역사를 날짜와 연결하여 설명하고, 2장은 다시 그 대략을 날짜와 상관없이 서술하고 있다. 왜 굳이 구분하여 설명한 이유는 무엇일까? 또한 이러한 구분은 서로 모순되어 나타나고 있다. 즉, 창조 순서가 서로 맞지 않는다. 1장은 인간을 맨 나중에 창조하였으나 2장은 나무(식물) 보다 먼저 인간을 창조하셨다고 한다. 그리고 1장은 하나님이 창조하고, 2장은 여호와 하나님이 창조하셨다. 하나님과 여호와 하나님을 구분한 이유는 무엇인가? 하나님에게 이름이 부여된 이유는 무엇인가?

1장은 날짜 곧 숫자와 연계하여 설명했다. 이는 창조의 일과 숫자와의 개연성을 나타내기 위한 것으로 볼 수 있다. 곧 숫자의 뜻풀이이고, 스토리텔링으로 읽을 수도 있다. 그리고 2장과의 모순도 인간(사람)을 만물로 보면 모순은 사라진다. 곧 사람이 만물 중에 하나님과 가장 근접한 존재로 진화했다는 의미가 성립된다. 그러므로 창세기 2장은 사람 창조와 만물과의 관계 그리고 진화의 구체적인 모습을 나타내기 위해 서로 구분하여 서술했다고 볼 수 있다.

토(土)의 갑골문, 금문, 소전이다. 흙이 무엇이기에 사람을 흙으로 지었을까? 토(土)는 흔히 흙더미를 그린 상형자라 하지만, 갑골문이나 금문을 보면, 흙더미가 아니라 씨앗에 더 가깝다. 그러하면 글말 '토'는 '틔우다(도두다), 토하다'의 준말로, 토(土)는 '하늘(하나/한얼)[一]을 틔우는(돋우는)[토] 씨앗[十]'의 얼개이다. 즉, '하늘의 씨앗을 틔우다'는 뜻이고, '만물[인(人)/십(十)]을 틔우는(돋우는/기르는)[토] 한얼[일(一)]'을 뜻한다. 그렇다면 한말 '흙'은 '하늘(한얼)[흘]을 기르다/가꾸다/가도다(감싸다)[ㄱ]'의 준말임을 알 수 있다. 결국 흙이란 만물이 돋아나고 뛰놀며 자라는 터전을 말함이다. 따라서 하나님이 흙으로 사람을 짓고 생기(숨결)을 넣어 사람이 생령이 된 연유가 그대로 흙/토(土)에 담겨 있는 뜻이다. 다시 말해 토(土)의 일(一)이 하나님의 숨결을 상징하고 흙이 또한 만물의 근원으로, 일(一)은 시간이고 십(十)은 공간이며 우리 만물은 시공의 존재임을 암시하는 뜻이기도 하다. 나아가 일(一)은 생명나무이고, 십(十)은 선악나무의 상징으로 몸과 마음의 관계를 나타낸다고도 볼 수 있다.

2장부터 하나님에게 여호와의 이름이 주어졌다. 이름을 가진다는 뜻은 그 대상을 그 이름의 틀에 가둔다는 의미로 한계의 제약이 있을 수밖에 없다. 제약할 수 없는 하나님에게 붙이는 이름은 역설적으로 당연히 그 신성함을 강조하기 위한 이름으로 볼 수 있다. 그런데 그 이름이 무엇을 뜻하는 지가 불분명하다면, 반대로 모든 뜻을 담고 있다는 뜻이기도 하다. 그러면 무슨 의미가 있는가? 우리 모두가 개별적인 각각의 하나님이라는 뜻이다. 하나님은 모든 곳에 그와 함께 있듯, 우리가 하나님의 숨결로 창조되었듯, 우리 또한 하나님의 숨결을 간직한 하나님의 한 부분으로서 하나님과 함께 존재하는 하나님이다. 그리고 이름은 그 이름의 뜻대로 이루어지길 바라는 마음의 뜻이듯, 역설적으로 이름이 주어진 만물은 그 뜻대로 이루어져야 하는 소명, 그 존재이유이기도 하다.

하나님에게 이름이 있다는 것은 신성한 하나님의 존재를 강조하고 동시에 그와 같은 하나님이 만물로 분화되어 하나의 우주로 실현되어 존재한다는 뜻이며 우리는 각각 그 우주 속 하나의 별처럼 존재한다는 뜻이다. 더불어 우주는 자기복제의 프렉탈 구조로 내가 하나님이고 하나님이 나라는 암시를 담고 있다. 굳이 여호와(YHWH – Jehovah – 야훼)의 이름을 붙여 구분한 까닭이다.

14

에덴동산은
어디인가?

창2;8. 여호와 하나님이 동방의 에덴에 동산을 창설하시고 그 지으신 사람을 거기 두시고 9. 여호와 하나님이 그 땅에서 보기에 아름답고 먹기에 좋은 나무가 나게 하시니 동산 가운데에는 생명나무와 선악을 알게 하는 나무도 있더라

에덴은 에덴동산으로 동산의 이름이다. 우리말 '동산'은 '① 마을의 앞이나 뒤에 있는 자그마한 산 ② 큰 집의 울안에 풍치로 만들어 놓은 작은 언덕이나 숲'을 뜻한다. 그래서 동산은 '(싹, 나무 등이) 돋아 오르고[동] (얼이) 솟아나는[산] 곳'의 준말로, 정원의 의미이다. 따라서 에덴은 낙원(樂園), 파라다이스 등을 나타내는 상징으로 쓰이는 말이다. 그러나 아직까지 '에덴'의 어원에 대한 정설이 없고 그 위치 또한 설왕설래(說往說來)하고 있다.

이상향(理想鄕) 곧 파라다이스는 우리가 꿈꾸는 세상으로, 바꾸어 말하면, 우리의 목표이고 존재이유이다. 우리의 존재이유는 천국이고, 천국이 땅에서도 이루어지기를 바라는 것이 지상낙원이다. 천국은 죽어서 다시 태어나는 다음 세상이고, 지상낙원은 이 세상에서 이루어야 할 목표 그 이상향이다. 그리고 지상낙원을 지향하는 것이 정치 경제의 목표이다. 어쨌거나 우리는 이 세상에서 이룬 대로 다음 세상에 태어난다. 내 마음의 씨앗이 영그는 결실에 따라 다음 생이 열리는 것이다. 그렇기 때문에 내 몸 안의 에덴동산은 나의 '마음밭'이다. 따라서 마음(얼), 곧 하늘이 가꾸어지는 곳은 어디라도 에덴동산이다.

창2;10 강이 에덴에서 발원하여 동산을 적시고 거기서부터 갈라져 네 근원이 되었으니 11 첫째의 이름은 비손이라 금이 있는 하윌라 온 땅에 둘렸으며 12 그 땅의 금은 정금이요 그곳에는 베델리엄과 호마노도 있으며 13 둘째 강의 이름은 기혼이라 구스 온 땅에 둘렸고 14 셋째 강의 이름은 힛데겔이라 앗수르 동편으로 흐르며 넷째 강은 유브라데더라

창세기 2장은 사람(만물)을 창조한 구체적 원리, 즉 사람은 흙과 하나님의 숨결로 이루어진 원리와 그 만물들의 상호 존재 방식을 나타내고 있다. 만물은 에덴동산에서 살아가며, 1장과 견주면, 사람이 그 중 제일 하나님에 근접한 진화를 이루었다는 의미이다. 그렇기 때문에 만물이 하나님으로 자라는 곳이 에덴동산을 의미한다고 볼 수 있다. 더불어 1장의 숫자와 견주어, 사람(만물)이 '셋'을 뜻한다면, 동산이 '셋'이고 '사람'이며, 에덴은 하늘/땅/사람을 뜻한다. 그러면 에덴은 숫자로 '넷/다섯/여섯'을 상징하는 말로 볼 수 있다. 다시 말해 '하늘에 이르는 길'을 뜻하며, 인간세상에 비유하면 사람의 존재이유, '도(道)/덕(德)/례(禮)'를 일으키는 곳이라 할 수 있다.

에덴에서 강이 발원하여 네 근원을 이룸은 에덴이 '넷' 곧 '하늘 사람'의 암시이고, 사람의 도(道) 하늘길을 상징한다. 네 근원으로 갈라

지며 땅을 두르고 흐르며, 그 동산을 다스리고 지키게 하심은 천지사방 그 공간을 올바르게 세우고 채워야 하늘에 이를 수 있다는 상징이다. 나아가 '다섯'과 '여섯' 곧 '땅 사람'과 '이어 선 사람(사람사람)'으로 사람의 덕(德)과 예(禮), 하늘길을 닦음과 이음을 상징한다. 몸으로는 각자의 '마음밭'이고 나아가 '집'이고 '마을'이며 '나라(國)'도 될 수 있는, 마음이 있는 곳 어디라도 에덴동산인 것이다. 결국 '에덴'은 존재하는 곳이라기보다 반드시 이루어야 할 존재를 이름이다.

15

선악과는
무엇인가?

창2;15 여호와 하나님이 그 사람을 이끌어 에덴동산에 두사 그것을 다스
리며 지키게 하시고 16 여호와 하나님이 그 사람에게 명하여 가라사대 동산
각종 나무의 실과는 네가 임의로 먹되 17. 선악을 알게 하는 나무의 실과는
먹지 말라 네가 먹는 날에는 정녕 죽으리라 하시니라

성경 최대의 모순(矛盾) 또는 딜레마는 창세기 2장 17절 "선악을 알
게 하는 나무의 실과는 먹지 말라 네가 먹는 날에는 정녕 죽으리라 하
시니라 " 바로 이 구절에서 비롯된다고 해도 과언은 아니다. 우리 인
간의 원죄를 낳은 빌미를 제공했기 때문이고, 선악을 아는 일이 왜 죽
어야 하는 일인지 갈피를 잡을 수 없기 때문이다. 왜 먹으면 죽는 나무
를 두었을까? 사람이 쉽게 먹을 수밖에 없는 달콤한 열매가 열리는 나
무를 둔 이유는 무엇일까?

모순과 딜레마는 서로 상반된 세상이 존재한다는 반증이다. 상반
된 세상은 차원이 서로 다른 세상이거나 음양이 서로 다른 세상이기

도 하다. 그렇기 때문에 차원을 뛰어 넘는 것은 모순을 극복하는 일이고, 음양의 딜레마는 서로 하나되면 해결되는 문제이다. 원수의 딜레마는 원수를 사랑하면 해결되는 이유이다. 나아가 예수가 '원수를 사랑하라'하시는 까닭이다. 마찬가지로 모순의 역설은 차원 상승이다. 즉, 모순의 극복은 차원을 뛰어 넘는 것이다. 창[모(矛)]과 방패[순(盾)]의 근원 그 차원은 전쟁터이다. 전쟁터에서 모순이 비롯되는 것이다. 모순은 전쟁터를 벗어나 뛰어 넘으면 해결되는 문제이다. 전쟁이 없는 그 차원으로 뛰어 넘으면 그만이다. 즉, 전쟁이 없는 세상을 만들면 된다. 전쟁 없는 세상에 창과 방패가 무슨 소용이 있겠는가?

따라서 성경에 나타나는 수 많은 모순과 딜레마의 역설은 사랑과 차원 상승 그 진화에 하나님의 뜻이 있음을 나타내기 위한 비유이다. 다시 말해 질투하시는 하나님의 뜻을 사랑으로 잉태하여 하나님 말씀의 모순을 극복하고 하나님의 나라로 거듭 태어나 차원 상승을 이루어가는 길을 계시한 것이 성경의 실체임을 알 수 있다. 한마디로 하나님으로 되어가는 길 그 '하나님되기'를 계시한 복음이다. 이와 같은 시각에 따라 성경 속 모순과 딜레마를 바라볼 때 비로소 지극히 단순한 하나님의 섭리가 드러나는 것이다. 그렇지 않고 모순과 딜레마의 틀에 갇힌 시각으로 보면, 아무리 합당하다고 이해되는 이유라도 다시 새로운 모순과 딜레마가 꼬리에 꼬리를 물 수 밖에 없다.

먹으면 죽는다 함은 먹는 것이 아니라는 뜻이고, 선악을 알게 하는 열매라 함은 그 열매를 먹으면 선악을 알게 되며, 선악을 알게 되면 죽는다는 뜻이다. 그러나 선악과는 생명과처럼 없어서도 안 되는 존재이기 때문에 반드시 존재해야 하는 것이다. 그러므로 선악이 무엇이기에 존재해야 하는지 그 존재 이유는 무엇인가를 묻는 시각으로 보면, 모순도 딜레마도 존재하지 않는다. 선악이 무엇이고 그 존재 이유는 무엇인가만이 남게 된다. 그럼 선악은 무엇인가?

선(善)의 금문과 소전이다. 금문의 선(善)은 두 언(言)과 양(羊) 그리고 글말 '선'의 회의자이다. 자형의 형태는 성(星)의 갑골문과 같은 시각으로 구성되어 있다. 언(言)은 말이고, 말은 마음(얼)이 우러나오는 것이며, 울리어 알리는 것이다. 양(羊)은 양의 큰 뿔이 이어 오르며 나선형을 이루는 상서로움을 나타내어 미(美), 그 아름다움의 상징이다. 그리고 글말 '선'은 '서(세워)/서리어 나가다'의 준말이고, '(이미 가까이 다가) 선' 의미이다. 그렇기 때문에 선(善)은 '하나님이 말씀으로 창조하여 알리는 말뜻대로[언(言)] 우리에게 나눠진 마음의 말에[언(言)] 그 하나님의 아름다움(상서로움)을[양(羊)/미(美)] 세워/서리어 나가는[선], 또는 이미 그 뜻대로 가까이 다가 선[선]' 얼개의 의미를 나타낸다. 그렇다면 우리말 '착하다'는 '착 + 하다(많게/크게 하다)'이고, '착'은 '(마음을) 차(채워) 가다'의 준말이다. 즉, 마음을 채워가며 크게/많게 하여 하나님으로 커가는 것임을 알 수 있다. 더불어 그 정도가 이미 '많다/크다'는 의미이다. 마음을 참(아름다움)으로 채워 가는 행위이거나 거기에 근접한 상태를 이름이다.

아(亞)의 갑골문과 금문이다. 버금/아(亞)는 무엇을 나타내는지 정설(定說)없이 여러 학설이 있지만, 자형과 글말로 견주면, 아귀 진 현상을 나타냈음을 알 수 있다. 즉, 정(丁)[口]을 아직 이루지 못하고 아귀가 진 상태이고, 반대로 정(참)[口]에서 아귀가 진 현상을 나타냈다. 그래서 글말 '아'는 '아귀(가닥이 져서 갈라진 곳, 씨앗의 싹이 터서 나오는 자리 등등)지다'의 준말임을 알 수 있다. 그러면 한말 '버금가다'는 어떤 얼개이겠는가? '버금가다'의 옛말은 '벅다'이고, 그 활용형은 '버근(버금가는, 다음가는)'이며, '버근하다'는 '맞붙인 곳이 꼭 달라 붙지 않고 틈이 벌다' 곧 '가닥지다'는 뜻이다. 다시 말해 하나가 되지 못하고 두 가닥으로 벌어진 상태로, 하나 다음의 둘이라는 의미이다. 그래서 '아귀(가)맞다'가 '앞뒤가 빈틈없이 들어맞다'는 뜻으로, 아귀를 맞춰야 첫째 그 으뜸이 된다는 암시를 담고 있는 말이다.

악(惡)의 소전이다. 악(惡)은 심(心)과 아(亞)의 회의자이다. 글말 '악'은 '있는 힘을 다하여 모질게 마구 쓰는 기운, 모질게 일어나는 성'이고, '악대(불깐 짐승)'의 준말이다. 그리고 '불까다'는 동물의 불알을 발라내다 곧 거세(去勢)하다는 뜻이다. 그래서 악(惡)은 '마음이[심(心)]

440

악하여[악] 정(참)에 아귀가 진(벌어진, 틈이 벌어진)[아(亞)]' 현상이고, '마음이[심(心)] 아귀 지어[아(亞)] 거세된[악]' 상태를 뜻한다. 다시 말해 마음이 더 이상 참되게 나아가지 못하는 불구의 상태이다. 그러면 한말 '나쁘다'는 '낮음/낮음을 붓다(부수다)'의 준말임을 알 수 있다.

우리말 '싫다'는 '슳다'이고. 이는 '(마음이) 슳어지다(썰다/오려지다)'는 뜻이다. 곧 싫어하는 마음은 상대방의 마음을 쓸어 내고, 오리는 것이듯, 또한 내 마음도 쓸려지고, 오려지는 마음을 나타낸다. '미워하다' 역시 '마음을[미] 우(오)비어지게[워] 하다'의 준말로 '마음을 후벼 파내고 파지는' 마음을 뜻한다. 그러므로 미워할, 싫어할/오(惡)는 글말이 '아가리질(서로 욕하며 싸우는 짓)하다'에서 '오(우/후)비다' 또는 '오리다'로 변했음을 알 수 있다. 즉, 오(惡)는 형성자로, '마음을[심(心)] 아귀지도록[아(亞)] 아가리질하다[아]'에서 '마음을 아귀 지도록 오비다(후비다)'는 뜻으로, 더욱 증오를 담아 나타냈다.

선악(善惡)이란 열매가 맺혀 익어가며 새로운 씨앗을 영글게 하는 과정처럼 우리가 태어나 자라나는 성장과정의 다름 아니다. 그렇기 때문에 선악과는 하나님의 씨앗을 잉태하고 가꾸어 하나님으로 태어나는 열매의 씨앗을 상징한다. 존재이유 역시 하나님의 실과로 익히는 데 있으며 이것이 곧 만물의 존재이유이기도 하다는 뜻이다.

따라서 선악과는 먹는 것이 아닐뿐더러 선악은 구분하는, 달리 아는 것이 아닌 하나의 과정에 지나지 않는다는 의미이다. 바꾸어 말해, 선악을 안다는 것은 하나의 과정을 둘로 나누어 구분하는 것으로, 과정이 잘라지는 것과 같이 그 사람(성장과정)이 멈추어 죽게 된다는 암시이다. 결국 선악을 안다는 것은 선(善)의 길 그 하나님을 포기하는 것을 의미하므로 존재 이유를 상실한다는 뜻이다. 설령 살아도 사는 것이 아닌 상태를 이름이다. 한마디로 선악과는 마음 밭을 가꾸어 하늘길(나무)에 열리는 열매의 씨앗 그 마음이다. 반대로 생명과는 먹는 것으로 먹음으로써 선악과를 기르는 양분을 뜻한다. 그러므로 생명나무가 맺히는 열매가 그 실과이고, 그 실과의 씨앗이 선악과를 나타낸다. 선악나무라 하지 않고 선악을 알게 하는 나무로 지칭한 까닭이다. 즉, 선악나무는 따로 있는 것이 아니라 생명나무와 같은 나무이지만, 생명나무 중에 그 실과를 맺힌 나무가 선악을 알게 하는 나무로 구분 지은 것이다. 그 실과 속의 씨앗만이 새로운 싹을 틔우게 여물었는지 싹을 틔우지 못할 쭉정이인지를 구별하는, 달리 선악을 알게 하는 나무의 선악과가 된다는 논리이다. 더불어 익었는지 익지 않았는지를 알 수 있는 열매로, 익지 않은 열매는 먹지 말라는 뜻이기도 하다. 다시 말해 생명나무는 우리의 몸이고, 선악과는 마음으로 비유된다. 그래서 된사람(마음이 익은 사람)이 되기 전에 섣불리 배움(거듭남)을 멈추어선 안 된다는 비유이다. 그러므로 에덴 동산은 우리의 '마음밭' 임을 알 수 있다.

16

이름(名)은
무엇인가?

창2;18 여호와 하나님이 가라사대 사람의 독처하는 것이 좋지 못하니 내가 그를 위하여 돕는 배필을 지으리라 하시니라 19 여호와 하나님이 흙으로 각종 들짐승과 공중의 각종 새를 지으시고 아담이 어떻게 이름을 짓나 보시려고 그것들을 그에게로 이끌어 이르시니 아담이 각 생물을 일컫는 바가 곧 그 이름이라 20 아담이 모든 육축과 공중의 새와 들의 모든 짐승에게 이름을 주니라 아담이 돕는 배필이 없으므로

명(名)의 갑골문, 금문, 소전이다. 구(口)와 석(夕)의 회의자이다. 저녁의 달[석(夕)]은 막 태어나는 달로, 얼을 '서리어 가다듬어야 할[석]'

443

달이다. 그 달에 '멎구는(메우는) 얼[명]'을 이르는 말[구(口)]이 곧 이름[명(名)]이다. 그렇기 때문에 이름을 짓는다는 것은, 역설적으로, '창2;7. 여호와 하나님이 흙으로 사람을 지으시고 생기를 그 코에 불어넣으시니 사람이 생령이 된지라' 처럼 태어나는(창조되는) 사람에게 생기를 불어 넣어 생령이 되게 하는 일이다. 다시 말해 그 존재이유를 알고 있다는 뜻이고, 시각을 달리하면 존재이유를 깨닫게 되었다는 반증이다.

사람이 이름을 짓고 가진다는 의미는 언어생활을 의미한다. 말이 없이 어찌 이름이 있을 수 있겠는가? 하나님이 지은 피조물에 아담이 이름을 지었다 함은 하나님의 얼을 깨우쳤다는 의미와 더불어 말의 원리를 알고 있다는 뜻이다. 따라서 아담은 인류의 조상이 아니라 언어를 창조한 언어인류의 시조임을 나타낸다. 인간과 동물의 근본적인 차이는 언어이다. 그리고 인간 언어와 동물 언어의 차이는 질문의 유무에 있다. 곧 존재의 자각이다. 동물들의 언어에는 질문이 없는 이유이다. 존재에 대한 자각이 질문을 낳고 질문은 의문을 깨고 답을 찾는다. 하나님의 얼을 깨닫고 그 이름을 지어 서로를 구분 짓게 되는 것이다. 존재이유에 대한 자각이 인간을 동물과 구분 짓고, 인간이 하나님으로 되어가는 존재이유의 깨달음이 우리가 이름을 짓고 부르는 까닭이다.

여호와 하나님이 흙으로 각종 들짐승과 공중의 각종 새를 지으시고 아담이 어떻게 이름을 짓나 보시려고 그것들을 그에게로 이끌어 이르시니 [하나님의 의도 곧 우리의 존재이유를 깨닫게 되었다는 의미이고], 아담이 각 생물을 일컫는 바가 곧 그 이름이라 [아담이 존재 자각에 의한 언어인류의 시조를 의미함이다]. 존재의 자각은 내 안의 하나님 존재를 깨달음이다. 그래서 하나님의 형상대로 지으신, 곧 하나님에 가장 가까운 최초의 인간이 아담이 되는 이유이다.

흔히 아담의 어원은 '흙'이라는 히브리어'아다마(אדמה)'라고 한다. 아담을 흙으로 만든 이유이기도 할 것이다. 우리말 '흙'이 '얼(하늘/씨)를 담아 가꾸는' 의미와 견주면, 아담은 또한 '얼을 담아 이름을 짓는(가꾸는)' 사람을 뜻하는 말이기도 하다. 흙의 작용과 이름을 짓는 일이 서로 같은 의미로 볼 수 있기 때문이다. 물론 히브리어'아다마(אדמה)'는 '붉은' 뜻이라지만, 붉은 황토에서 흙의 의미가 도출될 수도 있듯, 반대로 황토에서 '붉은' 뜻이 유추될 수도 있지 않겠는가? 우리말 흙의 의미에서만 아담이 흙으로 창조된 이유와 언어를 창조하는, 하나님의 피조물에 이름 짓는 의미가 동시에 도출될 수 있다는 것은 반대로 성경 창세기는 본래 한말로 쓰인 것이란 반증도 되지 않겠는가?

17

갈비(肋)는
무엇인가?

창2;21 여호와 하나님이 아담을 깊이 잠들게 하시니 잠들매 그가 그 갈빗대 하나를 취하고 살로 대신 채우시고 22 여호와 하나님이 아담에게서 취하신 그 갈빗대로 여자를 만드시고 그를 아담에게로 이끌어 오시니 23 아담이 가로되 이는 내 뼈 중의 뼈요 살 중의 살이라 이것을 남자에게서 취하였은즉 여자라 칭하리라 하니라 24 이러므로 남자가 부모를 떠나 그 아내와 연합하여 둘이 한 몸을 이룰지니라 25 아담과 그 아내 두 사람이 벌거벗었으나 부끄러워 아니하니라

륵(肋)의 소전이다. 력(力) 글말의 형성자로, 력(力)은 하늘을 일으

446

켜 기르는 뜻이다. 생리학적으로 갈비는 폐와 심장을 보호하는 신체이다. 즉, 들숨날숨으로 숨을 기르고, 심장의 마음을 일으키는 것의 다름 아니다. 그러면 글말 '력'은 '리어(잇달아) 갈린'의 준말로, 륵(肋)은 '리어 갈리어[력] 하늘을 일으켜 기르는[력(力)] 신체[육(肉)]'의 얼개이다. 갈비의 탄력성이 '늑하다(느긋하다)'는 의미에 동화되어 '늑(륵)' 글말로 변했다고 볼 수 있다. 참고적으로 한말글에서 한말이 그러하듯, 모음의 넘나듦이 자유로워 모음의 변형은 흔하게 일어나지만, 자음의 변형은 일부 그에 합당한 법칙에 의해 일어날 뿐 다른 이유로는 거의 일어나지 않는다. 그렇기 때문에 글말의 변형이 자음의 변형이라면 글과 상관없는 회의자로 보아야 한다. 그래서 륵(肋)에서처럼 모음의 변형은 형성자로 보는 것이 합당하다. 어쨌든 륵(肋)과 견주면, 한말 '갈비'는 '갈리어[갈] 비어진(드러낸) 니(얼)[비]'의 준말임을 알 수 있다. 한말 '갈다'는 첫째로, 먼젓것 대신에 새것으로 바꾸다. 둘째로, 칼 같은 연장을 숫돌에 문질러 날이 서게 하다. 셋째로, 논밭을 쟁기 따위로 파서 흙을 뒤집은 뒤 고르게 해 놓다, 곡식이나 채소를 심어 농사 짓다 등의 뜻이 있다. 이런 모든 뜻이 바로 갈비의 신체적 역할과 일치한다. 다시 말해 '숨을 폐에, 마음을 심장에 갈다'는 뜻이다. 더불어 '비'는 빗자루이기도 하듯, 숨과 마음을 가려내는[갈] 빗질[비]을 그 메타포로 담겨 놓았다고 볼 수도 있다.

아담 곧 남자의 갈빗대로 여자를 만드신 이유는 무엇인가? 갈빗대는 서로 동등하게 나뉘어 갈리어진 모습을 나타내듯, 남자와 여자도 서로 동등하게 나뉘었다는 의미이다. 남과 여를 나타내는 히브리어 '이쉬'와 '이솨'의 의미가 그 증거이다. 단지 성별의 차이만을 나타내기 때문이다. 그런데 남과 여를 각각 만드시지 않고 왜 굳이 남자에게서 나뉘어 만들었을까? 본래는 한 몸이었으나 둘로 나뉘었음을 나타내기 위한 것으로, 자가수정(自家受精)에서 타가수정(他家受精)의 변천이 진화과정임을 강조하고자 했다고 볼 수 있다. 2장 18절 "여호와 하나님이 가라사대 사람의 독처하는 것이 좋지 못하니 내가 그를 위하여 돕는 배필을 지으리라 하시니라" 하신 까닭이다. '좋다'는 의미는 '성장하고 발전한다'는 뜻이다. 따라서 독처하는 것은 진화에 좋지 않으니 백지장도 맞들면 낫듯, 서로 돕는 것이 발전(진화)에 유리하므로 나뉘어 짝을 두었다고 읽을 수 있다.

플라톤이 「향연」에서 말하는 신화는 그와 반대로 스토리텔링 되어 있다. 즉, 본래 한 몸으로 신과 같은 힘을 가졌으나 그 힘을 없애기 위해 서로 갈라놓았다는 신화이다. 모순은 모순의 관점을 비틀면 사라진다. 신과 같은 힘은 서로 한 몸처럼 한 마음이 될 때 나타난다는 것을 강조하기 위한 역설의 신화 언어이며, 그러한 한 마음은 또한 둘로 나뉘어 서로 사랑할 때 상승효과가 배가된다는 것이 성경의 사랑언어이다. 성경의 처음과 끝이 사랑인 이유이다. 나눔은 사랑이 전제될 때 뿐이고, 사랑이 서로 한 몸과 마음이 될 때 수 '1'의 신성이 나타날 수 있다. 그리고 나눔의 상승효과는 '0 ÷ 0'이 '무한'과 '1'이 되는 이치이다. "이러므로 남자가 부모를 떠나 그 아내와 연합하여 둘이 한 몸을 이룰지니라" 하신 까닭이다. 그러므로 플라톤 신화와 성경의 언어는 서로 모순이 아니라 모순을 통한 상호 보완적 역설로서 서로 상승작용을 나타낸다.

덧붙여 갈비의 형태는 골(고랑)이 지어진 모습이다. 이는 숨골을 트인 모습이고, 정(丁)과 아(亞)의 관계처럼 아귀가 진 형태로 서로 나누어 다시 아귀를 맞게 맞추어야 하는 서로 하나의 짝으로 나누었다는 비유의 언어이다. 단지 갈빗대 하나를 떼어 나눈 것이 아니라, 갈비 전체의 하나를 둘로 나눈 것이고, 그 나누어진 형태가 그 방증이다.

또한 '갈빗대 하나를 취하고 살로 대신 채우시고'라 표현되었듯, 갈비의 골이 살로 된 형태가 그 방증이기도 하다. 다시 말해 본래 갈비는 하나의 통채로 되어있었는데 둘로 나누면서 고랑이 생겨 아귀가 진 형태로 되었다는 뜻이다. 그래서 남과 여 둘이 하나가 되면 다시 갈비가 하나로 아귀가 맞추어지듯, 서로 사랑해야 완전체가 될 수 있다는 비유를 담고 있다. 나아가 륵(肋)의 글말 '늑'은 '늑장(당장 해야 할 일이 있는 데도 느릿느릿 꾸물거리는 태도나 행동, 늑장)'의 뜻이듯, "사람의 독처하는 것이 좋지 못하니"에 대한 이유의 근거를 그 메타포로 담고 있다. 즉, 아담의 갈비로 이브를 만든 이유가 아담의 늑장을 경계함이다.

력(力)의 갑골문이다. 시각을 달리하면, 자형의 형태 자체가 또한 갈비의 상징으로도 볼 수 있다. 그리고 글말 '력'은 또한 '륙'이고, 륙은 륙(六) 즉 '여섯'을 이름이다. 력(力)은 '힘'이고 '심' 곧 '숨'으로, 남과 여는 똑같이 하나님의 숨결로 만들었음을 암시하고, 남과 여는 륙(六)과 같이 서로 잇대어진 존재이며 서로 지렛대가 되어 사랑해야 하는 사랑 존재인 우리말 '여섯'의 의미와도 다를 바 없다. 하나님이 아담의 갈빗대로 여자를 만드신 이유가 우리 한말에 이미 다 담겨 있지 않은가?

18

부끄러움은
무엇인가?

창3;1 여호와 하나님의 지으신 들짐승 중에 뱀이 가장 간교하더라 뱀이 여
자에게 물어 가로되 하나님이 참으로 너희더러 동산 모든 나무의 실과를 먹
지 말라 하시더냐 2 여자가 뱀에게 말하되 동산 나무의 실과를 우리가 먹을
수 있으나 3 동산 중앙에 있는 나무의 실과는 하나님의 말씀에 너희는 먹지
도 말고 만지지도 말라 너희가 죽을까 하노라 하셨느니라 4 뱀이 여자에게
이르되 너희가 결코 죽지 아니하리라 5 너희가 그것을 먹는 날에는 너희 눈
이 밝아 하나님과 같이 되어 선악을 알 줄을 하나님이 아심이니라 6 여자가
그 나무를 본즉 먹음직도 하고 보암직도 하고 지혜롭게 할 만큼 탐스럽기도
한 나무인지라 여자가 그 실과를 따먹고 자기와 함께한 남편에게도 주매 그
도 먹은지라 7 이에 그들의 눈이 밝아 자기들의 몸이 벗은 줄을 알고 무화과
나무 잎을 엮어 치마를 하였더라

창세기 3장1절부터 7절은 흔히 '사탄의 유혹과 타락'의 구절로 부
른다. 뱀이 사탄이고, 사탄의 유혹은 금단의 열매 곧 선악과를 따먹

자는 것이며, 인간의 타락은 선악을 알게 되어 눈이 밝아 부끄러움을 알았다는 것으로 요약된다. 그러나 사탄(뱀)은 무엇을 위해, 무엇 때문에 유혹했는지 그 이유가 나타나 있지 않은 논리적 결함이 나타난다. 유혹의 이유를 알아야 사탄의 실체가 드러날 수 있다. 뱀의 정체성에 따라 유혹의 이유가 규정될 수 있고, 사탄의 실체 또한 정의될 수도 있다. 또 하나, 선악을 알게 되면 눈이 밝아지는데 타락이 되는 모순도 나타난다. 모순의 이유가 밝혀져야 모순도 해결할 수 있을 것이다.

수수께끼가 그러하듯 문제의 정답은 대부분 지극히 단순한 곳에 있다. 시각의 전환, 사고의 전환에서 찾을 수 있다. 그것은 또한 의문을 최대로 단순화 시키는 것이다. 단순화 될수록 모든 것이 한 눈에 보일 수 있기 때문이다. 결론적으로 우리 인간 타락의 이유는 무엇인가? 부끄러움을 알았다는 것이다. 그러면 부끄러움은 무엇인가? 부끄러움을 알게 된 까닭이다. 부끄러움은 어찌 알았는가? 발가벗은 몸을 보고 알았다. 고로 발가벗은 몸이 부끄러움이다.

우리말 '부끄럽다'의 먼젓말은 '붓그리다'이다. '붓'은 '북(식물의 뿌리를 싸고 있는 흙)'의 옛말이다. 그리고 '붓ㄱ'은 '씨'의 옛말이다. 또한 '붓다'가 '씨앗을 배게 뿌리다'의 뜻도 있다. 그러면 '붓'은 '씨를 뿌리다/붓다/북도두다'는 의미로 식물에 빗댄 동물의 '짝짓기'를 상징하는 말이다. 고로 '붓그리다'는 '짝짓기를 그리다(나타내다/간절히 생각하다)'의 뜻이다. 발가벗은 몸이 부끄러운 이유이다.

귀(鬼)의 갑골문, 금문, 소전이다. 갑골문은 전(田)과 절(卩)의 회의자였는데, 금문에서 전(田)이 신(囟)으로 바뀌었다가, 소전에서는 사(厶)가 덧붙여 나타난다. 갑골문의 귀(鬼)는 '마음 밭에[전(田)] 받들어 심어진 신명이[절(卩)] [귀]하여지다'는 얼개이다. 귀신은 죽은 사람의 넋이다. 그러면 글말 '귀'는 '귀나다(의견이 맞지 않고 서로 틀어지다), 휘다(구부리다, 뜻이 굽혀지다), 휘돌리다(돌아가게 하다)' 등의 준말이다. 그래서 귀(鬼)는 '마음밭을 갈던 신명이 귀가 나고(틀어지고), 뜻이 휘어지며(굽혀지며), 휘돌린(돌아간)' 존재의 다름 아니다. 다시 말해 더 이상 마음밭을 갈지 못하는 신명이다. 따라서 귀신(鬼神)은 한말 '귀신(귀난 신명)'의 음차임을 알 수 있다.

괴(愧)의 금문과 소전이다. 금문은 귀(鬼)에 구(口)가 덧붙여진 형태이다. 괴(愧)는 '귀(鬼)' 글말의 형성자이고, 글말 '귀'는 '괴'이고, '괴'는 '괴다(사랑하다 / 얼우다 / 흘레하다)'의 준말로, '귀신이[귀(鬼)]이 이르는 [구(口)] 짝짓기[괴] 마음[心]'의 얼개이다. 무슨 뜻인가? 귀신은 신명이 뒤틀린 것으로, 짝짓기에서 뜻을 이루지 못하고 뒤틀린, 달리 잉태하지 못한 마음을 뜻한다. 즉, 아기씨의 신명을 귀신이 되게 하는 짝

452

짓기를 하는 마음이 부끄럽다는 뜻이다. 역설적으로 잉태하지 않는 짝 짓기를 알게 되었다는 반증이다. 하나님이 남과 여로 나눈 것은 서로 한 몸이 되어 번성하게 한 뜻이었는데, 하나님의 말씀(뜻)을 거역하고, 쾌락만을 쫓는 섹스를 알았다는 것이다. 그래서 부끄럽다는 뜻이다.

그렇다면 한말 '붓그리다'는 '붓ㄱ(씨)을 붓어(부수어) 그리다' 또는 '붓ㄱ(씨)을 그르치다(그릇되게 하다)'의 준말임을 알 수 있다. '붓날리다 (말이나 행동을 경솔하고 들뜨게 하다)'가 쾌락만을 쫓는 행위를 나타내는 까 닭이 그 방증이다. 나아가 '나쁘다[악(惡)]'가 '낮음/낯음을 붓다(부수 다)'의 뜻과도 서로 연결되어 있듯, 성경 창세기의 의미는 일관되게 우 리말에 담긴 마음 그 뜻과 서로 긴밀히 연결되어 있음을 알 수 있다.

수(羞)의 갑골문, 금문, 소전이다. 수(羞)의 갑골문은 양(羊)과 우(又) 의 회의자이다. '또'를 뜻하는 손[우(又)]과 '양(羊)'으로 어찌 '부끄러울' 뜻이 유추될 수 있는가? 수(羞)는 또한 '음식'과 '바칠, 드릴/수'의 뜻도 있다. '손[우(又)]으로 양(羊)을 바치다'는 뜻으로 설명한다. 마찬가지로 양을 식량으로 하는 유목 사회에서 손에 잡힌 양은 당연히 '음식'이 될 수도 있다. 그러나 손에 잡힌 양에서, 그리고 음식과 바칠 뜻에서 '부끄 러울' 뜻이 유추되기는 어렵다. 또한 본래 한자는 일자일의(一字一意)가 원칙이다. 일자(一字)가 다의(多義)가 되는 까닭은 자형에 따라 점차 뜻 이 덧붙여지며 확장될 뿐이다. 서로 아무런 연관도 없이 결코 확대되지 는 않는다. '손이 부끄럽다'는 뜻이 있듯, 굳이 의미를 찾자면 못 찾을 것도 없지만, 그럴 경우 보편적이지 못하면 개별적 억지일 뿐이다.

우리말 '부끄럽다'의 얼개와 견주면, 수(羞)의 양(羊)은 그 뿔이 그러하듯, 이어 오르는[양] 현상을 나타내고, 우(又)는 뜻이 그러하듯, 거듭[또]되는 손의 뜻이며, 글말 '수'는 '수단, 방법'의 뜻과 '수고롭다(일을 처리하기가 고되다) '의 준말로, '손으로 거듭[우(又)] 이어(잇달아) 올리는[양(羊)] 수단(방법)[수]' 또는 '수고로이[수] 거듭 잇달아 오르내리는 것'으로 '용두질'의 다름 아니다. 뿔은 뿌리로서 남성의 상징을 메타포로 담아 내어 그런 용두질이 부끄럽다는 뜻을 나타낸 것이다. 아니면 수(羞)는 한말 '수줍다'에 의한 가차일 수도 있다. 그렇다면 한말의 얼개는 무엇인가? '수줍다'는 '수(숫기)를 줍다(잡다)'의 의미로 볼 수 있다. 수(아기씨, 숫기)는 잡는 것이 아니라 심는 것으로 잉태시키는 것이다. 즉, 수를 잡고, 줍는 것은 용두질의 다름 아니다. 어쨌든 글자의 자형과 의미가 변하는 이유는 본래의 어원 의식이 희미해지면서 임의의 개별적 논리가 개입되며 왜곡되고 변하기 때문이다. 한자의 원리가 망각되면서 부끄러운/수줍은 용두질의 의미가 희석되고, 자형에 개별적 해석이 덧붙여지며 '음식'과 '바칠/드릴'의 뜻이 추가되었다고 보는 것이 보다 타당하다.

벗은 몸이 부끄러운 이유는 무엇인가? 짝짓기가 왜 부끄러운가? 부끄러운 짝짓기는 우리 인간들만의 일이다. 동물과 인간의 차이점이기도 하다. 그러면 인간의 짝짓기가 부끄러운 이유는 무엇인가? 선악과를 먹고 눈이 밝아져 선악을 알게 되었기 때문이다. 선악을 아는 것은 하나님과 같이 되는 일이다. 하나님과 같이 되는, 눈이 밝아지는 것이 타락이 되는 일이라면, 당연히 모순이다. 모순은 창과 방패이다. 창과 방패는 무엇인가? 전쟁의 도구일 뿐이다. 그러므로 전쟁이 모순이다. 승자는 없고 패자만 있기 때문이다. 전쟁이 없으면 자연히 창과 방패는 사라진다. 원수를 사랑하면 원수는 사라지고 사랑하는 사람만 있게 된다. 모순의 역설이다.

선악을 알았다는 것은 선악을 구분했다는 것이다. 선악은 구분되는 것이 아닌데 구분했다는 의미이고, 선악과는 먹는 것이 아닌 데 따먹었다는 것이다. 한마디로 선악을 구분하여 선을 포기하고 악만을 취해 먹었다는 뜻이다. 궁극의 목표인 선을 포기했기에 죽는 것이고 타락이 되는 이유이다. 그런데 왜 악만을 먹은 것이 되는가? 선악과는 선, 곧 하나님이 되기 전에는 언제나 악의 상태라는 반증이다. "먹음직도 하고 보암직도 하고 지혜롭게 할 만큼 탐스럽기도 한" 껍데기에 불과하다는 뜻이다. 선은 하나님의 씨앗이고 악은 그 씨앗을 부수고/버리고 달콤한 과즙만 취하는 것이라는 비유이다.

적당히 무르익은 과실은 달콤한 향기를 내 품으며 먹음직도 하고 보암직도 하고 지혜롭게 할 만큼 탐스럽기도 하게 하여 유혹의 손짓을 한다. 씨앗을 내려 땅에 잉태하기 위함이다. 그래서 모든 과실은 식사(유혹)의 대상에겐 참을 수 없는 매력(魅力)을 가지고 있다. 신이 아니라면 떨쳐 버릴 수가 없다. 자연의 법칙이기 때문이다. 발정기의 고양이 울음소리처럼 자연스럽고 부끄러움이 없는 유혹이다. 발정기의 암내에 달라붙은 개들은 때와 장소를 가리지 않는다. 부끄러움이 있을 수 없다. 그렇다면 유혹(誘惑)의 실체는 짝짓기이다. 발정기의 고양이 울음소리이고, 암내의 향기이다.

혹(惑)의 금문과 소전이다. 미혹할/혹(惑)은 '마음(얼)을[심(心)] 혹시나[혹(或)] [혹]하다'는 형성자로, 혹은 곡이고, 곡은 '괴어 기이다(속이다)' 또는 '호리어 꾀다' 나아가 '고(꼬)기다'의 준말로, 결국 짝짓기하자고 속이는 행위를 이름이다. 즉, 혹시나 하고, 아니면 말고 하는 방법으로 호리어(매력으로 남의 정신을 어지럽게 하여 꾀다. 그럴듯한 말로 속이다) 괴는(짝짓기하는) 뜻이다.

유(誘)의 소전이다. 꾈/유(誘)는 수(秀) 글말의 형성자로 설명하지만, 회의자로도 볼 수 있다. 형성자라면 '수'는 '수단, 방법'의 뜻이고, '수근(소근)거리다'의 준말로, '빼어나게(뛰어나게)[수(秀)] (귓가에) 소곤거리는(속삭이는)[수] 말[언(言)]' 또는 '빼어나게(뛰어나게)[수(秀)] 수단을 꾀하는[수] 말[言]'을 뜻한다. '유' 글말의 회의자라면, '유들유들하게, 유난스럽게[유] 속삭이는 빼어난[수(秀)] 말[언(言)]'의 의미이다. 결국 유혹(誘惑)은 짝짓기 하기 위해 수단 방법을 가리지 않고 귓속에 속삭이듯 성감대를 자극하는 행위를 뜻한다고 할 수 있다. 우리말은 '꾐'이고 꼬시는 것이다. '꼬시다'는 '꾀다'이고 '괴다'이며 괴다는 사랑하다, 교합하다는 뜻이다. 그렇기 때문에 '꼬시다'는 '괴게 하다(시키다)'는 의미이다.

19

뱀은
누구인가?

쾌(快)의 소전이다. 후련할/쾌(快)는 '쾌(夬)' 글말의 형성자이고, '쾌'
는 'ㅎ혀(켜) 괴다' 또는 '캐다'의 준말이다. 그래서 쾌(快)는 '가르어, 나
누어[쾌(夬)] 캐내는[캐] 마음[심(心)]'이고, '켜 괴어(짝짓고)[쾌] 가르는
(나누는, 낳는)[쾌(夬)] 마음[심(心)]'이다. 즉, 무엇이 박혀 있는 달리 이
빨 사이에 낀 찌끼를 캐낸(빼낸) 마음이고, 짝짓고 배설하는 마음이다.

씨를 뿌리는 마음에는 기쁨이 있다. 무르익은 과실은 달콤한 향기
와 맛이 있다. 그리고 짝짓기에는 쾌락이 있다. 쾌(快)는 섹스의 즐거
움이거나, 그 배설 후의 시원함, 폭발의 후련함이다. 그 폭발하는 기
쁨과 빠름으로 쾌(快)가 '빠르다'의 의미도 유추될 수 있다. 그러면 우

리말 '후련하다'는 '후리어(호리어/괴어) 낳다(뿌리다)'의 준말임을 알 수 있다. 마찬가지로 우리말 '시원하다'는 '시(씨)를 우리어[워] 낳다[ㄴ하다]'의 준말이다.

순서대로 사/멱(糸)와 사(絲)의 갑골문이고, 현(玄)과 자(玆)의 갑골문이다. 사(糸)는 사리어[사] 놓은 실의 가닥이나 사리의 뜻이고, 사(絲)는 거듭된 사(糸)로 실꾸리의 뜻이다. 현(玄)은 어떤 기운이 오묘하게 혀(켜)나오며[현] 가물거리는 것이고, 자(玆)는 거듭 가물거리며 실을 잣듯, 자아내는[자] 것이다. 그 현상이 희미하여 보이지 않기 때문에 검고, 흐린 뜻으로 쓰이지만, 본래는 오묘하게 자아져 나오는 현상을 나타낸 것임을 알 수 있다.

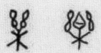

락(樂)의 갑골문과 금문이다. 락(樂)은 글말 '락(낙)/악/요'의 구분이 있는 전주자이다. 대체로 줄/현[실(絲)]이 매어 있는 나무의 악기[목(木)]를 상형한 것으로 설명하지만, 갑골문의 자형은 분명한 자(玆)와 목(木)의 회의자이다. 나무는 싹이 갈라지며 가지 치는 것으로, 나무의 싹이 갈라지며 오묘하게 자아내는(돋아나는) 현상을 나타냈다. 그러므로 첫째 글말 '락(낙)'으로는, '나(얼)를 기르다[낙]' 또는 '(마음이) 낙낙하다(어떤 기준에 차고도 좀 남음이 있다)[낙]'의 준말이고, '싹(마음)이 갈라지며 오묘하게 자아지며 나의 마음을 기르는[낙] 또는 마음이 넉넉해지는[낙] 현상'의 얼개로, '즐기다, 즐겁다'는 의미이다. 둘째 '악' 글말로는, '아뢰어(풍악을 연주해 들려 드리다) 가다(진행되다)/가락[악]'의 준말이고, '풍악을 연주해 가며 들려 드리는 가락이[악] 마음(싹)을 가르고 돋우며[목(木)] 오묘하게 흥을 자아내는[자(玆)] 것'이 '음악'이고 '풍류'라는 뜻이다. 마지막 '요' 글말로는, '이어(잇대어, 계속하여)지다[여〉요]'의 준말로, '계속하여[요] 오묘하게 자아지며[자(玆)] 마음(싹)이 부풀려(나뉘어) 돋아나는[목(木)]' 현상이 '좋아할' 뜻이다. 또는 '요분질(성교할 때 여자가 남자에게 쾌감을 더해 주기 위하여 허리를 요리조리 놀리는 짓)'의 준말로, '요분질하여[요] 오묘하게 자아지며[자(玆)] 마음이 부풀려 돋아나는[목(木)]' 현상이 또한 '좋아할' 뜻이기도 하다.

다시 우리말 '즐기다'를 분석하면, '즐'은 '잘'이고 '잘'은 '자라다'의 준말로 '자라게 하는' 것이 '잘하는' 것이다. '기다'는 '기르다'로, '즐기다'는 '잘 자라게 기르다'는 의미와 맥이 닿는다. 즉, 화초를 기르는 것 같은 것이 즐기는 것이고, 거기에서 느끼는 마음이 '즐거움'이며, 나의 얼이 잘 길러지는 마음이 또한 '즐거움'이기도 하다. 그렇기 때문에 즐거움은 기쁨만이 아니라 기르기 위해 기약 없이 노심초사(勞心焦思)하는 인고(忍苦)의 고통이 항상 딸려 있다는 암시를 머금고 있다. 그렇기 때문에 그 고통으로 말미암아 우리는 항상 악의 유혹에 놓여 있는 것이다. 어쨌거나 쾌락(快樂)은 씨를 뿌리는 기쁨과 싹을 틔워 기르는 즐거움을 나타내는 마음으로 볼 수 있다. 그리고 짝짓기는 항상 쾌락과 함께 동행한다. 유혹을 피하기가 어려운 이유이다.

동물의 짝짓기와 인간 짝짓기의 차이는 무엇인가? 동물은 수태기(발

459

정기)에만 하는 짝짓기이다. 곧 수태를 위해서만 하는 짝짓기이다. 우리 인간은 수태하지 않는 섹스도 할 수 있다. 곧 인간만이 수태 없는 섹스를 알고 있다는 뜻이다. 짝짓기의 목적은 하나님의 씨앗을 잉태함에 있다. 그 씨앗을 잉태하고 하나님으로 되어 가는 것이 선악과인데, 선을 포기한 수태하지 않은 악을 알았기 때문에 부끄러움을 알게되고, 선으로 올라가지 못하고 악으로 떨어져 추락이 되었다는 암시이다. 곧 '락(樂)'을 포기하고 '쾌(快)'만 탐닉할 수 있는 악(惡)을 알게 되었다는 뜻이다.

그렇다면 뱀의 정체는 무엇이겠는가? 이브를 유혹한 뱀은 바로 아담의 심벌이다. 수태기가 아닌 이브를 유혹하기 위한 기다란 뱀의 혀는 이브의 귀속을 살랑대는 선악나뭇잎 곧 아담의 속삭임이 되고, 성난 뱀 대가리는 선악나무의 한 줄기 곧 아담의 거시기를 이름이다. "여자가 그 나무를 본즉 먹음직도 하고 보암직도 하고 지혜롭게 할 만큼 탐스럽기도 한 나무인지라 여자가 그 실과를 따먹고 자기와 함께한 남편에게도 주매 그도 먹은지라"는 구절의 행간이다. 여자가 과실을 본 것이 아니라 나무를 보고 느끼는 이유이다. 수태를 피하고 쾌(快)의 실과만을 따먹은 것이다. 흔히 아담의 애플을 씨앗이 목젖에 걸린 것으로 말하듯, 씨앗을 뿌리지(잉태하지) 못했음을 상징하는 것으로 볼 수 있다. 사탄이 곧 뱀이고 성난 뱀은 용이다. 용은 뱀의 이상이다. 용이 또한 사탄으로 묘사되는 이유이다.

선악과는 먹는 것이 아님은 우리 모두의 마음 밭 그 에덴의 중앙에 자라는 열매라는 뜻이고, 사탄은 우리 모두의 마음속 선악과에 있는 악의 마음이다. 그렇기 때문에 사탄은 하나님과 항상 같이 있는 우리의 마음에 불과하다. 흔히 '따먹는다'는 섹스의 은어이듯, 선악과를 따먹음은 선을 포기한 악의 달콤함만 취한 짝짓기를 했다는 뜻이다. 그래서 수태하지 않는 짝짓기가 악이듯, 하나님을 포기하려는 유혹의 마음이 사탄의 정체성이다. 한마디로 하나님을 잉태하는 마음 없이 꼴리는 마음이 사탄이라는 뜻이다. 그리고 눈이 밝아야 보이는 부끄러움의 모순은 또한 벌거벗은 몸을 볼 수 있는 자아성찰의 역설을 암시하고 있다. 하나님이 되지 못한 우리 모두는 사탄임을 직시하고 자각하며 항상 경계의 끈을 놓치지 말라는 계시(啓示)임을 알 수 있다.

20

죄(罪)는
무엇인가?

창3;8 그들이 날이 서늘할 때에 동산에 거니시는 여호와 하나님의 음성을 듣고 아담과 그 아내가 여호와 하나님의 낯을 피하여 동산 나무 사이에 숨은 지라 9 여호와 하나님이 아담을 부르시며 그에게 이르시되 네가 어디 있느냐 10 가로되 내가 동산에서 하나님의 소리를 듣고 내가 벗었으므로 두려워하여 숨었나이다 11 가라사대 누가 너의 벗었음을 네게 고하였느냐 내가 너더러 먹지 말라 명한 그 나무 실과를 네가 먹었느냐 12 아담이 가로되 하나님이 주셔서 나와 함께하게 하신 여자 그가 그 나무 실과를 내게 주므로 내가 먹었나이다. 13 여호와 하나님이 여자에게 이르시되 네가 어찌하여 이렇게 하였느냐 여자가 가로되 뱀이 나를 꾀므로 내가 먹었나이다

이 구절은 아담의 죄에 대해 하나님이 심판하심이다. 아담의 죄는 먹지 말라 하신 선악과를 따먹은 죄이다. 흔히 우리 인간에게 덧씌워진 원죄의 굴레를 이름이다. 하나님의 지시를 거역한 것이 죄가 된 것이다. 거역하는 것이 죄가 되는 것인가? 아니면 전능하신 절대 하나님

의 지시를 거역해서인가? 그러면 죄란 무엇인가?

　죄(罪)와 죄(辠)의 소전이다. 허물/죄(罪)는 본래 물고기를 잡을 때 쓰는, 대나무로 만든 그물을 뜻하였다. 망(网)과 비(非)의 회의자이다. 본디 범죄의 뜻으로는 죄(辠) 자를 썼는데, 황(임금/황) 자와 비슷하다고 하여 진시황(秦始皇)이 罪 자를 대신 쓰게 한 다음부터 罪 자로 썼고, 뜻도 '허물' · ' 범죄' 등으로 굳어졌다. 사전의 설명이다. 허물/죄(辠)는 自와 辛의 회의자이다. 자(自)는 코를 상형한 것이고, 신(辛)은 여러 설(說)이 있지만, 글말 '신'과 견주면, '신나무' 곧 베틀신대를 상형한 것이다. 신나무는 아래로 신끈에 연결되고, 위로 잉아대에 연결되어 있는 베틀 구조상 한 부분의 명칭이다. 신나무를 당기면, 잉아대에 의해 날실이 엇들어 갈리며 북의 씨실이 지나가게 할 수 있다. 달리 뜨개질로 비유하면, 코를 뜨게 할 수 있는 역할이다. 즉, 코가 뚫리게 하므로 '메울' 뜻이 유추되고, 날실과 씨실이 꼬여지므로 '괴로울' 뜻이 유추될 수 있다. 그렇기 때문에 한말 '괴로움'은 '꾀어지는/끼이는(괴어지는) 마음'을 뜻한다고 볼 수 있다.

辛의 갑골문, 금문, 소전이다. 신(辛)은 신나무(베틀신대)로, 죄(辠)는 씨실과 날실이 코 뜨여진 것이고, 글말 '죄'는 '죄다(조이다)'의 준말이다. 결국 날실 씨실이 코에 죄어진 상태를 나타낸 글임을 알 수 있다. 마찬가지로 죄(罪) 역시 非를 날개의 상형으로 보면, 날개가 그물에 조여진 상태를 이름이다. 즉, 소에 코뚜레를 걸듯, 날개를 옥죄듯 하는 것이 '죄(辠/罪)'가 된다는 뜻이다. 한마디로 자유를 속박하는 것이 죄라는 뜻이다. 그리고 코는 숨의 비롯됨이다. 그렇기 때문에 목숨 곧 하나님의 숨결도 옥죄는 것이다. 남의 삶을 옥죄는 행위가 죄가 된다고 볼 수 있다. 나아가 자(自)는 '자내로(스스로)'의 뜻도 있으므로, 자기 자신을 또한 스스로 옥죄는 행위이기도 하다. 그러므로 아담의 죄는 선악과를 더 이상 자라지(무르익지) 못하게 옥죈 것이다.

시각을 달리하면 허물을 뒤집어쓰듯, 틀(우리)에 조이듯, 죄란 감옥에 갇힌 것이다. 그렇기 때문에 태어나면서부터 감옥에 갇히는 삶이 우리의 원죄가 된다. 두려움이란 마음에 허물이 둘리어 진 것이다. 아담이 벌거벗은 몸에 두려워하는 이유이다. 그러면 우리를 옥죄는 틀/허물/감옥은 무엇인가? 선악과를 먹지 말라는 하나님의 명령이다. 반대로 보면, 선을 이루지 못한 선악이 함께 있는 선악과를 먹지 말고 그 선악과를 온전하게 꽃피우는 것이다. 나아가 선을 완성하는, 하나님이 되는 것이다. 따라서 하나님이 되지 못한 삶은 사탄의 삶으로 죄의 굴레를 벗어날 수 없는 원죄의 삶이다. 뱀이 허물을 벗듯, 사탄의 허물을 벗으면, 악은 사라지고 선만 남는다. 감옥을 벗어난 자유를 얻게 되는 것이다. 이것이 또한 원죄의 역설이고, 우리 존재의 이유이다.

원죄에 대한 하나님의 심판은 어떠한가? 아담의 죄는 그 아내에서 비롯되고, 아내의 죄는 뱀에서 비롯되었다. 뱀의 죄는 또한 아담에서 비롯되었음을 행간에서 시사하고 있다. 뱀은 아담의 일부이기 때문이다. 아담과 그 아내 그리고 뱀이 서로의 꼬리를 물고 있는 형국이다. 가위바위보의 관계이고, 천지인의 관계이며 '일즉삼(一卽三) 삼즉일(三卽一)'의 관계이다. 아담의 아내는 아담의 갈비뼈이고, 뱀은 또한 아담의 가지가 그 증거로서 제시되고 있다. 결국 원죄의 근원은 아담이고 아담 안의 하나님이다. 하나님이 원죄의 근원이고, 하나님만이 그 죄를 벗어날 수 있다는 모순의 역설이고, 죄의 역설이다.

21

벌(罰)은
무엇인가?

　창3;14 여호와 하나님이 뱀에게 이르시되 네가 이렇게 하였으니 네가 모든 육축과 들의 모든 짐승보다 더욱 저주를 받아 배로 다니고 종신토록 흙을 먹을지니라 15 내가 너로 여자와 원수가 되게 하고 너의 후손도 여자의 후손과 원수가 되게 하리니 여자의 후손은 네 머리를 상하게 할 것이요 너는 그의 발꿈치를 상하게 할 것이니라 하시고 16 또 여자에게 이르시되 내가 네게 잉태하는 고통을 크게 더하리니 네가 수고하고 자식을 낳을 것이며 너는 남편을 사모하고 남편은 너를 다스릴 것이니라 하시고 17 아담에게 이르시되 네가 네 아내의 말을 듣고 내가 너더러 먹지 말라 한 나무 실과를 먹었은즉 땅은 너로 인하여 저주를 받고 너는 종신토록 수고하여야 그 소산을 먹으리라 18 땅이 네게 가시덤불과 엉겅퀴를 낼 것이라 너의 먹을 것은 밭의 채소인즉 19 네가 얼굴에 땀이 흘러야 식물을 먹고 필경은 흙으로 돌아가리니 그 속에서 네가 취함을 입었음이라 너는 흙이니 흙으로 돌아갈 것이니라 하시니라 20 아담이 그 아내를 하와라 이름하였으니 그는 모든 산 자의 어미가 됨이더라 21

여호와 하나님이 아담과 그 아내를 위하여 가죽옷을 지어 입히시니라

타락으로 인한 저주의 구절이다. 결국은 죄에 대한 하나님의 처벌 (處罰)을 나타낸다고 볼 수 있다. 그러면 벌(罰)은 또 무엇인가? 벌줄/ 벌(罰)은 꾸짖을/리(詈)와 칼/도(刀)의 회의자로 설명하지만, 각각의 망 (罒)과 언(言) 그리고 도(刀)의 회의자로도 볼 수 있다. 더불어 오늘날 벌(罰)에 대한 우리말은 달리 쓰이지 않는다. 한말은 없는 것인가? 있 다면 무엇인가?

벌(罰)의 금문과 소전이다. '벌을 주다/받다'의 의미는 죄의 대가를 주고받는 뜻이다. 죄의 우리말은 허물이다. 그러면 허물의 대가를 주 고받는 것이다. 반대로 말하면, 죗값으로 허물을 벗을 수 있는 대가를 말한다. 그러므로 허물을 벗게 하는 것이 벌(罰)이다. 더불어 벌(罰)의 글말 '벌'은 '(허물을)벌리다' 또는 '벗겨 일으키다'의 준말임을 알 수 있 다. 그러면 그물[망(网)]은 둘리고 덧씌우는 것으로 허물의 상징이다.

언(言)의 갑골문, 금문, 소전이다. 소전에서 신(辛)으로 바뀌었다. 어떤 시각이 작용된 것인가? 언(言)은 본래 마음을 드러내 알리다는

뜻이다. 신(辛)과 구(口)의 회의자로 바꾸어 나타낸 이유는 무엇인가? '[언]으로 코를 꿰어[신(辛)/베틀신대(신나무) 부르다(이르다)[구(口)]'는 구조이다. 즉, 글말 '언'은 '얼이 나오다 또는 나뉘다'의 준말로, '얼이 나뉘어(얼이 나와)[언] 한 코 한 코 (베를) 짜듯(뜨개질하듯) 매기어[신(辛)] 이르다(부르다)[구(口)]'는 의미로, 말이란 (각각의) 얼이 틀 씌워져 나와 (나뉘어) 이르는 것으로 시각이 바뀌었다는 방증이다. 그러면 한말 '말' 은 '마음의[마] 울(틀/집)[ㄹ]'의 준말이 된다. 말을 마음의 집이라 일컫는 까닭이다.

따라서 벌(罰)은 '마음의 집에[언(言)] 덧씌워 옥죄는 그물을[망(罒)] 칼로 도려내[도(刀)] 벌려서 벗는다[벌]'는 얼개이다. 즉, 죄(罪)가 삶(마음)을 덧씌워 조인[죄] 허물이듯, 벌(罰)은 그 허물[죄(皐)]을 벗어 버리는[벌] 것이다. 그런데 우리말에 허물이 벗겨지고 아물은 것을 뜻하는 '흉'이 있다. 그러면 '흉'은 '허물이[휴] 아물다[ㅇ]'의 준말로 볼 수 있다. 지금은 '아문 자리'와 '허물'의 뜻으로 함께 쓰이는 말이다. 분명한 차이가 있는 말인데 같이 쓰이는 이유는 무엇인가? 아마도 흉터가 지워지지 않고 그대로 남아 있음으로 함께 쓰이는 듯하다. 어쨌든 '허물을 아물게 하는 것'을 '흉'으로 보면, 벌(罰)의 우리말로도 볼 수 있다. 죄와 벌이 혼동되어 함께 쓰이는 이유이기도 하다. 나아가 흉터가 쉽게 지워지지 않듯, 벌(罰)의 엄중함(두려움)을 경계하는 말이기도 하다. 덧붙여 벌(罰)을 '흉'의 말자취로 보면, '얼의 틀[언(言)] 곧 삶에 상처를 입혀[도(刀)] 허물이 덧씌운 것을[망(網)] 벗겨 아물게 하는[벌] 것' 이다. 결국 벌(罰)이란 죄의 사슬(족쇄)를 푸는 열쇠의 의미를 가진다. 따라서 죄의 허물을 벗기 위해 지불해야 하는 대가 /수고로움/일 등으로, 죄 진 자의 의무이고, 소명(召命)이다. 우리 모두의 죄, 허물은 하나님이 되는 것이다. 그러면 우리의 벌(罰)은 하나님의 흉과 흉터를 지우는 일이다. 곧 하나님의 길을 닦는 것이다.

하나님이 뱀에게 내린 저주는 배로 다니며 종신토록 흙을 먹고, 대대손손 여자와 원수 되게 하며 여자에게 머리를 상하게 되고 다만 여자에게 그 뒤꿈치를 상하게 할 수 있을 뿐인 벌을 받았다. 발꿈치는 발의 힘줄이 닿아 있는 곳으로 발이 움직이는 힘의 근원이다. 발꿈치를 상하게 함은 그곳을 물고 모든 움직임을 붙잡고 마음대로 조정할 수 있다는 뜻이다. 머리는 얼이 깃든 곳이다. 뱀의 머리를 상하게 함은 머리가 붙잡힌 것으로 뱀의 생각이 온통 여자의 치마폭에 감싸인다는 뜻이다. 뱀은 여자 힘의 근원을 물고, 여자는 뱀의 근원을 감싸고 있는 형국이다. 여자와 뱀을 땅과 인간 또는 여자와 남자의 관계와 서로 견줄 수 있다. 인간은 땅을 파먹고 산다는 말이 있듯, 뱀이 종신토록 흙을 먹게 하신 이유와 통할 수 있기 때문이다. 그리고 뱀은 허물을 벗으며 거듭 태어나듯, "여자의 후손은 네 머리를 상하게" 함은 뱀은 여자로 말미암아서만 허물을 벗고 거듭날 수 있음을 암시한다.

원수는 서로 상존할 수 없는 관계로 모순과 같다. 모순의 역설은 사랑이다. 사랑만이 원수를 없앨 수 있다. 하나님이 서로 "원수가 되게" 하신 이유이고, 예수가 '원수를 사랑하라'하신 이유이다. 선과 악이 분리되면 서로에게 창과 방패로 원수가 됨이다. 선과 악을 하나로 잇는 것이 사랑이다. 원수를 사랑하심이 하나님이 되는 유일한 길이고, 죄 그 허물을 벗는 유일한 방법임을 계시하고자 함이다. 원수를 사랑하는 인고를 감내하지 않고는 결코 하나님을 볼 수 없다는 반증이기도 하다. 따라서 사랑은 참고 참으며 또 오래 참는 것이다. 여자에게 잉태하는 고통과 산고의 고통을 주신 이유이고, 아내는 남편을 감싸고 (사모하고), 남편은 아내를 북돋우게(다스리게) 하신 이유이다. 덧붙여 하나님이 여자에게 고통을 더 크게 하심은 인간이 직립하면서 더 크게 된 고통으로, 진화(하나님되기)의 고통이 갈수록 커진다는 암시로 볼 수 있다.

아담은 종신토록 수고하여야 그 소산을 먹되, 밭의 채소(식물)뿐이며 얼굴에 땀이 흘러야 하고 필경 흙에서 취함을 입어 흙으로 돌아가는 벌(罰)을 받았다. 아담은 하늘이면서 인간을 상징한다. 하나님의 명령(말씀/얼/소명)을 받았으며, 뱀의 가지를 뻗고 있음이다. 즉 인내천(人乃天)의 말미암이다. 그러면 뱀의 머리가 하늘이고, 몸이 인간을 상징한다. 그리고 아담과 뱀이 분리됨은 하늘과 인간이 원수 됨이다. 아담과 여자의 관계는 하늘과 땅, 그리고 인간과 땅의 관계이다. "땅은 너로 인하여 저주를 받"음은 하늘과 땅의 관계로 서로 나뉘면서 원수가 된 사이를 상징함이다. "너는 종신토록 수고하여야 그 소산을 먹"을 수 있음은 하늘과 인간의 관계로 하늘은 인간을 잉태한 땅을 북돋우어(수고하여), 즉 땅을 사랑하여 그 소산(땅이 잉태한 식물[인간])을 먹는 존재이고, 인간은 그 하늘이 낳은 존재라는 의미로 볼 수 있다. 다시 말해 인간은 하늘의 얼(머리)과 땅의 몸을 가진 존재라는 뜻이다.

따라서 인간(아담/뱀)은 땅(여자/흙)을 땀 흘려 일구고 씨(하늘/인간)를 뿌리는 벌이요, 땅(여자)은 하늘(뱀의 머리/남자)를 감싸 하늘(인간)을 잉태하고 기르는 벌이며, 하늘은 땅이 잉태하고 기른 인간을 낳는 벌을 받았다. 하늘 땅 사람의 관계이고, 가위바위보의 관계이다. 가위가 인간이고, 보가 땅이며 바위가 하늘이다. 순서대로 이기는 관계이고, 이김은 벌의 수단이며 짐은 죄의 말미암이다. 따라서 인간은 땅에 하늘길[죄(罪)]을 갈고 닦아야[벌(罰)] 하나님의 열매가 맺혀 하늘길 [허물]이 열릴 수[흉] 있음을 비유로서 나타냈다고 볼 수 있다. 더불어 우리가 '일'을 해야 하는 이유, 곧 일의 의미를 밝히고 있음이다.

"아담이 그 아내를 하와라 이름하였으니 그는 모든 산 자의 어미가 됨이더라" 여자는 땅과 같은 존재가 '하와'라는 뜻이리라. 그런데 아담은 왜 아내의 이름을 처음부터 짓지 않고 벌을 받고 난 후에야 그리한 이유는 무엇인가? 단순히 남자와 여자의 관계에서 벌(罰)과 함께 부각된 여자의 존재 이유만을 나타내는 것일까? 아담의 오만을 경계하고자 함이 아니겠는가? 죄를 범하기 전의 아담은 이름을 짓는, 곧 말할수 있는 것으로 충분히 만족하는 삶을 살았다고 볼 수 있다. 반대로 생각하면, 더 이상의 진화를 무시한 오만의 삶을 살고 있었다는 뜻이다. 그래서 아담에게 그의 아내는 그의 갈비뼈에 지나지 않고, 남자의 여자에 불과했었다는 의미이다. 그러나 하나님이 여자를 만든 이유는 아담의 일을 돕게 하고자 함이었다. 즉, 아담의 진화를 돕고자 함이다. 그렇기 때문에 이미 아담을 유혹하여 죄를 짓게 하였음을 행간에 암시하고 있었다. 선악과를 먹고 눈이 밝아 자아성찰을 유도하여 그 오만을 깨달아 부끄러움을 알게 했다는 뜻이다. 하늘(아담/남자) 곧 바위가 땅(여자) 곧 보에 짐을 상징하여 남자는 여자(땅/흙)를 사랑해야만 하늘길을 열 수 있음을 암시했다고 볼 수 있다.

그러므로 "여호와 하나님이 아담과 그 아내를 위하여 가죽옷을 지어 입히"신 까닭이다. 가죽은 껍질이고, 옷은 또한 가죽과 같다. 즉, 가죽은 허물과 같고, 가죽옷을 지어 입히심은 죄를 주고 벌을 받게 하심과 같다. 우리말 옷의 단위가 또한 '벌'이다. 단지 공교로운 일일 뿐이겠는가? 우리에게 옷(衣)은 예(禮)의 상징이다. 막말로 이해를 위해 보다 쉽게 비유하면, '병(病)을 주고 약(藥)을 파는' 경우와 같다. 정확한 비유는, 오만의 병이 든 줄도 모르는 아담을 치료하기 위해 꿀(여자)에 약을 타서(죄를 주고) 먹게(벌을 받게) 한 경우와 견줄 수 있다. 흔히 예수 그리스도의 십자가를 예표(豫表)했다고 하는 이유이지 않겠는가?

22

추방(追放)은
무엇인가?

창3;22 여호와 하나님이 가라사대 보라 이 사람이 선악을 아는 일에 우리 중 하나 같이 되었으니 그가 그 손을 들어 생명나무 실과도 따먹고 영생할까 하노라 하시고 23 여호와 하나님이 에덴동산에서 그 사람을 내어 보내어 그의 근본된 토지를 갈게 하시니라. 24 이같이 하나님이 그 사람을 쫓아내시고 에덴동산 동편에 그룹들과 두루 도는 화염검을 두어 생명나무의 길을 지키게 하시니라

추(追)의 갑골문, 금문, 소전이다. 추(追)는 '① 따를, 좇을 ② 쫓을, 내쫓을'의 서로 상반된 두 가지 뜻을 가진다. 즉, 졸졸 따라 다니는 뜻

과 내치는(내쫓는) 뜻을 동시에 가지는 글자이다. 한말 '좇다'는 옛말에 '좇다(따르다)'와 '쫓다(몰아내다)'의 뜻이 있었고, 오늘날은 '쫓다'에 그 두 의미가 있는 말로 변했다. 즉, 추(追)는 한말 '좇다(쫓다)'의 말자취임을 알 수 있다.

관(官)의 갑골문, 금문, 소전이다. 그리고 그 다음은 퇴(𠂤)의 고자(古字)라고 설명하지만, 자형의 형태는 글말 '퇴(퇴기다 / 힘을 모았다가 갑자기 탁 놓아 튀거나 내뻗치게 하다, 건드려서 갑자기 튀어 달아나게 하다)'와 견주면, 캐스터네츠(castanet) 타악기처럼 오무렸다 퇴기는 현상을 나타낸 것이다. 그래서 언덕/퇴(𠂤)는 '퇴기어진 흙을[퇴(𠂤)] 토닥이다[퇴]'는 얼개로, '언덕, 흙무더기, 높이 쌓이다' 등의 뜻이 유추될 수 있다. 그리고 벼슬/관(官)은 회의자로, 옛날에 일반 사람들은 구덩이를 파고 살았고, 관청은 흙더미 위에 지었기 때문에 그렇게 나타낸 것이라 설명하지만, 비논리적이다. 보이는 자형 그대로 '퇴기는 일[퇴(𠂤) 고자(古字)]을 관두게(그만두게)하는[관] 집(곳)[면(宀)]'의 얼개로, '관청(관사), 기관' 등의 뜻이고, '퇴기는 일을 감싸 보듬으며[면(宀)] 그만두게 하는[관] 이(것)'의 얼개로, '벼슬, 벼슬아치, 직무' 등의 뜻이 된다.

추(追)의 갑골문은 퇴(𠂤)의 고자(古字)와 지(之)의 회의자 또는 형성자[퇴 〉추]이다. 그렇다면 '퇴기어 가다'의 얼개에서 '따르고, 내치는' 의미를 동시에 가질 수 있는 '추'의 준말은 무엇인가? 한말 '추다'는 '남을 일부러 칭찬하다, 물건 따위를 찾아내려고 뒤지다, 들추다, 한쪽을

473

채어 올리다, 추스르다, 추리다의 잘못, 춤 동작을 나타내다' 등의 뜻
이 있다. 그렇기 때문에 '퇴기어[퇴(?)] 추어주어(칭찬하여 주어, 추어올리
어)/ 추켜잡아[추] 가다[지(之)]'는 얼개로, '쫓아(따라)가다'는 뜻이고, '
퇴기어[퇴(?)] 추어내어(들추어내어)[추] 가다[지(之)]는 얼개로, '쫓아내
다'는 뜻이다. 한말 '좇다(쫓다)' 역시 추(追)의 두 가지 뜻을 그대로 나
타내는 말이다. 그리고 '조이다(죄다) 또는 조개다(쪼개다)'의 의미는 '퇴
기다'와 서로 개연성이 있는 말이다. 곧 죄었다가 쪼개지며 떨쳐지는
현상이 또한 퇴기어지는 현상과 다름없기 때문이다. 그러므로 한말 '
쫓다'는 '조개어 떨쳐지며[조] 추어[ㅊ] 가다'의 뜻으로, 추(追)와 같은
얼개임을 알 수 있다.

　　방(方)의 갑골문, 금문, 소전이다. 갑골문은 공(工)이 가로로 누운 형
태와 도(刀)의 회의자로, '[방]을 고르게 이끌어 [공(工)] 반듯하게 도려
내다[도(刀)]'는 얼개이다. 　공(工)이 누운 형태를 반으로 가르며 도(刀)
가 있는 자형의 이유이다. 그리고 한말 '방'은 '윷판의 맨 가운데 자리'
를 뜻하듯, '바탕(사람의 타고난 성질이나 체질 또는 재질, 어떤 물건의 재료 또
는 품질, 직물이나 물체의 바닥 또는 빛깔)'의 준말이다. 그렇기 때문에 '바탕
을[방] 고르게 이끌어[공(工)] 반듯하게 도려내는[도(刀)]' 의미는 방의
주위를 반듯하게 도려내는 것으로, 정사각형을 만든다는 뜻과 같다. '
모, 각, 바를, 방향, 방위' 등의 뜻이 있는 이유이고, '곳, 장소, 방법'
등이 유추될 수 있는 까닭이기도 하다. 나아가 '바야흐로'는 '방' 글말

에 의한 가차임도 알 수 있다.

방(放)의 금문과 소전이다. 방(方)과 복(攵)의 형성자로, 글말 '방'은 '방내다(집안 살림을 죄다 없애다) 또는 바리어(아래아/버리어) 없애다'의 준말이다. 그러면 '바야흐로[방(方)] 치어(더러운 것을 그러내어, 청소하여)[복(攵)] 바리어 없애다[방]'는 얼개로, '내쫓다'는 뜻이 되고, '방내어[방] 치는(동물이 새끼를 낳아 퍼뜨리어, 가축을 기르다)[복(攵)] 방법[방(方)]'의 얼개로, '놓을, 풀어 줄, 멋대로 할, 방자할, 내버려둘' 등의 뜻이 유추된다. 즉, 내쫓을 뜻은 방귀(바리어 없애는[방] 구린 것/이[귀])의 얼개와 같고, 다른 뜻들은 방목(放牧)의 의미에 따른 유추이다.

쪼개어 내처짐은 세포분열처럼 성장의 다른 상징이고, 분열 후 다시 원점으로 되어가며 복귀하는 것은 본래의 모습을 회복하는 것으로, 이 또한 성장이며 되어감이다. 즉, 퇴기는 일은 다시 되돌아옴의 반작용이 전제된 개념이고, 방목 또한 다시 되돌아옴을 전제로 기르는 방법이다. "그의 근본된 토지를 갈게 하시니라" 하시는 까닭이다. 곧 사람의 근본은 하늘길을 닦는(땅을 가꾸는) 일에 있다는 뜻이다. "보라 이 사람이 선악을 아는 일에 우리 중 하나 같이 되었으니" 하시는 말씀이 그 증거이다. 하나님 말씀의 역설은 선악을 알아 선을 이루면 하나님과 같이 된다는 뜻이지 않겠는가? 덧붙여 "생명나무 실과도 따먹고 영생할까 하노라" 하심은 선을 이루지 않고 악으로만 영생하는 삶은 살아도 사는 것이 아니라는 반증이다. 생명나무 실과는 따먹지 말라고 하신 적이 없지 않은가? 따라서 "두루 도는 화염검을 두어 생명나무의 길을 지키게 하시니라" 하신 까닭이다. 곧 선(善)을 배제한(무시한) 악(惡)만의 영생을 막으시는 이유이다. 역설적으로 죽음이 있는 까닭이기도 하다. 곧 윤회의 상징이다.

그럼 '화염검(火焰劍)'은 무엇이겠는가? 불꽃 검이고, 검은 칼이며 가르는 것이다. 가름은 나눔이고 서로 구분 짓는다는 뜻이다. 불꽃은 사름이고 사름은 삶이다. 그렇기 때문에 불꽃검은 삶을 구분 짓는 검이라는 뜻이다. 두루 도는 불꽃검은 순환하는 불꽃검이고, 순환하는 삶을 구분 짓는 검이라는 뜻이다. 검을 심판의 상징으로 보면, 삶을 심판하는 것으로 반대로 죽음을 심판하는 것이다. 즉, 염라대왕의 심판과 비견되고, 나아가 불교의 윤회(輪廻)와 대응되는 개념으로도 볼 수 있다. 그러면 하나님 최후의 심판 날을 예비(豫備) 하심과 같다. 윤회(輪廻), 염라대왕의 심판, 하나님의 심판은 하나님이 될 때가지 끝없이 이어진다는 뜻으로, 심판의 날은 정해진 것이 아니라 항상 있는 날이고, 하나님이 될 때 비로소 끝난다는 의미이다. 나아가 놓을/방(放)은 방임(放任)의 뜻으로, '자유의지'의 다른 말이다. 우리 삶 곧 하나님 되는 길은 '자유의지'에 있다는 방증이기도 하다. 따라서 에덴동산에서의 추방(追放)은 사자가 낭떠러지에 새끼를 버리는 것과 같은 의미이다. 다시 말해 추방(追放)은 공을 튀기듯, 키질하듯, 얼을 퇴기며(튀기며, 키질하며) 추리어 가는 과정의 다름 아니다.

윤회는 시간의 순환이다. 하늘길이기 때문이다. "수많은 결정 가운데 그 어떤 것도 일곱 개의 면을 가진 것은 없다. 그 이유는 간단하다. 칠면체의 태어나지 않은 각들은 편평한 평면을 빈틈이 없이 완전히 덮거나 3차원 공간을 완전히 채울 수 없기 때문이다. 그래서 자연은 칠각형이나 칠면체를 그 기본 구조로 삼을 수가 없다. 그 대신에, 헵타드는 일곱 단계의 과정으로서, 즉 전체를 이루는 일곱 개의 독립적인 단계나 측면으로서 세상에 그 모습을 드러낸다. …… 신체가 자라는 과정, 즉 하나의 세포가 둘로 분열하는 과정을 들 수 있다. 이러한 유사 분열(2장 참조) 과정은 단순히 일곱 단계를 따라 일어나는 변환이다.〈「자연, 예술, 과학의 수학적 원형」 마이클 슈나이더 지음, 이충호 옮김, 2002. 1. 5., p.248~249, 경문사〉" 또는 "헬렌바흐 Hellenbach는 금세기 초에 펴낸 그의 저서에서 순환하는 모든 물체의 주기는 7의 수와 관계된다고 주장했다. 예컨대 음악은 7음 체계를 가지며(옥타브에서 7음 다음에는 다시 첫음으로 돌아간다), 화학 원소도 7의 질서에 입각해 있다는 것이다. 물론 헬렌바흐는 인간의 성장과 발전은 7과 9의 주기로 진행된다는 전래의 믿음을 다시 이어 받은 것이다.〈수의 신비와 마법, 프란츠 칼 엔드레스 · 안네마리 쉼멜/오석균 옮김, 1996. 2. 10., p.132~133, 고려원미디어〉" 그리고 " 7이라는 수는 데카드 안에서 중요한 위치를 차지한다. 7은 연결과 단절의 역할을 모두 담당한다. $1 \times 2 \times 3 \times 4 \times 5 \times 6 \times 7$은 $7 \times 8 \times 9 \times 10 (=5040)$과 같다는 점에서는 연결의 역할을 하지만, 7을 빼고 $1 \times 2 \times 3 \times 4 \times 5 \times 6$이 $8 \times 9 \times 10 (=720)$과 같다는 점에서는 단절의 역할을 한다. 7의 값은 존재할 때에나 존재하지 않을 때에나 그 위치는 10의 균형을 이루는 중심점의 역할을 한다. 데카드 내의 다른 어떤 수나 위치도 이런 역할을 하지 않는다.〈자연, 예술, 과학의 수학적 원형, p.224〉"에서 나타내는 수 7의 의미와 견주면, 하나님 심판(윤회)의 의미와 서로 대응된다고도 볼 수 있다. 즉, 우리말 일곱 곧 '하늘(일) 사랑(곱)'을 뜻하는 하늘길의 상징으로도 볼 수 있지 않겠는가?

23

제사(祭祀)는
무엇인가?

창4;1 아담이 그 아내 하와와 동침하매 하와가 잉태하여 가인을 낳고 이르

되 내가 여호와로 말미암아 득남하였다 하니라 2 그가 또 가인의 아우 아벨을

낳았는데 아벨은 양 치는 자이었고 가인은 농사하는 자이었더라 3 세월이 지

난 후에 가인은 땅의 소산으로 제물을 삼아 여호와께 드렸고 4 아벨은 자기도

양의 첫 새끼와 그 기름으로 드렸더니 여호와께서 아벨과 그 제물은 열납하셨

으나 5 가인과 그 제물은 열납하지 아니하신지라 가인이 심히 분하여 안색이

변하니 6 여호와께서 가인에게 이르시되 네가 분하여 함은 어찜이며 안색이

변함은 어찜이뇨 7 네가 선을 행하면 어찌 낯을 들지 못하겠느냐 선을 행치

아니하면 죄가 문에 엎드리느니라 죄의 소원은 네게 있으나 너는 죄를 다스릴

지니라

창세기 4장부터는 아담의 역사가 시작되며, 이는 하나님의 벌을 이

행하는 역사의 다름 아니다. "내가 여호와로 말미암아 득남하였다"하

신 까닭이다. 곧 가인을 낳음은 잉태의 고통과 모든 산 자의 어미가 되

478

는 하나님 벌의 이행을 뜻한다고 볼 수 있다. 그리고 세월이 지난 후에 여호와께 제물을 드렸다 함은 달리 제사(祭祀)를 드렸다는 의미이다. 제사를 드리는 이유는 무엇인가? 하나님이 요구하지도 않은 제물을 왜 드렸을까? 그러면 제사는 또 무엇인가? 제사의 사전적 의미는, '신령이나 죽은 사람의 넋에게 음식을 차려 놓고 정성을 나타냄, 또는 그런 의식'을 뜻한다고 한다.

제(祭)의 갑골문, 금문, 소전이고, 육(肉)과 윤(尹)의 갑골문이다. 제(祭)의 금문과 소전에 따라 육(肉)으로 인식의 틀이 고정되어 있지만, 육(肉)의 갑골문 자형은 구(口)가 왼쪽으로 누운 형태이고, 제(祭)에 나타난 자형은 오른쪽으로 누운 형태이다. 구(口)를 왼쪽으로 뉘어 육(肉)을 나타냈듯, 좌와 우를 그 방향으로 구분했듯, 갑골문의 자형은 그 변형의 형태에 따라 분명한 차이를 두어 그 뜻을 구분했다. 왼쪽으로 뉘어 먹는 것을 나타냈다면, 반대로 오른쪽으로 뉘어 아뢰어 말하는 뜻을 나타냈다. 즉, 아뢰는 것은 윗사람께 말씀 드려 알리는 것이듯, 뉘어 나타낸 뜻은 엎드려 공손히 말하는 뜻을 담기 위함임을 알 수 있다. 마찬가지로 고기 역시 공손히 받들어 먹어야 하는 음식임을 나타내기 위해 뉘어 표시한 것이다. 물론 금문 이후는 그런 구분 없이 사용되고 있지만, 그 참뜻을 망각했기 때문이고, 그 후로 글자가 꼬이기 시작했다는 방증이다.

더불어 오른쪽은 시각을 달리하면, 윤(尹)과 같은 얼개로도 볼 수 있다. 즉, 윤(尹)의 하늘뜻 그 십[丨]이 제(祭)에서 점점점으로 나누어진 현상을 나타낸 것이다. 다시 말해 다스릴/윤(尹)은 하늘뜻을[丨] 바로 잡아[우(又)] 유난스럽게(각별하게)[윤] 하는(세우는) 것을 뜻하듯, 하늘뜻을 점점점 차례차례(제때제때) 쌓아가며[점점점 丨] 거듭거듭 바로 잡아가는 [우(又)] 얼개로 볼 수 있다. 그렇다면 제(祭)는 '하늘뜻 그 얼을 차곡차곡 점점점 채워가며(다스려가며)[점점점 윤(尹)] 제가끔 제때마다 제기고(소장 訴狀이나 원서願書에 제사題辭를 쓰고 달리 축문祝文을 쓰고)[제] 하늘에(조상에) 아뢰다[구(口)]'는 얼개이다. 곧 지금까지 자신의 몸에 담은 얼(마음)을 하늘(하나님)에 아뢰는 것이 제사의 근본적인 의미라는 뜻이다.

하나님되기의 벌을 수행하는 과정에 있는 죄인으로서 최소한의 예의(禮誼)는 적어도 해마다 수행의 정도를 보여주는 것이어야 하지 않겠는가? "선을 행치 아니"한 "가인과 그 제물은 열납하지 아니하신" 까닭이리라. 그러므로 '선을 행치 아니하면(벌을 수행하지 아니하면) 죄가 문에 엎드리니라(허물이 하늘문에서 떨어지지 않으리라) 죄의 소원은 네게 있으나 (허물 벗기는 네 하기에 달려있으나) 너는 죄를 다스릴지니라(너는 오로지 허물을 일으켜 세워 벗겨내야만 가능하리라/ 하늘뜻을 점점점 채워가며 다스려야 한다)' 로 읽을 수 있다. 결국 우리의 육신이 허물이고, 허물 안에 하나님 말씀을 채워 여물게 해야 허물이 없어진다는 뜻이다.

사(祀)의 갑골문, 금문, 소전이고, 사(巳)와 자(子)의 갑골문이다. 사

(巳)는 어린아이를 그린 것으로 본래 자(子)와 같은 글자였다고 설명하지만, 갑골문의 자형은 분명한 차이가 있는 다른 글이다. 사(巳)는 정(丁)과 사(厶)의 형성자이다. 곧 사(巳)는 '자신의[사(厶)] 참[얼]을[정(丁)] 사리어(몸을 아끼어, 정신을 바짝 가다듬어)가다[사]'는 얼개이고, 자(子)는 '참된[정(丁)] 얼(씨앗)[십(ㅣ)]을 비어지게 틔워[一] 자라나다[자]'는 얼개이다. 다시 말해 사(巳)는 참으로 사리어 얼을 영글리는 직전의 현상이고, 자(子)는 다 자란 씨앗의 얼이 다시 새싹을 틔워 자라나는 모습을 나타낸 것으로 서로 상대적 관점의 차이가 있다. 그러므로 사(祀)는 시(示)와 사(巳)의 형성자로, '하늘뜻을 사르어(키질하여) 또는 사기어(새기어)[사] 참되게 영글어 가는 모습을[사(巳)] 하늘에 보여주며 알리는[시(示)]' 행위임을 알 수 있다. 하늘의 뜻은 우리가 하늘이 되는 것이고, 그 뜻을 잊지 않도록 가슴에 새기는 것이 또한 제사/사(祀)의 뜻이다. 그리고 사(巳)는 뱀이다. 즉, '사사로움을[사(厶)] 사르어(키질하여, 허물을 벗기며)[사] 참되게 하다[정(ㅁ)]'는 얼개로, 꽈리를 틀듯 사리는[사] 특성에 따라 허물을 벗는 뱀을 가차하여 나타냈다. 그리고 뱀은 또한 사탄이다. 그렇기 때문에 사(祀)는 뱀이 허물 벗듯, 그 거듭남의 허물 벗음 곧 진화를 보이고 알리는 의식임을 암시하고 있다. 또한 사탄의 유혹 그 악(惡)을 물리치고 선(善) 그 하나님으로 되어가는 것을 뜻하기도 한다. 따라서 제(祭)는 보이지 않는 내면의 모습을 축문으로 아뢰는 것이고, 사(祀)는 겉으로 드러난 영글은 모습을 나타내어 보여주는 것으로, 서로 함께 하여 제사(祭祀)로 나타내는 것이다.

땅의 소산인 농사의 수확물과 양의 첫 새끼와 그 기름의 차이는 무엇인가? 땅의 소산은 부끄러움을 모르는 자연적인 동식물의 삶을 뜻하고(의미상 그 시대는 자연채취의 농사로 보인다), 양의 첫 새끼는 얼을 잉태하여 새롭게 거듭남의 허물을 벗는 삶을 그리고 그 기름은 또한 불 밝

481

힘의 상징으로 선(善)을 갈망하는 삶을 뜻하며, 나아가 기름부음을 받은 자 예수의 구원을 예비함으로도 볼 수 있다. 더불어 양은 밝음 그 하늘빛의 상징이고, 미(美) 곧 선(善)의 상징이기도 하므로, 양치는 자는 그런 길을 가는 사람을 비유한 것임을 알 수 있다.

수확한 소산은 현재 자신의 깜냥과 비견되므로, 그 것을 제물로 바침은 또한 자신의 수행 정도를 보이며 알리는 행위로 비유될 수 있다. 가인의 수확은 그대로 악에 머무른 상태에 지나지 않음을 보인 것이었고, 아벨은 어느 정도의 선(善)을 이루었음을 시사하고 있다. 곧 벌의 대가를 어느 정도 갚았음을 나타낸다. 따라서 제사란 어떠해야 하는지 그 제사의 진정한 의미 또한 암시하는 것이다. 창세기는 계속하여 가인의 질투에 의한 아벨의 죽음과 셋의 탄생에서 5장 32절까지 이어지며 그 이후 노아의 자식에 이르는 아담 족보를 나타내고 있다.

24

세례(洗禮)는
무엇인가?

창6;1 사람이 땅 위에 번성하기 시작할 때에 그들에게서 딸들이 나니 2 하나님의 아들들이 사람의 딸들의 아름다움을 보고 자기들의 좋아하는 모든 자로 아내를 삼는지라 3 여호와께서 가라사대 나의 신이 영원히 사람과 함께 하지 아니하리니 이는 그들이 육체가 됨이라 그러나 그들의 날은 일백 이십년이 되리라 하시니라 4 당시에 땅에 네피림이 있었고 그 후에도 하나님의 아들들이 사람의 딸들을 취하여 자식을 낳았으니 그들이 용사라 고대에 유명한 사람이었더라

이 구절을 난해한 구절로 인식하는 것은 절대 하나님은 오직 한 분이신 유일신으로 보기 때문이다. "여호와 하나님이 가라사대 보라 이 사람이 선악을 아는 일에 우리 중 하나 같이 되었으니" 하신 것으로 미루어 하나님은 결코 한 분이 아님을 알 수 있다. 그렇기 때문에 "그 때에 사람들이 비로소 여호와의 이름을 불렀더라(창4;26)" 하신 까닭은 태초의 하나님과 여호와 하나님은 동일인이 아니라는 뜻이다. 즉, 여

호와 하나님은 후에 사람들이 하나님으로 추앙하여 부른 이름이라는 반증일 수 있다. 우리의 단군신화와 비교하면, 매우 유사한 구조를 이룬다.

환인(桓因)이 여러 자식 중 한 명인 환웅(桓雄)이 지상에 홍익인간(弘益人間)할 뜻이 있음을 아시고, 천부인 3개와 운사·우사·풍백과 더불어 무리 3천을 딸려 보내 신시(神市)를 세우게 하셨다. 후에 환웅이 사람의 모습으로 웅녀와 동침하여 낳은 단군왕검이 고조선을 열었다. 환인을 하나님으로 보면, 환웅은 하나님의 아들이고, 웅녀는 사람의 딸이다. "하나님의 아들들이 사람의 딸들의 아름다움을 보고 자기들의 좋아하는 모든 자로 아내를 삼는지라"는 내용과 거의 일치한다. 환인(桓因)의 '환'은 또한 '한'이다. 환한 밝은 빛이고, 하나라는 의미이다. 인(因)은 비롯됨이다. 빛이시며 하나의 비롯됨, 곧 하나님과 다를 바 없다. 웅(雄)은 숫(수)으로 환웅(桓雄)은 하나님의 씨 곧 하나님의 독생자를 뜻한다. 환웅은 후에 단군 자손의 하나님이 되었듯, 여호와의 이름이 아담의 후손에게 하나님으로 불리었다.

"여호와께서 가라사대 나의 신이 영원히 사람과 함께 하지 아니하리니 이는 그들이 육체가 됨이라 그러나 그들의 날은 일백이십 년이 되리라 하시니라" 육체만을 탐하는 사람 곧 악의 쾌락에 머무른 사람들은 하나님이 함께 할 수 없는, 달리 하나님의 신(씨앗) 곧 선(善)을 결코 잉태하지 못함을 강조하고자 함이며, 그러한 삶 또한 영생도 얻지 못하고 120년을 넘기지 못한다는 뜻이리라. 이는 사람의 육체에 하나님의 씨앗을 잉태하고, 120년의 짧은 삶임을 잊지 않고 부지런히 정진하여 시간을 결코 헛되이 보내지 말라시는 정언명령(定言命令) 곧 지상명령의 반어법과 같다. 그러나 사람이 하나님이 되기는 결코 쉬운 일이 아니므로 "창6;5 여호와께서 사람의 죄악이 세상에 관영함과 그 마

484

음의 생각의 모든 계획이 항상 악할 뿐임을 보시고 6 땅 위에 사람 지으셨음을 한탄하사 마음에 근심하시고" 하시는 까닭이다. 따라서 하나님되기 위한 길에 방해가 되는 악의 마음을 씻어 내리고자 하는 행위가 세례(洗禮) 의식이라 할 수 있다.

선(先)의 갑골문, 금문, 소전이다. 지(止)와 인(人)의 회의자이다. 한 말 '선'은 선을 보듯, '사람의 됨됨이를 가려 보는 일'을 뜻한다. 그러면 '선을 일으키는 일을[인(人)] 그만 멈추고[지(止)] 그 동안의 선을 서리어 남겨 놓은[선]' 상태를 나타낸 글이다. 즉, 사람의 존재이유를 일으키며 밝혀 나가다[인(人)] 멈춰 선 그때까지의 발자취를[지(止)] 서리어 남겨 놓은[선] 얼개로, '앞선, 먼저, (앞서 간)조상' 등의 뜻이다.

세(洗)의 갑골문과 소전이고, 수(水)의 갑골문이다. 세(洗)의 갑골문은 물이 아닌 그 생략형으로 나뉘고[팔(八)] 나뉘듯[팔(八)] 점점이 떨어지는 현상을 나타내어, 씻는 수단[수(水)]을 암시하고 씻겨 떨어지는 대상 그 때를 나타냈다고 볼 수 있다. 어쨌든 선(先) 글말의 형성자이다. 그러면 '앞 서 묻은 때(허물)를[선(先)] 싯(씻)어내어[선] 떨쳐내다

485

[(수(水)의 생략형]'는 얼개로, 하얗게(깨끗하게) 닦아지는 뜻이 세는(머리털이 희어지는) 의미와 동화되어 '선 〉 세'의 변형이 추측된다.

물은 씻김의 상징이다. 세례(洗禮)란 '물로 씻어 내리는 예식'이다. "창6;7 가라사대 나의 창조한 사람을 내가 지면에 쓸어버리되 사람으로부터 육축과 기는 것과 공중의 새까지 그리하리니 이는 내가 그것을 지었음을 한탄함이라 하시니라" 하심은 죄악에 찌든 몸과 마음을 씻어 내리겠다는 강조 어법으로 볼 수 있다. 한말글 세(洗)의 의미와 별반 다르지 않다. "8 그러나 노아는 여호와께 은혜를 입었더라" 하시고, "노아는 의인이요 당세에 완전한 자라 그가 하나님과 동행하였으며" 하시는 것이 그 증거이다. 즉, 노아는 선(善)의 상징으로 선을 행하기 위해 그 장막인 앞날의 악에 찌든 모든 때를 씻어 내리려는 마음가짐을 비유한 것으로 볼 수 있다. 산삼을 캐기 전에 목욕재계(沐浴齋戒)하는 심마니들의 의식과 같다고 볼 수 있다. 따라서 노아의 방주는 선(善)의 상징이므로, 홍수의 심판은 세례의 상징으로 노아의 방주를 목욕재계시키는 것과 같다. 따라서 창6장 10절부터 7장과 8장은 인류 대홍수 사건을 세례의식과 비유한 '노아의 홍수 극복기' 스토리텔링으로 볼 수도 있다. 세례식은 또한 거듭남이고, 허물 벗기와 다름없기 때문이다.

25

밥(食)은
무엇인가?

창9;1 하나님이 노아와 그 아들들에게 복을 주시며 그들에게 이르시되 생육하고 번성하여 땅에 충만하라 2 땅의 모든 짐승과 공중의 모든 새와 땅에 기는 모든 것과 바다의 모든 고기가 너희를 두려워하며 너희를 무서워하리니 이들은 너희 손에 붙이웠음이라 3 무릇 산 동물은 너희의 식물이 될지라 채소같이 내가 이것을 다 너희에게 주노라 4 그러나 고기를 그 생명 되는 피 채 먹지 말 것이니라 5 내가 반드시 너희 피 곧 너희 생명의 피를 찾으리니 짐승이면 그 짐승에게서, 사람이나 사람의 형제면 그에게서 그의 생명을 찾으리라 6 무릇 사람의 피를 흘리면 사람이 그 피를 흘릴 것이니 이는 하나님이 자기 형상대로 사람을 지었음이니라 7 너희는 생육하고 번성하며 땅에 편만하여 그 중에서 번성하라 하셨더라

인간에게 땅의 모든 동식물을 식물(食物), 즉 먹이로 주며 땅에 충만하여 생육하고 번성하라 하시되, 고기를 생명 되는 피 채 먹지 말라 명하시는 내용이다. 그러나 피를 흘리지 않고 고기를 어찌 먹을

수 있는가? 모든 것이 하나님의 피조물이고, 모든 것에 하나님이 깃들어 있듯, "이는 하나님이 자기 형상대로" 지으셨기 때문이다. '만물에는 영(靈)이 깃들어 있다'는 정령(精靈)신앙(信仰)의 근간이기도 하다.

'샤머니즘에 대한 또 다른 해석들 중에는 자신이 살기 위해 누군가를 죽여야 하는 필연성과 관련하여 사냥꾼의 종교로 보는 견해도 있다. 우주 만물의 균형에 대한 샤먼의 관점은 동물을 잡아먹는 대신, 그 영혼에 대가를 지불한다는 관념에서 주로 찾아볼 수 있다. 그리고 대부분의 공동체에서 샤먼은 그 대가를 협상하기 위해 동물 영의 주인에게로 날아가기도 한다.〈샤먼 THE SHAMAN, 피어스 비텝스키 지음, 김성례 · 홍석준 옮김, 2005. 5. 16., p.11, 창해〉'

육식을 금하는 불교의 근간을 제공하는 논리이기도 하다. 그러나 살아있는 모든 생물은 먹어야 살 수 있다. 그 먹이감 또한 모든 생물이다. 모든 생물은 서로에게 먹이감이 되는 존재 법칙이 또한 자연의 법칙이기도 하다. 그리고 모든 생물은 하나님의 피조물로 하나님의 성령이 깃들어 있다. 그렇기 때문에 먹이 또한 하나님 희생의 사랑이다. 예수의 십자가 보혈(寶血)이 그 상징이다. 곧 피는 희생의 상징이 되는 이유이다. 더불어 피는 모든 생물을 피우는 것이듯, 성령의 다른 일면이기도 하다. 그 생명의 희생이 우리의 먹이이다. 어찌 하나님의 희생을 헛되게 할 수 있겠는가?

지노귀새남은 죽은 사람의 넋이 극락으로 가도록 베푸는 굿으로, 시왕가름, 씻김굿 등과 같고, 줄여서 지노귀 또는 새남이라고도 한다. 그 굿의 순서가 진지노귀굿으로부터 시작하고 여러 단계를 거쳐 새남굿으로 끝이 난다. 이 과정을 간략하여 '지노귀새남'이라 부른다고 할 수 있다. '새남'은 그 의미상 '새로 나옴'의 준말로 '새로 극락에 태어나기'를 기원하는 뜻이다. 하면 '지노귀'는 '진오귀'로서 '진(지은) 넋이' 곧 죽은 귀신을 뜻한다고 볼 수 있다. 우리가 먹는 음식 또한 다른 생명체의 죽음이고, 그 죽은 자의 넋이 깃든 것이다. 그 망자께 드리는 씻김굿이 지노귀새남이고, 진지노귀굿으로 시작한다. 진지노귀 굿을 줄이면 '진지'로, 한말 진지(어른을 높이어 그의 '밥'을 이르는 말)의 어원이다.

식(食)의 갑골문, 금문, 소전과 두(豆)의 갑골문 그리고 급(皀)의 소전이다. 즉, 식(食)은 집(亼)과 급(皀)의 회의자이고, 급(皀)은 백(白)과 입(立) 또는 명(皿)의 생략형으로, 두(豆)의 갑골문 얼개와 같은 시각에 의해 만들어진 글자임을 알 수 있다. 다시 말해 급(皀)은 본래 '급자기(갑자기)[급] 횡사(橫死)하여 이바지(희생)한 뜻을 세워(담아)[입(立)/명(皿)] 밝히어(기리어) 아뢰다[백(白)]'는 얼개이다. 그리고 집(亼)은 입(人)과 일(一)의 회의자로, '하늘뜻을[일(一)]을 들이어[입(人)] 집피다(지피다/사람에게 신의 영이 내려 모든 것을 알게 되다)[집]' 또는 '하나로[일(一)] 들이어[입(人)] 집다[집]'는 얼개이다. 곧 하늘뜻 그 소명을 간직한 뜻과 모을 뜻이 있다. 따라서 식(食)은 '하늘뜻 그 소명을 수행하다[집(亼)] 갑자기 이바지하게 된 뜻을 세워(담아)[급(皀)] 못다한 소명을 대신하여 시키기를[식] 밝혀 아뢰다[백(白)]'는 얼개로, 한말 '진지'의 말자취임을 알 수 있다.

489

한말 '마시다'는 '마음을[마] 이시다(잇다)/시므다(심다)[시다]'의 준말로, 그 희생의 뜻을 내 몸에 잇고, 심는다는 의미이다. 그리고 '모시다'는 마찬가지로 '희생의 싹을[모] 이시다(잇다)/시므다(심다)[시다]'의 준말이고, 더 줄이면, '뫼' 곧 묘(墓)와 옛날 밥의 뜻이다. 또한 '뫼'는 일반적인 '밥'의 뜻으로, '메'는 제삿밥의 의미로 주로 쓰였다. 덧붙여 '삼키다'는 '삼(살아감/삶/숨/심)을 키다(ㅎ혀다/켜다, 키우다, 불밝히다)'의 준말임을 알 수 있다. 식(食)이 '사' 글말이 되면 '사르는/사라는/사기는(새기는)[사] 것'의 준말로, '먹다'는 의미가 되는 것이 그 방증이다. 이처럼 우리가 먹는 음식과 먹는 행위는 진지노귀이고, 진지노귀굿을 하는 행위와 다름없으며, 영혼은 부디 극락왕생하시어 천국에 새로 태어나듯, 육신은 내 몸에서 나와 하나로 새로 태어나길 염원하는 행위와도 진배없다. 이것이 식(食)이고, 한말 '진지'와 결코 다르지 않다. 결국 다른 생명의 목숨 값이다.

따라서 "무릇 사람의 피를 흘리면 사람이 그 피를 흘릴 것이니 이는 하나님이 자기 형상대로 사람을 지었음이니라"하신 까닭이다. 결국 피 채 먹지 말라 하심은 피 그 희생의 의미를 되새기며, 함부로 살생하지도 말고 포식하지 말라는 의미이기도 하다. 불교의 채식주의와 다른 시각을 보이는 대목이기도 하다. 동물은 배를 채우면 더 이상 먹지 않는다. 삶을 다하면 흙으로 돌아가 흙을 살찌우듯, 모든 생명은 서로에게 밥이 되는 존재로서 서로 밥이 되며 자연이 우주가 자라는(팽창하는) 것임을 나타낸다. 그렇게 "땅에 편만하여 그 중에서 번성하라 하셨더라"

우리말 '여덟'은 '이어[여(잇달아)] 땅사랑[덟]'의 의미를 가진다. 또는 '땅사랑[덟]을 여는[여] 것'을 뜻할 수도 있다. 우리는 땅을 잇달아 가꾸어 넓혀야 하는 존재이고, 나아가 이는 우주 팽창 곧 원심력의 원리

490

를 나타내는 말로도 볼 수 있다. 노아의 방주는 그리스도 구원의 예표(豫表)로서 나타낸다고 한다. 이는 팽창 곧 성장으로서 하나님되기(구원)의 예표임은 당연하다. 노아의 방주는 결국 우리말 숫자 여덟 곧 성장(원심력)의 의미와 결부된 홍수 극복기로 볼 수 있다.

26

무지개는
무엇인가?

창9;8 하나님이 노아와 그와 함께한 아들들에게 일러 가라사대 9 내가 내 언약을 너희와 너희 후손과 10 너희와 함께한 모든 생물 곧 너희와 함께한 새와 육축과 땅의 모든 생물에게 세우리니 방주에서 나온 모든 것 곧 땅의 모든 짐승에게니라 11 내가 너희와 언약을 세우리니 다시는 모든 생물을 홍수로 멸하지 아니할 것이라 땅을 침몰할 홍수가 다시 있지 아니하리라 12 하나님이 가라사대 내가 나와 너희와 및 너희와 함께하는 모든 생물 사이에 영세까지 세우는 언약의 증거는 이것이라 13 내가 내 무지개를 구름 속에 두었나니 이것이 나의 세상과의 언약의 증거니라 14 내가 구름으로 땅을 덮을 때에 무지개가 구름 속에 나타나면 15 내가 나와 너희와 및 혈기 있는 모든 생물 사이의 내 언약을 기억하리니 다시는 물이 모든 혈기 있는 자를 멸하는 홍수가 되지 아니할지라 16 무지개가 구름 사이에 있으리니 내가 보고 나 하나님과 땅의 무릇 혈기 있는 모든 생물 사이에 된 영원한 언약을 기억하리라 17 하나님이 노아에게 또 이르시되 내가 나와 땅에 있는 모든 생물 사이에 세운 언약

우리말 '무지개'의 어원은 '믈(水) + 지게(戶)'로 알려져 있다. '(하늘에) 물방울이 만든 문'의 의미이다. 한말글은 홍(虹)과 예(霓/蜺)가 있다. 물과 관계되는 것은 예(霓)이다. 아(兒) 글말의 형성자로 보면, 무지개의 형태와 견주어 '아리(다리)'의 준말로 볼 수 있다. 즉 '비[우(雨)] 다리[아(아리)]'로 '빗방울에 비치어 이루는[雨] (하늘의) 다리[아리]'의 의미이다. 그러면, 홍(虹)과 예(蜺)의 훼(虫)는 무엇인가? 무지개는 하늘을 여는 문으로 인식되기도 하지만, 하늘로 가는 다리로서도 각인되어있다. 흔히 무지개다리라 부르듯, 어쩌면 하늘에 닿는 다리이면서 다리 건너 하늘을 여는 문으로 보기 때문이다. 그 하늘 다리는 또한 용이 용오름을 일으키듯, 비 온 뒤에 용이 만든 용의 모습이기도 하다.

홍(虹)의 갑골문과 소전이고, 룡(龍)의 갑골문과 금문이다. 홍(虹)과 용(龍)의 갑골문을 비교하면, 홍(虹)은 두 마리 용(龍)이 무지개를 이룬 현상을 나타낸 글자임을 알 수 있다. 그러면 소전의 훼(虫)는 용(龍)을 나타낸 것이다. 글말 '홍(공)'은 '휘어(고부려/고리 지어) 이루다/엮다'의 준말로, 동그라미를 그리다(만들다)는 의미이다. 그래서 홍(虹)의 갑골문은 용이 둥그렇게 만든 문 또는 다리이기도 하다. 더불어 예(蜺)는 직접적으로 '용[훼(虫)]이 다리를[아(兒)/아리] 놓았다'는 뜻이다. 그렇다면 우리말 무지개의 '므'는 물(水)이 아닌 물의 신(神) 미르(龍)로서 나타냈음을 알 수 있다.

무지개는 해가 없으면 결코 존재할 수 없다. 해는 하늘의 씨앗을 상징한다. 그렇기 때문에 무지개는 하늘의 씨앗이 잉태되었음을 상징하는 것으로 볼 수 있다. 곧 이 세상의 하늘문을 열고 하늘길의 다리를 걸어 놓으며 저 세상의 하늘문을 예비하심이다. 용은 비바람을 일으키며 용오름 친다. 비바람이 홍수를 일으키며 악에 찌든 대지를 청소한다. 아기씨를 받기 전 자궁의 모습과 동일하다. 뱀이 사탄에 비유되었듯, 아기씨 곧 여의주를 입에 문 용(龍)은 결코 사탄이 아닌 천사의 상징이다. "그 날에 큰 깊음의 샘들이 터지며 하늘의 창들이 열려〈창7;11〉" 비를 쏟아 홍수를 일으켜 심판하심은 아기씨를 받기 전에 청소하심과 같다. 하나님의 아기씨를 잉태함은 홍수가 끝나고 하늘길 그 다리가 놓이며 하늘문을 예비하심과 같다. 홍수는 다시 일어나지 않는다. 잉태된 하나님의 아들이 무지개를 만든다. 우리 모두는 하나님의 독생자로서 그 무지개를 이미 가슴 속에 간직하고 있음을 또한 암시하는 구절이다. 예(霓)에 아(兒)가 있는 까닭이다. 즉, 비 온 뒤 무지개가 하늘에 걸림은 하늘뜻이 잉태된 상징으로, 하나님 무지개 언약의 예표이다. 그렇게 10장 32절까지 이어지며 노아의 자손들에게서 땅의 열국 백성이 나뉘었음을 나타낸다.

27

암(癌)은
무엇인가?

　창11;1 온 땅의 구음이 하나이요 언어가 하나이었더라 2 이에 그들이 동방으로 옮기다가 시날 평지를 만나 거기 거하고 3 서로 말하되 자, 벽돌을 만들어 견고히 굽자 하고 이에 벽돌로 돌을 대신하며 역청으로 진흙을 대신하고 4 또 말하되 자, 성과 대를 쌓아 대 꼭대기를 하늘에 닿게 하여 우리 이름을 내고 온 지면에 흩어짐을 면하자 하였더니 5 여호와께서 인생들의 쌓는 성과 대를 보시려고 강림하셨더라 6 여호와께서 가라사대 이 무리가 한 족속이요 언어도 하나이므로 이같이 시작하였으니 이 후로는 그 경영하는 일을 금지할 수 없으리로다 7 자, 우리가 내려가서 거기서 그들의 언어를 혼잡게 하여 그들로 서로 알아듣지 못하게 하자 하시고 8 여호와께서 거기서 그들을 온 지면에 흩으신 고로 그들이 성 쌓기를 그쳤더라 9 그러므로 그 이름을 바벨이라 하니 이는 여호와께서 거기서 온 땅의 언어를 혼잡게 하셨음이라 여호와께서 거기서 그들을 온 지면에 흩으셨더라

한 족속으로 하나의 언어로 곧 한 마음으로 성과 대를 쌓으면 하늘에 닿을 수 있다는 역설이다. 또한 땅에 충만하여 번성하였으면 더 이상 흩어짐을 마치고 이제는 서로가 한 마음으로 하늘길을 열어야 한다는 뜻이기도 하다. 우리 속죄의 길은 하늘길을 여는 것이다. 땅에 충만하여 번성함은 하늘길을 내는 일이고, 하늘길을 냈으면 그 길을 닦아 하늘문을 열어야 한다. 즉 원심력으로 팽창하여 성장을 다하면, 다시 구심력으로 수축하여 씨앗 곧 새로운 하늘문을 여는 것이다. 이것이 자연의 섭리이고 우리 속죄의 길이다. 그렇기 때문에 "하늘에 닿게 하여 우리 이름을 내고"는 우리 속죄의 이름 곧 그 허물을 벗는 길은 하늘에 닿는 것뿐이라는 의미로 읽을 수 있다.

오늘날 가장 무서운 병 중의 하나인 암(癌)이 무서운 이유는 성장을 멈추지 못하고 그 조절 능력이 상실된 세포이기 때문이다. 암세포의 그 성장 비밀과 그 조절 능력을 밝히면 영생의 길이 열릴 수도 있을지 모를 일이다. 어쩌면 생명나무의 열매가 암(癌)일 수도 있을 개연성이 있다.

"암세포는 분화가 되기 전에 다시 분열을 하는 것은 물론이고 끊임없이 증식을 한다. 정상세포는 제 둘레에 분열된 다른 세포가 둘러싸면 가운데 들어 있는 세포는 세포분열을 중단하는 특징이 있으나 이들은 그렇지 않다. 마치 한 집안에 할머니, 시어머니, 며느리와 나이 어린 딸까지도 임신하는 꼴이다. 이런 집안에 식구 수가 엄청나게 늘어날 수밖에 없듯이, 암은 계속 종양(혹, tumor)을 만들고 그 종양은 계속 부피가 커지는 것이다. 다시 말해 정상세포는 일정한 횟수만큼만 분열하고 정지하지만 암세포는 거의 영구적으로 분열하는, 조절능력을 상실한 미치광이 수퍼(super)세포인 것이다. 〈인체 기행 – 권오길 교수와 함께 떠나는 인체탐방, 권오길 지음, 2003. 7. 11., 지성사, p. 278~286, '조절능력을 상실한 미치광이 세포, 암' 중에서〉"

암(癌)과 암(嵒)의 소전으로, 암(癌)은 소전시대 이전부터 발견되어 있었다는 방증이다. 암(嵒) 글말의 형성자이고, 새 살이 아물려진 것처럼 곧 혹처럼 바위[암(嵒)]처럼 생기는 병으로, '암글다(아물다)'의 준말이다. 그러나 오늘날에 알려진 암세포의 특성으로 견주면, 암컷과 같은 배아(胚芽) 능력의 '암'일 수도 있고, 남을 미워하고 샘하는 마음이 많다는 뜻의 '암(상)하다'와 '암구다(암내 난 짐승에게 흘레를 붙이다), 암지르다(주된 것에 몰아붙여서 하나가 되게 하다), 암팡지다(몸은 작아도 당차고 강단이 있다)' 등의 준말로도 볼 수 있다. "암세포는 다른 세포와 달리 분열이 쉬지 않고 일어나기 때문에 양분(포도당, 아미노산 등)을 … 과소비 세포요, 일종의 기생 세포인 것이다. … 암조직이 커지면 기관을 눌러버려 정상적인 기능을 못 하게 하고, 조직이나 기관에 분포되어 있는 혈관을 터뜨려 출혈로 사망에 이르게 한다. 또한 면역기능이 50% 정도로 저하되어 폐렴 등의 합병증에 의해 사망에 이르기도 한다. 그러나 아직도 그 정확한 원인과 결과는 설명하지 못하고 있다. 〈앞 책〉"

하늘문은 모두가 한마음으로 뭉쳐야 열리는 것인데, 각자 흩어져 끼리끼리 성과 대를 쌓으니 암(癌)과 같은 탑으로 결코 하늘에 닿는 성은 쌓을 수 없다는 반증이다. "그들을 온 지면에 흩으신 고로 그들이 성 쌓기를 그쳤더라" 하신 이유이다. 따라서 바벨탑은 암(癌)과 같은 탑임을 상징한다고 볼 수 있다. 다시 말해 암을 극복하면 하늘에 닿을 수 있는 탑이고 그렇지 못하면 암에 의해 산산이 부서지는 사상누각(沙上樓閣)같은 탑이라는 역설이다.

품(品)의 갑골문, 금문, 소전이다. 입/구(口) 셋은 삼권분립과 같은 삼위일체의 상징이다. 글말 '품'은 '품다(무엇을 품속에 넣거나 가슴에 안다, 함유하다, 포함하다, 어떤 생각이나 감정을 마음 속에 가지다)'의 준말이다. 그러면 품(品)은 '여러 방면의 의견을[품(品)] 품어 안아주다[품]'는 얼개로 '품격'의 뜻이 되고, '각각의 말(입)마다[품(品)] 품고 있는 마음이 있다[품]'는 얼개로 '물건과 등급, 차별' 등의 뜻이 되며, 그 품격의 차등에 따라 품계(品階)같은 '벼슬 차례'의 뜻이 유추된다. 암(嵒)은 품(品)과 산(山)의 회의자로, '산에서[산(山)] 암팡지게[암] 품격을 유지하는[품(品)] 것'이 '바위'이고, '산이 높고 우뚝 솟은 모양' 등의 뜻이 된다. 그렇기 때문에 암(癌)이 암(嵒)의 형성자인 까닭은, 암(癌)을 극복하면, 품격을 갖춘 산의 정상 그 하나님 나라의 문을 열 것이고, 그렇지 못하면, 암만해도 암적(癌的)인 존재밖에 되지 못한다는 교훈을 담기 위함이다.

암(癌)은 앞으로 우리 인류가 풀어야 할 숙제이다. 숙제는 또한 시험문제와 같다. 곧 하나님이 주신 시험문제이다. 하나님은 결코 풀 수 없는 문제를 내지 않는다. 문제를 풀 때 비로소 새로운 세상이 펼쳐지며 또한 다시 풀 수 있는 새로운 문제가 제시된다. 하나님이 될 수 있을 때까지 이어질 것이다. 따라서 하나님이 주시는 시험은 그 단계의 하늘길 계단과 같다. 그 계단을 밟고 넘어야 다음 계단을 밟을 수 있는 이치이다. 힘들면 잠시 쉬고 가면 또 다시 갈 수 있는 힘이 생긴다. 주기도문 '시험에 들지 말게 하옵시고'는 '시험을 극복할(견딜) 수 있게 하옵시고'의 오역이다. 오역이 아닌 왜곡이다. 악(惡)이 곧 시험이다. 악할 수밖에 없는 우리에게 모든 것은 악의 시험이다. 그 시험을 하나하나 풀어 나가는 것이 우리의 길이고 하늘길이다. 그리고 그 계단의 탑들이 바벨탑이리라. "여호와께서 거기서 그들을 온 지면에 흩으셨더라" 하신 까닭의 역설이다.

"그들의 언어를 혼잡게 하여 그들로 서로 알아듣지 못하게 하자" 하심은 또한 서로 마음이 달라져 언어가 혼잡게 되었다는 반증이다. 나아가 서로의 마음이 달라진 이유는 언어가 혼잡된 곧 분화된 원리에 있다는 뜻이다. 그럼 마음은 왜 서로 달라진 것인가? "서로 말하되 자, 벽돌을 만들어 견고히 굽자 하고 이에 벽돌로 돌을 대신하며 역청으로 진흙을 대신하고 또 말하되 자, 성과 대를 쌓아 대 꼭대기를 하늘에 닿게 하여 우리 이름을 내고 온 지면에 흩어짐을 면하자 하였더니" 하는 이유이다. 즉 하늘에 닿는 길은 흩어지지 않고 서로 한마음으로 탑을 쌓아 가야 하는데, 벽돌로 돌을 대신하고 역청으로 진흙을 대신하기도 하며 또 성도 쌓고 대도 쌓자 하며 서로 그 방법이 달라졌기 때문이라는 암시이다. 각자 자신의 방법이 최고라고 우기면서 갈라졌다는 뜻이다. 다시 말하면, 바벨탑은 문자의 탑 곧 언어의 탑임을 암시한다. 벽돌과 역청 등의 문자가 발명되며 그것을 재료로 언어의 탑을 다시 쌓았다는 비유로 볼 수 있다. 또한 같은 문자로도 성을 쌓는 방법과 대를 쌓는 방법 등에 따라서 서로 달라질 수 있음을 시사하고 있다.

바벨탑 신화의 가르침은 마음이 서로 다르게 갈라지면 말이 달라지고, 말이 달라지면 서로 마음을 하나로 모으지 못하므로 끝없이 서로 반목할 수밖에 없다는 경고이다. 반대로 흩어진 서로의 말을 다시 배우면서 서로를 이해하고 서로 한마음으로 모아 결실(하늘문)을 맺는 계기로 삼으라는 뜻도 시사한다고 볼 수 있다. 즉 흩어져 팽창된 마음을 다시 하나로 수축하여 열매를 맺게 하라는 뜻이다. 그래서 이제는 서로의 언어를 배우며 서로를 이해하고 다시 뜻을 모아 처음의 하나 된 언어로 돌아갈 때가 되었음을 나타내기도 한다. 씨앗은 흩어진(분화된) 마음을 서로 이해하며 하나 되는 과정 속에서 여물려진 것이지 않겠는가?

흔히 아홉수는 고난과 역경(逆境)의 상징처럼 인식되어 있다. 나아가 징크스(jinx)같은 개념으로도 확대되어 있다. 그러한 이유는 무엇인가? 숫자 아홉(9)에 그러한 상징성을 내포하고 있기 때문이다. 그 상징성은 아홉의 어떤 의미에서 나타나는가? '삼 년 고개'라는 우리 전래 동화가 나타내고자 하는 상징성과 같은 의미에서 이다. 삼 년 고개는 삼진법 체계에서 마지막이며 새로운 시작의 상징이다. 끝이 마지막이 되지 않기 위해선 다시 처음과 고리를 이루어야 새로운 시작이 될 수 있다. 곧 순환 고리가 끊기면 모든 것의 처음과 끝만 있게 된다. 한 번에 삼 년 밖에 살 수가 없게 된다. 그러나 굴려서 고리를 만들면 굴리는 대로 돌아간다. 처음과 끝이 사라진다. 끝이 없는 삶은 또 어떠한가? 끝이 있는 삶과 다를 바 없다. 그래서 삼재(三災)가 되는 것이 아니겠는가? 삶이 고(苦) 또는 악(惡)이기 때문이다.

삼재는 불교의 개념이다. 흔히 '전란 · 질병 · 기근'의 소삼재(小三災)는 인재(人災)를, '화재(火災) · 수재(水災) · 풍재(風災)'의 대삼재(大三災)는 천재(天災) 곧 자연재해를 일컫는다. 아홉은 삼재가 다시 3번 거듭된 것이다. 그리고 아홉은 십진법으로 이행되기 직전의 수이고, 다시 삼진법의 마지막 수이기도 하다. 즉 네 번째 삼진법의 이전 수이다. 다시 말해 수 9는 십진법과 12진법의 문턱에 있는 수이다. 곧 역학에서 10간과 12지의 갈림길에 놓인 수이다. 다시 삼 년 고개에 있는 형국이다. 한 번 더 넘어지면 12지지로 넘어 가고, 넘어 지지 않으면 10천간으로 넘어 가는 꼴이다. 곧바로 하늘문을 여느냐 아니면 삼년 고개를 한 번 더 넘느냐 기로(岐路)에 서있는 수가 아홉 수라는 뜻이다.

12지지는 땅 곧 달의 개념이고 공간개념이다. 1년 12달로 나누고 다시 사계절로 나누면, 3월(寅月)이 봄의 시작으로 아홉수는 술월(戌月)이 되어 가을의 끝자락이고 겨울의 문턱에 있는 달이다. 겨울의 혹독한 한기를 견뎌야 봄에 다시 새로운 싹[人]을 틔울 수 있는 종자가 될 수 있다. 10간은 하늘 곧 해의 개념이고 시간개념이다. 열매[人]의 주기를 10으로 나누면, 아홉수는 임(壬)으로 해(열매)를 잉태하여(姙) 출산을 기다리는 단계이다. 출산을 앞 둔 산모가 삼가고 조심해야 함은 당연하다. 지지의 아홉수나 천간의 아홉수나 숫자 9는 팔(八)로 펼쳐진 팽창의 원심력을 구(九)부려 당기는 수축의 구심력을 상징한다. 구심력은 원심력을 비틀어 짜내 엑기스를 뽑아내는 과정으로 비유될 수 있다. 고난과 역경의 상징이 아닐 수 없다. 우리말 아홉은 '사람(3) 사랑(6)'으로 '아우러[아] 잉태[홉/사랑]'함이다.

고난(삼재)는 시험이고, 시험이란 그 동안 갈고 닦은 것 곧 잘 길러 낸 것을 다듬어 원하는 작품(꽃/열매)을 만드는 것이다. 그렇기 때문에 시험은 악의 유혹이고, 재앙(災殃)이 될 수밖에 없다. 삶이 고(苦)인 까닭이다. 그리고 그 고(苦)를 끊는 것이 또한 해탈이 되는 이유이다. 고(苦)가 아닌 새로운 세상에 태어나는 것이 부처의 해탈이고, 하나님 나라로 가는 것이 그리스도의 부활이다. 바벨탑 신화는 그 하늘문의 문턱에서 서로 마음이 흩어져 마지막 힘을 더 응집시키지 못하고 포기한 상징으로 볼 수 있다. 따라서 아홉수의 교훈을 암시한다고도 볼 수 있다. 언어 분화의 원리와 더불어 그 교훈을 계시하여 인간 삶의 방향을

제시한다고 볼 수 있다. 즉 암(癌)의 병을 주어 그 조절 능력을 시험하

신 것과 같다.

28

할례(割禮)는
무엇인가?

창17;1 아브람의 구십 구세 때에 여호와께서 아브람에게 나타나서 그에게
이르시되 나는 전능한 하나님이라 너는 내 앞에서 행하여 완전하라 2 내가 내
언약을 나와 너 사이에 세워 너로 심히 번성케 하리라 하시니 3 아브람이 엎
드린대 하나님이 또 그에게 일러 가라사대 4 내가 너와 내 언약을 세우니 너
는 열국의 아비가 될지라 5 이제 후로는 네 이름을 아브람이라 하지 아니하
고 아브라함이라 하리니 이는 내가 너로 열국의 아비가 되게 함이니라 6 내가
너로 심히 번성케 하리니 나라들이 네게로 좇아 일어나며 열왕이 네게로 좇아
나리라 7 내가 내 언약을 나와 너와 네 대대 후손의 사이에 세워서 영원한 언
약을 삼고 너와 네 후손의 하나님이 되리라 8 내가 너와 네 후손에게 너의 우
거하는 이 땅 곧 가나안 일경으로 주어 영원한 기업이 되게 하고 나는 그들의
하나님이 되리라 9 하나님이 또 아브라함에게 이르시되 그런즉 너는 내 언약
을 지키고 네 후손도 대대로 지키라 10 너희 중 남자는 다 할례를 받으라 이
것이 나와 너희와 너희 후손 사이에 지킬 내 언약이니라 11 너희는 양피를 베

창11;10부터 창16;16까지는 지면에 흩어진 족속들 중에 노아의 자손 셈과 셈의 자손 아브람으로 이어지는 역사를 기술하고 있다. 그리고 위의 17;1~11절은 여호와께서 아브람에게 나타나 언약을 세우고, 할례로서 표징하심이다. 왜 할례로서 언약을 세우고 표징으로 삼은 것인가? 할례(割禮)에는 어떤 의미가 있는가? 할례는 대체로 통과의례로서 행해졌다. 통과의례(通過儀禮)는 공동체 구성으로서의 자격을 시험하는 의식이며 또한 삶의 어느 단계에 공동체 기본으로서 갖추어야 할 자격시험이기도 하다. 그러면 할례는 무슨 자격을 시험하는 것인가?

할(割)의 금문과 소전이고, 해(害)의 금문과 소전이며, 경(庚)의 금문이다. 해(害)의 금문은 구(口)와 경(庚)의 윗부분이 없는 자형의 회의자로 보인다. 경(庚)은 벼훑이에 벼를 그어 올리는[경] 현상을 나타낸 것이다. 그러면 해(害)는 '말로써[구(口)] 해작이며(깨지락거리며 자꾸 들추거나 헤치다)[해] 벼훑이에 그어 올리다[경(庚)]'는 얼개로, '해치다, 죽이다, 방해하다, 손해' 등의 뜻이 된다. 그리고 '말하는 것으로[구(口)] 벼훑이에[경(庚)] 할다(참소하다, 헐뜯다)[할(갈)]'는 얼개로, 어찌 그럴 수 있는가의 반어적 의미에 따라 '어찌'의 뜻이 유추될 수 있다. 그래서 할(割)은 갈(害) 글말의 형성자이고, '벼훑이에 훑치듯 [갈(害)], 할퀴어[할] 도려내다 [도(刀)]'는 얼개로, '나눌, 가를, 벨'의 뜻이 된다. 벼훑이로 훑는 행위는 수확의 상징이다. 따라서 할례(割禮)는 그 결실을 심판하심과 같은 메타포를 담았음을 알 수 있다.

통과의례로서 할례는 주로 성인식과 연관되며, 사춘기 전후 또는 그 외에도 다양하게 이루어지고 있다. 이는 통과의례의 특성상 고통을 견딜 수 있는 자격이 있는지 시험하는 수단으로 보인다. 곧 어를 수 있는 남자로서의 자격이다. 맨살을 도려내는 고통을 견뎌야 하기 때문에 할례가 통과의례의 시험이 되는 이유이기도 할 것이다. 시험이란 장벽을 헤쳐 나가고[통과(通過)], 뚫고 나가는[통과(通過)] 것이기 때문이다.

하나님 언약의 표징으로서 할례는 무엇인가? "난지 팔 일 만에 할례를 받을 것이라〈창17;12〉"하신 할례는 시험과는 무관해 보인다. 표징은 실체가 아닌 상징이고, 실체는 그 상징성 속에 따로 들어 있다. 할례는 남자 생식기 귀두의 표피를 가르어 잘라내는 것이다. 표피(양피)는 허물이다. 남자 생식기는 뱀으로 사탄이다. 귀두의 표피를 제거함은 곧 뱀대가리가 고개를 내미는 것으로 탄생 곧 거듭남의 상징이다. 아울러 허물은 또한 원죄의 상징이고, 우리의 원죄는 〈하나님되기〉이다. 따라서 사탄의 허물을 벗고 '하나님으로 거듭남'이 할례 상징의 실체가 된다. 할례로서 언약의 표징을 삼은 이유이다. "나는 전능한 하나님이라 너는 내 앞에서 행하여 완전하라" 아브람에게 이르신 이유이다. 전능한 하나님 앞에서 행하여 완전하라 하심은 전능한 하나님처럼 완전하게 되도록 행하는 것으로 그 언약을 세우심이다. 곧 하나님 언약의 실체는 하나님되기를 약속하는 것이고, 할례를 받는 것으로 표징함이다. 결국 사탄인 뱀의 유혹과 그 악의 유혹에 넘어 간 원죄 그리고 그에 따른 에덴동산의 추방과 그 복귀 곧 하나님 구원의 언약이 죄의 근원인 뱀의 허물을 벗는 할례로서 별의 의무를 약속하는 표징으로 일목요연하게 나타나는 이유이다. 이는 또한 뱀이 사탄으로 아담의 생식기임을 증명하는 것이기도 하다.

29

언약(言約)은
무엇인가?

창17;12 대대로 남자는 집에서 난 자나 혹 너희 자손이 아니요 이방 사람에게서 돈으로 산 자를 무론하고 난지 팔일만에 할례를 받을 것이라 13 너희집에서 난 자든지 너희 돈으로 산 자든지 할례를 받아야 하리니 이에 내 언약이 너희 살에 있어 영원한 언약이 되려니와 14 할례를 받지 아니한 남자 곧 그 양피를 베지 아니한 자는 백성 중에서 끊어지리니 그가 내 언약을 배반하였음이니라

할례는 난지 팔 일 만에 받아야만 하는 특별한 이유가 있는 것인가? 현대의학은 피의 응고와 관련된 프로트롬빈 물질의 농도가 성인의 110%로 최고치에 이르는 날이 생후 8일임을 밝히고 있다. 그러나 할례는 언약으로 행해지는 것이다. 의학적 바탕은 단순한 피상(皮相)에 지나지 않는다. 언약과 서로의 개연성을 나타내고자 하는 것이다. 하나님의 언약은 크게 세 가지로 나타난다. 첫째는 안식일의 언약(출 31:12-17)이고, 둘째는 무지개의 언약(창 9:12-15)이며, 셋째가 할례의

언약(창 17:10-14)이다. 안식일은 제 칠일에 쉬는 언약으로 숫자 6,7과 연관되고, 무지개의 언약은 숫자 7,8과 연관 된다. 숫자 7과 8은 순환(循環)과 밀접한 관계가 있다. 곧 7은 시간적 순환의 개념이고 8은 공간적 순환의 개념이다. 그리고 하나님 언약의 실체는 궁극적으로 하나님되기의 언약 곧 그리스도 부활의 언약이다. 약속은 그 단계의 상승을 이어 엮는 것이다. 따라서 세 가지 언약은 그리스도 언약의 징표로서 나타내는 언약일 뿐이다. 7은 6의 사랑에 대해 하늘 길의 시간성을 나타내어 안식일의 언약으로, 8은 7에 대해 하늘 길에 닿는 하늘다리의 공간성을 나타내어 무지개의 언약으로 표징 되는 이유이다.

할례의 언약은 〈하나님 되기〉 거듭남의 징표로서 나타난다. 그래서 할례는 하나님 되기 의식의 통과의례로서 숫자 8에 대해9의 상징 의미를 뜻한다. "아브라함이 그 양피를 벤 때는 구십 구세이었고〈창 17;24〉"가 그 의미를 암시한다고 볼 수 있다. 곧 아홉 수로서의 상징으로 또한 삼 년 고개의 순환을 나타낸다. 사람 삶의 순환이다. 사람과 하나님, 육체와 성령의 기로(岐路)에 선 의미이다. 따라서 하나님 언약의 세 가지 징표로서 언약은 숫자 7 8 9의 상징과 연결된다. 이는 천지인의 관계이다. 즉 안식일의 언약은 시간적 하늘길의 언약이고, 무지개의 언약은 공간적 하늘다리 곧 땅의 언약이며, 할례의 언약은 시공적 사람의 언약을 뜻한다. 공간적 곧 육체적 사람과 시간적 곧 성령적 사람, 시공적 인간의 언약이 할례 언약의 상징으로 볼 수 있다. "또 그 안에서 너희가 손으로 하지 아니한 할례를 받았으니 곧 육적 몸을 벗는 것이요 그리스도의 할례니라 너희가 세례로 그리스도와 함께 장사한 바 되고 또 죽은 자들 가운데서 그를 일으키신 하나님의 역사를 믿음으로 말미암아 그 안에서 함께 일으키심을 받았느니라〈골2;11-12〉"하시고, "네 하나님 여호와께서 네 마음과 네 자손의 마음에 할례를 베푸사 너로 마음을 다하며 성품을 다하여 네 하나님 여호와를 사랑하게 하사 너로 생명을 얻게 하실 것이며〈신30;6〉" 하신 이유와 일맥상통한다.

하늘을 여는 것은 하늘 문을 깨는 곧 허물을 벗는 할례이다. 그 산고의 고통이 아홉 수의 상징이다. 그렇다면 왜 구 일만이 아닌 팔 일 만인가? 노아의 방주는 그리스도 구원의 예표(豫表)로서 나타내듯, 십자가는 예수 그리스도 부활의 표상이다. 노아의 방주는 홍수 후의 축복 곧 성장(팽창)를 나타내는 수8의 상징이다. 즉 다 자람으로써 결실의 그리스도 구원을 예표(豫表)함이다. 홍수는 역경의 상징이듯, 십자가 또한 예수 고난의 상징이다. 고난과 역경은 아홉 수의 상징이다. 십자가는 아홉의 앞면과 맞닿은 10의 뒷면이고, 노아 홍수의 앞면은 또한 아홉의 뒷면과 맞닿은 8의 앞면과 대응된다. 그리고 홍수 속 노아의 방주는 또한 세례로서 안식일 상징인 7의 앞면과 맞닿은 8의 뒷면이다. 따라서 8은 7과 9의 중간자로서 7 8 9의 삼위일체를 상징하기 위한 매개체로 볼 수 있다. 할례는 거듭남의 상징이기 때문이다.

더불어 모든 언약 자체가 이미 거듭남의 약속이다. 하나님 되기의 단계별 상승이기 때문이다. 그렇기 때문에 안식일의 언약은 6의 사랑에 대해 7의 하나님 잉태의 언약이고, 무지개의 언약은 7의 하나님 잉태 곧 무지개 문을 열고 난 후에 대해 8의 하늘 길 그 무지개 다리의 언약이며, 할례의 언약은 8의 무지개 다리에 대해 9의 하늘 문을 여는 언약이다. 곧 할례는 그 문을 여는 상징이다. 마찬가지로 십자가는 예수 그리스도의 표상이다. 십자가는 죽음과 부활을 의미하는 숫자 10의 상징이다. 그래서 예수 십자가 고난은 숫자 9의 할례에 대해 10의 부활 그 하나님 되기의 언약과 같다. 즉, 모든 언약은 예수 부활에 수렴되는 것이다.

따라서 세 가지 하나님 언약은 7 8 9의 상징으로 그리스도 구원과 부활의 상징인 수 10을 예비하기 위한 언약이다. 그리고 그 상징의 세

가지는 하나님 성령을 잉태하고 출산을 준비하는 예표(豫表)로서 나타내는 언약임을 알 수 있다. 곧 하나님 성령의 잉태에 의한 결과로서 나타난다. 잉태를 위한 수는 사랑의 수 6의 상징이다. 그렇기 때문에 우리의 천부경 '六生七八九'의 의미와 서로 통할 수 있다. 지나친 견강부회인가? 아무튼 하나님 언약의 실체는 하늘나라 하나님의 옆자리에 앉는 것이고, 달리 하나님 되기를 이룸이며 이는 수 10의 상징이기도 하다. 수10은 그리스도 십자가 죽음과 부활의 상징이고, 우리말 '열'이 뜻하는 것이기 때문이다.

그러므로 예수 그리스도의 삶이 하나님 언약의 실체이고, 이는 하나님 되기의 척도로서 하늘 문이며 요한 계시록의 예언들이 그 하늘문의 열쇠임을 나타낸다. 곧 하나님 심판의 날이란 기약이 없고, 누구에게든 육신의 죽음을 맞이한 때를 말함이며 염라대왕의 심판과 비견된다. 윤회와 해탈, 지옥과 천국의 시험대이다. 그렇기 때문에 이는 또한 "온 땅의 구음이 하나이요 언어가 하나이었더라(창11;1)"를 증명함이다. 즉, 인류는 모두가 하늘을 바라보지만, 흩어지면서 각자 보는 각도가 다르게 됨에 따라 보이는 면이 달라졌다. 그렇기 때문에 또한 각자 그 하늘을 설명하는 시각에 따라 언어가 변했을 뿐 바라보는 곳은 언제나 모두가 똑 같은 그 하늘임을 뜻한다. 그런데 어째서 약속이 아닌 언약(言約)이어야만 하는가?

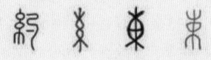

약(約)의 소전이고, 속(束)의 갑골문, 금문, 소전이다. 본래는 속(束)

한 글자만으로 약속(約束)을 나타냈으나 소전시대 즈음부터 약(約)을 덧붙여 약속(約束)으로 나타냈다는 방증으로, '약속'이 본래 한말인데 음차하여 나타내면서 한자어처럼 된 것이다. 즉, '이어 감은(엮은)[역〉약] 속내[속]'의 준말이다. 약속의 한말이 없는 이유이기도 하다. 어쨌든 약(約)은 사(糸)와 작(勺)의 회의자이다. 즉, '약(어떤 식물이 성숙해서 지니게 되는 맵거나 쓰거나 한 자극성 성분, 얼)[약]을 잔질(잔에 술을 따르는 짓 또는 잔에 술을 따라 돌리는 짓)하여[작(勺)] 사리다(똬리처럼 감다, 정신을 바짝 가다듬다)[사(糸)]'는 얼개로, '묶을, 맺을, 약속(할)' 등의 뜻이다. 참고적으로 실/사(糸)는 그 글말처럼 사리어 내는[사] 현상을 나타낸 상형자로, '사리다'는 뜻도 유추할 수 있다. 마찬가지로 속(束) 역시 갑골문에서 보듯, 사(糸)와 십(丨)의 회의자이다. 즉, 사(糸)의 안에 십(丨)이 꿰뚫고 있는 자형이다. 그래서 '속내평(사람이나 사물의 겉으로 드러나지 않는 사정, 속)[속]의 얼(씨앗)[십(丨)]을 사리다[사(糸)]'는 얼개로, 약(約)과 별반 다르지 않다.

하나님의 언약(言約)은 말씀으로 하신 약속이다. 말씀으로 약속을 세우신 까닭은 무엇인가? 말이란 마음을 우려내서 만들어 알리는 것이다. 그리고 하나님이 말씀으로 창조한 뜻과 서로 연결되어 꿰어지는 의미이다. 즉, 말이 마음이고, 마음은 하나님의 말씀이기도 하다. 우리의 마음이 곧 하나님의 성령이라는 뜻이므로, 우리의 말(마음)이 하나님의 말씀처럼 되는 약속이 바로 언약(言約) 그 하나님 말씀의 약속인 것이다. 나아가 말뜻대로 되는 곧 말이 통하는 세상이 하나님의 언약이 실현되는 세상이라는 뜻이기도 하다. 역설적으로 하나님은 말씀으로 천지를 창조했듯, 말뜻으로 드러내시는 하나님이라는 뜻이다.

30

정의(正義)란
무엇인가?

정의(옳음)를 말하는 자마다 서로 다름은 그만큼 보는 시각이 제 각 각이라는 뜻이기도 할 것이다. 그러나 시각이 많다는 것은 그 뜻도 여러 가지로 많다는 것을 결코 의미하지는 않는다. 다만 표현이 다양하다는 의미로는 볼 수 있다. 느낌은 아는데, 딱히 그에 걸맞은 말을 몰라 비유하는 표현이 다양하다고 보는 것이 보다 적합하다. 그러나 우리는 종종 시각의 다름을 본질의 다름으로 보고 있지는 않은가? 그렇다면 이는 반대되는 시각 차에 따른 착시현상일 뿐이다. 착시현상은 항상 왜곡에 노출되어 있다. 반대로 왜곡의 시작은 본질을 흐리는 것이고, 이는 시각의 다양화에서 비롯될 수 있다는 반증이기도 하다. 아무튼 우리말 '옳다'에는 어떤 의미를 담고 있고, 그 뜻은 어떤 시각에서 기인되는 것인가?

우리말 '옳다'는 '올 + ㅎ다'로 분석할 수 있다. 그리고 '올'은 '얼/알/울'일 수 있고, 이는 또한 '아름/앎' 등의 준말이기도 하다. 'ㅎ다'는 '하다(크다, 많다) / 혀다(켜다) / 환하다(밝다) / 하나다 / 하늘이다' 등의 준말이다. 그렇기 때문에 '올 + ㅎ다'는 각각에 따른 경우의 수를 따지면, 다양한 시각만큼의 뜻이 나타날 수 있다. 반대로 다양한 시각차가 나타날 수 있는 까닭이기도 할 것이다. 그 수많은 경우의 수를 크게 요약하면, 대체로 '얼(마음)이 크다(영글다)'와 '아름(美, 圓, 抱)/앎(知/智)을 ㅎ혀다(켜다, 이끌다, 밝히다)' 그리고 '얼(마음)이 하늘(하나)이다 또는 하나 된 마음(얼)'의 뜻으로 나눌 수 있다.

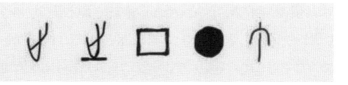

지(止)와 지(之)의 갑골문과 정(丁)의 갑골문, 금문, 소전이다. 지(止)와 지(之)는 일(一)의 유무(有無) 차이로, '그치다'와 '가다'의 서로 상반된 뜻이다. 그런데 실제적으로 나타나는 뜻은 주로 반대로 나타난다. 다시 말해 두 글자의 뜻이 서로 뒤바뀌었다는 의미이다. 상식적으로 일(一)이 있는 것이 발걸음을 멈추게 하는 상징이 있다고 볼 수 있지 않은가? 그래서인지는 모르지만, 해체의 지(止)에는 아래에 일(一)로 표시되어 바뀌었다. 글말 '지'는 '지르다'의 준말이고, '지름길로 가깝게 가다'와 '양쪽 사이 또는 위와 아래 사이에 막대나 줄을 건너 막거나 내리꽂다, 말이나 행동을 미리 잘라서 막다'는 서로 상반된 뜻이 함께 있는 말이다. 그러므로 서로 혼동될 개연성이 충분하다. 그리고 정(丁)의 글말은 그 뜻 '성하다, 장정' 등과 견주면, 꽉 채워 쟁이어진 현상이나 상태를 나타내므로, '쟁이다(장이다)[쟁(장) 〉 정]'의 준말이다.

정(正)의 갑골문, 금문, 소전이다. 어떤 목적지[口]를 향해서 간다[지(止)]는 뜻을 나타내는 회의자로 설명하지만, 갑골문은 분명한 정(丁) 글말의 형성자이다. 글말 '정'은 정말로, 참말로 등에서 보듯, '참'의 뜻으로, 참되다 곧 '정작(진짜)이다'의 준말이다. 그렇기 때문에 '정말로[정] 참되어[정(丁)] 가는[지(止)]' 얼개로, 옳다 곧 '얼(마음)이 커가다(영글어 가다)'의 말자취이다. 그리고 '정'은 수 열(十)을 뜻하는 '장'과도 서로 음양으로 대응되는 개념이다. 그러면 마음이 열매를 맺듯, 열매를 여는 것은 또한 새로운 출발 곧 처음을 의미하므로, 정월(正月)은 1월을 뜻하고, 정초(正初)는 새해의 처음을 의미하는 말로 쓰인다. 더불어 열매를 영글어 가는 것은 '(모든 것을) 하나로 '바로잡아' 가는 것이고, 이는 우리 삶의 목표로서 '과녁'이 될 수 있으며, 그 목표만이 또한 '본(副와 從에 대한, 예로 正室)'이 될 수 있는 뜻도 유추되는 까닭이다.

아(我)의 갑골문, 금문, 소전이다. 아(我)의 갑골문은 그 자형과 비교하면, 아리쇠가 삼발이를 뜻하듯, 삼지창을 나타낸 것으로 볼 수 있다. 그리고 'ㄴ'과 'ㅇ'은 서로 의미 동화되어 변형이 가능하므로, '아'는 곧 '나'이기도 하다. 즉, 가차자로서 '나'는 삼위일체의 존재임을 나타낸 것임을 알 수 있다. 다시 말해 삼지창처럼 천지인 삼신이 하나로 세워진 삼위일체의 존재가 '나'임을 암시하는 글이다. 나아가 '아'는 또한 '우'로도 볼 수 있으므로, '우리'의 뜻도 가차될 수 있다.

의(義)의 갑골문과 금문이고, 양의 뿔 사진이다.(*5) 의(義)는 양 뿔을 나타낸 개(丷)와 아(我) 글말의 형성자이다. 양의 뿔은 나선형을 이루며 황금각과 황금율의 아름다움과 상서로움을 나타내는 상징이다. 그리고 한말 '아람'은 익은 열매를 뜻하는 말이다. 그렇기 때문에 의(義)는 '삼위일체를 이루며[아(我)] 양의 뿔처럼 아름다움과 상서로움을 [개(丷)] 아우르며 아람되다[아]'는 얼개로, 정(正)과 별반 다르지 않다. 다만, 의(義)는 '의젓하다(떳떳하다)'에 의미 동화되어 '아 〉 의'로 글말이 변했듯, 자기 자신에 한 점 부끄럼이 없는 마음가짐의 올바름을 나타냈다고 볼 수 있다. 더불어 양의 뿔을 '개(丷)' 글말로 나타냈듯, 개다(청명해지다, '우울하거나 언짢은 마음이 홀가분해지다'를 비유하여 이르는 말)는 또한 '깨다'로서 깨우침을 그 상징에 담아 올바른 도리를 깨우쳐 가는 뜻이기도 하다.

결국 정의(正義)란 하늘에 한 점 부끄럼 없는 마음이고, 그 마음을 영글어 가는 것이다. 다시 말해 '옳다'는 뜻은 '하늘길을 밝히는 것'이고, '하늘길로 나아가는 것'으로, '하나님되기(하늘길)'의 다른 말이다. 나아가 우리 삶의 목표[아름다움(美), 신(神)되기]에 부합되는 것[원리, 시스템]이 정의(正義)로 요약될 수 있다. 더불어 '(얼의) 돋아남이 크다

[둏다(좋다)]'는 얼개와 별반 다르지 않다. 즉, 옳기 때문에 좋고, 좋기 때문에 옳다는 뜻이기도 하다.

성경 창세기 속 소돔과 고모라의 멸망과 롯의 구원〈창18;20~19;38〉은 결국 정의(正義)란 무엇인가에 대한 구체적인 답변의 스토리텔링으로 볼 수 있다. 즉 '십인을 인하여도 멸하지 아니하리라'는 1할(10%)되는 정의(正義)의 씨(十)라도 있다면, 달리 하늘을 싹 틔울 한 알의 밀알이라도 있으면, 죽지 않고 살아서 그 하늘길(옳음)의 싹을 돋울 수 있다는 상징의 언어(이야기)이다. 롯과 그의 두 딸의 마음 또한 제대로 된 밀알도 되지 못할뿐더러 겨우 셋뿐이었으므로 소돔과 고모라가 멸망한 이유이고, 더불어 롯과 그의 두 딸만이 구원받은 이유이기도 하다. 근친상간을 범할 정도로 타락한 롯과 그의 두 딸이라도 하늘을 두려워하고, 일말의 악을 부끄러워하는 마음만이라도 있으면 또한 그만큼의 희망이라도 있다는 강조의 성경식 어법으로 볼 수 있다.

덧붙여 롯의 아내가 소금 기둥으로 변함은 소금의 역할이 상징하는 바와 같다. 소금은 선악이 공존하는 실체의 다름 아니다. 곧 악을 물리치는 부패방지의 선과 또한 선을 싹 틔우지 못하는 불모의 악이 공존하는 상징이다. 그렇기 때문에 뒤돌아봄은, 소돔과 고모라의 악(惡)을 뒤로하고 선(善)의 소금 앞 방향에서 그 반대인 소금 뒤 방향 곧 불모지의 악 쪽으로 돌아 서서 살 수 없는 악(죽음)의 소금기둥이 되었다는 의미이다.

따라서 신약에서 "눅17;32 롯의 처를 생각하라 33 무릇 자기 목숨을 보존하고자 하는 자는 잃을 것이요 잃는 자는 살리리라"라고 제자에게 이른 예수의 가르침도 소금의 선악 양면성을 상징하여 비유했다고 볼 수 있다. 육신의 쾌락을 쫓는 자 곧 악의 방향에 선 자는 죽음의 길을 가고, 반대로 그 육신의 쾌락을 버리는 자 곧 악을 뒤로 한 선의 방향에 선 자는 삶의 길을 간다는 비유이다. 이는 의인(義人)의 삶이 영생(永生)하는 선(善)의 길이라는 상징이고, 우리는 죽기 위해 산다는 역설의 어법이기도 하다.

31

믿음이란
무엇인가?

창세기 22장은 하나님이 아브라함을 시험하는 내용이다. 시험 문제는 "여호와께서 가라사대 네 아들 네 사랑하는 독자 이삭을 데리고 모리아 땅으로 가서 내가 네게 지시하는 한 산 거기서 그를 번제로 드리라"이다. 이 시험문제로 알아보고자 하는 것은 무엇인가? "네가 네 아들 독자라도 내게 아끼지 아니하였으니 내가 이제야 네가 하나님을 경외하는 줄을 아노라" 즉, 얼마나 하나님을 경외하는지 알기 위한 시험이었다. 흔히 이 시험은 아브라함의 하나님에 대한 순종과 그 깊고도 놀라운 믿음을 나타내는 것으로 설명한다. 그래서 하나님의 명령에 한 치의 망설임도 없이 신속한 복종과 결단을 보여 준 아브라함처럼 하나님의 뜻을 믿고 순종해야 한다고 강조하는 구실로 종종 이용되기도 한다.

죄로의 유혹은 사탄의 짓이고, 하나님은 시험만 할 뿐이라지만, 아무렴 전능하신 하나님이 몰라서 묻는단 말인가? 당연히 상징으로서 그 달을 찾아 볼 수 있어야 하지 않겠는가? 순종의 손가락이 아닌 가리킨 달은 어디에 있는가? 손가락은 복종을 말하고 있다. 하나님에 대한 경외에서 비롯되는 복종이다. 공경과 두려움이 복종의 근원이다. 두려움은 저항할 수 없는 거대한 힘에 둘려 쳐진 마음의 두려움/포(怖)와 아무것도 볼 수 없고 그래서 알 수 없는 어둠에 갇힌 마음의 무서움/공(恐) 즉, 공포(恐怖)이다. 더불어 부끄러움으로 구경꾼에 둘러싸인 두려움/구(懼)도 있다. 그리고 공경은 우러러 존경하며 받드는 마음 곧 멘토(링)를 뜻한다.

우리가 복종하는 이유는 무엇인가? 대가를 바라기 때문이다. 주로 경외의 대가로 나타난다. 공경의 대가는 임금(녹봉), 복, 은총 등이고, 두려움의 대가는 두려움의 회피, 방어, 임금(봉급) 등이다. 대가 곧 보상이 사라지면 당연히 복종도 사라진다. 아무런 대가(보상) 없이 복종하는 사람은 단 한 명도 없지만, 복종을 원하는(강요하는) 사람은 많다. 맹종(盲從) 곧 좀비를 원하는 것이다. 맹종을 원하는 사람은 누구인가? 강도, 사기꾼, 사이비, 독재자 등이며 나아가 우상의 실체들이다. 따라서 우상의 실체는 맹신(盲信)에서 비롯되는 것이다. 맹신을 강요하는 종교라면, 그 종교는 사이비이고 우상 숭배교일 뿐이다. 종교의 은총은 증명할 수 없기 때문이다. 이는 종교와 과학이 서로 양립하기 힘든, 어쩌면 양립할 수 없는 이유이기도 하고, 종교의 믿음은 맹신을 강요할 수밖에 없는 까닭이기도 하다. 이는 또한 무신론자가 존재하는 이유이기도 할 것이다. 결국은 믿음에서 비롯되는 모순이다.

'믿음이란 무엇인가?' 종교의 영원한 화두(話頭)의 처음과 끝이라 해도 과언은 아니다. 이는 종교의 처음과 끝이 믿음이라는 방증이기도 하다. 궁극적으로 하나님, 신(神)의 존재에 대한 믿음이기 때문이다. '믿다'의 사전적 의미는 ① 그렇게 여겨 의심하지 않다 ② (종교나 미신을)

받들고 따르다 ③ 남의 도움을 기대하다 ④ 마음을 붙이고 든든히 여기다 등의 뜻이다. 한말글은 믿을/신(信)이다. 신(信)은 회의자로, '사람[인(人)]의 말[언(言)]에는 믿음[신(信)]이 있어야 한다' 또는 '사람의 말을 전할 때는 정확하고 성실해야 한다'라는 의미로 설명하듯, 억지의 강요된 믿음은 맹신일 뿐이다. 사람의 말에 거짓이 있어도 믿을 수 있겠는가? 참이 있음을 알 때 비로소 믿을 수 있는 것이 상식이다. 믿을 수 있게 하는 참을 보여주는 것이 글말 '신'이고, 그 글말[음(音)]의 역할이다.

신(信)의 소전이다. 신(信)이 소전에서부터 나타나는 것은 역설적으로 그 시대 즈음에 불신(不信)이 싹트기 시작했다는 반증이기도 하다. 신(信)은 그 글말의 의미를 모르면, 마음이 없는 식물인간처럼 되는 회의자이다. 이는 하나님을 모르니까 하나님이 없다는 논리와 같다. 반대로 하나님이 있기 때문에 하나님을 몰라도 믿어야 한다는 논리 또한 비 논리적이다. 신(信)의 뜻이 믿음이기 때문에 믿어야 한다는 논리와 같다. 하나님이 있다면 보이지는 않더라도 어떤 방법으로든 누구나 알 수 있어야 한다. 보이지도 느낄 수도 알 수도 없는 존재라면 없는 것이다. 그런데도 신(神)이 있다면 그 신(神)을 우리가 잘못 알고 있다는 반증이다. 그 하나님이 신명을 일으키는 '신'이고 바로 우리 마음속에 있는 '참나'로서 스스로 있는 존재이다. 아담이 하나님의 성령 그 숨결로 만들어진 이유이다. 그 참나를 우러내 나타내는 것이 말이듯, 하나님이 말씀으로 창조하셨듯, 그 '말 속[언(言)]의 하나님(참나)[신]을 일으켜 드러내는[인(人)]' 행위가 바로 '믿음'이고, '믿는다'는 행위인 것이다.

　마음이 없는 사람이 없듯, 마음이 없는 만물이 없듯, 자신의 마음을 모르는 사람이 없다. 그러나 내 마음의 참나는 나와 하나님 밖에는 알 수가 없다. 내 마음속 참나 그 하나님을 일으켜 드러내 보여야 남들도 보고 알 수가 있는 것은 자명한 사실이다. 보이지 않는 존재를 보이는 존재처럼 말 속에 담는 일은 지극히 힘든 일이다. 어찌 하루 아침에 이룰 수 있겠는가? 더불어 내 안의 하나님을 버려 두고 어디서 하나님을 찾을 수 있겠는가? 우리가 서로 다른 이유는 하나님의 소명(召命)이 다른 것이듯, 그 천명의 숨결을 드러내 밝혀야 비로소 궁극의 하나님과 하나가 될 수 있는 것이다. '보이지 않는 신(하나님)을 누구나 볼 수 있도록 드러내는 행위'는 또한 하나님의 존재를 알려 준다는 의미로 '앎'과 서로 상통되는 말로도 볼 수 있다.

32

앎이란
무엇인가?

지(知)의 금문과 소전이다. 금문은 대(大), 구(口), 우(亐) 그리고 일 (日)의 회의자이다. 소전에는 대(大)가 시(矢)로 변했고, 그 자형이 대 (大)의 변이형으로 보면, 큰사람이 되어가는 마음의 화살을 상징한 것 으로 볼 수 있다. 그러면 지(知)는 '하늘뜻(알)을[일(日)] 그대로 우러낸 (본떠낸)[우(亐)] 말을[구(口)] 마음의 화살로 꿰뚫어[대(大)] 지피다(사람 에게 신의 영령靈이 내려 모든 것을 알게 되다)[지]'는 얼개로, 말의 뜻을 깨치어 알다는 뜻이다. 다시 말해 '말의 뜻을 관통하다'는 의미로, 일이관지 (一以貫之)와 맥을 같이 하는 시이관언(矢以貫言)의 뜻으로 볼 수 있다.

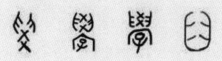

식(識)의 소전과 시(戠)의 갑골문, 금문이다. 시(戠)의 갑골문은 괭이의 자형과 들이는 의미의 ▽으로 된 회의자이다. 그러면 글말 '시'는 '시므다(심다)'의 준말이고, '괭이로 파내며/긁으며 씨를 들이어 심다'는 얼개로, '취합하다, 끌어 모으다' 등의 뜻이다. '지직하다(반죽이 되직하지 아니하고 좀 진 듯하다)'의 준말 '지/직'의 글말로는 '찰진 흙'을 뜻한다.

식(識)은 언(言)과 시(戠) 글말의 형성자이다. '시 〉 식'의 변천은 '시기다(시키다)'의 준말임을 방증한다. 어쨌든 '말의 뜻(씨)[언(言)]이 시키는 대로[시(식)] 끌어 들이며 심는[시(戠)]' 얼개로, '알다'는 뜻이다. 즉, 지(知)는 알을 깨며 깨닫는 앎이고, 식(識)은 알을 배며 잉태하는 앎이다. 이런 앎은 또한 가르침과 배움을 통해서 알 수 있는 것이다. 그러므로 가르침과 배움 사이 그리고 배움과 가르침 사이에 앎이 있다. 그럼 배움[학(學)]과 가르침[교(敎)]은 무엇인가?

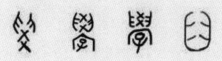

학(學)의 갑골문, 금문, 소전이고, 구(臼)의 소전이다. 금문부터 자(字)가 추가되었다. 학(學)은 본래 가르칠/효(斅)로 썼는데, 가르칠/교(敎)와 같은 글자였다. 어린아이들에게 「주역(周易)」의 효(爻) 즉, 문자를 가르친다는 뜻이다. 구(臼)는 발음 부분이라고 설명한다. 학(學)의 갑골문은 구(臼)가 아닌 조(爪)의 양손으로 감싼 자형이다. 물론 구(臼)가 소전에 나타나는 것은 그 자형을 변형시켜 새로 '절구, 방아확'의 뜻으로 만든 것일 수도 있다. 그리고 구(臼)를 글말로 보는 것은 '확(방아확, 절구의 아가리로부터 밑바닥까지 팬 곳)'과 '학'의 혼동에 기인한 것임을 방증한다.

효(爻)의 갑골문, 금문, 소전이다. 자형은 윷가락이 엇걸린 형태이거나 다리가 꼬아 진 형태이다. 서로 엇걸거나 꼬는 동작과 현상을 나타냈음을 알 수 있다. 그러면 글말 '효'는 '교'이고 '괴'이며 '괴다'의 준말이다. 한말 '괴다'는 '우묵한 곳에 물 따위가 모이다, 고이다, 술이 익으려고 거품이 부걱부걱 솟아오르다, 밑을 받치어 안정시키다, 음식을 그릇에 차곡차곡 쌓아 올리다, 웃어른의 직함을 받들어 쓰다, 〈옛〉사랑하다, 흘레하다' 등의 뜻이 있다. 효(爻)에 '점괘, 사귀다, 엇갈리다, 본받다, 변하다' 등의 뜻이 있는 까닭이다. 주역(周易)의 두 괘(卦)가 서로 엇갈려 있는 모습을 그린 것이라 설명하지만, 양효(⚊)와 음효(⚋)라기 보다는 윷가락이 이치에 합당한데, 효(爻)가 한말 '괴다(꾀다)'의 말자취이기 때문이다. 역설적으로 윷이 점괘를 얻는 도구였다는 반증이기도 하다. 더불어 점괘란 일이 꼬이는(꾀는) 현상을 살펴서 일어난 일의 원인과 앞으로 일어날 일을 예측하는 과학의 다름 아니다.

학(學)의 두 조(爪)는 두 손으로 공손히 받들어 조물락거리는[조] 현상을 나타냈다. 그렇기 때문에 학(學)은 '[학]하며 효(爻)를 두 손으로 공손히 조물락거리다(닥달하다)[두 조(爪)]'는 얼개이다. 그러면 글말 '학'은 '각'이기도 하므로, '각단(사물의 갈피와 실마리), 각시(각각의 씨氏), 하작이다(마구 들추어 헤치다)' 등의 준말이다. 따라서 학(學)은 '모든 사물(事物)의 각단을 하작이며[학] 그 각단이 엇갈리는 변화 추이를 살필 수 있도록[효(爻)] 닥달하다[두 조(爪)]'는 얼개로, 배움 보다는 가르치는 행위의 뜻에 더 부합된다. 즉, 본래 교(教)와 같은 글자라는 이유이다.

교(教)의 갑골문, 금문, 소전이다. 효(爻)와 자(子) 그리고 복(攴)으로 이루어진 효(교) 글말의 형성자이다. 그러면 교(教)는 '모든 사물의 변화추이에 따라[효(爻)] 그 얼(싹)이 트이게(자라게)[자(子)] 사랑/짝짓기 하도록(괴게)[교] 치다(부추기다)[복(攴)]'는 얼개이다. 다시 말해 모든 사물의 이치를 익히어 그 싹이 트이게 사랑하도록, 달리 잉태되도록 부추기는 의미이다. 가르침보다는 배우는 행위에 보다 더 가까운 뜻이다. 배움이란 스스로를 가르치는 것이란 논리이다.

한말 '배우다'는 '배다'에 ' - 우-(일부 동사 어근에 붙어 주동사를 사동사로 만드는 구실을 함)'를 덧붙인 것으로, '배게(잉태되게) 하다(시키다)'는 뜻이다. 바로 교(教)가 그(배우다) 말자취임을 알 수 있다. 한말 가르침의 먼젓말은 '가라(아래아)쵸'이므로 '가르치다'는 '가라쵸다'이다. 즉, '가라(골라내거나 구별해 내다, 가르다, 가리다, 갈다, 닦다) 쵸다(추다, 추켜세우다)'의 준말이고, 학(學)이 그 말자취임을 알 수 있다. 곧, 가르침이란 잉태된 배움의 해산(解産)[깨우침, 깨달음]을 돕는 산파의 역할이란 논리이다. 따라서 가르침의 도움으로 태어난 얼을 다시 익히어 잉태시키려 사랑(짝짓기)하는 행위가 배움으로, 서로 꼬리를 물고서 거듭 깨어나 가르침과 배움의 순환하는 과정을 되풀이 하는 것이다. 그 과정의 사이에 앎이 있고, 그 앎을 양의 뿔처럼 아름답고 상서롭게 나선형의 춤을 추며 황금각과 황금률을 이루어가는 것이 하늘길로 가는 것과 같다는 논리로서, 교학상장(敎學相長)의 근거이기도 하다.

식(識)하게 돕는 것이 배움 그 교(敎)이고, 지(知)하게 돕는 것이 가르침 그 학(學)이다. '지(知) 〉 학(學) 〉 교(敎) 〉 식(識) 〉 지(知)'를 거듭 순환하며 나선형의 커다란 양뿔을 만들어 가는 것이다. 그런데 오늘날은 교(敎)와 학(學)이 뒤바뀌어진 것이다. 말을 잃어버리면 선생과 학생이 뒤바뀔 수 있다는 방증이고 반증이다. 학생이 선생을 가르치는 형국이 되었으니, 비논리로 논리를 설득하는 억지를 합리화하기 위한 폭력이 난무하게 됨은 어쩌면 필연이 아니었겠는가?

결국 앎(知識)이란 알을 품고 깨는 것으로, 얼을 잉태하여 알을 깨고 나오는 것이다. 이는 하늘(하나님)을 잉태하고 깨는 것으로, 하늘(하나님)문을 여는 것이다. '하나님되기'의 다른 말이다. 그러므로 '하나님되기'의 길은 하늘을 잉태하고 깨는 곧 여는 길이다. 다시 말해 '하늘(하나님)배움'이고 '하늘(하나님)깨기'이다. '부처를 만나면 부처를 죽여라'는 뜻과 일맥상통하고, 한마디로 '하늘(하나님)알기'이다. 따라서 믿음이란 '내 안의 하나님을 드러내는 행위'로서, '내 안에 하나님을 잉태하고 깨기' 곧 '하나님알기'이며 '하나님되기'의 다른 말이다. 다시 말해 '하나님알기'를 통한 '하나님되기'가 '믿음'이다.

33

슬기란
무엇인가?

시험은 자격을 묻는 것으로 통과의례의 다름 아니다. 아브라함에 대한 하나님의 시험(손가락)이 상징하는(가리키는) 달은 '하나님알기(되기)'의 자격에 있었다. 바꾸어 말하면 '하나님되기'의 통과의례 그 수련(修練)이 '믿음'이라는 행위이다. 나의 독자인 아들은 나의 얼이 잉태되어 태어난 존재로 달리 나의 얼이고 내 안의 하나님이 드러남이다. 그렇기 때문에 아브라함이 그의 독자 이삭을 번제(燔祭)로 드렸다 함은 자신 안의 하나님을 밝히어 드러냈다는 '믿음'의 상징으로 볼 수 있다. 나아가 "네가 네 아들 독자라도"하는 표현은 자신의 모든 것을 의미하는 것이다. 그런 자신의 모든 것을 버리고 비우는, 무(無) 그 하나님 근본을 드러냄의 역설로서, 믿음이란 달리 '무(無)로 돌아감'의 다른 표현으로도 볼 수 있다. 또한 "창22;13 아브라함이 눈을 들어 살펴본즉 한 수양이 뒤에 있는데 뿔이 수풀에 걸렸는지라 아브라함이 가서 그 수양을 가져다가 아들을 대신하여 번제로 드렸더라"는 상서로운 숫양의 큰 뿔 곧 미(美)의 길을 밝혔다는 상징으로 볼 수 있다. 아름다움 [미(美)]의 길 또한 '하나님되기'의 다른 말이고, 아브라함의 믿음이 충분히 그런 자격을 갖추었다는 방증이기도 하기 때문이다. "네 씨가 그 대적의 문을 얻으리라"의 하나님 은총(축복)이 그 증거이다. 대적의 문은 하늘의 문이고, 하나님 나라로 들어가는 문 곧 '하나님되기'의 상징이 아니라면 무엇이겠는가?

　보이지 않는 하나님을 드러내 보여주는 것이 믿음이라면, 어찌 보여 줄 수 있는가? 보일 수 있다면 이미 보이지 않는 존재가 아니기 때문에 서로 모순되는 개념이다. 그러나 시각을 달리하면, 창조주 하나님은 세상의 존재를 드러냄(창조함)으로써 이미 자신의 존재를 우리에게 보여주고 있는 것이다. 즉, 없음에서 있음의 존재들을 창조함으로써 이미 그 창조된 존재로서 그 존재를 나타낸 것이다. 존재 안에 내재함으로써 모든 존재가 이미 하나님의 모습인 것이다. 결국 콜럼버스의 달걀이다. "히11;1 믿음은 바라는 것들의 실상이요 보지 못하는 것들의 증거니 2 선진들이 이로써 증거를 얻었느니라3 믿음으로 모든 세계가 하나님의 말씀으로 지어진 줄을 우리가 아나니 보이는 것은 나타난 것으로 말미암아 된 것이 아니니라" 바라는 것들은 보이는 존재와 보이지 않는 성령의 존재 곧 유(有)로서의 하나님 실상이고, 보지 못하는 것들은 보이지 않는 성령과 없음 자체 그 무(無/창조주)의 하나님을 증명함이니, 선진들이 이(0 ÷ 0)로써 증거를 얻었음이다. 믿음, 그 창조주 하나님을 드러냄으로 모든 세계 유(有)가 하나님의 말씀(꼴림) ' 0 ÷ 0 '으로 지어진 줄을 우리가 알 수 있으니, 보이는 것 유(有)는 나타난 것 존재 그 있음으로 말미암아 된 것이 아니라 바로 창조주 무(無)의 하나님 창조로 말미암다. 창조주 무(無)의 하나님은 '없음'으로 존재하는 존재이고, '0'과 '1' 그리고 '무한(∞)'의 삼위일체 즉 〈 0 ÷ 0 〉

으로서 나타난다.

믿음이 종교의 화두라면, 앎(증명)은 과학의 화두이다. 한말과 그 한말글 앎과 지식(知識) 그리고 믿음과 신(信) 즉, 앎과 믿음은 서로 동전의 양면이다. 그렇다면 종교와 과학은 '하나님되기'의 양면이다. 또는 처음과 끝이다. 우리 눈에 보이는 모든 것 그 하나님의 존재, 나아가 존재 곧 유(有)를 넘어 없음 곧 무(無)까지를 관통하여 알고 증명하는 것이 과학이라면, 종교는 내 안의 하나님을 잉태하고 드러내 깨고 즉, 죽이고(부처를 만나면 부처를 죽여라), 하나님 넘어 본래의 무(無) 세계(하늘나라)에 다시 태어나는 달리 해탈(하나님되기)에 이르는 것이다.

그 동안 서로의 대립 그 반목은 믿음이 맹신으로 왜곡되어 있었기 때문에 야기된 모순으로 볼 수 있다. '창조인가 진화인가'의 문제는 '창조되어 진화한다'가 정답이다. 엄마 아빠 둘 다 좋다가 정답인 것과 같다. 종교와 과학의 대립은 아가들에게나 묻는 '아빠가 좋아 엄마가 좋아' 식(式)의 유치한 놀이일 뿐이다. 창조는 태어남이고, 진화는 자라남이다. 우리는 다 자란 어른으로 결코 태어나진 않기 때문이다. 따라서 과학은 하나님(존재)를 밝혀 하나님을 증명하는 앎을 실천하는 것이고, 종교는 내 안의 하나님을 찾아 드러내는 믿음을 실천하는 것이다. 서로 밀고 당겨주는 공생도 아닌 상승의 상생관계인 것이다.

우리는 왜 사이비를 구별하지 못하는가? 비슷하기 때문이다. 하나님을 드러냄은 하나님을 받들고 따르는 행위와 다른 면이다. 내용은 같지만 시각이 다를 뿐이다. 드러냄은 적극적인 행위이고, 따름은 소극적인 행위이다. 우스개 소리로, 복권 한 장이라도 사야 소원을 주든지 말든지 하지, 기도만 하면 결코 들어 줄 수 없는 것과 같다. 소극적인 행위를 보다 화려하게 꾸미며 적극적인 행위를 가리게 되면서 사이비(似而非)가 되는 것이다. 내 안의 안일함, 게으름에 편승하여 따름의 믿음이 커지면서 드러냄의 믿음은 보이지 않게 되는 맹신(盲信)의 눈 뜬 장님이 되어 가는 것이다. 사이비의 목적이 바로 눈 뜬 장님을 만드는 데 있기 때문이다. 노예가 된 줄도 모르는 좀비가 되는 것이다. 사이비 곧 우상도 결국은 내 안 악의 숙주(宿主) 때문이다. 악의 숙주는 선의 뒷면이기에 항상 같이 존재한다. 우리가 항상 깨어 있어야 하는 까닭이다. 그럼 우리를 깨어 있게 하는 각성제(覺醒劑)는 무엇인가? 지혜(智慧) 곧 '슬기'가 아니겠는가?

지(智)의 금문과 소전이다. 금문은 지(知)와 같다. 즉, 지(智)가 금문부터 나타나기 시작했다는 것은 역설적으로 앎은 교학(敎學)과 함께 담고 있었고, 금문시대 즈음부터 서로 구분하여 나타냈다는 반증이기도 하다. 더불어 처음에는 또한 앎과 깨달음 그리고 슬기가 서로 비슷한 의미로 쓰였다는 반증이기도 하다. 문제는 금문의 知와 智에 나타난 화살/시(矢)가 큰/대(大)와 비슷하다는 것이다. 소전에서 하나로 통일되었지만, 금문에선 분명 시(矢)도 아니고 대(大)도 아닌 어정쩡한 자형이다. 矢와의 차이점은 화살촉 부분을 뚫고 관통하는 형상이고, 大와의 차이점 또한 마찬가지로 머리 부분이 보다 길게 솟아 난 형상일 뿐이다. 화살은 화살이되 마음의 화살을 나타내고자 의도한 것이 아니겠는가? 우리는 큰사람 또는 된사람[대(大)]이 되기 위해 산다. 큰 사람의 마음을 관통하는 화살을 상징하여 그렇게 큰(된)사람이 되게 하는 마음의 화살을 상징한 것이다. 그렇다면 슬기/지(智)는 마음의 화살임을 암시하고 있는 것이다. 어쨌거나 지(智)는 '지(知) 곧, 앎과 깨달음의 하늘뜻(알)[일(日)]을 지피게[지] 마음을 꿰뚫는 큰 화살[대(大)]'의 얼개로, '슬기'를 뜻한다.

혜(慧)와 혜(彗)의 소전이다. 혜(慧)는 혜(彗) 글말의 형성자로, '마음[심(心)]을 [혜]하는 혜[彗]이다.'를 의미한다. 혜(彗)의 글말 '혜'는 '혀이다(켜이다)' 또는 '헤치다, 헤아리다'의 준말이다. '비, 비로 쓸, 꼬리별, 살별' 등의 뜻이 있는 이유이다. 그리고 한말 '혜다'는 옛날에 '(셈을) 세다, 헤아리다, 생각하다'는 뜻이었다. 그리하면 혜(慧)는 '마음[심(心)]을 혜도록(헤아리고, 생각하도록)[혜] 켜는 곧 불 밝히고, 쓸고, 다듬고, 세우고, 관통하는 마음의 비(살별)[혜(彗)]'를 의미한다. 즉, 지(智)로 나타낸 '마음의 화살'에 견주어, 혜(慧)는 '마음의 비'로 그 메타포를 나타냈다. 다시 말해 혜(慧)는 내 안 악의 숙주를 밝혀, 쓸고 다듬고 올 곧게 세우는 마음의 빗자루/붓/정 등을 상징하고, 지(智)는 무지(無知)의 어둠을 뚫고 나가는 마음의 화살을 상징하여 그 양면을 담았다.

한말 '슬기'는 '슬 + 기'로 분석하고 지혜(智慧)와 견주어 보면, '슬'은 '살(矢/生/燒), 설(立), 슬(彗/書/射/冠)' 등으로 볼 수 있고, '기'는 '기운' 또는 '-기(명사형으로 만드는 전성어미)'로 볼 수 있다. 그러면 지혜(智慧)와 부합되는 마음의 등(燈)이고 빗이며 화살을 뜻하는 말임을 알 수 있다. 결국 지혜(智慧) 곧, '슬기'는 내 마음에 낀 때(惡)를 부지런히 쓸고 빗고 닦으면 나타나는 '마음의 거울'이다. 마음 닦기를 게을리 하면, 때가 낌은 당연하고, 뿌연 거울로는 아무 것도 볼 수 없음이 또한 당연하다. 거울이 깨끗해야 사이비를 구별할 수 있는 혜안(慧眼)이 열리지 않겠는가? 그래서 배움은 또한 자신의 마음을 갈고 닦아 마음의 화살과 비의 날 그 슬기를 세우는 행위이기도 하다. 배움을 멈추는 날이 죽는 날임을 암시하고 있는 말이다. 더불어 성경은 하나님 말씀에 복종하라고 있는 것이 결코 아니고, 하나님 말씀의 뜻을 헤아려 그 길을 쫓아 모두가 하나님이 될 수 있도록 그 길을 밝혀 놓은 계시(啓示)의 슬기로서 있다는 방증이기도 하다. 하나님이 말씀으로 만물을 창조했듯, 말 그 하나님의 뜻을 바로 세워야 하나님의 나라가 세워진다는 반증이고 방증이다. 하나님이 말씀으로 창조한 까닭이다.

*1. 「오픈성경」오픈성경편찬위원회, 1989. 2. 28., 아가페
*2. [네이버 지식백과] 혀 [tongue], 침 [saliva] (서울대학교병원 신체기관정보, 서울대학교병원) 참조
*3. 10 움직임은 무엇인가? 그리고 땅편과 사람편 참조.
*4. 대종언어연구소(http://www.hanja.co.kr/html/letter/hanja87.htm)문자풀이: 地(땅/지) 어원, 박대종 −『韓國에서 발견된 甲骨文字에 관한 연구』중에서 참조
*5. 사진 출처: 광주일보, 2013. 8. 28., '큰뿔양 폐사 숨기려 멀쩡한 '무플론' 3마리 죽였다' 기사 중에서

참고문헌

• 「한단고기」임승국 번역 · 주해, 정신세계사, 1993. 3. 10.

• 「설문해자주」부수자 역해, 염정삼, 서울대학교출판부, 2008. 9. 30.

• 「중국문자학」손예철 지음, 아카넷, 2004. 9. 30.

• 「한자의 기원」시라카와 시즈카 지음/ 윤철규 옮김, 이다미디어, 2009. 2. 20.

• 「中國古文字 研究方法論」漢字의 뿌리찾기 - 甲骨文에서 小篆까지, 林澐 著/ 尹彰浚 譯, 학고방, 2004. 10. 30.

• 「한자의 역설」한자는 중국을 이렇게 지배했다, 김근 지음, 도서출판 삼인, 2010. 11. 17.

• 「한자에 도전한 중국」오시마 쇼지 지음/ 장원철 옮김, 산처럼, 2003. 10. 20.

• 「한자의 재발견」소리로 만든 글자, 이재황 지음, ㈜웅진씽크빅 NEWRUN, 2008. 5. 22.

• 한자 전래 이전 시기의「韓國語와 中國語와의 比較」金智衡 著, 도서출판 박이정, 2001. 4. 30.

- 「한자의 모험」동아시아를 움직인 22字 그 종횡무진 연대기, 윤성훈 지음, 비아북, 2013. 12. 9.
- 고대 漢字 속에 감추어진 「창세기 이야기」에델 R. 넬슨 · 리차드 브로드베리 지음, 전광호 · 우제태 옮김, 도서출판 예향, 2004. 7. 6.
- 「문자 이야기」고대부터 현대까지 명멸했던 문자들의 수수께끼, 앤드류 로빈슨 지음/ 박재욱 옮김, 사계절, 2003. 10. 29.
- 「언어의 진화(The First Word)」최초의 언어를 찾아서, 크리스틴 케닐리 지음/ 전소영 옮김, ㈜알마, 2009. 8. 17.
- 「우리말의 수수께끼」역사 속으로 떠나는 우리말 여행, 박영준 · 시정곤 · 정주리 · 최경봉 지음, 김영사, 2004. 8. 3
- 「역사가 새겨진 우리말 이야기」정주리 · 박영준 · 시정곤 · 최경봉 지음, 고즈윈, 2006. 7. 5.
- 「한글의 탄생」〈문자〉라는 기적, 노마 히데키 지음/ 김진아 · 김기연 · 박수진 옮김, 돌베개, 2011. 10. 9.
- 「우리말의 상상력」정호완 지음, 정신세계사, 1991. 7. 7.
- 「우리말의 속살」우리가 꼭 알아야 할 재미있는 어원 이야기, 천소영 지음, 도서출판 창해, 2000. 6. 1.
- 「살아있는 우리말의 역사」홍윤표 지음, 태학사, 2009. 3. 11.
- 다석과 함께 여는 「우리말 철학」이기상 지음, ㈜지식산업사, 2004. 3. 20.
- 「국어 의미론」윤평현 지음, 도서출판 역락, 2009. 3. 31.
- 「우리말의 신비 'ㄹ'」정재도 지음, 지식산업사, 2005. 4. 25.
- 「한글」세종이 발명한 최고의 알파벳, 김영욱 지음, 루덴스, 2008. 8. 15.
- 「한글을 만든 원리」누구나 아는 한글 아무나 모르는 음양오행, 김

병호 지음, 도서출판 학고재, 2005. 8. 20.

• 「한자는 우리글이다」박문기 지음, 도서출판 양문, 2006. 1. 6.

• 「역사란 무엇인가」E. H. 카아 지음, 곽복희 옮김, 청년사, 1991. 2. 15.

• 고대 메소포타미아에 새겨진 「한국신화의 비밀」조철수 지음, 김영사, 2003. 12. 31.

• 「자연, 예술, 과학의 수학적 원형」마이클 슈나이더 지음/ 이충호 옮김, 경문사, 2002. 1. 5.

• 「수의 신비와 마법」프란츠 칼 엔드레스 · 안네마리 쉼멜/오석균 옮김, 고려원미디어, 1996. 2. 10.

• 「영부터 무한대까지」무엇이 수들을 흥미롭게 만드는가, 콘스탄스 라이드 지음/ 허민 옮김, 도서출판 인봉, 1993. 12. 10.

• 「샤먼 THE SHAMAN」피어스 비텝스키 지음/ 김성례 · 홍석준 옮김, 도서출판 창해, 2005. 5. 16.

• 「땅의 마음」윤홍기 지음, ㈜사이언스북스, 2012. 7. 15.

• 「예수는 신화다」티모시 프리크 · 피터 갠디 지음/ 승영조 옮김, 도서출판 미지북스, 2009. 11. 26.

• 「신을 위한 변론(The Case For GOD)」우리가 잃어버린 종교의 참 의미를 찾아서, 카렌 암스트롱 지음/ 오강남 감수 · 정준형 옮김, ㈜웅진씽크빅(웅진 지식하우스), 2010. 11. 18.

• 「나무열전」나무에 숨겨진 비밀, 역사와 한자 · · 강판권 지음, 글항아리, 2007. 7. 16.

• 「인체기행」권오길 교수와 함께 떠나는 인체탐방, 권오길 지음, 지성사, 2003. 7. 11.

찾아보기

ㄴ

나무(396)

나쁘다(441, 453)

나이(226)

날(175, 366)

남(南)(284)

남녘(285)

낮(250)

낮다(286)

낯(327)

녀(女)(056)

년(057)

년(年)(238)

념(念)(257)

노(老)(067, 091, 093)

노래(115)

노여움(124)

노을(248)

놈(057)

높다(286)

높바람(286)

누리(312)

누이(누의)(117)

눈(目)(309)

눈(雪)(311)

느리게(251, 254)

늘(175)

늙다(068, 093)

늙은이(068)

늦게(250)

다(茶)(305)

단(單)(231)

단(旦)(243)

단(丹)(304)

단짝(413)

달(055)

대청(大廳)(373)

도(刀)(029, 051)

도(萄)(133)

도(桃)(134)

도(茶)(305)

도마뱀(307)

돈(沌)(349)

동(170)

동(桐)(156)

동(冬)(235)

동(東)(283)

동(動)(407)

ㅅ

ㅊ